Das urheberrechtliche Zerstörungsverbot gegenüber dem Sacheigentümer

Europäische Hochschulschriften
Publications Universitaires Européennes
European University Studies

Reihe II
Rechtswissenschaft

Série II Series II
Droit
Law

Bd./Vol. 3792

PETER LANG
Frankfurt am Main · Berlin · Bern · Bruxelles · New York · Oxford · Wien

Alexander Jänecke

Das urheberrechtliche Zerstörungsverbot gegenüber dem Sacheigentümer

PETER LANG
Europäischer Verlag der Wissenschaften

Bibliografische Information Der Deutschen Bibliothek
Die Deutsche Bibliothek verzeichnet diese Publikation in der Deutschen Nationalbibliografie; detaillierte bibliografische Daten sind im Internet über <http://dnb.ddb.de> abrufbar.

Zugl.: Berlin, Humboldt-Univ., Diss., 2003

ISSN 0531-7312
ISBN 3-631-51572-3

www.peterlang.de

Meinen Eltern

Vorwort

Die vorliegende Arbeit wurde von der Juristischen Fakultät der Humboldt-Universität zu Berlin im Sommersemester 2003 als Dissertation angenommen. Allen, die zu ihrem Gelingen beigetragen haben, möchte ich herzlich danken.

Mein Dank gilt dabei zunächst meinem Doktorvater, Prof. Dr. Artur-Axel Wandtke, der mir während der Mitarbeit an seinem Lehrstuhl stets die nötige Unterstützung und den Freiraum zur Anfertigung der Arbeit gab. Besonders möchte ich mich bei ihm aber für die immer herzliche und freundschaftliche Betreuung und Zusammenarbeit bedanken.

Prof. Dr. Rainer Schröder danke ich für die rasante Erstellung des Zweitgutachtens.

Zu besonderem Dank bin ich meinen Eltern verpflichtet, da sie mir die Promotion ermöglicht haben. Daher möchte ich ihnen diese Arbeit widmen. Darüber hinaus danke ich meinen Eltern aber auch für ihre unermüdlichen Korrekturarbeiten.

Schließlich möchte ich noch meiner lieben Maren, die mir bei der Anfertigung der Arbeit immer liebevoll zur Seite stand, danken.

Berlin, im Juli 2003 Alexander Jänecke

Inhaltsverzeichnis

Abkürzungsverzeichnis

a.A.	andere Ansicht
Abs.	Absatz
AcP	Archiv für die civilistische Praxis (Zeitschrift)
AfP	Archiv für Presserecht (Zeitschrift)
Anl.	Anlage
Anm.	Anmerkung
AöR	Archiv für öffentliches Recht (Zeitschrift)
aPR	allgemeines Persönlichkeitsrecht
Art.	Artikel (auch im Plural)
Aufl.	Auflage
BauR	Baurecht (Zeitschrift)
BayVBl	Bayrisches Verwaltungsblatt
BGB	Bürgerliches Gesetzbuch
BGH	Bundesgerichtshof
BGHZ	1. Entscheidungen des Bundesgerichtshof in Zivilsachen (Sammlung) 2. Rubrikname in der Entscheidungssammlung Urheberrecht von Schulze
BKM	Beauftragter der Bundesregierung für Angelegenheiten der Kultur und der Medien
BMI	Bundesministerium des Inneren
BMJ	Bundesministerium der Justiz
BT-Drucks.	Bundestags Drucksache
BVerfG	Bundesverfassungsgericht
BVerfGE	Entscheidungen des Bundesverfassungsgerichts (Sammlung)
BVerwGE	Entscheidunges des Bundesverwaltungsgerichts
bzw.	beziehungsweise
Cal. Civ. Code	California Civil Code
ch.	chapter (amerikanisches Pendant zu Gesetzesabschnitt)
d.h.	das heißt
ders.	derselbe
dies.	dieselbe
DJZ	Deutsche Juristenzeitung
DSchG Bln	Denkmalschutzgesetzes des Landes Berlin
DVBl	Deutsches Verwaltungsblatt (Zeitschrift)
Einl.	Einleitung
etc.	et cetera
EWiR	Entscheidungen zum Wirtschaftsrecht (Zeitschrift)
f.	folgende (Seite)

ff.	folgende (Seiten)
Fn.	Fußnote, Fußnoten
Fs.	Festschrift
FuR	Film und Recht (Zeitschrift)
Gen. La. Mas.	General Laws of Massachusetts
GG	Grundgesetz für die Bundesrepublik Deutschland
GRUR	Gewerblicher Rechtsschutz und Urheberrecht (Zeitschrift)
GRUR Int.	Gewerblicher Rechtsschutz und Urheberrecht Internationaler Teil (Zeitschrift)
Hrsg.	Herausgeber
i.d.R.	in der Regel
ieS	im engen Sinn
i.S.d.	im Sinne des
i.V.m.	in Verbindung mit
iwS	im weiten Sinn
JR	Juritische Rundschau (Zeitschrift)
JuS	Juristische Schulung (Zeitschrift)
JW	Juristische Wochenschrift (Zeitschrift)
JZ	Juristenzeitung (Zeitschrift)
KG	Kammergericht
KgSchG	Gesetz zum Schutz deutschen Kulturgutes gegen Abwanderung; Abgedruckt im Sartorius I, Nr. 520
KUG	Gesetz betreffend das Urheberrecht an Werken der bildenden Kunst und der Photographie
K&R	Kommunikation und Recht (Zeitschrift)
LG	Landgericht
LGZ	Rubrikname in der Entscheidungssammlung Urheberrecht von Schulze
LUG	Gesetz betreffend das Urheberrecht an Werken der Literatur und der Tonkunst
m.E.	meines Erachtens
MuW	Markenschutz und Wettbewerb (Zeitschrift)
NJW	Neue Juristische Wochenschrift (Zeitschrift)
Nr.	Nummer
o.A.	ohne Angabe
OLGZ	Rubrikname in der Entscheidungssammlung Urheberrecht von Schulze
RabelsZ	Rabels Zeitung
RBÜ	Revidierte Berner Übereinkunft zum Schutz von Werken der Literatur und Kunst
RGZ	Entscheidungen des Reichsgerichts in Zivilsachen (Sammlung)

Rn.	Randnummer, Randnummern
RuW	Recht und Wirtschaft (Zeitschrift)
S.	Seite (auch im Plural), Satz
SchweizJZ	Schweizerische Juristenzeitung
sec.	section (amerikanisches Pendant zu §)
Sp.	Spalte
StGB	Strafgesetzbuch
u.a.	und andere
UFITA	Archiv für Urheber-, Film-, Funk- und Theaterrecht (Zeitschrift)
UPR	Urheberpersönlichkeitsrecht
URG	Urheberrechtsgesetz ausländischer Staaten (mit jeweiligem Staatennamen)
UrhG	Urheberrechtsgesetz der Bundesrepublik Deutschland
usw.	und so weiter
VARA	Visual Artists Right Act
VG	Verwertungsgesellschaft
vgl.	vergleiche
z.B.	zum Beispiel
zit.	zitiert
z.T.	zum Teil
ZUM	Zeitschrift für Urheber- und Medienrecht

Einleitung

A. Einführung in das Thema

In den letzten Jahren wurde in der Presse wiederholt von Fällen berichtet, in denen der Eigentümer, zumeist die öffentliche Hand, öffentlich zugängliche Kunstwerke, wie z.B. Plastiken, Statuen oder ähnliche Werke von „stadtbildprägendem Ausmaß", von ihrem Standort entfernen bzw. abreißen lassen wollte, der Künstler aber unter Berufung auf sein Urheberrecht dies gerichtlich zu verhindern versuchte. Überwiegend scheiterten in diesen Fällen die Erhaltungsbemühungen der Künstler als Urheber, da die Gerichte dem Eigentümer die Demontage der Werke gestatteten, und die Eigentümer daraufhin die Werke unter teilweise erheblichem öffentlichen Aufsehen beseitigten.

Den wohl spektakulärsten Fall dieser Art bildete der Abriss der sogenannten „Kasseler Treppe", dem ein jahrelanger, z.T. öffentlich ausgetragener Streit zwischen dem Architekten der Treppe, Gustav Lange, und der Stadt Kassel vorausgegangen war. Bei der „Kasseler Treppe" handelte es sich um eine Gebäudeskulptur, die im Sommer 1992 anlässlich der documenta 9 auf dem Königsplatz in Kassel errichtet worden war. Ursprünglich war geplant, dass die Treppe dauerhaft das Bild dieses zentralen Platzes prägen sollte. Da sich aber sofort nach der Errichtung erheblicher öffentlicher Widerstand gegen die Treppe regte, plante die Stadt, diese im Frühjahr 1994 entfernen zu lassen. Es hatten sich hierfür sogar Sponsoren gefunden, die den Abriss der Treppe für die Stadt kostenfrei übernehmen wollten. Der Architekt verhinderte jedoch mit einer einstweiligen Verfügung die Zerstörung seines Werkes.[1] Im August 2000 schließlich erklärte das LG Kassel die Beseitigung der Treppe in einem Urteil für zulässig.[2] Obgleich diese Entscheidung noch nicht rechtskräftig war und daher dem Abriss noch die einstweilige Verfügung entgegenstand, ließ die Stadt die Treppe wenige Tage später in einer „Nacht- und Nebelaktion" beseitigen, um dadurch Fakten zu schaffen und so einer anderslautenden Entscheidung der Berufungsinstanz zuvorzukommen. Daraufhin wurde der Stadt ein nicht unerhebliches Ordnungsgeld auferlegt[3] und gegen den damaligen Kasseler Oberbürgermeister Georg Lewandowski sowie zwei seiner Dezernenten wegen Verursachung des Ordnungsgeldes Anklage wegen Untreue erhoben. Im Rahmen einer gütlichen Einigung nahm der Architekt schließlich seine Berufung zurück, worauf das OLG

---

1 Vgl. den Bericht in der FAZ vom 13.5.1994, S. 68 (Rhein-Main-Ausgabe) zur einstweiligen Verfügung des LG Kassel; siehe auch den Bericht in der FAZ vom 29.10.1994, S. 38 und S. 62 (Rhein-Main-Ausgabe) zur Bestätigung der einstweiligen Verfügung durch das OLG Frankfurt/Main.

2 Siehe zu diesem Urteil auch die Ausführungen im 1. Kapitel unter B.III.2.a.bb.

3 Siehe die Berichte in der FAZ vom 24.8.2000, S. 52; vom 30.8.2000, S. 53 und vom 12.7.2001, S. 46.

Frankfurt das Urteil des LG Kassel für rechtskräftig erklärte und den Ordnungsgeldbeschluss aufhob.[4] Die Strafverfahren wurden gegen Zahlung von Geldbußen eingestellt.[5]

Für großes öffentliches Aufsehen sorgte im Jahr 1992 auch die Demontage einer Lenin-Statue des russischen Bildhauers Nikolaj Tomski in Ost-Berlin.[6] Besonders eingeprägt hat sich damals das in den Medien wegen seiner symbolischen Aussage häufig veröffentlichte Bild, das die Statue zeigt, während der Kopf gerade von einem Kran entfernt wird. In diesem Fall waren die Erben des Urhebers mit ihrem Versuch, durch eine einstweilige Verfügung die Demontage der Statue zu verhindern, gescheitert.[7]

Ein eher seltenes Beispiel für den Erfolg eines Urhebers, die Entfernung seines Werkes aus dem öffentlichen Raum zu verhindern, bildet der Fall des sogenannten „Mindener Keilstücks", der in jüngster Zeit die Gerichte beschäftigte. Hier versuchte der Urheber einer im Eigentum der Stadt Minden stehenden Stahlplastik, den Abtransport der Plastik von einem öffentlich zugänglichen Kirchhof mit der Begründung zu verhindern, der Abtransport verletze sein Urheberrecht, da die Plastik speziell für den Kirchhof konzipiert sei und daher sein Werk durch die Entfernung von ihrem Bestimmungsort vernichtet werde.[8] Während das LG Bielefeld die Entfernung der Plastik für zulässig hielt, sprach das OLG Hamm als Berufungsinstanz der Stadt diese Befugnis ab, da sie das Urheberrecht des Künstlers verletze.[9]

Diese Fälle zeigen beispielhaft die praktische Bedeutung der Frage, inwieweit der Urheber die Änderung, die Beeinträchtigung oder die Vernichtung seines Werkes durch den Eigentümer verbieten kann. Während dieser Konflikt hinsichtlich der Änderung und der Beeinträchtigung des Werkes in den §§ 14 und 39 UrhG eine ausdrückliche gesetzliche Erwähnung gefunden hat und daher insoweit nur noch der Umfang der konkreten Rechte der Beteiligten im Einzelfall problematisch ist, hat die Zulässigkeit der Vernichtung des Werkes weder im UrhG noch im BGB eine ausdrückliche gesetzliche Regelung erfahren. Auch in der jüngst in Kraft getretenen Reform des UrhG wurde diese Frage nicht explizit behandelt.[10] Die Zulässigkeit der Werkvernichtung durch den Eigentümer ist

---

4 Vgl. den Bericht in der FAZ vom 12.7.2001, S. 46.

5 Siehe die Berichte in der FAZ vom 20.2.2002, S. 51 und S. 73 (Rhein-Main-Teil).

6 Vgl. die Berichte in der FAZ vom 7.11.1991, S. 36 und FAZ vom 13.11.1991, S. 33.

7 Siehe zu diesem Fall und der Entscheidung des Kammergerichts Berlin 4. Kapitel B.III.3.d.dd.(1).

8 Siehe zur detaillierteren Darstellung des Sachverhalts dieses Falls 2. Kapitel A.I.3. Siehe auch den Bericht in der FAZ vom 12. Februar 2001, S. 52.

9 Auf die in dieser Sache ergangenen Urteile wird ausführlich im 2. Kapitel unter A.I.3.a. und b. eingegangen.

10 Gesetz zur Stärkung der vertraglichen Stellung von Urhebern und ausübenden Künstlern; verkündet am 22. März 2002, in Kraft getreten am 1. Juli 2002.

daher bis heute Gegenstand einer Kontroverse in Literatur und Rechtsprechung. Uneinigkeit besteht dabei bis heute nicht nur hinsichtlich des Umfangs eines entsprechenden Verbietungsrechts des Urhebers, sondern auch darüber, ob dem Urheber überhaupt ein solches Recht zusteht. Die letzte Frage ist eng verknüpft mit der Frage, ob die Vernichtung des Werkes einen Eingriff in ein geschütztes Recht des Urhebers darstellt.

B. Ziel der Untersuchung

Im Rahmen der vorliegenden Untersuchung sollen zunächst anhand der oben genannten und weiterer ähnlicher Beispielsfälle Kriterien entwickelt werden, anhand derer sich die Vernichtung eines Werkes von der Änderung oder der Entstellung abgrenzen lässt. Weiter ist zu prüfen, ob und in welchem Umfang sich aus dem geltenden Recht eine Befugnis des Werkschöpfers, die Vernichtung seines Werkes durch den Sacheigentümer zu verhindern, ableiten lässt. Dabei liegt der Schwerpunkt der Untersuchung auf dem Urheberrecht. Es sollen sach- und interessengerechte Lösungen des Konflikts in den praktisch-relevanten Fallkonstellationen entwickelt werden, und es soll konkret aufgezeigt werden, in welchen Fällen der Urheber das Recht hat, die Vernichtung zu verbieten, und welche Möglichkeiten eines Ausgleichs der schutzwürdigen Interessen des Eigentümers und des Urhebers in Betracht kommen. Abschließend soll darüber hinaus erörtert werden, ob auch andere Rechtsinstitute für eine Befugnis des Urhebers, die Zerstörung seines Werkes zu verbieten, in Betracht kommen. Hier sind das allgemeine Persönlichkeitsrecht[11] oder das dem öffentlichen Recht zuzurechnende Kulturgutschutzrecht zu nennen.

C. Zerstörungsrecht des Eigentümers oder Verbietungsrecht des Urhebers?

Auf die Frage, ob zur Klärung des hier behandelten Problems die Untersuchung auf ein Recht des Sacheigentümers, das urheberrechtlich geschützte Werk zu zerstören, oder aber auf die Befugnis des Urhebers, ihm die Vernichtung zu untersagen, abzustellen ist, gibt die gesetzliche Ausgestaltung des Sacheigentums im BGB eine Antwort.

Nach § 903 BGB kann der Eigentümer mit seiner *Sache* nach Belieben verfahren und andere von jeder Einwirkung ausschließen, jedoch nur soweit nicht das Gesetz oder Rechte Dritter entgegenstehen. Zu den dem Eigentümer nach dieser Norm grundsätzlich zustehenden Befugnissen am Gegenstand seines Eigentums gehören neben dem Recht auf Besitz an der Sache auch alle anderen innerhalb der Rechtsordnung denkbaren Herrschaftsbefugnisse wie etwa die

[11] Im folgenden kurz aPR.

Nutzung der Sache[12] oder das Recht zu Verfügungen über die Sache.[13] Auch das Recht zum Verbrauch, zur Beschädigung und zur Zerstörung der Sache gehört, soweit nicht die Rechte Dritter oder ein Gesetz entgegenstehen, zu den Herrschaftsbefugnissen des Eigentümers.[14] Der Eigentümer ist auch berechtigt, Dritten diese Handlungen zu gestatten. In negativer Hinsicht zählt zu den Befugnissen des Eigentümers, Dritten sämtliche Handlungen zu verbieten, zu denen er kraft seiner Eigentümerstellung berechtigt ist.[15]

Um dem Eigentümer eine möglichst umfassende Herrschaftsmacht über den Gegenstand seines Eigentums zu sichern, wird der Umfang des Eigentums nicht in der Weise ausgestaltet, dass in einem Katalog positiv konkrete Einzelbefugnisse aufgezählt werden, die aus der Natur der Sache heraus immer unvollständig bleiben müssen, sondern es wird dem Eigentümer in § 903 BGB jede Befugnis gewährt, über das Eigentum zu verfügen, soweit nicht ausdrückliche Verbote oder Rechte Dritter entgegenstehen. Eine konkrete Bestimmung der Reichweite der Rechte des Sacheigentümers kann also nur negativ erfolgen. Dem Sacheigentümer stehen die Befugnisse nicht zu, die durch die einfachen Gesetze einem anderen Rechtsträger zugewiesen sind, oder die generell untersagt sind. Die Schranken des privatrechtlichen Eigentums sind dabei keineswegs abschließend im BGB normiert, sondern auch zahlreiche weitere Gesetze beschränken durch gegenläufige Normen und Rechte das Sacheigentum.[16] Zu diesen, die Befugnisse des Sacheigentümers beschränkenden Normen gehört auch das Urheberrecht.[17] Die Herrschaftsmacht des Eigentümers über einen Gegenstand, an dem das Urheberrecht eines anderen besteht, reicht daher nur soweit, als die Befugnisse des Urhebers nicht entgegenstehen.

Soweit das Sacheigentum im BGB eine „negative" Ausgestaltung erfahren hat, lassen sich die Grenzen der Befugnisse des Sacheigentümers also nur dadurch ermitteln, dass man den Umfang der entgegenstehenden Rechte ermittelt. Nach § 903 BGB ist dem Eigentümer also die Vernichtung des Werkes erlaubt, sofern nicht ein Recht des Urhebers entgegensteht. Daher ist zur Beantwortung der im Rahmen dieser Untersuchung zu beantwortenden Frage nicht positiv die Reichweite der Rechte des Eigentümers zu ermitteln, sondern es muss vielmehr die Reichweite der Rechte des Urhebers an seinem Werk bestimmt werden, um anschließend mittels eines Umkehrschlusses negativ auf die Rechte des Eigentümers schließen zu können. Es ist in der vorliegenden Untersuchung also nach einem Recht des Urhebers, dem Sacheigentümer die Zerstörung seines Werkes

12 Dabei kann der Eigentümer sich die Vorteile der Sache auch durch den Abschluss von Rechtsgeschäften mit Dritten nutzbar machen; vgl. Staudinger - *Seiler*, § 903, Rn. 11.
13 *Westermann* (1998), S. 163.
14 Staudinger - *Seiler*, § 903 Rn. 10.
15 Staudinger - *Seiler*, § 903 Rn. 11.
16 MüKo - *Säcker* (3. Aufl), § 903 Rn. 18, 27.
17 BGH GRUR 1974 S. 675 ff. - Schulerweiterung; Palandt - *Bassenge*, § 903 Rn. 27.

zu untersagen, nicht nach einem Recht des Eigentümers, das Werk zu zerstören, zu forschen.

D. Gang der Untersuchung

Im ersten der sieben Kapitel der Arbeit werden die Grundstrukturen des Urheberrechts, soweit sie für den weiteren Verlauf der Untersuchung von Bedeutung sind, dargestellt. Desweiteren werden die für den weiteren Verlauf der Prüfung unerlässlichen Begriffe erläutert und definiert. Dabei soll insbesondere anhand verschiedener Werktypen und Fallkonstellationen herausgearbeitet werden, wann begrifflich eine Vernichtung des Werkes vorliegt und wann dagegen eine Änderung, Entstellung bzw. Beeinträchtigung. Das zweite Kapitel gibt zunächst einen Überblick über den Streitstand bezüglich der Frage der Zulässigkeit der Werkvernichtung. Da aufgrund der Tatsache, dass keine ausdrückliche legislatorische Regelung dieser Frage existiert, der Rechtsauslegung und Rechtsfortbildung durch die Gerichte - sofern sie denn erfolgt ist - besondere Bedeutung zukommt, wird an dieser Stelle auf die wenigen bisher bekanntgewordenen Entscheidungen, die sich ausdrücklich mit der Vernichtung eines Werkes beschäftigen, besonderes Augenmerk gerichtet. Anschließend soll in der Auseinandersetzung mit den bisher vertretenen Lösungsansätzen und Argumenten ein eigener Weg zur Begründung eines Rechts des Urhebers, sich in gewissem Umfang gegen die Werkvernichtung zu wenden, entwickelt werden. Dabei soll insbesondere auf die bisher in Rechtsprechung und Schrifttum kaum behandelte Frage eingegangen werden, inwieweit sich aus dem Urheberrecht über die konkret normierten Befugnisse hinaus weitergehende Rechte ableiten lassen, wenn dies zum Schutz des Urhebers erforderlich erscheint. Im dritten Kapitel wird untersucht, ob die durch Auslegung der einfachgesetzlichen Normen gewonnenen Ergebnisse mit den objektiven Aussagen des Grundgesetzes zu vereinbaren sind. Es wird ferner geprüft, ob sich dem Grundgesetz Aussagen entnehmen lassen, wie die beiden absoluten Rechte Eigentum und Urherberrecht, die sich bei Prüfung der Zulässigkeit der Werkvernichtung konträr gegenüberstehen, zueinander in Beziehung zu setzen sind. Im vierten Kapitel wird ein Prüfungsschema zur Ermittlung der Zulässigkeit der Werkvernichtung dargestellt. Anschließend werden mittels einer Interessenabwägung Aussagen zur Zulässigkeit der Werkvernichtung für bestimmte Fallgruppen entwickelt. Im fünften Kapitel wird erörtert, ob und in welchem Umfang der Urheber die Möglichkeit hat, durch Vereinbarungen dem Eigentümer das uneingeschränkte Recht zur Vernichtung des Werkes einzuräumen. Insbesondere ist dabei das bis heute hoch umstrittene Problem, inwieweit Dispositionen über persönlichkeitsrechtliche Befugnisse rechtlich möglich sind, zu erörtern. Im sechsten Kapitel wird zunächst geprüft, inwieweit sich aus dem aPR eine Befugnis des Werkschöpfers, die Vernichtung zu untersagen, ergibt. Dabei ist es nötig, das Verhältnis des aPR zum Urheberrecht darzulegen. Anschließend wird der öffentlich-rechtliche Kulturgüterschutz daraufhin untersucht, inwieweit sich aus diesem ein Vernichtungsverbotsrecht des Urhebers ableiten lässt. Im siebten Kapitel werden ausdrückliche gesetzliche Regelungen der Frage der Werkvernichtung in Rechtsordnungen anderer Staaten vorgestellt. Abschließend soll in einem Anhang ein Vorschlag für eine Regelung der Werkvernichtung de lege ferenda dargelegt werden.

1. Kapitel: Begriffsbestimmung/Grundlagen

A. Grundlagen des Urheberrechts

I. Das Urheberrecht als objektives und als subjektives Recht

Das Urheberrecht im objektiven Sinn, wie es im UrhG von 1965 niedergelegt ist, bildet die Summe der Rechtsnormen, die die Beziehung des Schöpfers eines Geisteswerkes zu diesem regeln. Es werden im UrhG der Inhalt, der Umfang, die Übertragbarkeit sowie die Folgen einer Verletzung des Rechts des Schöpfers an seinem Werk normiert.[18]

In der urheberrechtlichen Literatur wird das Urheberrecht im subjektiven Sinn häufig als umfassende, eigentumsähnliche Willensmacht über das geistige Gut, welches das Werk bildet, bezeichnet.[19] Unzweifelhaft ist, dass das UrhG dem Urheber eine Willensmacht über sein Werk verleiht. Diese jedoch als umfassend zu bezeichnen, würde den Gegenstand der Untersuchung vorwegnehmen, da im Rahmen dieser Arbeit gerade gezeigt werden soll, wie weit das Recht des Schöpfers an seinem Werk reicht.

II. Der Schutzinhalt des Urheberrechts

Eine „allgemeine Deklaration über den Schutzinhalt des Urheberrechts"[20] findet sich in § 11 S. 1 UrhG, mit dem Satz: „Das Urheberrecht schützt den Urheber in seinen geistigen und persönlichen Beziehungen zum Werk und in der Nutzung des Werkes." Es wird aus dieser Formulierung deutlich, dass durch das Urheberrecht unmittelbar die Person des Urhebers und nur mittelbar sein Werk geschützt wird. Außerdem zeigt die Formulierung, dass das Urheberrecht eine zweifache Schutzrichtung aufweist. Auf der einen Seite wird der Urheber in der „Nutzung des Werkes" geschützt. Auf der anderen Seite genießen die „geistigen und persönlichen Interessen" des Urhebers an seinem Werk Schutz. Die erste Schutzrichtung zielt auf die Verwertung des Werkes ab und schützt vor allem die wirtschaftlichen Interessen des Urhebers. Hierzu werden dem Urheber u.a. in den §§ 15 ff UrhG verschiedene Verwertungsrechte an seinem Werk zugewiesen, die es ihm ermöglichen, sein Werk in materielle Vorteile umzusetzen. Die zweite Schutzrichtung des Urheberrechts erfasst die ideellen Interessen des Urhebers an seinem Werk. Geschützt ist das geistige Band, das den Schöpfer mit

---

18 *Rehbinder* (2002), Rn. 2; *Schack* (2001), Rn. 3; *Ulmer* (1980), S. 1.

19 So etwa *Schack* (2001), Rn. 4.

20 Schricker - *Schricker*, § 11 Rn. 1; auf die Frage, ob dem § 11 UrhG neben dieser allgemeinen Deklaration des Inhalts des Urheberrechts noch eine weitergehende Funktion zukommt, wird unten (2. Kapitel B.III.1.) noch ausführlich einzugehen sein.

seinem Werk verbindet. Diese ideellen Interessen werden durch das Urheberpersönlichkeitsrecht[21] geschützt.[22]

Bei der Frage nach der Zulässigkeit der Vernichtung eines Werkstücks durch den Eigentümer stehen nicht die materiellen Interessen des Urhebers an einer finanziellen Verwertbarkeit seines Werkes im Vordergrund, sondern die geistigen und persönlichen Beziehungen, die den Urheber mit seinem Werk verbinden. Die Vernichtung eines Werkexemplars durch den Eigentümer kann zwar im konkreten Einzelfall auch die Verwertung des Werkes beeinträchtigen, so etwa, wenn es dem Urheber eines Werkes durch die Zerstörung unmöglich wird, eine Reproduktion des Werkes anzufertigen und diese zu vermarkten. Der Schwerpunkt der Interessenverletzung liegt aber nicht im Bereich der Verwertungsrechte, sondern im Bereich des UPR. Weitaus schwerer als die möglichen materiellen Einbußen wiegt, dass das Werk nach der Zerstörung nicht mehr von Dritten wahrgenommen werden kann, und auch der Werkschöpfer selbst keine Möglichkeit mehr hat, sich mit dem Werk auseinanderzusetzen. Das Bestandsinteresse des Urhebers am Fortbestand seines Werkes ist, ebenso wie das allgemeine Integritätsinteresse am Schutz des Werkes vor Veränderungen oder Beeinträchtigungen, überwiegend ideeller Natur.[23] Es ist daher geboten, im Rahmen dieser Untersuchung dem UPR besondere Aufmerksamkeit zu widmen.

III. Konstruktion und Rechtsnatur des Urheberrechts

Zum Verständnis der heutigen Konstruktion des Urheberrechts und seiner dogmatischen Einordnung ist es sinnvoll, kurz die geschichtliche Entwicklung des Urheberrechts zu skizzieren. Hierbei soll dem Gegenstand der Untersuchung entsprechend auf die Entwicklung des UPR besonderes Augenmerk gerichtet werden.

1. Grundzüge der Entwicklung des Urheberrechts

a. Privilegienwesen

Während in der Antike und im Mittelalter weder den ideellen noch den materiellen Interessen der Schöpfer von Geisteswerken besondere Aufmerksamkeit oder gar hoheitlicher Schutz zuteil wurde, trat ein gewisser Wandel im Bewusstsein ein, als nach der Erfindung des Kupferstichs zu Beginn des 15. Jahrhunderts und des Buchdrucks mit beweglichen Lettern durch Gutenberg 1440 die massenhafte Vervielfältigung von Werken möglich wurde. Dadurch konnte ein

---

21 Im folgenden kurz UPR.

22 *Ulmer* (1980), S. 208; *Schack* (2001), Rn. 315; Schricker - *Dietz*, Vor §§ 12 ff. Rn. 8.

23 So in Bezug auf das allgemeine Integritätsinteresse *Dieselhorst* (1995), S. 119 ff.; *Altenburg* (1994), S. 18; *v. Waasen* (1994), S. 31.

Markt für „geistige Produkte“ entstehen, so dass das materielle Interesse an ihnen wuchs.[24] In dieser Zeit wurden einzelnen Buchdruckern Privilegien verliehen, aufgrund derer es ausschließlich dem jeweiligen Inhaber des Privilegs gestattet war, in einer bestimmten Region ein bestimmtes Werk zu drucken.[25] Diese Nachdruckverbote sollten die Drucker für die Verbreitung der neuen Technologie belohnen und ihnen die Amortisation ihrer Investitionen sichern.[26] Da diese Privilegien zunächst nur dem Schutz der Drucker, nicht dem der Schöpfer der Werke dienten, bildeten sie eher Gewerbemonopole als Urheberrechte.[27] Da aber mit ihnen erstmals ein gewisses Ausschließlichkeitsrecht an einem Werk anerkannt wurde, stellten sie dennoch einen wichtigen ersten Schritt auf dem Weg zum Urheberrecht dar.

Erst im 17. Jahrhundert wurde die direkte Entlohnung für ein Werk in Form der Zahlung eines Honorars üblich. Es wurde aber zu dieser Zeit noch keine gedankliche und wirtschaftliche Trennung zwischen dem Eigentum an einem Werkexemplar und den Nutzungsrechten am Werk selber vorgenommen. So erwarb etwa ein Drucker mit dem Eigentum des Manuskripts gegen eine einmalige Honorarzahlung auch ein ewiges Verlagsrecht.[28] In der Folgezeit bildete sich bei Druckern und Verlegern allmählich die Überzeugung, dass ihnen auch ohne ein Druckprivileg ein ausschließliches Druckrecht zustehe, sofern sie entweder das Manuskript vom Autor erworben oder aber das Werk erstmalig und über Jahre hinweg ausschließlich gedruckt hatten. Dieses Recht der Verleger wird als Verlagseigentum bezeichnet.[29]

b. Geistiges Eigentum

Im Zuge der Aufklärung und durch Aufkommen der Naturrechtslehre entwickelte sich auch das Verständnis für die Rechte an Geisteswerken weg vom Privilegienwesen und Verlagseigentum, hin zu einem geistigen Eigentum des Urhebers an seinem Werk.[30] So stellte Stephan Pütter 1774 fest, geistige Werke seien „unstreitig ein wahres Eigenthum ihres Verfassers, so wie ein jeder das, was seiner Geschicklichkeit und seinem Fleisse sein Daseyn zu verdanken hat, als sein Eigentum ansehen kann“.[31] Er stützte sich dabei auf John Locke, der als

---

24 *Müsse* (1999), S. 27.

25 Umfassend zur Entwicklung des Privilegienwesens *Gieseke* (1995), S. 39 ff.

26 *Müsse* (1999), S. 27.

27 *Schack* (2001), Rn. 93.

28 Dies ewige Verlagsrecht als Folge des Eigentumsübergangs am Manuskript beschreibt schon *Pütter* (1774), S. 73; siehe auch Schricker - *Vogel*, Einleitung Rn. 62.

29 Ausführlich zur Idee des Verlagseigentums *Gieseke* (1995), S. 93 ff.; *Bappert* (1962), S. 217 ff.; siehe auch *Rehbinder* (2002), Rn. 19; Schricker - *Vogel*, Einleitung Rn. 58.

30 Zu dieser Entwicklung *Gieseke* (1995), S. 107 ff.

31 *Pütter* (1774), S. 25; zitiert bei *Müsse* (1999), S. 28; *Schack* (2001), Rn. 99.

einer der Begründer der Naturrechtslehre, das Eigentum an einem Gegenstand durch die auf diesen verwendete Arbeit rechtfertigte. Bedingt durch die starken Parallelen des Rechts des Urhebers an seinem Werk zum Sacheigentum wurden mit der Theorie vom geistigen Eigentum vor allem die vermögensrechtlichen Interessen des Urhebers beachtet.[32]

Wenig später wurde von Fichte die gedankliche Trennung zwischen dem Werkstück als der materiellen Verkörperung und dem Werk selbst als geistigem Gut begründet. An dem geistigen Inhalt besitze der Verfasser ein natürliches, ihm angeborenes unveräußerliches Eigentumsrecht, der Verleger hingegen besitze nicht etwa das „Verlagseigentum", sondern ein dem Nießbrauch ähnliches Nutzungsrecht. Der Verleger könne seine Rechte also nur von den originären Rechten des Urhebers ableiten.[33]

c. Persönlichkeitsrechtliche Auffassung

Eine Veröffentlichung Kants aus dem Jahr 1785[34] kann als Grundstein für die persönlichkeitsrechtliche Auffassung des Urheberrechts angesehen werden.[35] Dadurch, dass in der Folgezeit die persönlichkeitsrechtliche Komponente des Urheberrechts immer stärker betont wurde, entwickelte sich die Urheberrechtslehre im 19. Jahrhundert immer weiter weg von der Idee des geistigen Eigentums, bis man schließlich das Urheberrecht als ein primär die persönlichkeitsrechtlichen Interessen schützendes Recht ansah.[36] Den damaligen Vertretern der Rechtslehre waren die vermögensrechtlichen Komponenten der Rechte des Urhebers an seinem Werk zwar in Ansätzen bewusst, sie sahen diese jedoch als Ausstrahlung der persönlichkeitsrechtlichen Befugnisse.[37] So kam *v. Gierke* zu der Überzeugung, das Werk gehöre als individuelle Schöpfung direkt der Persönlichkeitssphäre des Urhebers an und sei nur insoweit Objekt des Urheberrechts, als es Persönlichkeitsgut seines Schöpfers sei. Der Umfang des Urheber-

---

32 *Grohmann* (1971), S. 11.

33 *Fichte* (1793), S. 443 ff.; zitiert bei Schricker - *Vogel*, Einleitung Rn. 63.

34 Titel: Von der Unrechtmäßigkeit des Büchernachdrucks; zitiert bei Schricker - *Vogel*, Einleitung Rn. 64.

35 Schricker - *Vogel*, Einleitung Rn. 64; mit weiteren Nachweisen.

36 Schließlich prägte der französische Jurist *Morillot* mit zwei in den Jahren 1872 und 1878 erschienenen Werken den Begriff *droit moral* für das Urheberpersönlichkeitsrecht; berichtet von *Müsse* (1999), S. 29 f.
Morillot leitete seine Überlegungen aus den in Deutschland entwickelten Gedanken über das Persönlichkeitsrecht ab, entwickelte diese aber in dogmatischer Hinsicht weiter. Auch im deutschsprachigen Raum setzte der prägnante französische Begriff sich durch; vgl. *Dietz* (1968), S. 16.

37 Schricker - *Vogel*, Einleitung Rn. 70.

rechts reiche nur soweit, wie sich die Persönlichkeitssphäre des Urhebers erstrecke.[38]

In diese Zeit fallen auch die ersten gesetzlichen Kodifikationen des Urheberschutzes: „Preußisches Gesetz zum Schutz des Eigentums an Werken der Wissenschaft und Kunst" vom 11. Juni 1837; „Gesetz betreffend das Urheberrecht an Schriftwerken, Abbildungen, musikalischen Kompositionen und dramatischen Werken" des Norddeutschen Bundes vom 11. Juni 1870;[39] „Gesetz betreffend das Urheberrecht an Werken der bildenden Künste" des Deutschen Reiches vom 9. Januar 1876.[40] Trotz der persönlichkeitsrechtlichen Strömung in der Rechtslehre stellten diese die materiellen Belange des Werkschöpfers in den Vordergrund und enthielten so gut wie keine persönlichkeitsrechtlichen Regelungen. So wurde in ihnen auch der Schutz der Werkintegrität nicht geregelt.[41]

d. Immaterialgüterrecht

Joseph Kohler begründete die moderne Urheberrechtstheorie,[42] indem er das Urheberrecht als ausschließliches Recht an dem Werk als wirtschaftlich verwertbarem immateriellem Gut beschrieb.[43] Das Werk als Gegenstand des Urheberrechts bezeichnete er als ein immaterielles „außerhalb des Menschen stehendes, aber nicht körperliches, nicht faß- und greifbares Rechtsgut".[44] Da Kohler dieses Immaterialgüterrecht als von der Person und der Persönlichkeit des Urhebers trennbar ansah, unterschied er sich deutlich von der bis dahin herrschenden Lehre vom Urheberrecht als Persönlichkeitsrecht.[45] Da Kohler das Immaterialgüterrecht auch nicht mehr auf einen Sachgegenstand, der Objekt des Eigentums sein könnte, bezog, unterschied er sich so auch von der Lehre des geistigen Eigentums.[46]

---

38 *v. Gierke*, UFITA 125 (1994), S. 103/116 ff. (Nachdruck).
v. Gierke hob besonders hervor, dass für die Entstehung des Urheberrechts allein die Originalität, nicht die Verwertbarkeit maßgeblich sei, daher schütze das Urheberrecht auch Werke, die keinen Vermögenswert aufweisen oder deren Vermögenswert nicht genutzt werde; vgl. *v. Gierke*, UFITA 125 (1994), S. 103/117 ff. (Nachdruck)

39 Abgedruckt bei *M. Schulze* (1997), S. 5 ff.

40 Abgedruckt bei *M. Schulze* (1997), S. 23 ff.

41 So auch *Grunert* (2002), S. 36.

42 So auch *Müsse* (1999), S. 30.

43 *Kohler* (1907), S. 1 ff.
Kohlers Urheberrechtsverständnis geht zurück auf die Überlegungen Fichtes, Hegels und Schopenhauers; vgl. hierzu Schricker - *Vogel*, Einleitung Rn. 71; *Müsse* (1999), S. 30.

44 *Kohler* (1907), S. 1.

45 Dies betont auch *Wandtke*, GRUR 1995, S. 385.

46 *Rehbinder* (2002), Rn. 27.

Das Immaterialgüterrecht stellt sich nach Kohler vor allem als Recht an den vermögenswerten Aspekten des Werkes dar.[47] Neben diesem Recht bestehe noch ein eigenständiges Individualrecht ohne einen spezifisch urheberrechtlichen Gehalt, das die ideellen, also persönlichkeitsrechtlichen Interessen des Urhebers an seinem Werk schütze.[48] Das Urheberrecht stellt nach Kohler also nur das Recht auf wirtschaftliche Verwertung des immateriellen Gutes dar. Zum Schutz der ideellen Interessen des Urhebers bestehe ein vom Urheberrecht unabhängiges Individualrecht, aus dem sich der Schutz der Werkintegrität, der Schutz vor unberechtigter Veröffentlichung des Werkes, das Recht auf Anerkennung der Urheberschaft, ein Recht auf Schutz der Geheimsphäre des Schöpfers sowie ein Recht auf Schutz vor bestimmungswidriger Ausbeutung seiner Arbeit ableite.[49] Dieses Recht würde heute als Persönlichkeitsrecht bezeichnet werden.[50] Kohlers Lehre bildet damit die Grundlage der dualistischen Urheberrechtstheorie.[51]

e. Richterliche und gesetzliche Anerkennung des UPR

Die zu Beginn des 20. Jahrhunderts erlassenen gesetzlichen Regelungen auf urheberrechtlichem Gebiet, das LUG[52] von 1901 und das KUG[53] von 1907, enthielten zwar Einzelbefugnisse mit persönlichkeitsrechtlichem Einschlag, ließen aber weiterhin ein umfassendes Anerkenntnis des UPR vermissen. Dagegen orientierte sich die Rechtsprechung früh an der Lehre, die bezüglich des UPR über die gesetzlichen Grundlagen ihrer Zeit weit hinaus ging, und erkannte schon 1912 in einer richtungsweisenden Entscheidung ein umfassendes UPR an.[54] Den Begriff „Urheberpersönlichkeitsrecht" verwandte das Reichsgericht jedoch erstmalig in einer 17 Jahre später ergangenen Entscheidung.[55] Besonders bemerkenswert sind diese Entscheidungen insofern, als dass mit ihnen das UPR zu ei-

---

47 So auch *Wandtke*, GRUR 1995, S. 385.

48 Vgl. *Kohler* (1907), S. 128 ff.

49 *Kohler* (1907), S. 441 - 455.

50 So auch *Müsse* (1999), S. 30.

51 *Rehbinder* (2002), Rn. 27; *Schack* (2001), Rn. 106; auch *Hilty*, Fs. Rehbinder (2002), S. 259/261 betont, dass die Grundlagen des dualistischen Urheberrechtsverständnisses auf Kohler zurückgehen..

52 Gesetz betreffend das Urheberrecht an Werken der Literatur und der Tonkunst; abgedruckt bei *M. Schulze* (1997), S. 169 ff.

53 Gesetz betreffend das Urheberrecht an Werken der bildenden Kunst und der Photographie; abgedruckt bei *M. Schulze* (1997), S. 229 ff.

54 RGZ 79, S. 379/ 401 - Felseneiland mit Sirenen.

55 RG GRUR 1929, S. 508 f. - Lateinisches Übungsbuch.

ner Zeit etabliert wurde, als das allgemeine Persönlichkeitsrecht noch nicht höchstrichterlich anerkannt war.[56]

Der Gesetzgeber schuf erst 1965 mit dem bis heute geltenden UrhG eine umfassende gesetzliche Grundlage für das UPR, indem er erstmalig in § 11 S. 1 UrhG den Urheber allgemein in seinen geistigen und persönlichen Interessen an seinem Werk schützt.

2. Das heutige Urheberrecht als monistisches Recht

Nach der auf die Lehre Kohlers zurückgehenden dualistischen Auffassung des Urheberrechts entsteht durch die Schöpfung eines Werkes ein Doppelrecht, das in ein Vermögensrecht und ein Persönlichkeitsrecht zerfällt.[57] Dagegen betonen die Vertreter der monistischen Theorie,[58] dass die materiellen und die ideellen Interessen des Urhebers sich derart durchdringen, dass von einem einheitlichen Recht, das beide Schutzrichtungen in sich vereint, auszugehen sei.[59] Zur Verdeutlichung der monistischen Vorstellung vom Urheberrecht sei auf das schon als klassisch zu bezeichnende Bild von Ulmer verwiesen, wonach das einheitliche Urheberrecht wie ein Baumstamm sei, dessen eine Wurzel die Vermögensinteressen, dessen andere Wurzel die persönlichkeitsrechtlichen Interessen bildeten. Die Äste und Zweige des Baumes seien die einzelnen urheberrechtlichen Befugnisse, die ihre Kraft bald aus der einen, bald aus der anderen Wurzel zögen.[60]

---

[56] Erst 1954 wurde auch das allgemeine Persönlichkeitsrecht vom BGH anerkannt; BGH GRUR 1955 S. 197 - Leserbrief.
Siehe grundsätzlich zur Entwicklung des allgemeinen Persönlichkeitsrechts durch den BGH: *Gottwald* (1996), S. 59 ff.; speziell zur grundlegenden „Leserbrief-Entscheidung“: *Gottwald* (1996), S. 172 ff.

[57] Schon *Kohler* ging jedoch davon aus, dass das Urheberrecht und das Persönlichkeitsrecht nicht vollständig unabhängig nebeneinander bestehen, sondern miteinander verklammert seien; vgl. *Kohler* (1907), S. 439 ff.
Schon bald entwickelte man Kohlers Theorie dergestalt weiter, dass man das Urheberrecht und das Persönlichkeitsrecht nicht mehr als zwei verschiedene Rechte, sondern das Urheberrecht als Doppelrecht begriff, das beide Rechte in sich enthalte; so *Müller*, UFITA 2 (1929), S. 367/380 f.; *de Boor* (1933), S. 35.

[58] Diese Theorie geht zurück auf *Rabel* (UFITA 108 (1988), S. 185 ff. [Nachdruck]) und *Alfeld* ([1928], S. 20 f.). 1936 wurde sie auf Initiative des Ministerialbeamten Lissbauer in das österreichische Urheberrechtsgesetz übernommen und fand auch in Deutschland immer stärkere Verbreitung; vgl. *Rehbinder* (2002), Rn. 28; *Müsse* (1999), S. 30; *Hilty*, Fs. Rehbinder (2002), S. 259/263.

[59] Für viele *Schack* (2001), Rn. 306; *Rehbinder* (2002), Rn. 28; *Müsse* (1999), S. 38.

[60] *Ulmer* (1980), S. 116.

Entgegen der in fast allen anderen nationalen Urheberrechtssystemen vorherrschenden dualistischen Ausgestaltung des Urheberrechts[61] folgte der deutsche Gesetzgeber bei der Konstruktion des UrhG dieser monistischen Auffassung.[62] Dies geht deutlich aus dem Wortlaut des § 11 S. 1 UrhG hervor. Mit der *Nutzung des Werkes* werden die Vermögensinteressen, mit den *geistigen und persönlichen Beziehungen* die persönlichkeitsrechtlichen Interessen des Urhebers in einem einheitlichen Recht geschützt. Auch die Begründung des Regierungsentwurfes zum UrhG vom 23. 3. 1962[63] macht in der Aussage, beide Seiten des Urheberrechts, das Persönlichkeits- und das Vermögensrecht, bilden eine Einheit und seien vielfältig miteinander verflochten,[64] das monistische Urheberrechtsverständnis des Gesetzgebers deutlich.

Das Urheberrecht ist daher weder als reines Vermögens- noch als reines Persönlichkeitsrecht anzusehen, sondern stellt vielmehr ein Recht eigener Art dar, das als immaterielles Mischrecht charakterisiert werden kann.[65]

3. Recht am Werk und das Recht am Werkstück

Das Werk ist ein Immaterialgut, das Urheberrecht als die Herrschaftsmacht, die die Rechtsordnung dem Schöpfer über dieses verleiht, ist ein Immaterialgüterrecht.[66] Es ist hier gedanklich deutlich zwischen dem Recht am Werkstück, also der materiellen Verkörperung des Werkes, die als Sache den sachenrechtlichen Regelungen des BGB unterliegt, und dem Werk als unkörperlichem Gut, das den Normen des Urheberrechts im objektiven Sinn unterliegt, zu unterscheiden.[67] Den Gegenstand des sachenrechtlichen Eigentums kann nur die körperliche Festlegung des Werkes bilden, nicht aber das Werk selbst als geistiges Gebilde, da es nicht unter den Sachbegriff des § 90 BGB fällt.[68] Die Rechte des Eigentümers beziehen sich also ausschließlich auf den materiellen Gegenstand, in dem das immaterielle Werk seine Verkörperung gefunden hat, also auf das Werkstück, nicht aber auf das in ihm verkörperte Immaterialgut.

---

61 Neben dem deutschen folgt nur das österreichische Urheberrecht der monistischen Konstruktion; vgl. *Hilty*, Fs. Rehbinder (2002), S. 259/260.

62 Für die allgemeine Ansicht Schricker - *Schricker*, § 11 Rn. 2; *Rehbinder* (2002), Rn. 28.

63 Im folgenden kurz als „amtliche Begründung des Regierungsentwurfs" bezeichnet.

64 Amtliche Begründung des Regierungsentwurfs, UFITA 45 (1965), S. 240/257.

65 So *Schricker*, Fs. GRUR (1991), S. 1095/1117 (Rn. 53); ähnlich auch *Grohmann* (1971), S. 13 f.

66 Vgl. *Rehbinder* (2002), Rn. 3.

67 *Ulmer* (1980), S. 11.

68 *Erdmann*, Fs. Piper (1996), S. 655/656.

IV. Gesetzliche Grundlagen und Schutzbereich des UPR

1. Schutzbereich

Das UPR schützt die ideelle Beziehung des Urhebers zu seinem geistigen Werk.[69] Die Formulierung des § 11 S. 1 UrhG macht deutlich, dass die ideellen Interessen des Urhebers durch das UPR in zweifacher Richtung geschützt werden. Auf der einen Seite sind die *persönlichen* Interessen geschützt; dieses sind die unmittelbar auf seine Person bezogenen Interessen des Urhebers am Werk, wie etwa das Interesse an dem durch das Werk vermittelten öffentlichen Ruf und Ansehen, sowie der Ehre, die ihm als Urheber durch die Schaffung des Werkes zuteil werden.[70] Die *geistigen* Interessen des Urhebers, die zweite Schutzrichtung des UPR, sind stärker auf das Werk bezogen. Die geistigen Interessen sind auf die Wirkung und Erhaltung des Werkes um seiner selbst Willen, unabhängig von dem durch das Werk beeinflussten öffentlichen Ruf und Ansehen gerichtet.[71]

2. Gesetzliche Grundlagen des UPR und des Werkintegritätsschutzes

Im UrhG sind die drei wichtigsten urheberpersönlichkeitsrechtlichen Befugnisse in einem eigenen, als *Urheberpersönlichkeitsrecht* betitelten Abschnitt zusammengefasst. Diese sind das in § 12 UrhG normierte Veröffentlichungsrecht, das Recht auf Anerkennung der Urheberschaft aus § 13 UrhG und das in § 14 UrhG geregelte Recht, Beeinträchtigungen und Entstellungen des Werkes zu verbieten. Diese Normen stellen aber keineswegs eine abschließende Aufzählung der persönlichkeitsrechtlichen Befugnisse des Urhebers dar. So haben auch zahlreiche weitere Normen einen persönlichkeitsrechtlichen Einschlag. Insbesondere dienen das in § 25 UrhG normierte Zugangsrecht, die in § 29 UrhG festgelegte Unübertragbarkeit des Urheberrechts, die in §§ 41, 42 UrhG geregelten Rückrufsrechte und das in den §§ 39, 62, 93 UrhG ausgestaltete Recht, sich gegen Änderungen zu wehren, zumindest auch der Verwirklichung der geistigen und persönlichen Interessen des Urhebers.[72] Eine deutliche Trennung zwischen persön-

---

69 Für viele Wandtke/Bullinger - *Bullinger*, Vor §§ 12 ff. Rn. 1;

70 *Schöfer* (1984), 142 f.; *Müsse* (1999), S. 36; *Ulmer* (1980), S. 209.

71 *Ulmer* (1980), S. 209; *Schöfer* (1984), 142 f.; *Müsse* (1999), S. 36.

72 Für viele Wandtke/Bullinger - *Bullinger*, Vor §§ 12 ff. Rn. 4; Schricker - *Dietz*, Vor §§ 12 ff. Rn. 9; *Schack* (2001), Rn. 318; *Müsse* (1999), S. 36.
In der Literatur wird teilweise zwischen einem UPR im engen Sinn (UPR ieS) und einem UPR im weiten Sinn (UPR iwS) unterschieden. Während das UPR ieS durch die im Abschnitt „Urheberpersönlichkeitsrechte" zusammengefassten urheberpersönlichkeitsrechtlichen Einzelbefugnisse, der §§ 12-14 UrhG, gebildet werde, sei das UPR iwS der sich durch das gesamte Urheberrecht ziehende Gedanke des Schutzes der geistigen und persönlichen Interessen des Werkschöpfers. Das UPR im weiteren Sinn habe keine fest umrissene Gestalt, komme aber in allen übrigen Einzelbefugnissen mit persönlichkeitsrecht-

lichkeitsrechtlichen und verwertungsrechtlichen Befugnissen ist, obgleich es nach den Abschnittsüberschriften des UrhG den Anschein hat, nicht möglich.[73] Die überwiegende Zahl der Einzelbefugnisse dient sowohl der Verwirklichung der materiellen wie auch der ideellen Interessen.[74] Dies entspricht dem monistischen Verständnis des Urheberrechts, nach dem die verwertungsrechtlichen und die persönlichkeitsrechtlichen Befugnisse ebenso wenig von einander zu trennen sind wie die entsprechenden Interessen des Urhebers. Da alle Einzelbefugnisse Teil eines einheitlichen Rechts sind, ist eine eindeutige Zuordnung in Persönlichkeits- und Verwertungsrechte auch entbehrlich.[75]

Für die vorliegende Untersuchung des Rechts des Urhebers, die Vernichtung des Werkes zu verbieten, ist besonders auf die werkintegritätsschützenden Normen einzugehen. Hier sind insbesondere § 14 UrhG und § 39 UrhG zu nennen.[76]

Ob die im UrhG konkret normierten Einzelbefugnisse eine abschließende Ausgestaltung des UPR darstellen, oder ob aus § 11 UrhG zum Schutz der ideellen Urheberinteressen weitergehende Befugnisse abgeleitet werden können, wird unten noch zu erörtern sein.[77]

B. Begriffsbestimmung

I. Werk

Der Schutz durch das UrhG setzt voraus, dass ein Werk i.S.d. § 2 UrhG geschaffen wurde. Wenn durch das UrhG auch nicht das Werk, sondern der Urheber geschützt wird, so ist der Werkbegriff doch das zentrale Element des UrhG, da

---

lichem Einschlag zum Ausdruck; so Schricker - *Dietz*, Vor §§ 12 ff. Rn. 6 ff.; *Dietz* (1968), S. 38 f.; *Tölke* (1967), S. 6.
Diese Einteilung birgt m.E. nur begriffliche Schwierigkeiten in sich, ohne zu der unten (2. Kapitel B.III.1.) noch zu klärenden Frage des Verhältnisses des UPR zu den gesetzlich normierten Einzelbefugnissen mit persönlichkeitsschützendem Einschlag beizutragen; in diesem Sinne auch *Schack* (2001), Rn. 318, Fn. 18; *Müsse* (1999), S. 42.
Es besteht aber darüber Einigkeit, dass die im UrhG mit „Urheberpersönlichkeitsrechte" überschriebenen §§ 12-14 UrhG keine abschließende Aufzählung der persönlichkeitsschützenden Befugnisse des Urhebers darstellen, sondern auch zahlreiche weitere Einzelbefugnisse ganz oder zum Teil dem Schutz seiner ideellen Interessen dienen; für die allgemeine Ansicht Möhring/Nicolini - *Kroitzsch*, § 11 Rn. 8; Schricker - *Dietz*, Vor §§ 12 ff. Rn. 9; Fromm/Nordemann - *Hertin*, Vor § 12 Rn. 2.

73 Die Abschnitte sind mit „Urheberpersönlichkeitsrecht", „Verwertungsrechte" und „Sonstige Rechte des Urhebers" überschrieben.

74 *Schack* (2001), Rn. 318.

75 *v. Welser* (2000), S. 22; *Müsse* (1999), S. 39.

76 Der Regelungsgehalt und das Verhältnis der Bestimmungen zueinander wird im 2. Kapitel unter B.I.1. ausführlich dargestellt.

77 Siehe hierzu 2. Kapitel B.III.1.

durch ihn der Gegenstand und der Umfang des Urheberrechtsschutzes festgelegt werden.[78]

Das Werk wird in § 2 Abs. 2 UrhG als „persönliche geistige Schöpfung" aus den Bereichen der Literatur, der Wissenschaft und der Kunst definiert.[79] Allgemein anerkannt ist, dass diese drei Werkkategorien weit auszulegen sind, da nur ein ungefährer Bereich der Möglichkeit des Urheberschutzes aufgezeigt werden soll.[80] Die in § 2 Abs. 1 UrhG vorgenommene Aufzählung der grundsätzlich schutzfähigen Werkarten ist nicht erschöpfend, sondern soll nur einzelne Werkarten aus den einzelnen Kategorien beispielhaft herausstellen.[81]

In Literatur und Rechtsprechung besteht weitgehend Einigkeit, dass der urheberrechtliche Werkschutz von den folgenden Voraussetzungen abhängt.[82]

1. Persönliche Schöpfung

Es muss gemäß § 2 Abs. 2 UrhG eine persönliche Schöpfung vorliegen.[83] Dies setzt voraus, dass das Werk auf einer menschlich-gestalterischen Tätigkeit beruht.[84] Aus dem Schutzbereich des UrhG scheiden daher schon fertig vorgefundene Gegenstände[85] ebenso aus wie von einem Tier oder einer Maschine autonom Geschaffenes. Der Mensch kann jedoch ein Tier oder eine Maschine als sein Hilfsmittel einsetzen.[86]

---

[78] Schricker - *Loewenheim*, § 2 Rn. 2.; vgl. Wandtke/Bullinger - *Bullinger*, § 2 Rn. 2; der den Werkbegriff anschaulich als das Eingangstor zum Urheberrecht beschreibt.

[79] Diese gesetzliche Definition bleibt recht vage und unbestimmt. Eine präzisere Legaldefinition hätte zwar den Vorteil größerer Rechtsklarheit, indessen aber auch den großen Nachteil, neueren technischen und kulturellen Entwicklungen nicht gerecht werden zu können; vgl. *Schack* (2001), Rn. 152.

[80] Schricker - *Loewenheim*, § 2 Rn. 4.

[81] Wandtke/Bullinger - *Bullinger*, § 2 Rn. 4; Fromm/ Nordemann - *Nordemann/Vink*, § 2 Rn. 2.

[82] Jeweils mit weiteren Nachweisen aus Rechtsprechung und Literatur Wandtke/Bullinger - *Bullinger*, § 2 Rn. 5 ff.; Schricker - *Loewenheim*, § 2 Rn. 8 ff.; *Rehbinder* (2002), Rn. 112 ff.; *Schack* (2001) Rn. 152 ff.; *Grohmann* (1971), S. 34 ff.

[83] Für die allgemeine Meinung *Schack* (2001), Rn. 155.

[84] Für viele Wandtke/Bullinger - *Bullinger*, § 2 Rn. 15; Schricker - *Loewenheim*, § 2 Rn. 11.

[85] Wandtke/Bullinger - *Bullinger*, § 2 Rn. 15; *Schack* (2001), Rn. 155.

[86] Schricker - *Loewenheim*, 2 Rn. 11 ff; Wandtke/Bullinger - *Bullinger*, § 11 Rn. 16.

2. Geistiger Gehalt

Weiter muss das Geschaffene einen geistigen Gehalt aufweisen, es muss also ein Gedanken- oder Gefühlsinhalt weitergegeben werden.[87] Dieser Ausdruck des menschlichen Geistes kann in vielfältiger Weise vermittelt werden. In der Art, wie er zum Ausdruck gebracht wird, liegt der Unterschied der einzelnen Werkkategorien. So wird der geistige Gehalt in der Literatur etwa durch das geschriebene Wort vermittelt, in der Malerei durch das Aufbringen von Farbe auf einen geeigneten Untergrund, und in der Musik wird der gedankliche Inhalt in Tönen hörbar gemacht.

3. Wahrnehmbare Form

Ein Werk setzt weiter eine wahrnehmbare Formgestaltung voraus. Ein Werk liegt also erst dann vor, wenn der gedankliche Inhalt eine Form angenommen hat, in der er durch die menschlichen Sinne wahrnehmbar ist. Es ist keine körperliche Festlegung erforderlich, so dass auch das gesprochene Wort oder die gespielte Melodie schutzfähig sind, nicht dagegen aber die ungeäußerte Idee.[88] Nicht erforderlich ist die Vollendung des Schaffensvorgangs. Schon alle Vor- und Zwischenformen der endgültigen Geistesäußerung sind als Werk schutzfähig.[89]

4. Individualität bzw. Gestaltungshöhe

Als letzte, aber wohl wichtigste Voraussetzung muss das Geschaffene Individualität aufweisen. Es muss vom individuellen schöpferischen Geist des Urhebers in der Weise geprägt sein, dass es als Ergebnis seines ganz persönlichen Schaffens erkennbar ist.[90] Die Rechtsprechung verlangt nicht „Individualität", sondern „schöpferische Eigentümlichkeit",[91] was jedoch nur terminologisch ein Unterschied ist, inhaltlich aber das gleiche beschreibt. Das Maß an Individualität bzw. Eigentümlichkeit, das ein Werk aufweist, wird als Gestaltungshöhe bezeichnet.[92] Die Gestaltungshöhe stellt daher kein eigenständiges Kriterium zur

---

87 Der geistige Gehalt setzt nicht voraus, dass durch eine ästhetische Darstellungsweise der Schönheitssinn des Wahrnehmenden angesprochen wird; vgl. *Schack* (2001), Rn. 158; Schricker - *Loewenheim*, § 2 Rn. 18.

88 *Rehbinder* (2002), Rn. 116; *Ulmer* (1980), S. 13; Wandtke/Bullinger - *Bullinger*, § 2 Rn. 18 f.

89 BGH GRUR 1985, S. 1041/1046 - Inkasso-Programm; *Rehbinder* (2002), Rn. 117.

90 Wandtke/Bullinger - *Bullinger*, § 2 Rn. 20; Schricker - *Loewenheim*, § 2 Rn. 23, *Schack* (2001), Rn. 161.

91 BGH GRUR 1991, S. 449/451 - Betriebssystem II.

92 Möhring/Nicolini - *Ahlberg*, § 2 Rn. 75; Schricker - *Loewenheim*, § 2 Rn. 23; BGH GRUR 1959, S. 289/290 - Rosenthal-Vase; BGH GRUR 1974, S. 675/676 - Schulerweite-

Beurteilung der Schutzfähigkeit eines Werkes dar, wie es gelegentlich dargestellt wird.[93] Das notwendige Maß an Individualität ist nicht bei allen Werkarten gleich hoch.[94] So ist bei Werken der angewandten Kunst ebenso wie bei nicht literarischen Schriftwerken ein erhöhtes Maß an Gestaltungshöhe verlangt worden.[95] Dies erklärt sich für Werke der angewandten Kunst daraus, dass für Schaffensprodukte mit geringerem individuellen Einschlag der Geschmacksmusterschutz besteht. Im Bereich der nicht literarischen Schriftwerke besteht ein großes Bedürfnis daran, das handwerklich Durchschnittliche und Alltägliche für jeden zugänglich zu halten.

Es ist zu betonen, dass die Beurteilung der Gestaltungshöhe auf keinen Fall verwechselt werden darf mit einem Urteil über den Wert der Kunst im Sinne von *guter* oder *schlechter* bzw. *wertvoller* oder *wertloser* Kunst. Der Wert eines Werkes wird sich kaum je objektiv messen lassen. Darüber hinaus darf es nicht Aufgabe der Gerichte sein, über den Wert einzelner Werke zu urteilen. Auch der ästhetische Gehalt kann nicht der Maßstab für die Schutzfähigkeit eines Werkes sein. Es ist nicht die Aufgabe des geistig Schaffenden, nur den Schönheitssinn des Menschen anzusprechen. Auch Hässliches und Provokatives kann Individualität aufweisen. In ihm wird sogar oft eine größere Gestaltungshöhe zu finden sein als im ausschließlich Schönen und Widerspruchsfreien. Darüber hinaus ist der ästhetische Wert eines Werkes nicht objektiv bestimmbar, sondern immer von dem subjektiven Urteil des Betrachters abhängig,[96] während aber gerichtliche Entscheidungen nach objektiven, nachvollziehbaren Gesichtspunkten zu ergehen haben.

---

rung; BGH GRUR 1981, S. 267/268 - Dirlada; BGH GRUR 1991, S. 449/451 - Betriebssystem II.

93 *v. Gamm* (1968), § 2 Rn. 16.

94 Das im Einzelnen erforderliche Maß an Gestaltungshöhe ist sehr umstritten. Vertiefend und mit weiteren Nachweisen: Schricker - *Loewenheim*, § 2 Rn. 25 ff..

95 Für Werke der angewandten Kunst: BGH GRUR 1983, S. 377/378 - Brombeermuster; für nicht literarische Schriftwerke: BGH GRUR 1993, S. 34/36 - Bedienungsanweisung, BGH GRUR 1986, S. 739/740 f. - Anwaltsschriftsatz.

96 Es gibt jedoch eine Meinung in der Wissenschaft, die von einem objektiven Ästhetikbegriff ausgeht. Danach haben bestimmte Gegenstände Eigenschaften, die ästhetisch wirken, andere Gegenstände haben diese Eigenschaften nicht. Nach dem subjektiven Ästhetikverständnis ist die Ästhetik ein innerer seelischer Vorgang, der erst beim Betrachter entsteht; ausführlich hierzu *Schramm* (1957), S. 80 ff.
Der Ansicht des objektiven Ästhetikbegriffs kann jedoch nicht gefolgt werden, weil andernfalls alle Menschen, ja sogar alle Kulturen das gleiche ästhetische Empfinden haben müssten; so auch *Grohmann* (1971), S. 37 Fn. 12.

5. Nicht maßgebliche Eigenschaften

Für die Einordnung als Werk nicht erforderlich ist die objektive Neuheit der Schöpfung.[97] Dies stellt einen gravierenden Unterschied zu den gewerblichen Schutzrechten dar. Es sind insofern theoretisch auch parallele Doppelschöpfungen desselben Werkes durch mehrere Urheber denkbar. Wenn jedoch ein Urheber das schon vorhandene Werk kennt und es nur kopiert, fehlt es am Merkmal der Individualität. Es muss also subjektive Neuheit vorliegen.[98] Unerheblich sind auch der Herstellungsaufwand,[99] der Umfang[100] sowie der Zweck der Schöpfung.[101]

6. Zusammenfassung

Zusammenfassend lässt sich sagen, das Werk i.S.d. UrhG ist eine immaterielle Schöpfung, also ein mehr oder weniger komplexer menschlicher Gedankengang oder eine bestimmte Gefühlsregung, die der sinnlichen Wahrnehmung zugänglich gemacht worden ist. Dabei ist das Ausdrucksmittel, über das der geistige Gehalt für andere wahrnehmbar wird, vom eigentlichen Werk zu unterscheiden. So sind weder die Töne oder die Noten eines Musikwerkes noch die bemalte Leinwand bei einem Gemälde das Werk selbst. Diese sind lediglich die Ausdrucksmittel. Das Werk ist die ausgedrückte Melodie, die Komposition bzw. bei einem Gemälde der geistige Gehalt, der im Arrangement von Farben und Formen zum Ausdruck kommt.

II. Werkstück/Werkexemplar

Das Werkstück stellt die materiell-gegenständliche Verkörperung der immateriellen Schöpfung, also des Werkes dar. Jede Verkörperung des gedanklichen Gehalts des Werkes stellt ein Werkexemplar dar. Da bei einem Werk der Literatur etwa der gedankliche Gehalt in jedem gedruckten Exemplar des Textes verkörpert ist, stellt jedes Druckexemplar auch ein Werkexemplar dar. Bei anderen Werkarten, wie z.B. bei Gemälden, wird häufig nur eine einzige Verkörperung des Werkes, nämlich die vom Urheber eigenhändig bemalte Leinwand existieren. Bei mündlichen Darbietungen, pantomimischen Werken oder etwa Happe-

---

[97] *Schack* (2001), Rn. 161; BGH GRUR 1982, S. 305/307 - Büromöbelprogramm.

[98] Fromm/ Nordemann - *Nordemann/Vink*, § 2 Rn. 8.

[99] Vgl. hierzu für viele Wandtke/Bullinger - *Bullinger*, § 2 Rn. 25.

[100] Siehe Schricker - *Loewenheim*, § 2 Rn. 45; Wandtke/Bullinger - *Bullinger*, § 2 Rn. 26 f.

[101] So kommen als urheberrechtliche Schöpfungen sowohl völlig zweckfreie Schöpfungen der Kunst, als auch einem Gebrauchszweck dienende oder gewerblich verwertbare Schöpfungen in Betracht; vgl. Schricker - *Loewenheim*, § 2 Rn. 43; vgl. zur Urheberschutzfähigkeit von Marken *Wandtke/Bullinger*, GRUR 1997, S. 573.

nings aus dem Bereich der Aktionskunst existiert häufig keine Verkörperung des Werkes in einem Werkstück.[102]

Ebenso wie das Werk als immaterielles Geistesprodukt von seinem Ausdrucksmittel zu unterscheiden ist, ist es auch von seiner materiellen Verkörperung zu unterscheiden. So wird z.B. ein Werk ohne seine materielle Verkörperung weitergegeben, wenn ein Schriftwerk vorgelesen, oder wenn ein Musikwerk gespielt wird. Hier wird der geistige Gehalt des Werkes durch Tonwellen übermittelt.[103] Ebenso wird ein Werk bei der Sendung mittels Funkwellen oder via Kabel unkörperlich weitergegeben. Der geistige Inhalt kann auch von einem materiellen Träger auf einen anderen übertragen werden, dies geschieht z. B., wenn ein Manuskript oder ein digitaler Datenträger vervielfältigt wird.[104]

Die Werkstücke unterliegen als körperliche Gegenstände i.S.d. § 90 BGB dem Sachenrecht. Anders als am Werk selbst besteht an den Werkstücken Sacheigentum. Unabhängig vom Bestehen des Urheberrechts werden sie, sofern es sich um bewegliche Gegenstände handelt, nach §§ 929 ff. BGB, sofern es sich um unbewegliche Gegenstände handelt, nach §§ 873, 925 BGB übereignet. Auch ein Eigentumserwerb durch Ersitzung nach § 937 BGB oder durch Verarbeitung nach § 950 BGB kommt in Betracht.[105] Wichtig ist, zu betonen, dass mit der Übereignung eines Werkstücks, unabhängig davon, ob es die einzige Verkörperung des Werkes darstellt, das Urheberrecht am Werk nicht mitübertragen wird.[106]

Nur bei Werken, die eine materielle Verkörperung in (mindestens) einem Werkstück gefunden haben, kann es zu einem Auseinanderfallen von Urheberrecht und Eigentum kommen, so dass sich nur bei diesen Werken die Frage nach der Zulässigkeit der Werkvernichtung durch den Eigentümer stellt.

III. Vernichtung des Werkes

Überwiegend wird die im Rahmen der vorliegenden Untersuchung behandelte Frage unter dem Stichwort *Werkvernichtung*[107] oder *Vernichtung des Werkes*

---

[102] Schricker- *Loewenheim*, § 2 Rn. 10.
[103] *Rehbinder* (2002), S. 35 f.
[104] *Rehbinder* (2002), S. 35.
[105] *Schack* (2001), Rn. 33.
[106] So ausdrücklich auch Wandtke/Bullinger - *Wandtke*, § 44 Rn. 2.
Dies begründet sich schon aus der in § 29 UrhG niedergelegten Unübertragbarkeit des Urheberrechts.
[107] *Schöfer* (1984), S. 130; *Schilcher* (1989), S. 82; *Movsessian*, UFITA 95 (1983), S. 77; Wandtke/Bullinger - *Bullinger*, § 14 Rn. 21 ff.; Schricker - *Dietz*, § 14 Rn. 37. Auch das Reichsgericht unterscheidet in seiner in diesem Bereich grundlegenden Entscheidung (RGZ 79, S. 397 ff. - Felseneiland mit Sirenen) nicht genau zwischen der Vernichtung des Werkstücks und des Werkes.

durch seinen Eigentümer[108] behandelt. Diese Formulierungen sind aus zwei Gründen nicht unproblematisch. Zum einen ist es irreführend und ungenau, vom Eigentümer des Werkstücks als Eigentümer des Werkes zu sprechen, da sachenrechtliches Eigentum nur am Werkstück, nicht aber am Werk selbst als Immaterialgut bestehen kann,[109] an letzterem besteht nur das unveräußerlich in der Hand des Werkschaffenden liegende Urheberrecht. Zum anderen ist zu beachten, dass die Vernichtungshandlung des Eigentümers sich direkt nur gegen das Werkstück richtet. Daher wäre es genauer, statt pauschal von der Werkvernichtung zu sprechen, zwischen der Vernichtung des Werkstücks und der Vernichtung des Werkes zu differenzieren.[110] Ob, und gegebenenfalls unter welchen Voraussetzungen aus der Zerstörung eines Werkstücks tatsächlich auch die Zerstörung bzw. die Vernichtung des Werkes selbst folgt, soll im Folgenden geklärt werden.

1. Vernichtung des Werkes durch Zerstörung des Werkstücks

a. Vernichtung der einzigen Werkverkörperung

Zwar ist das geistige Werk von seiner materiellen Verkörperung zu unterscheiden, jedoch existiert es nicht völlig losgelöst und unabhängig von dieser. Die Herstellung der ersten Werkverkörperung stellt nicht nur die erste Vervielfältigung des bereits im Geiste des Urhebers fertigen Werkes dar, sondern erst beim Herstellen dieses Werkstücks werden die Vorstellungen und Ideen des Urhebers soweit konkretisiert und vervollständigt, dass sie schließlich das endgültige Werk bilden.[111] Jedes Werk ist insofern auf seine materielle Verkörperung angewiesen, als es nur durch diese Verkörperung dauerhaften Bestand haben kann. Ist ein Werk nicht körperlich fixiert, so wie etwa eine nicht niedergeschriebene Rede, wird sie sehr rasch in Vergessenheit geraten oder durch die ungenaue Erinnerung verfälscht werden. Sogar der Urheber selbst wird sich des Werkes rasch nicht mehr bis in alle Einzelheiten erinnern können. Daher ist auch der Urheber für die geistige Auseinandersetzung bzw. allgemein in seiner Beziehung zum Werk auf die Werkverkörperung angewiesen.[112] Die materielle Verkörperung konserviert gewissermaßen die geistige Schöpfung und macht sie dadurch für den Urheber selbst und für andere dauerhaft wahrnehmbar und intellektuell nachvollziehbar.

---

108 Fromm/Nordemann - *Hertin*, § 14 Rn. 8.

109 *Erdmann*, Fs. Piper (1996), S. 655/657.

110 Vgl. zu dieser Differenzierung *v. Waasen* (1994), S. 141; *Bullinger* (1997), 107; *Tölke* (1967), S. 89.

111 So auch *Schöfer* (1984), S. 144.

112 Für die Frage der Bedeutung des Zugangsrechts nach § 25 UrhG in diesem Sinne auch *Schöfer* (1984), S. 15.

Von besonderer Bedeutung ist die Werkverkörperung bei Werken der bildenden Kunst, der Fotographie und bei wissenschaftlichen bzw. technischen Darstellungen. Jedes urheberrechtlich geschützte Werk stellt insofern immer ein Objekt der Kommunikation zwischen Menschen dar,[113] als der Zweck und das Wesen jeden Werkes immer die Mitteilung von inneren Prozessen seines Schöpfers an Dritte ist. Diese Kommunikation ist aber nur möglich, wenn der geistige Gehalt sinnlich wahrnehmbar wird. Bei den oben genannten Werkarten ist diese sinnliche Wahrnehmbarkeit ohne eine Verkörperung der Schöpfung in einem Werkstück faktisch nicht möglich.

Nach der Vernichtung des einzigen Werkstücks kann ein Werk, gleichgültig welcher Kategorie es entstammt, nicht mehr wirken, da weder der Urheber noch ein Dritter sich mit dem Werk auseinandersetzen können. Das Werk ist damit faktisch ausgelöscht. Oben wurde festgestellt, dass ein Werk nur vorliegt, wenn der geistige Gehalt für andere sinnlich wahrnehmbar ist. Wird das einzig existente Werkexemplar zerstört, so ist das Werk nicht mehr sinnlich wahrnehmbar und verliert damit seine Werkeigenschaft. Daher kann man zugespitzt formulieren, mit der Vernichtung des einzigen Werkexemplars wird auch das Werk selbst vernichtet, obgleich dies terminologisch eigentlich nicht exakt ist.

Jedes Werk ist in seiner konkreten individuellen Form das Produkt eines einmaligen Schaffensvorganges. Auch der Urheber selbst kann diesen Vorgang kein zweites Mal in derselben Weise vollziehen.[114] So kann kein Schriftsteller einen komplexen Text mit exakt denselben Worten ein zweites Mal schreiben und kein Maler ein Gemälde ein zweites Mal in identischer Weise malen. Er würde zwar ein neues Werk schaffen, nicht aber das ursprüngliche ein zweites Mal.[115] Daher kann das Werk, nachdem das einzige Werkexemplar vernichtet wurde, auch nicht wieder hergestellt werden.

Teilweise wird in der Literatur eingewandt, das Werk als geistiges Produkt bestünde auch nach der Vernichtung des letzten Werkexemplars fort, da es als Erinnerung weiter existent sei.[116] In der Erinnerung derer, die das Werk kannten, ist es jedoch nie völlig exakt erhalten. Die Erinnerungen verschiedener Personen weichen immer von einander ab, sie sind unterschiedlich genau und unterschiedlich gefärbt durch subjektive Prägungen des Erinnernden. Daher kann die verbleibende Erinnerung an das Werk nicht mit seiner Fortexistenz gleichgesetzt werden.

---

[113] So auch Schricker - *Schricker*, Einleitung, Rn. 7, der das Urheberrecht als „Schutz qualifizierter menschlicher Kommunikation" begreift; *Kellerhals* will das Urheberpersönlichkeitsrecht als „Schutzrecht authentischer Kommunikation zwischen Urheber und Publikum" verstanden wissen; siehe *Kellerhals* (2000), S. 91.

[114] *v. Waasen* (1994), S. 36.

[115] *Schöfer* (1984), S. 144.

[116] *G. Schulze*, Fs. Dietz (2001), S. 177/187.

b. Vernichtung des einzigen Originals eines Werkes der bildenden Kunst

Bei Werken der bildenden Kunst besteht die Besonderheit, dass bei diesen der abstrakte Inhalt und die Verkörperung im Werkoriginal praktisch nicht zu trennen sind. So sind bei einem Gemälde die in der Farbe zu erkennenden Spuren des Pinsels Teile des Werkes selbst, obgleich sie sich eigentlich nur aus der notwendigen materiellen Fixierung des Motivs durch Farbe und Leinwand ergeben. Auch die Oberflächenbeschaffenheit einer Statue, also die Struktur und die Maserung des Materials, wird für den Betrachter einen wichtigen Teil der Wirkung des Werkes ausmachen und daher von ihm als Teil des Werkes wahrgenommen, obgleich es sich an sich nur um ein Merkmal der vom Werk zu trennenden materiellen Festlegung handelt.[117] Daher vermittelt nur das Original eines Werkes der bildenden Kunst alle Eigenarten, die der Urheber in seinem Werk zum Ausdruck gebracht hat.[118] Dementsprechend ist ein Werk der bildenden Kunst schon dann nicht mehr unmittelbar wahrnehmbar, wenn das einzig existente Original des Werkes zerstört wird, auch wenn noch Kopien oder Reproduktionen vorhanden sind. Zwar kann durch noch bestehende Reproduktionen oder Kopien weiterhin vom Inhalt des Werkes Kenntnis genommen werden, allerdings nur quasi aus „zweiter Hand". Anders nämlich als bei Sprach-, Schrift-, oder Musikwerken ist bei Werken der bildenden Kunst nicht jede Information, jede Eigentümlichkeit durch einen Kode (wie die Sprache oder die Noten) festgehalten und damit reproduzierbar gemacht worden.[119] Wenn das einzige Original zerstört wird, gehen damit Aspekte des Werkes, die nur in der Authentizität des Originalwerkstücks wahrnehmbar werden, unter, da sie auch in sehr guten Reproduktionen nicht wiedergegeben werden können. Auch wenn noch Reproduktionen bestehen, kann ein Werk der bildenden Kunst weder durch den Urheber selbst noch durch einen anderen exakt wiederhergestellt werden.[120] Daher kann bei Werken der bildenden Kunst schon dann von einer Werkvernichtung gesprochen werden, wenn das einzige Original zerstört wird, unabhängig davon, ob noch Reproduktionen des Werkes existieren.[121]

---

117 Anders *Troller*, 1. Aufl. (1959), S. 407, der solche von dem verwandten Material abhängenden Ausprägungen des Werkstücks nicht zum Werk selbst rechnen will, da ihnen die Wiederholbarkeit fehle.
Dieser Ansicht kann nicht gefolgt werden, da es für die Einordnung einzelner Aspekte als zu einem Werk gehörend nicht nur unerheblich ist, ob diese Aspekte wiederholbar sind, sondern es sich vielmehr so verhält, dass häufig gerade nicht zu wiederholende Aspekte die Individualität eines Werkes ausmachen. Diese Aspekte, die auf nicht zu reproduzierenden Materialeigenschaften des Originalwerkstücks basieren, müssen also unbedingt zum Werk selbst gehören.

118 *v. Waasen* (1994), S. 161.

119 So auch *Tölke* (1967), S. 45.

120 *Tölke* (1967), S. 45; *Fuchs* (1951), S. 49.

121 *Tölke*, (1967), S. 89; im Ergebnis so auch: *Dietz* (1968), S. 109; *v. Waasen* (1994), S. 161.

c. Besonderheiten bei der Vernichtung von Bauwerken

Eine Besonderheit ergibt sich bei Werken der Baukunst, die nach einem exakten Bauplan errichtet wurden. Hier stellen sowohl der Bauplan als auch das Gebäude eine Verkörperung des Werkes dar. Wird nun das Gebäude abgerissen, so besteht das Werk streng genommen noch im Bauplan fort. Erst wenn weder Bauplan noch Gebäude existieren, wäre das Werk vernichtet. Es ist jedoch zu beachten, dass der Bauplan zwar urheberrechtlichen Schutz genießt und ihm auch Originalqualität zukommen kann,[122] dennoch stellt er, sofern das entsprechende Gebäude tatsächlich errichtet wird, einen bloßen Entwurf zu diesem dar. Nur das Gebäude selbst stellt die eigentliche Verkörperung des Werkes dar. Der Bauplan verhält sich zum fertigen Werk wie eine genaue Skizze zum endgültigen Gemälde. Zwar genießt auch die Skizze Urheberrechtsschutz, das fertige Gemälde stellt aber im Verhältnis zur Skizze ein neues Werk dar, da das fertige Gemälde und die Skizze naturgemäß nicht völlig übereinstimmen. Auch das Gebäude stellt ein anderes Werk als der Bauplan dar, weil das Gebäude nie ganz exakt dem Plan folgt. Durch die verwendeten Materialien ergeben sich gewisse Unregelmäßigkeiten sowie gewisse individuelle nicht vorhersehbare Charakterzüge des Gebäudes, die der Plan nicht widerspiegelt. Daher ist das Werk schon dann vernichtet, wenn das einzig vorhandene Gebäude mit Originalcharakter abgerissen wird.

Die bloße Möglichkeit, dass das Werk nach den Plänen wieder aufgebaut werden kann, muss bei dieser Beurteilung außer Acht bleiben, da eine derartige Möglichkeit mit vielen Unwägbarkeiten verbunden zu sein pflegt. So ist es beispielsweise fraglich, ob der betreffende Architekt berechtigt ist, ohne Zustimmung eines Dritten das Gebäude wieder zu errichten. Selbst wenn er über die erforderlichen rechtlichen Voraussetzungen verfügt, ist ferner fraglich, ob ihm die materiellen Mittel zum Wiederaufbau zu Verfügung stehen. Mit Zerstörung des Gebäudes wird also das endgültige Werk vernichtet, unabhängig davon, ob noch Baupläne existieren.

Ein nie errichtetes Werk der Baukunst wird schon durch die Vernichtung des einzigen Exemplars der Baupläne vernichtet. Da das Werk nie über das Entwurfsstadium hinaus gelangt ist, stellen die Pläne in diesem Fall die endgültige Werkverkörperung dar.

2. Besondere Fallgruppen der Werkvernichtung

a. Teilzerstörung

Häufig wird die Verkörperung eines Werkes nicht völlig zerstört oder vernichtet, sondern es werden nur Teile zerstört, während andere Teile bestehen blei-

[122] Siehe 1. Kapitel B.IV.3.b.

ben. Dies wird etwa im Bereich der Werke der Baukunst häufig vorkommen. So werden relativ häufig Gebäude nicht vollständig, sondern nur zu großen Teilen abgerissen. Es fragt sich, wann in derartigen Fallkonstellationen das Werk als vernichtet und wann es als geändert oder beeinträchtigt anzusehen ist.

aa. Bedeutung der urheberrechtlichen Schutzfähigkeit des verbleibenden Werkteils

Das OLG München hatte einen entsprechenden Fall zu entscheiden.[123] Die Eigentümerin des Pfarrzentrums St. Ulrich in Kempten, eines als Ensemble urheberrechtlich geschützten Gesamtkomplexes, wollte Teile dieses Komplexes abreißen lassen. Er bestand aus dem eigentlichen Kirchenschiff, einem dieses deutlich überragenden Kirchturm und einem großen L-förmigen Pfarrgebäude. Die Gebäude waren durch Laubengänge untereinander verbunden und so angeordnet, dass sie einen umschlossenen Innenhof bildeten. Es sollten nun die Kirche und der Turm abgerissen werden, so dass allein das Pfarrgebäude erhalten blieb. Hiergegen wandte sich die Witwe des Architekten. Das OLG München hat zu der Frage, ob es sich bei dem Teilabriss um eine Vernichtung des urheberrechtlich geschützten Werkes handelt, ausgeführt: „Ein Gesamt- oder auch Einzelwerk ist nur dann in urheberrechtlich relevantem Umfang vollständig vernichtet, wenn der verbleibende Rest nicht mehr auf das frühere Werk durch irgendwelche Merkmale, die keinen selbständigen Urheberrechtsschutz begründen müssen, hinweist oder erinnert."[124] Nach dem OLG München liegt also eine Vernichtung immer dann vor, wenn der verbleibende Rest nicht mehr durch irgendwelche Merkmale an das vorherige Werk erinnere oder auf dieses hinweise. Dabei sei es unerheblich, ob der Rest selbst noch ein urheberrechtlich schutzfähiges Werk darstelle. Nach Ansicht des OLG München lag in dem erwähnten Fall keine Vernichtung vor, da durch das nach dem Teilabriss unmotiviert und unharmonisch auf dem Grundstück verbleibende Pfarrgebäude an das frühere Ensemble erinnert werde.

Gegen diese Ansicht des OLG wird eingewandt, dass es für die Frage der Vernichtung allein darauf ankomme, ob der verbleibende Rest des Werkes für sich einen schutzfähigen Teil des ursprünglichen Werkes darstelle. Nur wenn ein urheberrechtlich geschütztes Restwerk verbleibe, könne begrifflich eine Änderung oder Entstellung vorliegen. Komme aber in dem verbleibenden Rest die Individualität des ursprünglichen Werkes nicht einmal teilweise zum Ausdruck, so dass der Rest urheberrechtlich nicht schutzfähig sei, so sei das ursprüngliche

---

[123] OLG München, ZUM 2001, S. 339 - St. Ulrich.
Ein Fall der Teilzerstörung eines Werkes lag auch der Entscheidung des LG München I - Hajek I zugrunde, auf den im 2. Kapitel unter A.I.2. ausführlich eingegangen wird.

[124] OLG München, ZUM 2001, S. 339/344 - St. Ulrich.

Werk aus urheberrechtlicher Sicht vollständig vernichtet. Darüber dürfe der schutzlose Rest nicht hinwegtäuschen.[125] Danach wäre die Pfarranlage St. Ulrich also dann vernichtet, wenn mit dem Pfarrgebäude kein schutzfähiger Teil des Gesamtensembles erhalten bliebe, unabhängig davon, ob an das vorherige Ensemble erinnert werde.

Das OLG München verkennt in seiner Argumentation, dass urheberrechtlicher Schutz immer nur solange besteht, wie das Werk nach außen wahrnehmbar in Erscheinung tritt. Solange in dem nach der Teilzerstörung verbleibenden Rest die individuellen Züge des Gesamtwerkes erkennbar bleiben, besteht das ursprüngliche Werk wenigstens in Rudimenten fort und ist daher durch die Vernichtung seiner Teile geändert oder entstellt. Wenn aber die verbleibenden Rudimente das individuelle Gepräge, die geistige Aussage des früheren Werkes, nicht einmal mehr ansatzweise erkennen lassen, so ist das Werk vernichtet. Dabei ist das Werk dann als noch in Ansätzen erkennbar anzusehen, wenn der verbleibende Rest noch die Schwelle der urheberrechtlichen Schutzfähigkeit überschreitet. Wenn das Restwerk noch genügend individuelle Züge des ursprünglichen Werkes aufweist, um die Schwelle der urheberrechtlichen Schutzfähigkeit zu überschreiten, so kommt in ihm das ursprüngliche Werk noch hinreichend zum Ausdruck, um als entstellt zu gelten. Die Grenze kann nicht danach gezogen werden, ob die Reste noch an das ursprüngliche Werk erinnern, da das Urheberrecht nur Geisteswerke schützt, die für andere wahrnehmbar sind, nicht solche, an die nur noch eine (vage) Erinnerung besteht. Eine Teilvernichtung stellt also urheberrechtlich eine vollständige Vernichtung dar, wenn der verbleibende Rest keinen schutzfähigen Teil des ursprünglichen Werkes darstellt.

bb. Bedeutung der urheberrechtlichen Schutzfähigkeit des zerstörten Werkteils

Eine weitere Besonderheit, die sich bei der teilweisen Vernichtung eines aus mehreren Einzelkomponenten zusammengesetzten Werkes ergibt, lässt sich am Beispiel des schon oben geschilderten Falls der „Kasseler Treppe" verdeutlichen.[126] Der Architekt Gustav Lange hatte den Königsplatz in Kassel nach einem Gesamtkonzept gestaltet. Dieses beinhaltete unter anderem eine Begrenzung des runden Platzes durch eine aus einer Doppelreihe beschnittener Platanen gebildeten Promenade, eine Sandsteinpflasterung des Platzes, die Anlage bestimmter Freiflächen und eine dezentral außerhalb des Zentrums des Platzes er-

---

125 *G. Schulze*, Fs. Dietz (2001), S. 177/189.

126 Siehe zur Schilderung diees Falls auch Einleitung A.

richtete treppenartige Gebäudeskulptur.[127] Die Zusammenstellung dieser raumgestaltenden Elemente stellt insgesamt eine persönlich-geistige Schöpfung dar, so dass die Gesamtgestaltung des Platzes ein Gesamtwerk i.S.d. § 2 UrhG bildet, unabhängig davon, ob auch die Einzelkomponenten, wie etwa die Treppe für sich genommen, schutzfähig sind.[128] Die Stadt Kassel beabsichtigte, die treppenartige Gebäudeskulptur gegen den Willen des Urhebers zu entfernen.

Da im Fall der „Kasseler Treppe" nach dem Abriss der Gebäudeskulptur die übrigen Gestaltungselemente des Platzes als urheberrechtlich geschütztes „Restwerk" fortbestehen, handelt es sich um eine Änderung oder Entstellung des Gesamtwerkes, nicht aber um eine Vernichtung. So hat auch das LG Kassel die Entfernung der Treppe als Änderung des Gesamtwerkes eingestuft und gemäß § 14 UrhG nach einer Abwägung der Interessen der Stadt als Eigentümerin der Treppe gegen die Interessen des Urhebers, der Stadt die Befugnis zur Vernichtung der Treppe zugesprochen.[129]

Stellt das vernichtete Teilelement eines Gesamtwerkes auch isoliert betrachtet ein urheberrechtlich geschütztes Einzelwerk dar, so ist neben der Zulässigkeit der Änderung des Gesamtwerkes auch die Zulässigkeit der Vernichtung dieses Einzelwerkes zu prüfen. Im Falle der „Kasseler Treppe" hätte das Gericht also auch prüfen müssen, ob die Treppe allein ein urheberrechtlich geschütztes Werk der Baukunst darstellt und gegebenenfalls die Zulässigkeit der Vernichtung dieses Einzelwerkes erörtern müssen. Auf diese Frage geht das LG Kassel jedoch nicht ein.

b. Vernichtung von Sammelwerken

Ein weiteres Problem stellt die Frage dar, wann ein Sammelwerk vernichtet ist. Nach § 4 Abs. 1 UrhG genießt eine Zusammenstellung von Einzelkomponenten urheberrechtlichen Schutz als Sammelwerk, wenn in der Auswahl oder der Anordnung der Elemente eine persönlich-geistige Schöpfung liegt. Dabei ist es unerheblich, ob die zusammengetragenen Einzelkomponenten für sich betrachtet auch urheberrechtlich geschützte Werke darstellen. Wird nun ein Sammelwerk in seine Einzelteile zerlegt, so kommt es zu einer Zerstörung dieses Werkes, ohne dass es auch zwangsläufig zu einer Zerstörung der Einzelkomponenten kommen muss. Die Einzelkomponenten können weiterhin selbständige urheber-

[127] Vgl. das Urteil des LG Kassel vom 22. August 2000, Aktenzeichen 9 O 2612/99 (unveröffentlicht), Seite 4, 12.

[128] Auch das LG Kassel stellte in seiner Entscheidung allein auf die Gesamtgestaltung des Platzes als urheberrechtlich geschütztes Werk ab, ohne auf die Frage einzugehen, ob auch die Treppe selbst ein Werk i.S.d. § 2 UrhG darstellt; vgl. Urteil des LG Kassel vom 22. August 2000, Aktenzeichen 9 O 2612/99 (unveröffentlicht), Seite 9 ff.

[129] Urteil des LG Kassel vom 22. August 2000, Aktenzeichen 9 O 2612/99 (unveröffentlicht), Seite 9 ff.

rechtlich geschützte Werke darstellen, sofern sie unabhängig von dem Gesamtzusammenhang, in dem sie standen, hinreichend individuelle Züge aufweisen.

Eine Änderung oder Entstellung des Sammelwerkes liegt vor, wenn von mehreren Werkstücken nicht alle entfernt werden, so dass das Gesamtwerk noch in unvollständigen Teilen fortbesteht. Eine Zerstörung des Sammelwerkes liegt dagegen vor, wenn alle Einzelteile des Gesamtwerkes auseinandergerissen werden, so dass nur noch die Einzelstücke vorliegen, ohne dass zwischen ihnen noch ein Zusammenhang bestünde. Sind die Einzelstücke des Gesamtwerkes auch für sich urheberrechtlich schutzfähig, so kann die Zerstörung des Sammelwerkes mit der Beeinträchtigung oder Entstellung der Einzelwerke zusammenfallen. Die Einzelwerke bestehen nach der Trennung fort und sind beeinträchtigt, da sie aus dem vom Urheber gewollten Gesamtzusammenhang gerissen sind.

Als Beispiele für Sammelwerke i.S.d. § 4 UrhG sind vor allem Enzyklopädien, Festschriften, Kalender, Jahrbücher, Lieder- oder Notensammlungen und ähnliches zu nennen.[130] Da diese Werke meist in großen Auflagen erscheinen, stellt sich die Frage der Vernichtungsbefugnis hier so gut wie nie. In Ausnahmefällen existieren aber auch Sammelwerke aus dem Bereich der bildenden Kunst. Auf dem Kunstmarkt kommt es gelegentlich vor, dass solche einheitlichen Sammlungen in ihre Einzelkomponenten zerlegt werden, da sich für mehrere kleinere Werke eines Künstlers ein erheblich höherer Preis erzielen lässt als für ein großes Sammelwerk.[131] So verkaufte z.B. der Künstler Anselm Kiefer 1982 ein 44-seitiges Malerbuch über eine Galerie an einen Sammler. Dieser Sammler ließ das Buch in Einzelseiten zerteilen und diese Seiten auf feste Träger aufziehen. Die so entstandenen „Einzelwerke" veräußerte er mit erheblichem Gewinn weiter.[132] Das ursprüngliche Gesamtwerk ist hier zerstört, da zwischen den einzelnen Elementen kein Zusammenhang mehr besteht. Die Einzelwerke sind beeinträchtigt, da sie aus dem Zusammenhang, für den sie konzipiert wurden, gerissen sind.

c. Werkvernichtung bei standortbezogener Kunst

Bei der standortbezogenen Kunst oder „site-specific art" beruht der Werkcharakter darauf, dass ein vom Künstler gestaltetes Objekt in einer bestimmten Umgebung aufgestellt wird und auf diese Umgebung Bezug nimmt.[133] Das Werk gewinnt seine spezifische künstlerische Aussage erst durch den räumlich-örtlichen Zusammenhang, in den der Urheber sein Werk stellt. Die schöpferi-

---

130 Vgl. Wandtke/Bullinger - *Marquardt*, § 4 Rn. 7

131 *Bullinger* (1997), S. 98.

132 Berichtet von *Bullinger* (1997), S. 98 f.

133 *Dietz*, International Review of Industrial Property and Copyright Law 1994, S. 179/192 ff.

sche Leistung liegt im Zusammenspiel von Werkstück und Umgebung.[134] Das Umfeld, in das der Urheber das Werk stellt, wird so selbst dann, wenn es dem Urheber vorgegeben war, Teil des Werkes.[135] Die Verbindung zwischen Aufstellungsort und Werkstück kann zum einen durch formale Aspekte geschehen, wenn etwa das Werkstück in seinen gestalterischen Elementen auf die Umgebung Bezug nimmt, sie kann aber auch durch eine inhaltliche Verklammerung gegeben sein, wenn die Aussage des Werkstücks nur im Zusammenhang mit dem Aufstellungsort verständlich wird, etwa weil es auf die besondere Geschichte des Ortes angespielt.[136]

Als Beispiel kann der Fall eines Wandbildes des Künstlers Oskar Schlemmer dienen. Dieser hatte das Wandbild für ein bestimmtes Wohnhaus konzipiert. Das Bild nahm in seinem Aufbau bezug auf die Gegebenheiten des konkreten Raumes. Außerdem war das Bild ohne Rahmenlinie direkt auf die Mauer des Wohnraumes gemalt, so dass die dargestellten Personen frei zu schweben schienen. Als das Haus abgerissen wurde, fräste man das Bild aus der Wand und stellte es in einer Galerie aus. Das Bild war seiner ursprünglichen Wirkung beraubt, da der Bezug zu dem ursprünglichen Raum nicht mehr bestand. Außerdem hatte das Bild nun entlang der rechteckigen Fräselinie eine konkrete optische Begrenzung. Darüber hinaus war auch die materielle Qualität des Bildes, mit dem Mauerwerk verbunden zu sein, verloren gegangen.[137] Als weitere Beispiele können die Entfernung der Stahlplastik „Tilted Arc" des Künstlers Richard Serra von dem Platz vor dem Handelsgerichtshof in New York, für den Serra sie konzipiert hatte,[138] sowie der Abtransport des „Mindener Keilstücks", einer Plastik des Künstlers Hagebölling vom Hof vor einer Mindener Kirche, für den der Künstler sie geschaffen hatte, auf einen städtischen Bauhof[139] angeführt werden.

Es sind im Falle der Entfernung ortsspezifischer Werke zwei Konstellationen zu unterscheiden. Wird das Werkstück selbst vollständig zerstört, so handelt es sich unproblematisch um eine Vernichtung des Werkes, weil der Aufstellungsort allein keinen schutzfähigen Teil des Werkes darstellt. Dagegen ist der Fall, dass das Werkstück zwar aus seinem Kontext entfernt wird, dadurch also das Gesamtarrangement zerstört wird, das Werkstück selbst aber weiterhin intakt bleibt, schwieriger zu beurteilen. Entsprechend wird in diesem Fall die Frage, ob

---

134 Zahlreiche Beispiele zu dieser Konstellation finden sich bei *Bullinger* (1997), 115 ff.

135 Urteil des OLG Hamm vom 12.7.2001, Aktenzeichen 4 U 51/01 (unveröffentlicht), S. 8f.

136 *Bullinger* (1997), S. 116 f.

137 Berichtet von *Bullinger* (1997), S. 115 f.

138 Berichtet von *Dietz*, International Review of Industrial Property and Copyright Law 1994, S. 179/ 192.

139 Der Fall des „Mindener Keilstücks" und die ergangenen Urteile werden unten im 2. Kapitel unter A.I.3. ausführlich besprochen.

hierin eine Beeinträchtigung oder eine Zerstörung des Werkes zu sehen ist, uneinheitlich beantwortet.[140]

Bei derartigen ortsbezogenen Werken ergibt sich die individuelle Schöpfung des Urhebers erst aus dem Zusammenspiel von Werkstück und Aufstellungsort. Werkstück und Ort bilden ein Gesamtwerk. Diese Aussage wird zunichte gemacht, wenn das eigentliche Werkstück aus seiner Umgebung entfernt wird. Das eigentliche Werkstück stellt nun einen sinnentleerten Teil des Werkes dar. Aber gerade die Tatsache, dass das vom Urheber gestaltete Werkstück an einem anderen Ort ohne seine vorherige Aussagekraft weiter existiert, zeigt, dass es sich hier nicht um eine Zerstörung, sondern um eine Beeinträchtigung handelt.[141] Im oben genannten Beispiel des Wandbildes etwa ist das Bild als solches durchaus noch vorhanden und zeugt von dem Schaffen Schlemmers, allerdings nicht in der von Schlemmer beabsichtigten Weise. Auch die Skulptur Hageböllings ist nach dem Abtransport durchaus noch vorhanden, nur ihr Bezug zum entsprechenden Ort ist zerstört. Es ist gerade das Wesen der Beeinträchtigung, dass zwar das Werk noch weiter zu betrachten ist, aber anders als vom Urheber konzipiert. Das Wesen der Vernichtung ist es aber dagegen, dass das Werk gar nicht mehr wahrgenommen werden kann. Daher liegt in der reinen Entfernung eines standortbezogenen Werkes keine Vernichtung. Eine Vernichtung ist erst dann gegeben, wenn das vom Urheber geschaffene Werkstück nicht nur von seinem Standort entfernt, sondern auch in seiner Substanz zerstört wird.

d. Werkvernichtung und Internet

Im heute für das Urheberrecht so brisanten Bereich des Internets kann die Frage nach dem Zerstörungsrecht insofern relevant werden, als dass der Server eine urheberrechtlich geschützte Internetseite gegen den Willen des Urhebers abschaltet.

---

140 Die Erben Oskar Schlemmers betrachteten das Wandbild nach der Entfernung aus dem Hause als zerstört; siehe *Bullinger* (1997), S. 115. Auch Richard Serra bezeichnete die Entfernung seiner Stahlplastik von ihrem Platz als Zerstörung der Statue; Richard Serra, Ausstellungskatalog der Galerie m, Bochum, 1997, S. 38 f.
Auch das LG Bielefeld hat die Entfernung der „Mindener Keilstücks“ als Zerstörung gewertet; Urteil des LG Bielefeld vom 9.2.2001, Aktenzeichen 4 O 20/21 (unveröffentlicht). *Bullinger* dagegen behandelt die Fallkonstellation unter dem Stichwort *Werkvernichtung*; vgl. *Bullinger* (1997), S. 115. *Dietz* dagegen lässt die Frage offen; vgl. Schricker - *Dietz*, § 14 Rn. 37; *Dietz*, International Review of Industrial Property and Copyright Law 1994, S. 179/192 ff.

141 Zu diesem Ergebnis kommt, anders als das LG Bielefeld als Vorinstanz, auch das OLG Hamm in seinem Urteil vom 12.7.2001, Aktenzeichen 4 U 51/01 (unveröffentlicht), S. 9 - Mindener Keilstück.

In diesem Falle ist zwar das urheberrechtlich geschützte Programm, das hinter der Website steht, weiter vorhanden, allerdings kann dieses Programm nicht mehr in der vorgesehenen Art wirken. Es ist als Website konzipiert und somit dazu bestimmt, im Internet abrufbar zu sein. Da aber das Programm jederzeit bei einem anderen Server wieder ins Netz gestellt werden kann und somit auch wieder als Website abrufbar ist, kann hier nicht von einer Zerstörung des Werkes gesprochen werden. Eine nicht ins Netz gestellte Website ist vielmehr mit einem nicht ausgestellten, sondern in einem Magazin gelagerten Gemälde vergleichbar. Auch das Gemälde kann seinen Zweck, nämlich von anderen betrachtet zu werden, zeitweise nicht erfüllen, dennoch ist es nicht zerstört.

Im Bereich des Internets und der Multimediawerke wird die Frage des Änderungs- und Entstellungsschutzes oft unter dem Aspekt diskutiert, dass aus verschiedenen Werken einzelne Teile herausgelöst und zu einem Gesamtwerk verbunden werden, das multimedial nutzbar ist.[142] Hierdurch kann es zwar zu einer Änderung oder Entstellung der verwandten Werke kommen, da die Werke in Ausschnitten oder in einem entstellenden Zusammenhang wahrnehmbar gemacht werden. Da jedoch in aller Regel digitale Vervielfältigungen und nicht die einzigen vorhandenen Exemplare der Ausgangswerke zur Herstellung verwendet werden, wird auch in diesem Zusammenhang die Frage der Zerstörungsbefugnis nicht relevant.

3. Zusammenfassung

Zusammenfassend lässt sich sagen, die Frage der Zulässigkeit der Werkvernichtung durch den Eigentümer wird bei Werken der bildenden Kunst immer dann relevant, wenn nur noch ein Original des Werkes existiert. Bei Werken anderer Kategorien wird die Frage immer dann relevant, wenn nur noch ein Exemplar vorhanden ist, gleichgültig ob es sich bei diesem um ein Original oder ein schlichtes Vervielfältigungsstück ohne Originalcharakter handelt.

Bei Schrift- und Musikwerken, wissenschaftlichen und technischen Darstellungen sowie Computerprogrammen wird die Frage nach der Vernichtungsbefugnis des Eigentümers eines Werkstücks in der Praxis kaum relevant werden. Da diese Werke leicht zu vervielfältigen sind, existieren hier in aller Regel eine Vielzahl von Werkexemplaren, so dass kaum je das einzig vorhandene Exemplar von einer Zerstörung betroffen sein dürfte. Außerdem ist es bei diesen Werken eher unüblich, dass der Urheber alle Werkexemplare aus der Hand gibt, meist wird das Original beim Urheber selbst verbleiben. Anders ist es im Bereich der Werke der bildenden Kunst. In diesem Bereich hat das Original eine so überragende Bedeutung, dass der Urheber zur sinnvollen wirtschaftlichen Ver-

[142] *Rehbinder*, ZUM 1995, S. 684/686 f.; *Riekert*, in: Götting (Hrsg.), Multimedia, Internet und Urheberrecht (1998), S. 123/134.

wertung des Werkes häufig genötigt ist, das Original zu veräußern. Daher wird sich hier die Frage nach der Vernichtungsbefugnis des Eigentümers des Werkoriginals wesentlich häufiger stellen. Wie die in der Rechtsprechung bisher entschiedenen Fälle zeigen, kommt die Frage nach der Vernichtungsbefugnis des Werkstückeigentümers im Bereich der Werke der Baukunst die größte praktische Bedeutung zu.[143] Dies hat zwei Ursachen. Zum einen existiert bei Werken der Baukunst häufig nur ein Werkoriginal. So werden etwa von Architekten entworfene Gebäude häufig nur einmal errichtet. Zum anderen ist hier der Eigentümer relativ oft zur Vernichtung des Werkexemplars gezwungen, da es mit dem Grundstück fest verbunden ist, so dass er ohne Zerstörung des Werkstücks sein Grundstück nicht anderweitig nutzen kann.

Im weiteren Verlauf der Untersuchung wird daher auf Werke der bildenden Kunst, und hier speziell auf Werke der Baukunst, besonderes Augenmerk zu richten sein.

IV. Das Original eines Werkes der bildenden Kunst

Im Gegensatz zu allen anderen Werkarten sind Werke der bildenden Kunst, wie oben dargestellt wurde, schon dann als vernichtet anzusehen, wenn das einzige Original vernichtet wurde. Daher ist die Original-Eigenschaft in diesem Bereich besonders bedeutsam für die Beurteilung der Zulässigkeit der Vernichtung. Das Gesetz verwendet den Begriff „Original" in verschiedenen Normen, so z.B. in § 10 UrhG (Vermutung der Urheberschaft), in § 18 UrhG (Ausstellungsrecht) oder in § 26 UrhG (Folgerecht), definiert den Begriff aber nicht. Der Begriff des Originals wird vom Gesetz nicht nur auf Werke der bildenden Kunst beschränkt, sondern auch für andere Werkarten verwandt, so gilt z. B. das in § 25 UrhG geregelte Zugangsrecht für Originale aller Werkarten. Da es in den übrigen Werkbereichen für die Zulässigkeit der Vernichtung ohne Bedeutung ist, ob es sich bei dem jeweiligen Werkstück um ein Original handelt, soll die Darstellung auf Originale der bildenden Kunst beschränkt werden.

1. Werke der bildenden Kunst

Werke der bildenden Kunst sind zwei- oder dreidimensionalen Gestaltungen, die ihren ästhetischen Gehalt durch die Ausdrucksmittel Farbe, Linie, Fläche, Raumkörper und Oberfläche zum Ausdruck bringen.[144] Somit kommen als Werke der bildenden Kunst Gemälde, Zeichnungen, Druckgraphiken, Werke der Bildhauerkunst, künstlerisch gestaltete Gegenstände allerart aus sämtlichen

---

[143] Vgl. beispielsweise die im 2. Kapitel unter A.I. besprochenen Entscheidungen.

[144] So Wandtke/Bullinger - *Bullinger*, § 2 Rn. 80; Schricker - *Loewenheim*, § 2 Rn. 134; Fromm/Nordemann - *Nordemann/Vinck*, § 2 Rn. 51; *Schöfer* (1984), S. 24.

denkbaren Materialien, aber auch Comics und Ähnliches, in Betracht.[145] In § 2 Abs. 1 Nr. 4 UrhG ist klargestellt, dass grundsätzlich auch Werke der Baukunst und Werke der angewandten Kunst Werke der bildende Kunst darstellen können. Gebrauchsgegenstände und einem Gebrauchszweck dienende Bauwerke sind als Werke der bildenden Kunst einzuordnen, sofern sie eine ausreichende Gestaltungshöhe besitzen. Werke, die keinem Gebrauchszweck dienen und keine Bauwerke darstellen, werden auch als Werke der „reinen",[146] „hohen"[147] oder „bildenden Kunst im engeren Sinne"[148] bezeichnet.

2. Originalbegriff

Bei der Bestimmung der Originaleigenschaft ist zwischen Unikaten, also Werkstücken, die nur einmalig hergestellt wurden, und Exemplaren von Serienwerken, also Werken, von denen durch Abguss, Druck oder sonstige Vervielfältigungstechniken mehrere Werkexemplare hergestellt wurden, zu differenzieren. Unikate kommen im Bereich der bildenden Kunst häufig vor, z. B. bei Gemälden, Steinskulpturen, Zeichnungen oder Schnitzereien. Ein Serienwerk liegt vor, wenn von einem Urstück mittels eines geeigneten Verfahrens mehrere nahezu identische Werkstücke hergestellt werden. Dieses Verfahren ist je nach der Werkart unterschiedlich. So werden im Bereich der Druckgraphik etwa Druckvorlagen hergestellt, die ein Negativ des endgültigen Werkes darstellen und mittels dieser Abzüge gedruckt. Im Bereich der Plastik werden dreidimensionale Negativformen geschaffen und in diesen Abgüsse hergestellt.

a. Unikate

aa. Eigenhändigkeit und Erstmaligkeit

Zur Bestimmung der Originaleigenschaft wird sowohl bei Serienwerken als auch bei Unikaten allgemein auf die in Kunstkreisen übliche Verkehrsanschauung abgestellt.[149] Entscheidend ist danach, ob ein Werkstück vom Urheber eigenhändig geschaffen wurde.[150] Für Unikate ist daneben maßgebend, ob durch sie das Werk erstmals erstellt wurde.[151] An der Erstmaligkeit könnte es in den

---

[145] Vgl. zu den Kategorien der Werke der bildenden Kunst Wandtke/Bullinger - Bullinger, § 2 Rn. 85 ff.

[146] *Ulmer* (1980), S. 146.

[147] *Katzenberger* (1970), S. 83.

[148] Wandtke/Bullinger - Bullinger, § 2 Rn. 85.

[149] Für die allgemeine Ansicht Schricker - *Katzenberger*, § 26 Rn. 27; *Bullinger* (1997), S. 26; *Hamann* (1980), S. 81 ff.

[150] Wandtke/Bullinger - *Bullinger*, § 26 Rn. 4; *Bullinger* (1997), S. 26; *Hamann* (1980), S. 35 ff.

[151] *Katzenberger* (1970), S. 91 ff; *Hamann* (1980), S. 35 ff.

Fällen fehlen, in denen ein Gegenstand oder ein Motiv vom Urheber selbst oder von einem Dritten wiederholt dargestellt worden ist. Hier ist danach zu differenzieren, ob das schon bestehende Werkexemplar exakt kopiert wurde oder ob es zwischen den Werkstücken so gravierende Abweichungen gibt, dass von jeweils eigenständigen künstlerischen Bearbeitungen des gleichen Gegenstandes gesprochen werden kann. Nur wenn derartige Abweichungen gegeben sind, handelt es sich auch bei den Wiederholungen um Originale aus dem Bereich der Unikate.[152] Eigenhändigkeit ist auch dann noch gegeben, wenn Ausführungshandlungen an Hilfspersonen delegiert werden, die Hilfspersonen aber die Arbeiten in einem so engen Weisungsrahmen ausführen, dass sie im künstlerischen Bereich keinen Gestaltungsspielraum besitzen.[153] Die Hilfspersonen dürfen also nur handwerkliche, nicht aber gestalterische Entscheidungen selbständig treffen.

bb. Unerheblichkeit der Signatur

Ob ein Werkstück signiert ist, ist für die Einordnung als Original unerheblich. Dies ergibt sich schon aus dem Gesetzeswortlaut; § 107 Nr. 1 UrhG stellt es unter Strafe, auf einem Original ohne Einwilligung des Urhebers die Urheberbezeichnung anzubringen, was voraussetzt, dass schon vor dem Anbringen der Urheberbezeichnung ein Original bestand. § 13 S. 2 UrhG sichert dem Urheber die Freiheit, selbst zu entscheiden, ob er eine Urheberbezeichnung anbringt. Diese Freiheit würde entwertet, wenn dem Urheber die Rechte für Originalwerke verloren gingen, sofern er sich gegen eine Urheberbezeichnung entscheidet.[154]

cc. Skizzen und Entwürfe

Es stellt sich die Frage, ob es sich auch bei Skizzen oder Entwürfen von Werken der bildenden Kunst um Originale handeln kann. Hamann will Skizzen und Entwürfe, die dem endgültigen Werk vorausgehen, die Originaleigenschaft generell absprechen. Er führt an, es fehle den Entwürfen an einer vollständigen Übereinstimmung zwischen den Vorstellungen des Künstlers und der Werkverkörperung, was aber die Erstverkörperung voraussetze.[155] Dem ist nicht zuzustimmen. Das UrhG setzt für das Vorliegen eines geschützten Werkes nach § 2 UrhG nicht voraus, dass es zu einer völligen Übereinstimmung zwischen den Vorstellungen des Urhebers und der Verkörperung kommt. Dementsprechend ist in § 2 Abs. 1 Nr. 4 UrhG ausdrücklich klargestellt, dass auch Entwürfe schutz-

---

152 *Katzenberger*, (1970), S. 91; *v. Waasen* (1994), S. 4.

153 *v. Waasen* (1994), S. 4; ähnlich auch Wandtke/Bullinger - *Bullinger*, § 26 Rn. 4..

154 *v. Waasen* (1994), S. 5; *Hamann* (1980), S. 133 f.; Wandtke/Bullinger - *Bullinger*, § 26 Rn. 6 betont, dass der Signatur aber eine Indizwirkung für die Originaleigenschaft zukommt.

155 *Hamann* (1980), S. 118.

fähig sind. Wenn aber Entwürfe schon Werke i.S.d. UrhG darstellen können, ist es nicht zu rechtfertigen, sie nicht als Originale einzuordnen, sofern sie vom Urheber eigenhändig und erstmals hergestellt wurden. Daneben stellt auch das endgültige Werk eine erstmalige Verkörperung dar, sofern es von dem vorherigen Entwurf abweicht. Im Regelfall wird eine deutliche Abweichung gegeben sein, da es sich nämlich sonst nicht um einen Entwurf, sondern bereits um das eigentliche Werk handeln würde. Entwurf und Werk sind also beide urheberrechtlich geschützte Originale.

b. Serienwerke

aa. Vervielfältigung und Originaleigenschaft schließen sich nicht aus

Bei Serienwerken ist die Originaleigenschaft schwieriger zu bestimmen als bei Unikaten. Vereinzelt wird in der Literatur Exemplaren von Serienwerken generell die Originaleigenschaft abgesprochen.[156] Dem ist jedoch entgegenzuhalten, dass nach der für die Einordnung als Original maßgebende Auffassung der am Kunstmarkt beteiligten Kreise auch bei Serienwerken von Originalen gesprochen wird. Dabei ist zu beachten, dass die Begriffe Original und Vervielfältigung sich keineswegs gegenseitig ausschließen.[157] Der Begriff der Vervielfältigung stellt nicht den Gegenbegriff zum Original dar, da er nur besagt, dass mehrere nahezu identische Werkstücke nach einem geeigneten Verfahren von einem Urstück hergestellt wurden. Als Gegenbegriff zum Original ist der Begriff Kopie oder Reproduktion zu verwenden. Man könnte daran denken, entsprechend dem Originalbegriff bei Unikaten immer nur dem ersten Werkstück, also etwa dem ersten Abzug einer Druckgraphik oder dem ersten Abguss einer Plastik, die Originaleigenschaft zuzusprechen. Dies wird aber zutreffend allgemein abgelehnt.[158] Die Negativformen einer Plastik oder die Druckplatten einer Graphik sind gerade dazu bestimmt, mehrere Exemplare herzustellen. Die späteren Exemplare weisen die gleiche Authentizität auf wie das erste, da sie nicht nach dem Bild des vorhergehenden hergestellt wurden, sondern jedes Exemplar auf die Urform, also die Negativform, zurückgeht. Bei verschiedenen Verfahren im Bereich der Druckgraphik, z. B. beim Kupferstich, sind sogar die ersten Abzüge von der Platte unbrauchbar, da sie die Farbe noch nicht optimal wiedergeben, so dass einige Vorabzüge hergestellt werden müssen, bevor optimale Ergebnisse erzielt werden. Welches hier der erste verwertbare Abzug ist, steht im Belieben

---

156 So z.B. für die Rechtslage in der Schweiz: *Staehelin* (1964), S. 52; auch *v. Gamm* (1968), § 26 Rn. 5 betrachtet schon den ersten Abzug eines Kupferstiches als Vervielfältigung ohne Originalqualität.

157 *v. Waasen* (1994), S. 8; *Tölke* (1967), S. 43;
andere Ansicht dagegen *Schöfer* (1984), S. 37 ff.

158 *Schöfer* (1984), S. 32; *Katzenberger* (1970), S. 92; *Hamann* (1980), S. 157 f; *v. Waasen* (1994), S. 7.

des jeweiligen Urhebers. Wollte man nur den tatsächlich ersten Abzug als Original betrachten, so wäre das Original ein Werkstück, das das Werk nicht vollendet wiedergibt.

bb. Beteiligung des Urhebers als maßgebliches Abgrenzungskriterium

Ob es sich bei dem Exemplar eines Serienwerkes um ein Original handelt, ist allein davon abhängig, inwieweit der Urheber an seiner Herstellung beteiligt ist. Allein dies ist das Kriterium, das im Bereich der Serienwerke die Originale von bloßen Kopien unterscheidet. Uneinigkeit besteht über das notwendige Maß der Beteiligung des Urhebers. Nach der engsten Auffassung handele es sich nur bei Werkstücken, die der Urheber eigenhändig herstellt, um Originale.[159] Nach der Gegenauffassung ist es ausreichend, wenn der Urheber nur die Weisung, bzw. seine Zustimmung zur Vervielfältigung gibt.[160] Eine vermittelnde Auffassung verlangt, dass der Urheber den Vervielfältigungsvorgang beaufsichtigt.[161] Bei der Bestimmung der Originaleigenschaft von Unikaten wurde festgestellt, dass es nicht erforderlich ist, dass der Urheber das Werkstück in allen Arbeitsschritten selbst ausführt, sondern er handwerkliche Tätigkeiten Dritten überlassen kann, sofern sie nach genauen Weisungen arbeiten.[162] Derselbe Maßstab muss auch im Bereich der Serienwerke angelegt werden. Der Urheber kann also den Vervielfältigungsvorgang Dritten überlassen. Er muss jedoch diesen Vervielfältigungsvorgang nicht nur initiiert haben, sondern er muss ihn insoweit mitbestimmen, dass den Hilfspersonen keinerlei Entscheidungs- und Gestaltungsfreiheit in künstlerischer Hinsicht zukommt. Der Urheber muss also alle technischen Fragen, die Einfluss auf das Erscheinungsbild der Vervielfältigungsstücke haben, bestimmen. Auch die Druckformen müssen vom Urheber nicht unbedingt eigenhändig hergestellt werden. Es ist ausreichend, dass der Urheber die Positivform schafft, von der Gehilfen nach seiner Weisung und unter seiner Überwachung die Negativform erzeugen.[163] Darüber hinaus müssen die Vervielfältigungsstücke unter Verwendung der vom Urheber weitgehend selbst gefertigten Druckformen hergestellt werden. Der Urheber muss beim eigentlichen Vervielfältigungsprozess nicht anwesend sein, er muss diesen aber in der Weise überwachen, dass er sämtliche Werkstücke, die als Originale gelten sollen, kontrolliert und darauf überprüft, inwieweit sie seinen Vorstellungen vom Erscheinungsbild seines Werkes entsprechen. Nur die Werkstücke, die von ihm gebilligt

[159] Möhring/Nicolini - *Nicolini*, 1.Auflage, § 6 Anm. 4 c.

[160] Schricker - *Katzenberger*, § 26 Rn. 28; Schricker - *Gerstenberger*, § 44 Rn. 10; *Tölke* (1967), S. 42.

[161] *Ulmer* (1980), S. 283; Fromm/Nordemann - *Nordemann*, § 26 Rn. 2; *v. Waasen* (1994), S. 9.

[162] Siehe oben 1.Kapitel B.IV.2.a.aa.

[163] So für den Bereich der Plastik ausdrücklich Wandtke/Bullinger - *Bullinger*, § 26 Rn. 4.

werden, sind als Originale anzusehen. Ein Indiz für die Originaleigenschaft, nicht aber eine notwendige Voraussetzung, ist die Nummerierung und Signatur des Werkstücks.[164]

cc. Originaleigenschaft der Negativform eines Serienwerkes

Fraglich ist, ob auch die Negativformen, die zur Herstellung eines Serienwerkes nötig sind, als Originale anzusehen sind. Hier kommt es darauf an, ob ihnen eine Positivform zugrunde liegt, die lediglich exakt in die Negativform übertragen wird. Existiert eine solche, so kommt dem Negativ keine Individualität zu, da nur die Vorlage wiedergegeben wird.[165] Wenn die Negativform hergestellt wird, ohne dass zuvor eine Positivform existiert, oder zwar eine Vorlage besteht, diese aber nicht exakt übernommen, sondern frei bearbeitet wird, so stellt die Negativform ein Original und ein Unikat dar, da sie eigenhändig und erstmalig vom Urheber hergestellt wird.[166] Nach der Gegenansicht stellen die Negativformen keine Originale dar, da erst der Abzug oder Abguss die Vorstellung des Urhebers von seinem Werk vollkommen verkörpere,[167] so dass sie nur Vorstufen zum Werk bildeten, denen es an Endgültigkeit fehle.[168] Gegen diese Ansichten lässt sich anführen, dass es für die Einordnung als Original genauso wenig wie für die Einordnung als Werk im urheberrechtlichen Sinn darauf ankommt, dass die Vorstellung des Urhebers ihre endgültige Verkörperung gefunden hat.[169]

dd. Vernichtung des Serienwerkes

Ein Serienwerk ist wie jedes Werk der bildenden Kunst vernichtet, wenn das einzige Werkstück mit Originalcharakter zerstört ist. Daher ist es, solange von ihm noch die Druckplatte bzw. die Negativform existiert, und diese nach den oben entwickelten Kriterien als Original anzusehen ist, selbst dann nicht vernichtet, wenn der letzte Abguss oder Abzug zerstört wird. Das Werk besteht in der „original“ Druck- oder Gussvorlage fort. Außerdem ist der Urheber in der Lage, neue Abzüge bzw. Abgüsse herzustellen, die auch wieder als Originale einzustufen sind.

---

164 Dies betont auch Schricker - *Katzenberger*, § 26 Rn. 29.

165 *v. Waasen* (1994), S. 7.

166 So auch: Schricker - *Gerstenberger*, § 44 Rn. 10; *Schöfer* (1984), S. 33; *v. Waasen* (1994), S. 7.

167 So *Hamann* (1980), S. 151 ff., der die Negativform den Skizzen und Entwürfen gleichstellt, die seiner Ansicht nach ebenfalls mangels vollständiger Übereinstimmung mit den Vorstellungen des Urhebers keine Originale sein können.

168 *Katzenberger* (1970), S. 92.

169 Vgl. 1. Kapitel B. IV.2.a.cc.

c. Exkurs: Künstlerische Fotografie

Künstlerische Fotografien sind nicht zu den Werken der bildenden Kunst i.S.d. § 2 Abs. 1 Nr. 4 UrhG zu zählen, sondern stellen Lichtbildwerke nach § 2 Abs. 1 Nr. 5 UrhG dar.[170] Auf dem Kunstmarkt werden heute gleichwohl Fotographien in derselben Weise behandelt wie Serienwerke aus dem Bereich der Druckgraphik. Abzüge und Vergrößerungen von Fotografien werden in begrenzter Stückzahl hergestellt und mit Nummerierungen und Signaturen versehen. Die beteiligten Kreise sprechen bei den so hergestellten Vervielfältigungsstücken von Originalen und messen ihnen einen zum Teil sehr hohen wirtschaftlichen Wert zu.[171] Zur Beantwortung der Frage, wann es sich bei dem Abzug eines urheberrechtlich geschützten Lichtbildwerkes um ein Original handelt, kann auf das zu den Serienwerken der bildenden Kunst Gesagte verwiesen werden. Entscheidend ist also, inwieweit der Urheber an der Herstellung des Vervielfältigungsstücks beteiligt war. Im Bereich der künstlerischen Fotographie ist es weit verbreitet, dass der Urheber selbst die Abzüge, die als Original auf den Kunstmarkt gelangen sollen, eigenhändig herstellt. Hat er den Abzug nicht eigenhändig hergestellt, so muss er wenigstens den Vervielfältigungsprozess initiiert haben und alle technischen Fragen, die sich auf die Gestalt des Abzugs auswirken können, so eng vorgegeben haben, dass einer Hilfsperson keine Gestaltungsfreiheit zukommt.[172] Außerdem muss er den Abzug kontrolliert und als mit seiner Vorstellung vom Werk übereinstimmend gebilligt haben.[173] Auch beim Negativ einer Fotografie handelt es sich um ein Original, da es eine erstmalige und vom Urheber eigenhändig hergestellte Verkörperung des Werkes darstellt.[174]

Einem vom Urheber selbst hergestellten und gebilligten Abzug einer künstlerischen Fotografie kommt, ebenso wie einem eigenhändig hergestellten Exemplar eines Werkes der bildenden Kunst, eine höhere Authentizität zu als einer schlichten Kopie. Nur die Originalabzüge geben das Werk in all seinen Facetten wieder. Daher ist auch ein Werk der künstlerischen Fotografie schon dann vernichtet, wenn das letzte Original zerstört ist, auch wenn noch weitere Abzüge ohne Originalcharakter bestehen. Entsprechend einem Serienwerk aus dem Bereich der bildenden Kunst ist auch ein Werk der künstlerischen Fotografie erst dann vernichtet, wenn sowohl der letzte Abzug als auch das Negativ zerstört sind.

---

170 Vgl. Wandtke/Bullinger - *Bullinger*, § 2 Rn. 109; Schricker - *Loewenheim*, § 2 Rn. 173.

171 *Hamann*, UFITA 90 (1981), S. 45/46 f.; Schricker - *Katzenberger*, § 26 Rn. 20.

172 So auch *Hamann*, UFITA 90 (1981), S. 45/54.

173 *Bullinger* (1997), S. 27.

174 Andere Ansicht *Hamann*, UFITA 90 (1981), S. 45/49 f., der das Negativ genau wie die Negativformen der bildenden Künste nicht als Original ansieht, da in ihnen die Vorstellung des Urhebers von seinem Werk noch nicht endgültig verkörpert sei. Er bezeichnet sie stattdessen als Vororiginal.

3. Originalbegriff bei Werken der Baukunst

Besonders häufig stellt sich die Frage der Zerstörungsbefugnis des Eigentümers bei Werken der Baukunst, etwa bei Häusern oder Denkmälern, wenn der Grund und Boden, auf dem sie errichtet sind, anderweitig genutzt werden soll.

a. Werke der Baukunst

Die Werke der Baukunst stellen nach § 2 Abs. 1 Nr. 4 UrhG eine Untergruppe der Werke der bildenden Kunst dar. Werke der Baukunst können Bauten jeglicher Art sein, sofern sie persönlich-geistige Schöpfungen darstellen. Es kommt dabei weder auf die Konstruktion, noch die Art der Herstellung, noch das Material an. Ein Bauwerk muss aber mit einer gewissen Festigkeit mit dem Erdboden verbunden sein, so dass ein Wegbewegen erschwert ist.[175] Der Zweck des Gebäudes ist unerheblich. Sowohl Gebäude mit einem klar bestimmten Gebrauchszweck, wie auch rein ästhetischen Zwecken dienende Gebäude kommen in Betracht. Es muss auch nicht etwa ein künstlerischer Zweck gegenüber einem möglichen Gebrauchszweck den Vorrang genießen.[176] Auch die Raumgestaltung eines Platzes oder einer Gartenanlage kann als Werk der Baukunst urheberrechtlich geschützt sein,[177] ebenso wie ein Werk der Innenarchitektur.[178] Teile eines Bauwerkes wie z.B. Fassaden, Dachgiebel, Grundrisse etc. können als selbständige Werke der Baukunst urheberrechtlich geschützt sein, sofern sie schon für sich genommen eine persönlich-geistige Schöpfung darstellen.[179]

b. Originaleigenschaft des Bauwerkes und des Bauplans

Bei Werken der Baukunst besteht, wie oben schon dargestellt wurde,[180] die Besonderheit, dass in aller Regel, bevor das Werk selbst errichtet wird, ein detaillierter Bauplan erstellt wird. Es stellt sich die Frage, inwieweit der Plan und das Gebäude selbst ein Original darstellen. Ein Bauplan ist, sofern das dargestellte Bauwerk hinreichend individuelle Züge aufweist, als Entwurf eines Werkes

---

175 *Jestaedt* (1997), S. 30.
Nach einer vereinzelt vertretenen Auffassung sollen auch Schiffe, Flugzeuge, Eisenbahnwagen etc. Werke der Baukunst darstellen, da auch diese von Menschen gestaltete Formgebilde seien; so etwa *Troller* (1985), S. 385.
Dieser Ansicht ist nicht zuzustimmen. Sie führt zu einer Verwischung der Grenzen zu den technischen Schutzrechten und hat darüber hinaus den Nachteil, mit dem allgemeinen Sprachgebrauch nicht vereinbar zu sein; so auch *Jestaedt* (1997), S. 30.

176 Schricker- *Loewenheim*, § 2, Rn. 149.

177 *Jestaedt* (1997), S. 31.

178 BGH GRUR 1982, S. 107/109 - Kircheninnenraumgestaltung; Schricker - *Loewenheim*, § 2 Rn. 150.

179 BGH GRUR 1989, S. 416 - Bauaußenkante; BGH GRUR 1973, S. 663/664 - Wählamt.

180 Siehe hierzu 1. Kapitel B.III.1.c.

nach § 2 Abs. 1 Nr. 4 UrhG selbst als Werk urheberrechtlich geschützt.[181] Wird der Plan erstmalig und eigenhändig erstellt, handelt es sich um ein Original.[182] In der Frage, ob das nach einem urheberrechtlich geschützten Bauplan errichtete Gebäude ein Original darstellt, vertritt ein Teil des Schrifttums die Ansicht, bei Bauwerken gebe es selten Originale, da es ihnen an der sonst bei Originalen gegebenen Einmaligkeit im Sinne einer Nichtnachvollziehbarkeit fehle.[183] Dies Argument ist nicht stichhaltig. Es ist kein notwendiges Merkmal für ein Original, dass es insofern einmalig ist, als es nicht nachvollzogen werden kann.[184] So gibt es auch bei anderen Werkarten Originale, die durchaus nachvollzogen werden können. So kann etwa der Urheber einer Druckgraphik, sofern er noch im Besitz der Druckplatten ist, jederzeit neue Abzüge herstellen, die unter den oben genannten Voraussetzungen als Originale einzustufen sind. Für das Vorliegen von Originalen auch im Bereich der Baukunst spricht überdies § 114 Abs. 2 Nr. 2 UrhG, der ganz offensichtlich von der Möglichkeit der Existenz von Originalen im Bereich der Baukunst ausgeht. Es ist nicht ersichtlich, dass von dieser gesetzlichen Regelung nur der äußerst seltene Fall erfasst werden soll, dass ein Gebäude ohne Bauplan errichtet wurde, und insofern nicht nachvollziehbar ist. Ob das nach dem Plan errichtete Gebäude ein Original darstellt, richtet sich danach, in welchem Maß der Urheber, also der Architekt, an seiner Errichtung mitgewirkt.[185] Maßgebend ist, dass er die Bauausführung überwacht und alle für die Gestaltung des Gebäudes wichtigen Fragen selbst entscheidet. Es sind also sowohl der Plan als auch das fertige Gebäude als Original zu qualifizieren.[186]

Wird der Bauplan ohne Mitwirkung des Architekten durch einen anderen ausgeführt, handelt es sich bei dem Gebäude nicht um ein Original, sondern um eine Vervielfältigung ohne Originalcharakter. Bei der Umsetzung des Bauplans sind immer diesen interpretierende Entscheidungen zu treffen, die nur der Urheber selbst treffen kann, damit das Gebäude sein Werk als Original verkörpert.

---

[181] Für die allgemeine Meinung Schricker - *Loewenheim*, § 2 Rn. 155; *Jestaedt* (1997), S. 31; beide mit weiteren Nachweisen der Rechtsprechung.

[182] Schricker - *Loewenheim*, § 2 Rn. 155; *Schöfer* (1984), S. 35.

[183] Schricker - *Dietz*, § 14 Rn. 17; *Grohmann* (1971), S. 121 f.

[184] Möhring/Nicolini - *Ahlberg*, § 2 Rn. 28 betont, die Errichtung eines Gebäudes nach einem Bauplan verlange keine eigenschöpferische Leistung und sei daher als Vervielfältigung nach § 16 UrhG zu qualifizieren. Er lässt aber offen, ob es sich um eine Vervielfältigung mit oder ohne Originalcharakter handeln soll.

[185] *Schöfer* (1984), S. 37; *v. Waasen* (1994), S. 7 f.

[186] *Jestaedt* (1997), S. 31.
Zu diesem Ergebnis dürfte auch *v. Gamm* (1968), § 2 Rn. 3 kommen. Er geht zwar davon aus, dass mit fortschreitender Vollendung das Urheberrecht an der späteren Gestaltung dasjenige an der früheren Gestaltung konsumiere. Dies gelte jedoch nur soweit, als frühere Elemente in der späteren Fassung aufgehen. Bleiben dagegen die früheren Elemente, etwa wie Skizzen oder Entwürfe, bestehen, so bestehe auch an diesen ein Urheberrecht. Bei einem Bauplan handelt es sich um einen solchen fortbestehenden Entwurf.

2. Kapitel: Vernichtungsverbot aus dem UrhG

A. Überblick über den Meinungsstand zur Zulässigkeit der Werkvernichtung des Eigentümers in Literatur und Rechtsprechung

I. Rechtsprechung

1. Entscheidung „Felseneiland mit Sirenen"

Das Reichsgericht hat in seiner bis heute grundlegenden Entscheidung aus dem Jahr 1912 deutlich gemacht, dass es von einem generellen Recht des Eigentümers zur Zerstörung des ihm gehörenden Werkstücks ausgeht.[187] In dem der Entscheidung zugrunde liegenden Fall ging es darum, dass der Kläger, ein Maler,[188] auf Bestellung der Beklagten das Treppenhaus ihrer Berliner Villa mit einem Freskogemälde ausmalte. Dieses Gemälde zeigte eine Felseninsel, bevölkert von zunächst nackten Sirenen. Da dies das Anstandsgefühl der Auftraggeberin verletzte, beauftragte sie einen zweiten Maler, die Sirenen so zu übermalen, dass sie sittsam bekleidet erschienen. Der Kläger beantragte nun, die Beklagte zu verurteilen, die Übermalungen zu beseitigen bzw. hilfsweise sie zu verurteilen, das veränderte Bild dem öffentlichen Anblick zu entziehen. Der Kläger berief sich auf sein Persönlichkeitsrecht, die Beklagte machte ihr Eigentumsrecht an dem Bild geltend.

Das Reichsgericht stellte in seinem Urteil fest:

> „Der Eigentümer eines Kunstwerkes hat es in der Regel zu dem Zweck erworben, um sich an seinem Besitz zu erfreuen, um den ästhetischen Eindruck, den das Kunstwerk hervorzurufen geeignet ist, auf sich und auf andere, die bei ihm verkehren, wirken zu lassen. Ändert sich der Geschmack des Eigentümers, ist er des Kunstwerkes aus irgendwelchen Gründen überdrüssig geworden, so wird er es veräußern, verkaufen, vertauschen, verschenken, oder er wird es seinem und anderer Anblick entziehen. Man wird ihm für den Regelfall auch das Recht nicht versagen können, es völlig zu vernichten. Durch all diese Handlungen greift er in die künstlerische Eigenart des fortbestehenden Werkes und damit in das Persönlichkeitsrecht des Künstlers nicht ein. Der Künstler, der das Werk zu Eigentum veräußert und dafür ein Entgelt empfangen hat, muß von vornherein mit diesem möglichen Schicksal seines Werkes in der Hand des Besitzers rechnen."[189]

---

[187] RGZ 79, S. 397 ff. - Felseneiland mit Sirenen.

[188] In der Literatur finden sich unterschiedliche Angaben zur Person des Malers: für Böcklin *v. Waasen* (1994), S. 58; für Hans Meyer *Erdmann*, Fs. Piper (1996), S. 655/671.

[189] RGZ 79, S. 397/ 400 f. - Felseneiland mit Sirenen.

Das Reichsgericht hat mit dieser Entscheidung auf der einen Seite das UPR als absolutes Recht des Urhebers anerkannt, auf der anderen Seite aber deutlich gemacht, dass die Zerstörung eines Werkes als solche keinen Eingriff in das UPR darstelle und der Urheber daher im Regelfall kein Recht habe, die Zerstörung des Werkes zu verbieten. Nicht deutlich wird aus der Entscheidung des RG jedoch, wann eine Ausnahme von diesem Regelfall gerechtfertigt ist.

Auch das Landgericht Berlin hat in einer Entscheidung aus dem Jahr 1930 unter Bezugnahme auf diese Entscheidung des RG am Rande darauf hingewiesen, dass der Urheber die Zerstörung eines Werkes durch den Eigentümer nicht verbieten könne.[190]

2. Entscheidungen „Hajek I" und „Hajek II"

Auch nach Inkrafttreten des heutigen UrhG hat die Rechtsprechung diese Ansicht weitgehend aufrecht erhalten. Das deutlichste Beispiel hierfür stellen die aus den Jahren 1981 und 1982 stammenden Entscheidungen im Fall „Hajek" dar. Der Künstler Hajek hatte die ADAC-Zentrale in München mit einem aus verschiedenen Elementen bestehenden Gesamtkunstwerk ausgestattet. Im Zuge von Umbaumaßnahmen ließ der ADAC einige Elemente entfernen. Hajek klagte dagegen und beantragte, den ursprünglichen Zustand wiederherzustellen, mit der Begründung, dass durch die Entfernung einzelner Elemente das Gesamtwerk verändert werde. Das LG München I gab ihm insoweit Recht, als es den ADAC verurteilte, die entstandene Werkentstellung zu beseitigen. Es wies jedoch ausdrücklich darauf hin, dass dies auch durch die vollständige Zerstörung des Gesamtwerkes geschehen könne. Wörtlich führt es aus:

> „Seine Verpflichtung, diese Entstellung des klägerischen Werkes zu beseitigen, kann der Beklagte auf verschiedene Weise entsprechen. Es bleibt ihm unbenommen, ob er den früheren Zustand wieder herstellt, oder auch die Fragmente des klägerischen Werkes entfernt."[191]

Als der ADAC mit der vollständigen Zerstörung des Werkes dadurch begann, dass er zwei Plastiken sprengen ließ, wandte sich Hajek erneut an das Gericht. Sein Antrag auf Erlass einer einstweiligen Verfügung gegen die Zerstörung wurde vom LG München I zurückgewiesen.[192] In dieser zweiten Entscheidungen hat das LG die oben zitierten Passagen des Reichsgerichtsurteils ohne weitere Kommentare übernommen und damit nochmals zum Ausdruck gebracht, dass dem Urheber kein Recht zustehe, der Vernichtung seines Werkes durch den Eigentümer entgegenzutreten. Das Landgericht hat damit, wenn auch nicht

---

[190] LG Berlin, Schulze LGZ 64, S. 10 - Eden-Hotel.
[191] LG München I FuR, 1982, S. 510/513 - Hajek I (ADAC-Hauptverwaltung I).
[192] LG München I FuR, 1982, S. 513/514 - Hajek II (ADAC-Hauptverwaltung II).

wörtlich, so doch indirekt, zum Ausdruck gebracht, dass die Zerstörung nicht als Beeinträchtigung i.S.d. § 14 UrhG anzusehen sei. Andernfalls hätte das Gericht nicht ohne jede Interessenabwägung dem Eigentümer die Befugnis zur Zerstörung zusprechen können.[193]

Auch das Kammergericht stellt in zwei seiner Entscheidungen am Rande fest, dass der Urheber die Zerstörung des Werkes durch den Eigentümer hinnehmen müsse, ohne allerdings diesen Standpunkt näher zu begründen oder zu untermauern.[194]

3. Entscheidungen „Mindener Keilstück"

a. Entscheidung des LG Bielefeld

Erst in jüngster Zeit ist eine von diesem Grundsatz abweichende Entscheidung ergangen. So subsumierte das LG Bielefeld in einer bisher unveröffentlichten Entscheidung aus dem Jahre 2001[195] ausdrücklich die Vernichtung eines Werkes unter den Begriff der „Beeinträchtigung" des § 14 UrhG. Weiterhin führt das LG in dieser Entscheidung im Rahmen der Prüfung der Zulässigkeit der Vernichtung im konkreten Fall eine Abwägung des Erhaltungsinteresses des Urhebers mit den Zerstörungsinteressen des Eigentümers durch.

Der Entscheidung liegt. wie oben schon angesprochen, der Fall zugrunde,[196] dass der Künstler Wilfried Hagebölling im Jahr 1997 eine 20 Tonnen schwere Stahlplastik mit Einvernehmen der Stadt Minden auf einem öffentlich zugänglichem Platz, dem Martinikirchhof, schuf und der Stadt übereignete.[197] Die in der Presse als „Keilstück" bezeichnete Plastik war von Anfang an Gegenstand kontroverser Diskussionen sowohl im Stadtrat als auch in der Öffentlichkeit. Die Stadt wandte sich später, um die Diskussionen zu beenden, an den Kläger und versuchte dessen Zustimmung zur Versetzung der Plastik an einen anderen, öffentlich zugänglichen Standort oder die Rücknahme der Plastik zu erreichen. Da der Urheber beides ablehnte, entferne die Stadt die Statue von ihrem Standort und brachte sie auf einen der Öffentlichkeit unzugänglichen Bauhof. Der Urheber wandte sich hiergegen mit der Begründung, es handele sich bei dem Werk um ein absolut ortsbezogenes Werk, das er ausschließlich für dessen bisherigen Standort konzipiert habe. Alle Beteiligten seien übereinstimmend davon ausge-

---

[193] Siehe zur Bewertung dieser Entscheidungen auch die Ausführungen im 4. Kapitel unter III.3.d.cc.

[194] KG GRUR 1981, S. 742/743 - Totenmaske; KG, Schulze KGZ 74, S. 4 - Kugelobjekt.

[195] Urteil des LG Bielefeld vom 9. 2. 2001; 4 O 20/01 (unveröffentlicht) - Mindener Keilstück.

[196] Vgl. Einleitung A. und 1. Kapitel B.III.2.c.

[197] Siehe auch Bericht in der FAZ vom 12. Februar 2001, S. 52.

gangen, dass das Werk seine eigentliche Aussagekraft erst durch eine permanente öffentliche Auseinandersetzung entwickeln werde.

Das Gericht wertet die Entfernung dieses ortsgebundenen Werkes von dem Ort, für den es konzipiert war, als Vernichtung des Werkes. Es führt zur Frage der Vernichtungsbefugnis aus:

> „Die Werkvernichtung ist die schärfste Form der Beeinträchtigung des Kunstwerkes und daher geeignet, die berechtigten geistigen und persönlichen Interessen des Klägers an seinem Werk dauerhaft zu gefährden. Demgegenüber sind aber, da das Werkintegritätsinteresse des Klägers kein absolutes Recht darstellt, auch die Interessen der Beklagten, der Eigentümerin des Werkes, abzuwägen. Der Eigentümer eines Kunstwerkes darf das Werk grundsätzlich zerstören. Das Vernichtungsabwehrinteresse des Urhebers kann deshalb in der Regel nur bei hochwertigen Originalen von Werken der bildenden Kunst, wenn es darum geht, eine mutwillige Zerstörung abzuwehren, durchschlagen."[198]

Das LG Bielefeld stellt dann fest, dass die Stadt hier, da es ihr darum ging, die öffentlichen Diskussionen zu beenden, nicht mutwillig ihr Recht ausgeübt habe, das Werk dem Anblick der Öffentlichkeit zu entziehen. Auch sei bei der Abwägung der Interessen zu berücksichtigen, dass es sich bei dem Werk um eine mit dem Boden festverbundene Großplastik handelte, für die ein Erhaltungsinteresse des Urhebers gegen das Gebrauchsinteresse des Eigentümers an dem öffentlichen Platz nicht habe durchschlagen können. Daher überwiege das Eigentümerinteresse gegenüber dem Interesse des Urhebers, sein Werk auch weiterhin erhalten zu wissen.

Zunächst ist festzustellen, dass das Gericht im vorliegenden Fall nicht eine bloße Entziehung des Werkes aus der Öffentlichkeit prüft, sondern eindeutig feststellt, die Entfernung dieses speziellen ortsbezogenen Werkes von seinem Standort stelle eine Zerstörung dar.[199] Mit diesem Urteil wird, soweit ersichtlich ist, erstmals von einem Gericht die Vernichtung des Werkes als eine Beeinträchtigung i.S.d. § 14 UrhG eingeordnet. Das Gericht stellt sogar fest, die Vernichtung sei die schärfste Form der Beeinträchtigung. Damit kommt die Rechtsprechung in diesem Fall im Gegensatz zu bisherigen Entscheidungen zu einer Abwägung der Erhaltungsinteressen des Urhebers gegenüber den Vernichtungsinteressen des Eigentümers. Fraglich ist jedoch, wie der Satz zu verstehen ist, der Eigentümer eines Kunstwerkes dürfe das Werk grundsätzlich zerstören.

---

198 Urteil des LG Bielefeld vom 9. 2. 2001; 4 O 20/01 (unveröffentlicht), S. 5 f. - Mindener Keilstück.

199 Nach den im 1. Kapitel unter B.III.2.c. entwickelten Grundsätzen zur Abgrenzung der Vernichtung von ortsbezogenen Werken zu ihrer Entstellung, dürfte es sich eher um eine Entstellung handeln, da die Plastik selbst nicht zerstört wird.

Diese Aussage wirkt so, als wolle das LG Bielefeld sich doch nicht von der bisherigen Rechtsprechung, die die Vernichtung des Werkes durch den Eigentümer grundsätzlich für zulässig erachtet, lösen. Hier ist jedoch der Kontext der Aussage zu beachten. Das LG Bielefeld stellt im Gegensatz zur früheren Rechtsprechung zunächst fest, die Interessen des Eigentümers und die Interessen des Urhebers seien gegeneinander abzuwägen. Erst nach dieser Feststellung führt es aus, die Zerstörung sei dem Eigentümer grundsätzlich gestattet. Dieser Satz ist daher wohl so zu interpretieren, dass im Rahmen der Interessenabwägung von einem Überwiegen der Interessen des Eigentümers auszugehen ist. Dafür sprechen auch die weiteren Ausführungen des LG Bielefeld, nach denen die Interessen des Urhebers in der Regel nur durchschlagen können, wenn es um die Abwehr der mutwilligen Zerstörung hochwertiger Originale von Werken der bildenden Kunst gehe. Auch hier wird deutlich, dass das LG Bielefeld von einem grundsätzlichen Überwiegen der Interessen des Eigentümers ausgeht, so dass der Urheber sich nur gegen die mutwillige, also ganz und gar grundlose Zerstörung wehren kann. Daher dürfte nach dieser Ansicht jeder vernünftige Grund des Eigentümers ausreichend sein, die Vernichtung zu rechtfertigen. Auch die gänzlich grundlose, also mutwillige Zerstörung kann der Urheber nur bei hochwertigen Originalen von Werken der bildenden Kunst verbieten. Bei Vervielfältigungsstücken ohne Originalcharakter etwa wäre danach also auch die mutwillige Zerstörung zulässig.

Im Ergebnis lässt sich feststellen, dass das LG Bielefeld dadurch, dass es in der Zerstörung einen Eingriff in das UPR des Urhebers sieht und die Vernichtung daher nur nach einer Interessenabwägung für zulässig erachtet, einen dogmatisch gänzlich anderen Weg als die bisherige Rechtsprechung geht. Dieser Weg führt jedoch letztlich nicht zu grundlegend anderen Ergebnissen, da auch das LG Bielefeld von einer grundsätzlichen Zulässigkeit der Vernichtung ausgeht, da es die Vernichtungsinteressen des Eigentümers für vorrangig erachtet.

b. Entscheidung des OLG Hamm

Das OLG Hamm als Berufungsgericht hingegen untersagte es der Stadt Minden, die Plastik auf den städtischen Bauhof zu verbringen.

Das OLG charakterisiert das „Keilstück" ebenso wie die Vorinstanz als ortsbezogenes Werk. Es wertet aber die Veränderung des Ausstellungsortes nicht wie das LG als Vernichtung, sonder als Entstellung i.S.d. § 14 UrhG.[200] Im Rahmen der Interessenabwägung sieht das OLG die Interessen des Urhebers als vorrangig gegenüber den Eigentümerinteressen an, da die Eigentümerin nicht anführt, konkrete Pläne mit dem Kirchhof oder der Skulptur zu haben, die die Entfernung der Skulptur rechtfertigen könnten. Nach Ansicht des OLG reicht

[200] Urteil des OLG Hamm vom 12.7.2001, Aktenzeichen 4 U 51/01 (unveröffentlicht), S. 9.

der reine Geschmackswandel des Eigentümers nicht aus, die in der Entfernung der Skulptur von ihrem Aufstellungsort liegende Entstellung zu rechtfertigen. Würde allein ein solcher Geschmackswandel ausreichen, um das Entstellungsverbot des Urhebers einzuschränken, so würde dies Recht praktisch entwertet.[201] Auf die Frage der Zulässigkeit der Werkvernichtung geht das OLG nur am Rande ein. Es führt aus, es bleibe bei dem oben genannten Ergebnis auch dann, wenn man im Verbringen der Plastik auf den Bauhof eine Vernichtung des „Keilstücks“ sehe. Andernfalls drohe eine Umgehung des Entstellungsverbots. Bei ortsgebundenen Werken bestehe nämlich die Besonderheit, dass bei der Entfernung des Werkstücks aus einem künstlerischen Bezugsrahmen das einheitliche Kunstwerk in zwei Teile zerfalle, nämlich in den bestehenbleibenden Rahmen und dessen nunmehr aussagelos gewordenen Kern. In der Vorstellung der Bevölkerung werde die Plastik an dem nun leeren Aufstellungsort fortexistieren. Daher sei das Werk des Urhebers nicht vollständig untergegangen, sondern es lebe in der entstehenden Lücke für eine gewisse Zeit fort. Daher stehe bei einem ortsgebundenen Werk auch die Vernichtung nicht im freien Belieben des Eigentümers.[202]

II. Literatur gegen die Befugnis des Urhebers, dem Eigentümer die Werkvernichtung zu verbieten

1. Vor Inkrafttreten des UrhG

Vor dem Inkrafttreten des heutigen UrhG folgte der überwiegende Teil der Literatur der Rechtsprechung und sprach dem Urheber die Befugnis, sich gegen die Vernichtung seines Werkes zu wenden, ab.[203] Meist wurde die Zerstörungsbefugnis des Eigentümers so selbstverständlich vorausgesetzt, dass sie nur knapp erwähnt wurde. Die einzige Begründung, die von den Autoren dieser Zeit für ihre Auffassung angeführt wurde, ist, dass die Vernichtung keinen Eingriff in die Rechte des Urhebers an seinem Werk darstelle. Man ging davon aus, dass das UPR den Urheber zwar vor einer öffentlichen Präsentation seines Werkes in einer anderen als der von ihm geschaffenen Form schütze, die Vernichtung aber das UPR nicht berühre, da das Werk nicht in veränderter Gestalt ein falsches Bild vom Wirken des Urhebers abgebe. Das UPR wurde ausschließlich als

201 Urteil des OLG Hamm vom 12.7.2001, Aktenzeichen 4 U 51/01 (unveröffentlicht), S. 13.

202 Urteil des OLG Hamm vom 12.7.2001, Aktenzeichen 4 U 51/01 (unveröffentlicht), S. 15.

203 *Adler*, RuW 1912, S. 452/454; *Mittelstaedt*, GRUR 1913, S. 84/90; *Altenberg*, JW 1913, S. 76/78; *Osterrieth*, Enzyklopädie der Rechtswissenschaft (1914), S. 381/407; *Wurm* (1920), S. 46; *Michaelis* (1926), S. 51; *Löhlein* (1929), S. 32; *Osterrieth/Marwitz* (1929), § 12 Nr. III 2; *Olshausen*, Hanseatische Rechts- und Gerichts-Zeitschrift 1933, Spalte 113; *Schramm* (1954), S. 399; für den Bereich der Literatur und Tonkunst, soweit in diesem Bereich eine Werkvernichtung überhaupt möglich ist, auch *Marwitz/Möhrig* (1929), § 9 Nr. 4.

Recht verstanden, das die persönlichen Interessen des Urhebers an der Erhaltung seines öffentlichen Rufs und seines Ansehens schütze, soweit diese mit seinem Werk zusammenhingen. Die geistigen Interessen des Urhebers daran, dass sein Werk als solches in der von ihm geschaffenen Form erhalten bleibe, unabhängig von seinem öffentlichem Ruf und Ansehen, wurden überwiegend unberücksichtigt gelassen.[204]

Vereinzelt wurde aufgezeigt, dass der Urheber eine Werkvernichtung nach § 826 BGB verbieten könne, wenn sich diese als sittenwidrige Schädigung darstelle.[205]

2. Nach Inkrafttreten des UrhG

Auch nach Inkrafttreten des UrhG spricht sich ein bedeutender Teil des Schrifttums gegen die Befugnis des Urhebers, dem Eigentümer die Vernichtung des Werkes zu verbieten, aus.[206] Teilweise wird dem Urheber die Befugnis eingeräumt, im Einzelfall eine missbräuchliche Ausübung des Vernichtungsrechts zu verhindern.[207] Wie die Grenze der zulässigen Werkvernichtung zu ziehen ist, wird unterschiedlich beurteilt. So wird aus dem Schikaneverbot des § 226 BGB ein Abwehrrecht des Urhebers abgeleitet, wenn die Zerstörung keinem anderen Zweck als der Schädigung des Urhebers dient.[208] Nach anderer Ansicht soll die Werkvernichtung unzulässig sein, wenn sie ausschließlich der Vereitelung des Zugangsrechts nach § 25 UrhG diene.[209] Eine dritte Ansicht gewährt dem Urhe-

---

[204] So etwa bei *Osterrieth*, Enzyklopädie der Rechtswissenschaft (1914), S. 381/407; *Wurm* (1920), S. 46.

[205] So etwa *Schramm* (1954), S. 399.

[206] *v. Gamm* (1968), § 14 Rn. 11; *Gerstenberg* (1968), § 11 Anm. 2 (S. 73); *Locher* (1970), S. 74; *Hesse*, BauR 1971, S. 209/220; *Weber* (1976), S. 88 f.; *Beigel* (1984), Rn. 123; MüKo - *Schwerdtner* (3. Aufl.), § 12 Rn. 160; *Heath*, Fs. Schricker 1995, S. 459/472 f.; *Jestaedt* (1997), S. 57 ff.; Grohmann (1971), S. 123 ff.; *Hubmann* (1984), S. 63; *Rehbinder* (2002), Rn. 244; Möhring/Nicolini - *Kroitzsch*, § 14 Rn. 25 f.; bis zur siebten Auflage auch Fromm/Nordemann - *Hertin*, § 14 Rn. 2; *Bullinger* (1997), S. 109-111; Wandtke/Bullinger - *Bullinger*, § 14 Rn. 21 ff. spricht sich zwar grundsätzlich gegen die Befugnis des Urhebers aus, die Werkvernichtung zu verbieten, in Fällen gravierender Eingriffe in die persönliche Sphäre befürwortet er aber einen Schutz durch das aPR; gegen ein Vernichtungsverbot im schweizerischen Urheberrecht *Lutz*, Fs. Pedrazzini (1990), S. 617/622.

[207] *Bullinger* (1997), S. 109-111; *Grohmann* (1971), S. 123 ff.; *Hubmann* (1984), S. 63; *Rehbinder* (2002), Rn. 244; Möhring/Nicolini - *Kroitzsch*, § 14 Rn. 25 f.; bis zur 7. Auflage auch Fromm/Nordemann - *Hertin*, § 14 Rn. 2.

[208] Fromm/Nordemann - *Hertin*, § 14 Rn. 2 bis zur 7. Auflage.

[209] *Rehbinder* (2002), Rn. 244.

ber aufgrund des aPR das Recht, eine nur zur Kränkung des Urhebers durchgeführte Werkvernichtung zu verbieten.[210]

III. Literatur für ein Recht des Urhebers, die Werkvernichtung zu verbieten

1. Vor Inkrafttreten des UrhG

Schon vor Erlass des UrhG gab es Stimmen in der Literatur, die sich gegen die Meinung des Reichsgerichts und des überwiegenden Teils des Schrifttums wandten und sich für eine Befugnis des Urhebers, die Vernichtung zu verbieten, aussprachen.[211] Überwiegend leiteten diese Autoren das Abwehrrecht des Urhebers unmittelbar aus dem Urheberrecht ab und machten es von einer Abwägung der Erhaltungsinteressen des Urhebers gegen die Vernichtungsinteressen des Eigentümers abhängig.[212]

2. Nach Inkrafttreten des UrhG

Zahlreiche Autoren gestehen dem Urheber auf Grundlage des UrhG das Recht zu, sich gegen die Vernichtung eines Werkexemplars zu wenden, sofern sein Erhaltungsinteresse das Interesse des Eigentümers an der Werkvernichtung überwiege.[213] Einigkeit besteht insoweit, als sämtliche Autoren in der Vernichtung des Werkes geschlossen einen Eingriff in die ideellen Interessen des Urhe-

---

210 *Bullinger* (1997), S. 110 f.

211 *Opet*, Annalen des deutschen Reiches (1913), S. 368/379; *Schlechtriem*, Beiträge zur Erläuterung des deutschen Rechts (1913), S: 822/825; *Kohler*, MuW 1917, S. 117/118; *Schmidt-Ernsthausen*, GRUR 1929, S. 669/670; *Meyer* (1937), S. 83 f.; *Hauffe* (1955), S. 115 f.; *Möhring*, Anmerkungen zu RG-Entscheidung Schulze RGZ 4, S. 8; *Ulmer*, 2. Aufl. (1960), S. 272.

212 *Meyer* (1937), S. 83 f.; *Schlechtriem*, Beiträge zur Erläuterung des deutschen Rechts (1913), S: 822/825; *Möhring*, Anmerkungen zu RG-Entscheidung Schulze RGZ 4, S. 8; *Ulmer* (1960), 2. Auflage, S. 272.
Nach anderer Ansicht ist das Zerstörungsrecht aus der Berufsehre des Künstlers abzuleiten; so *Schmidt-Ernsthausen*, GRUR 1929, S. 669/670. Teilweise wird auch nicht genau begründet, wie das Vernichtungsverbotsrecht dogmatisch herzuleiten ist; *Kohler*, MuW 1917, S. 117/118.

213 *Samson*, UFITA 47 (1966), S. 1/37; *Samson* (1973), S. 122; *Samson*, UFITA 96 (1983), S. 367/369; *Nahme*, GRUR 1966, S. 474/478; *Tölke* (1967), S. 91 f.; *Dietz* (1968), S. 112; Schricker - *Dietz*, § 14 Rn. 37 ff.; *Ulmer* (1980), S. 220; *Movsessian*, UFITA 95 (1983), S. 77/85; *Schack*, GRUR 1983, S. 56/57 f.; *Schack* (2001), Rn. 358 - 360; *Walchshöfer*, Fs. Hubmann (1985), S. 469/474 f.; *Paschke*, GRUR 1984, S. 858/867; *Schöfer* (1984), S. 139 f.; *Richard/Junker*, GRUR 1988, S. 18/23 f.; *Schilcher* (1989), S. 83 ff.; *v. Waasen* (1994), S. 151-154; *Dieselhorst* (1995), S. 125; *Erdmann*, Fs. Piper (1996), S. 655/673; *Erdmann* (1985), S. 114; *Hegemann*, Fs. Hertin (2000), S. 87/103; *G. Schulze*, Fs. Dietz (2001), S. 177/180 ff.

bers sehen. Uneinigkeit besteht aber darüber, wie konkret aus dem Eingriff in die urheberpersönlichen Interessen ein „Vernichtungsabwehrrecht" zu konstruieren ist. Hier lassen sich zwei unterschiedliche Konstruktionsansätze ausmachen. So wird die Vernichtung des Werkes von einem Teil dieser Autoren ausdrücklich unter den Begriff der *Beeinträchtigung* des § 14 UrhG subsumiert.[214] Die übrigen Autoren lassen die Frage offen, ob die Werkvernichtung unter den § 14 UrhG falle und begnügen sich mit der Feststellung, die Werkvernichtung beeinträchtige die durch das UPR geschützten geistigen Interessen.[215] Es ist keine Stimme in der Literatur ersichtlich, die zwar das generelle Zerstörungsrecht des Eigentümers ablehnt, sich aber ganz ausdrücklich gegen eine Subsumption der Vernichtung unter § 14 UrhG ausspricht.

B. Beinhaltet das Urheberrecht die Befugnis, die Werkvernichtung zu verbieten?

Wie oben dargelegt wurde, ist dem Eigentümer nach der privatrechtlichen Ausgestaltung des Sacheigentums in § 903 BGB die Vernichtung des Werkstücks und damit gegebenenfalls auch des in ihm manifestierten Werkes erlaubt, sofern dies nicht gegen ein Recht des Urhebers verstößt.

I. Anwendung der werkintegritätsschützenden Normen des UrhG auf die Werkvernichtung

Ein solches Recht des Urhebers, die Zerstörung seines Werkes zu verhindern, könnte sich aus den werkintegritätsschützenden Normen des UrhG ergeben.

---

214 *Samson*, UFITA 47 (1966), S. 1/37; *Samson* (1973), S. 122; Wandtke/Bullinger - *Wandtke/Grunert*, § 39 Rn. 37; *Dietz* (1968), S. 112; Schricker - *Dietz*, § 14 Rn. 37 ff.; *Movsessian*, UFITA 95 (1983), S. 77/85; *Schack* (2001), Rn. 358; *Schöfer* (1984), S. 139 f.; *Richard/Junker*, GRUR 1988, S. 18/23 f.; *Schilcher* (1989), S. 83 ff.; *v. Waasen* (1994), S. 151-154; *Dieselhorst* (1995), S. 125.

215 *Nahme*, GRUR 1966, S. 474/478; *Tölke* (1967), S. 91 f.; *Ulmer* (1980), S. 220; *Walchshöfer*, Fs. Hubmann (1985), S. 469/474 f.; *Paschke*, GRUR 1984, S. 858/867; *Erdmann*, Fs. Piper (1996), S. 655/673; *Erdmann* (1985), S. 114; *Hegemann*, Fs. Hertin (2000), S. 87/103; *G. Schulze*, Fs. Dietz (2001), S. 177/180 ff.; ohne ausdrückliche Subsumption der Vernichtung unter § 14 auch: *Samson*, UFITA 96 (1983), S. 367/ 369; *Schack*, GRUR 1983, S. 56/57 f.

1. Die werkintegritätsschützenden Einzelbefugnisse

a. Gesetzliche Grundlagen

Der Schutz der Werkintegrität hat im Urheberrecht an verschiedenen Stellen Niederschlag gefunden. Es existieren mehrere Normen, die das ideelle Interesse des Urhebers an der Erhaltung seines Werkes zum Regelungsgegenstand haben.

So räumt § 14 UrhG dem Urheber das Recht ein, eine Entstellung oder eine andere Beeinträchtigung seines Werkes zu verbieten. § 14 UrhG geht in seiner Formulierung auf Art. 6bis RBÜ[216] zurück und stellt die Umsetzung dieser Bestimmung in deutsches Recht dar. § 14 UrhG geht aber über das durch Art. 6bis RBÜ festgelegte Schutzminimum hinaus. Während Art. 6bis RBÜ dem Urheber nur das Recht gewährt, sich einer Entstellung, einer Verstümmelung, einer Änderung oder einer Beeinträchtigung zu widersetzen, die seiner Ehre oder seinem Ruf nachteilig sein können, und damit also nur die persönlichen Urheberinteressen umfasst, hat der Urheber nach § 14 UrhG das Recht, jede Änderung oder Beeinträchtigung seines Werkes zu verbieten, die geeignet sind, seine persönlichen oder auch seine geistigen Interessen zu gefährden.

Mit § 39 UrhG übernahm der Gesetzgeber die Bestimmungen zum Schutz vor Änderungen des Werkes durch einen vertraglich zur Nutzung Berechtigten aus §§ 9 KUG und 12 LUG.[217] § 39 Abs. 1 UrhG bestimmt, dass der Inhaber eines Nutzungsrechts das Werk, dessen Titel oder die Urheberbezeichnung nicht ändern darf, sofern nichts anderes vereinbart ist. In § 39 Abs. 2 UrhG wird eingeschränkt, dass Änderungen des Werkes und seines Titels, zu denen der Urheber seine Einwilligung nach Treu und Glauben nicht versagen kann, zulässig sind.

In § 62 Abs. 1 UrhG wird der § 39 UrhG auch für den Bereich der gesetzlichen Nutzungsrechte für anwendbar erklärt. § 93 UrhG schränkt den Entstellungsschutz der an der Herstellung eines Filmwerkes beteiligten Urheber und Leistungsschutzrechtsinhaber im Interesse des Filmherstellers auf gröbliche Entstellungen und andere gröbliche Beeinträchtigungen bei der Herstellung und der Verwertung des Filmes ein.

Die §§ 14 und 39 UrhG stellen damit die zentralen Normen des Werkintegritätsschutzes dar. Wie bereits zu Beginn der Untersuchung erwähnt wurde, hat die Problematik der Zerstörung eines Werkes bzw. eines Werkstücks durch einen Dritten im UrhG keine ausdrückliche Regelung erfahren. Um die Reichweite der Integritätsschutznormen bestimmen zu können, ist es sinnvoll, zunächst die Systematik und das Verhältnis der Normen zueinander zu bestimmen.

---

[216] Deutschland ist zum 21. Oktober 1933 der damals gültigen Rom-Fassung der RBÜ vom 2. Juni 1928 beigetreten.

[217] Vgl. *Grunert* (2002), S. 38; Schricker - *Dietz* § 39 Rn. 5.

b. Systematik der §§ 14, 39 UrhG

Das systematische Verhältnis, in dem die §§ 14 und 39 UrhG zueinander stehen, ist in Literatur und Rechtsprechung umstritten. Ausgangspunkt der differierenden Ansichten über das systematische Verhältnis der werkintegritätsschützenden Normen ist die grundsätzlich unterschiedliche Auffassung über das Vorhandensein bzw. die Rechtsnatur eines allgemeinen urheberrechtlichen Änderungsverbots.

aa. § 14 und § 39 UrhG als jeweils selbständige Regelungen

(1) Allgemeines urheberrechtliches Änderungsverbot

Die ältere Rechtsprechung[218] sowie ein Teil der Literatur[219] gehen davon aus, es bestehe ein generelles urheberrechtliches Änderungsverbot. Dies ergebe sich aus dem Wesen und dem Inhalt des Urheberrechts und werde vom Gesetz stillschweigend als selbstverständlich vorausgesetzt, ohne eine umfassende positivrechtliche Regelung erfahren zu haben. Aufbauend auf dieser Annahme, leiten die Vertreter dieser Ansicht einen jeweils eigenständigen Regelungsbereich des § 14 und des § 39 UrhG her.[220]

(2) Bedeutung des § 14 UrhG

Während das allgemeine urheberrechtliche Änderungsverbot nach dieser Ansicht sowohl dem Schutz der vermögensrechtlichen als auch der persönlichkeitsrechtlichen Interessen des Urhebers diene, normiere § 14 UrhG ein Beeinträchtigungs- und Entstellungsverbot, das ausschließlich urheberpersönlichkeitsrechtlicher Natur sei, da ausdrücklich nur die geistigen und persönlichen Interessen des Urhebers geschützt seien.[221]

---

[218] RGZ 102, S. 134/141 - Strindberg-Übersetzung; BGH GRUR 1971, S. 35/37 - Maske in Blau; BGH GRUR 1974, S. 675/676 - Schulerweiterung; BGH GRUR 1982, S. 107/109 - Kircheninnenraumgestaltung.

[219] *Paschke*, GRUR 1984, S. 858/865; so auch *v. Gamm* (1968), § 39 Rn. 3, § 14 Rn. 4; *Schmieder*, NJW 1990, S. 1945/1946; Möhring/Nicolini - *Kroitzsch*, § 14 Rn. 6; Möhring/Nicolini - *Spautz*, § 39 Rn. 1; Fromm/Nordemann - *Vinck*, § 39 Rn. 1 Rn. 7.

[220] Die Selbständigkeit der Regelungsbereiche betonen besonders BGH GRUR 1982, S. 107/109 - Kircheninnenraumgestaltung; *Erdmann*, Fs. Piper (1996), S. 655/668; *v. Gamm* (1968), § 14 Rn. 4; Möhring/Nicolini - *Kroitzsch*, § 14 Rn. 2.; Fromm/Nordemann - *Vinck*, § 39 Rn. 1; *Schmieder*, NJW 1990, S. 1945/1946; *Jestaedt* (1997), S. 84; *Schöfer* (1984), S. 123.

[221] *v. Gamm* (1968), § 14 Rn. 4; *Paschke*, GRUR 1984, S. 858/865; *Schmieder*, NJW 1990, 1945/1946; Fromm/Nordemann - *Vinck*, § 39 Rn. 1.

(3) Regelungsgehalt des § 39 UrhG

Der Regelungsgehalt des § 39 UrhG wird innerhalb dieser Lehre uneinheitlich beurteilt. Die Rechtsprechung und ein Teil der Literatur nehmen an, das allgemeine urheberrechtliche Änderungsverbot gelte gegenüber jedermann.[222] § 39 UrhG komme daher vor allem klarstellende Funktion zu. Es werde mit dieser Norm hervorgehoben, dass das allgemeine Änderungsverbot auch dem Inhaber von Nutzungsrechten gegenüber gelte.[223] Eine eigenständige Bedeutung entfalte die Norm nach dieser Ansicht nur insoweit, als sie Vereinbarungen über die Änderung des Werkes für zulässig erkläre und das Änderungsverbot dahingehend einschränke, dass Änderungen, denen der Urheber seine Zustimmung nicht versagen kann, zulässig seien.

Nach anderer Auffassung bestehe nur für nicht zur Werknutzung berechtigte Personen ein allgemeines urheberrechtliches Änderungsverbot, ohne dass es einer besonderen Normierung bedürfe. Für Nutzungsberechtigte dagegen folge das Änderungsverbot aus § 39 UrhG.[224] Dieser Ansicht zufolge hat § 39 UrhG für das Änderungsverbot gegenüber dem Werknutzungsberechtigten konstitutiven und nicht nur deklaratorischen Charakter und bildet einen eigenständigen, von § 14 UrhG unabhängigen Anspruch.[225] Teilweise wird sogar vertreten, der Anspruch sei in gewissen Fällen nicht einmal von einer Abwägung der widerstreitenden Interessen abhängig.[226]

(4) Verhältnis der Anwendungsbereiche von § 14 und § 39 UrhG

Übereinstimmung besteht hinsichtlich des Verhältnisses des Anwendungsbereiches beider Normen. Eine Änderung liege vor, wenn ein Eingriff in die Werksubstanz erfolge. Ein solcher sei gegeben, wenn in die Gestalt, die der Urheber seinem Werk verliehen und in der er es in die Öffentlichkeit gebracht habe, eingegriffen worden sei.[227] Eine Entstellung oder sonstige Beeinträchtigung dagegen setze einen derartigen Eingriff in die Werksubstanz nicht notwendigerweise voraus, sondern könne schon dann vorliegen, wenn eine Interessenbeeinträchtigung aus dem Umfeld des Werkes dieses indirekt betreffe. Da § 14 UrhG so-

---

222 RGZ 102, S. 134/141 - Strindberg-Übersetzung; BGH GRUR 1971, S. 35/37 - Maske in Blau; BGH GRUR 1974, S. 675/676 - Schulerweiterung; BGH GRUR 1982, S. 107/109 - Kircheninnenraumgestaltung; so auch *Paschke*, GRUR 1984, S. 858/865; *v. Gamm* (1968), § 39 Rn. 3, § 14 Rn. 4; *Schmieder*, NJW 1990, S. 1945/1946.

223 *v. Gamm* (1968), § 39 Rn. 3, 5; BGH GRUR 1974, S. 675/676 - Schulerweiterung.

224 Möhring/Nicolini - *Kroitzsch*, § 14 Rn. 6; Möhring/Nicolini - *Spautz*, § 39 Rn. 1; Fromm/Nordemann - *Vinck*, § 39 Rn. 1, 7.

225 Möhring/Nicolini - *Spautz*, § 39 Rn. 1; Fromm/Nordemann - *Vinck*, § 39 Rn. 1.

226 So nur vertreten von Fromm/Nordemann - *Vinck*, § 39 Rn. 1.

227 Möhring/ Nicolini - *Spautz*, § 39 Rn. 1; *Schöfer* (1984), S. 122; BGH GRUR, 1982, S. 107/109 - Kircheninnenraumgestaltung.

wohl dem Nutzungsberechtigten, als auch dem nicht zur Nutzung Berechtigten gegenüber zur Anwendung komme, könne es zu einer Überschneidung der Anwendungsbereiche beider Normen im Falle einer Substanzverletzung durch den Nutzungsberechtigten kommen.[228] Eine nach § 39 UrhG zulässige Werkänderung durch den vertraglich berechtigten Werknutzer könne daher nach § 14 UrhG aus persönlichkeitsrechtlichen Gründen eine unzulässige Beeinträchtigung darstellen.[229] Auf nicht substanzverletzende Einwirkungen finde allein § 14 UrhG Anwendung.[230] Teilweise wird auch vertreten, dass § 39 UrhG analoge Anwendung auf den Eigentümer bzw. Besitzer des Werkstücks ohne vertragliche Nutzungsbefugnis finden solle.[231]

(5) Unterschiede in der Interessenabwägung

Uneinigkeit besteht aber hinsichtlich der Frage, ob aus der unterschiedlichen Schutzrichtung beider Normen Unterschiede in der Interessenabwägung abzuleiten sind. Teilweise wird vertreten, das Eingriffsniveau des § 14 UrhG sei höher als das des § 39 UrhG.[232] Zur Beurteilung der Zulässigkeit von Änderungen im Rahmen der Abwägung nach § 39 Abs. 2 könnten jedoch die Tatbestandsmerkmale des § 14 UrhG herangezogen werden, so dass auch hier die geistigen und persönlichen Interessen des Urhebers Berücksichtigung fänden.[233] Nach anderer Auffassung hingegen unterscheiden sich die Normen grundsätzlich hinsichtlich ihres Verbietungsmaßstabes und der im Rahmen der Interessenabwägung zu berücksichtigenden Gesichtspunkte.[234]

---

228 Möhring/ Nicolini - *Kroitzsch*, § 14 Rn. 3; *Schöfer* (1984), S. 122; BGH GRUR, 1982, S. 107/ 109 - Kirchen-innenraumgestaltung.
Da eine Substanzverletzung die Interessen des Urhebers, im Vergleich zu einem sonstigen Eingriff, schwerer beeinträchtige, sei § 39 UrhG zweckmäßigerweise vor § 14 UrhG, der keine Substanzverletzung voraussetze, zu prüfen; so BGH GRUR 1982, S. 107/109 - Kircheninnenraumgestaltung.

229 *Rehbinder* (2002), Rn. 246; *Ulmer* (1980), S. 217.

230 *Schöfer* (1984), S. 122.

231 Für eine solche analoge Anwendung Möhring/ Nicolini - *Spautz*, § 39 Rn. 2, 16.

232 So Möhring/ Nicolini - *Kroitzsch*, § 14 Rn. 2; § 14 UrhG erfasse „als unmittelbarer Ausfluss des Urheberpersönlichkeitsrechts" nur Eingriffe, die speziell gegen die geistig persönlichen Interessen des Urhebers gerichtet seien. § 39 UrhG als allgemein urheberrechtliche Norm erfasse dagegen alle Änderungen des Werkes und damit auch solche, die noch keine Entstellung oder andere Beeinträchtigung seien.
Jedoch geht auch *Kroitzsch* nicht soweit, die Interessenabwägungen des § 14 und des § 39 Abs. 2 UrhG gänzlich unterschiedlichen Gesichtspunkten zu unterwerfen; vgl. Möhring/Nicolini - *Kroitzsch*, § 14 Rn. 7; vgl. auch *v. Gamm* (1968), § 14 Rn. 4.

233 *v. Gamm* (1968), § 14 Rn. 4; Möhring/Nicolini - *Kroitzsch*, § 14 Rn. 2.

234 *Schöfer* (1984), S. 122 f.; die meint, § 14 UrhG stelle zur Ermittlung der Zulässigkeit eines Eingriffs auf die geistigen und persönlichen Urheberinteressen und damit allein auf

bb. Lehre von der Gesamtschau

Nach der von der Gegenansicht vertretenen „Lehre von der Gesamtschau"[235] liegt den §§ 14, 39, 62, 93 UrhG der einheitliche Grundgedanke des Schutzes der Werkintegrität zu Grunde.[236] § 14 UrhG bilde nach dieser Ansicht die zentrale Grundnorm, die alle Beeinträchtigungen und damit auch Änderungen erfasse. Der Gesamtumfang der werkintegritätsschützenden Normen sei aus einer Gesamtschau aller Normen zu ermitteln. Dabei diene der Werkintegritätsschutz nicht nur den ideellen, sondern auch den materiellen Interessen des Urhebers. Dem Urheber stehe ein Abwehrrecht zu, soweit sich seine Interessen gegenüber denen des Eingreifenden im Rahmen einer Interessenabwägung als überwiegend erwiesen. § 39 Abs. 1 UrhG stelle ebenso wie die §§ 62 und 93 UrhG lediglich eine klarstellende Konkretisierungsnorm dar. § 39 Abs. 2 UrhG erweitere die Interessenabwägung um einige Wertungsgesichtspunkte. Ein allgemeines urheberrechtsimmanentes Änderungsverbot neben diesem Normenkomplex bestehe nicht.[237]

cc. Eigene Stellungnahme

(1) Beeinträchtigung als Oberbegriff

Der Begriff der Beeinträchtigung in § 14 UrhG bildet einen Oberbegriff, der sowohl die Änderung als auch die Entstellung umfasst.[238] Dies ergibt sich schon aus dem natürlichen Wortsinn. Beeinträchtigen bedeutet, etwas in seiner Wirkung behindern, hemmen, schmälern, verringern oder schädigen.[239] Eine Hemmung der Wirkung eines Werkes kann sowohl durch direkte als auch indirekte Eingriffe erfolgen. Auch die Änderung oder Entstellung hemmt die vom Urhe-

---

werkimmanente Gesichtspunkte ab, während § 39 Abs. 2 UrhG mit dem Abwägungsmerkmal „Treu und Glauben" allein vertragsrechtliche Gesichtspunkte zugrunde lege.

235 Den Begriff von der „Lehre der Gesamtschau" prägte *Federle*, 1998, S. 36.

236 Diese Meinung vertreten mit nur graduellen Unterschieden Schricker - *Dietz*, § 14 Rn. 2 ff.; *Dieselhorst* (1995), S. 120 ff.; *v. Waasen* (1994), S. 41 ff.; *Federle* (1998), S. 38 f.; *Grunert* (2002), S. 167 ff.; *Schilcher* (1989), S. 49 ff.; *v. Welser* (2000), S. 38; zu einem vergleichbaren Ergebnis, ohne allerdings sich ausdrücklich für eine Gesamtschau auszusprechen, gelangen auch Wandtke/Bullinger - *Wandtke/Grunert*, § 39 Rn. 3 f.; auch *Schack* (2001), Rn. 341 ff. spricht sich nicht für die Gesamtschau aus.

237 Wandtke/Bullinger - *Wandtke/Grunert*, § 39 Rn. 3; Schricker - *Dietz*, § 14 Rn. 2; *Dieselhorst* (1995), S. 120 f.; *v. Waasen* (1994), S. 41; *Federle* (1998), S. 38; *Grunert* (2002), S. 164 f.; *Schilcher* (1989), S. 49 ff.

238 Zu diesem Ergebnis gelangen auch: Schricker - *Dietz*, § 14 Rn. 19; *Schack* (2001), Rn. 351; *v. Welser* (2000), S. 38; *Grohmann* (1971), S. 24; *v. Waasen* (1994), S. 41; *Schöfer* (1984), S. 45, 122; *Dieselhorst* (1995), S. 121; auch *Bullinger* (1997), S. 73, meint, dass die Beeinträchtigung die Entstellung umfasst, nimmt aber keine Stellung zum Verhältnis zur Änderung.

239 *Brockhaus* zum Stichwort „Beeinträchtigung".

ber beabsichtigte Wirkung des Werkes, so dass auch hierin Beeinträchtigungen liegen. Für die Auslegung des Begriffs als Oberbegriff spricht auch die Tatsache, dass § 14 UrhG in seiner Formulierung auf Art. 6bis RBÜ zurückgeht.[240] Dieser Artikel gesteht dem Urheber das Recht zu, „sich jeder Entstellung, Verstümmelung oder sonstiger Änderung des Werkes oder jeder *anderen* Beeinträchtigung des Werkes zu widersetzen (...)“. Es wird deutlich, dass hier der Begriff Beeinträchtigung als Oberbegriff verstanden wird, der auch die Änderung umfasst.[241] Aus der Formulierung des § 14 UrhG lässt sich weiter ablesen, dass er sowohl gegenüber dem Nutzungsrechtsinhaber wie auch gegenüber jedem nicht zur Nutzung Berechtigten gilt.[242]

(2) Kein allgemeines urheberrechtliches Änderungsverbot neben § 14 UrhG

Mit § 14 UrhG besteht also eine Norm, die ihrem Wortlaut nach den Werkschöpfer umfassend vor jeder Beeinträchtigung seines Werkes schützt. Daher existiert heute im Gegensatz zur Zeit vor Inkrafttreten des UrhG, als mit § 12 KUG und § 9 LUG[243] nur ein spezielles Änderungsverbot gegenüber dem Werknutzungsberechtigten bestand, kein Bedürfnis mehr, Schutzlücken im Bereich der Werkänderung durch Anerkennung eines ungeregelten urheberrechtsimmanenten Änderungsverbots zu schließen.[244] Überdies besteht neben den umfassenden gesetzlichen Regelungen für ein allgemeines urheberrechtsimmanentes Änderungsverbot auch kein Raum. Der Werkschutz wird durch die gesetzlichen Bestimmungen von der Abwägung der widerstreitenden Interessen abhängig gemacht. Mit der Annahme eines unnormierten Änderungsverbots könnte diese Voraussetzung unterlaufen werden.[245]

---

240 Amtliche Begründung des Regierungsentwurfs, UFITA 45 (1965), 240/259 f.; diese enthält keine ausdrücklichen Angaben über das Verhältnis der verwendeten Rechtsbegriffe zueinander. In ihr heißt es nur, der Entwurf folge in seiner Formulierung im wesentlichen Art. 6bis RBÜ.

241 *Schilcher* (1989), S. 55 kommt dagegen zu dem Ergebnis, dass die Begriffe der Änderung und der Beeinträchtigung in Art. 6bis RBÜ gleichgeordnet seien. Obgleich in § 14 UrhG nicht erwähnt, soll die Änderung des Werkes dennoch erfasst sein. Dies erscheint inkonsequent, da nur, sofern die Beeinträchtigung den Oberbegriff bildet, die Änderung des Werkes von § 14 UrhG erfasst ist, ohne dass es einer besonderen Erwähnung bedarf. Sind beide Begriffe gleichgeordnet, müsste neben der Beeinträchtigung auch die Änderung erwähnt werden.

242 Schricker - *Dietz*, § 14 Rn. 9.

243 Die Formulierung entsprach weitgehend dem heutigen § 39 UrhG.

244 Auch *Grunert* (2002), S. 165 betont, das allgemeine Änderungsverbot sei durch Inkrafttreten des § 14 UrhG obsolet geworden.

245 Dies betont auch *Grunert* (2002), S. 165.

(3) § 14 UrhG als Grundnorm des „Gesamtkomplexes des Beeinträchtigungsverbots“

Die §§ 14, 39, 62 und 93 UrhG sind als „Gesamtkomplex“, der sowohl dem Schutz der materiellen wie auch der ideellen Interessen des Urheberrechts dient, zu begreifen. Die Reichweite dieses Schutzes ergibt sich aus der Gesamtschau der entsprechenden Vorschriften.[246] Dabei stehen die einzelnen Normen nicht selbständig nebeneinander, sondern müssen insgesamt als funktionale Einheit begriffen werden. § 14 UrhG bildet dabei die Grundnorm des jedermann gegenüber geltenden Beeinträchtigungs- und Änderungsschutzes.[247]

Die Ansicht, die §§ 14 und 39 UrhG stellten jeweils eigenständige Regelungen dar, gründet auf der Annahme, beide Regelungen wiesen insofern unterschiedliche Rechtsnaturen auf, als dass das Beeinträchtigungsverbot des § 14 UrhG ausschließlich persönlichkeitsrechtlicher Natur sei, während das Änderungsverbot des § 39 UrhG darüber hinaus den Werkschöpfer auch in seinen vermögensrechtlichen Interessen schütze. Diese Ansicht trägt der monistischen Konstruktion des UrhG mit ihrer komplexen Verknüpfung des Schutzes der ideellen und materiellen Interessen nicht in ausreichendem Maße Rechnung. Jede Einzelbefugnis des Urheberrechts schützt immer sowohl die Verwertungsinteressen wie auch die ideellen Interessen des Urhebers. Der Schwerpunkt der Interessenverletzung bei einer Änderung oder sonstigen Beeinträchtigung eines Werkes liegt im persönlichkeitsrechtlichen Bereich. Es können zwar auch materielle Interessen betroffen sein, diese sind aber immer nur Reflex- oder Folgeschäden der Beeinträchtigung der persönlich-geistigen Interessen.[248] Daher ist das Beeinträchtigungsverbot dem UPR zuzuordnen. Dennoch werden aber aufgrund der monistischen Konstruktion des Urheberrechts, sowohl von § 14 UrhG als auch genauso von § 39 UrhG, neben den ideellen Interessen, soweit nötig, auch materielle Interessen geschützt. Es sind an die Interessenabwägung daher weder unterschiedliche Maßstäbe anzulegen, noch sind im Rahmen des § 14 UrhG andere Gesichtspunkte zu würdigen als nach § 39 UrhG.[249] Die Interessenabwägung nach beiden Normen muss also stets gleich verlaufen.[250] Zudem wäre es unpraktikabel, zunächst zu prüfen, ob ein Nutzungsberechtigter gemäß

---

[246] Schricker - *Dietz*, § 14 Rn. 2; *Schilcher* (1989), S. 54 ff.; *Grohmann* (1971), S. 23.

[247] Schricker - *Dietz*, § 14 Rn. 1, § 39 Rn. 1; *Schack* (2001), Rn. 350 ff.; *Grunert* (2002), S. 167; *v. Welser* (2000), S. 38; *v. Waasen* (1994), S. 41; *Federle* (1998), S. 38; *Dieselhorst* (1995), S. 121; *Schilcher* (1989), S. 55.
In einer jüngeren Entscheidung leitet auch der BGH das allgemeine Änderungsverbot aus § 14 UrhG ab, ohne allerdings dies näher zu begründen oder darzulegen, ob er seine Ansicht, das Änderungsverbot nach § 39 UrhG unterscheide sich grundsätzlich vom Entstellungsverbot, aufgegeben habe; BGH ZUM 1999, S. 146/148 - Treppenhausgestaltung.

[248] *Federle* (1998), S. 37.

[249] Das betonen auch Schricker - *Dietz*, § 14 Rn. 4 und *Schilcher* (1989), S. 51 f.

[250] *Grunert* (2002), S. 167.

§ 39 UrhG nach der vermögensrechtlichen Interessenlage zu einer bestimmten Änderung berechtigt ist, dann aber in einem zweiten Schritt das festgestellte Änderungsrecht durch die Anwendung des § 14 UrhG wegen persönlichkeitsrechtlicher Gesichtspunkte wieder zu beschränken.[251]

Es ist also zur Prüfung der Zulässigkeit einer Änderung bzw. Beeinträchtigung eine einheitliche umfassende Interessenabwägung vorzunehmen. Dabei sind neben den in § 14 UrhG erwähnten ideellen Urheberinteressen im Wege der Gesamtschau auch die materiellen Urheberinteressen zu berücksichtigen.[252]

(4) Selbständige Bedeutung des § 39 Abs. 1 UrhG bei der Gestattung von Werkänderungen

§ 39 UrhG stellt keine eigenständige Anspruchsgrundlage für ein Änderungsverbot dar. Eine solche wäre neben dem umfassenden Beeinträchtigungsverbot des § 14 UrhG weder erforderlich noch schematisch begründbar.[253] § 39 Abs. 1 UrhG kommt daher, soweit ein Änderungsverbot normiert wird, neben § 14 UrhG nur die Funktion zu, klarzustellen, dass das Beeinträchtigungsverbot auch dem vertraglich zur Werknutzung Berechtigten gegenüber gilt.[254] Die Feststellung des § 39 Abs. 2 UrhG, dass Änderungen zulässig sind, denen der Urheber nach Treu und Glauben seine Zustimmung nicht versagen könne, weist keinen eigenständigen Regelungscharakter auf, sondern stellt in diesem Zusammenhang lediglich klar, dass auch hier eine Interessenabwägung im Einzelfall vorzunehmen ist.[255]

Selbständige Bedeutung kommt dem § 39 UrhG jedoch insofern zu, als er Vereinbarungen über Werkveränderungen zwischen einem Nutzungsrechtsinhaber und dem Urheber für zulässig erklärt.[256] Da § 39 UrhG im Gesamtzusammenhang mit den übrigen werkintegritätsschützenden Normen, insbesondere mit § 14 UrhG, gesehen werden muss, ergibt sich, dass die Regelung der Zulässigkeit von vertraglichen Vereinbarungen auch auf sonstige Beeinträchtigungen

---

251 Auch *Grunert* (2002), S. 167 hält dieses Vorgehen für unbegründbar.

252 Schricker - *Dietz*, § 14 Rn. 2.

253 Schricker - *Dietz*, § 39 Rn. 1.

254 *Grunert* (2002), S. 167 bezeichnet diese Funktion des § 39 als „Begrenzungsfunktion".

255 Schricker - *Dietz*, § 39 Rn. 1.

256 Dies betonen ausdrücklich auch Wandtke/Bullinger - *Wandtke/Grunert*, § 39 Rn. 5. *Grunert* (2002), S. 168 sieht die eigenständige Bedeutung des § 39 Abs. 1 UrhG nicht nur darin, dass Änderungsvereinbarungen für zulässig erklärt werden, sondern auch darin, dass dem Urheber das Recht abgesprochen wird, sich gegen Änderungen zu wehren, denen er seine Zustimmung nach Treu und Glauben nicht versagen kann. Er bezeichnet beide Aspekte als „Ermöglichungsfunktion" des § 39 und betont, dass der Normzweck nicht in der Klarstellung des Schutzes des Urhebers, sondern im Schutz des Werknutzungsberechtigten liege.

und sogar auf Entstellungen zu beziehen ist.[257] Die Grenze wird hier durch den unveräußerlichen Kern des UPR gebildet.[258]

Aus der Zusammenschau des § 39 UrhG mit § 14 UrhG ergibt sich, dass die Zulässigkeit von Werkbeeinträchtigungen, gleichgültig, ob sie durch den Inhaber eines Nutzungsrechts oder durch den Besitzer bzw. den Eigentümer vorgenommen werden, nach den gleichen Prinzipien zu beurteilen sind. Daher ist der Anwendungsbereich des § 39 UrhG nicht nur in sachlicher, sondern auch in personeller Hinsicht auszudehnen, so dass der Urheber auch mit dem Eigentümer oder Besitzer ohne Nutzungsbefugnis vertragliche Vereinbarungen über Werkbeeinträchtigungen treffen kann.[259]

c. Begriffsbestimmung

aa. Beeinträchtigung

Wie oben schon dargestellt wurde, bildet der Begriff der Beeinträchtigung den Oberbegriff, der auch die Änderung umfasst.[260] Eine Beeinträchtigung liegt nach dem natürlichen Sprachgebrauch vor, wenn der Gesamteindruck des Werkes in den Augen eines unvoreingenommen Betrachters verschlechtert oder herabgewertet wird.[261] Die Form, die der Urheber seinem Werk verliehen hat, die ihm als die für sein Werk bestmögliche erschien, stellt den authentischen Ausdruck seiner Individualität dar.[262] Jede Abweichung von dieser Form, gleichgültig, ob zum besseren oder zum schlechteren, ist daher eine Beeinträchtigung.[263] Nach übereinstimmender Ansicht kann eine Beeinträchtigung auch in einem indirekten, die Werksubstanz nicht berührenden Eingriff liegen, z.B. wenn das Werk in

---

257 Schricker- *Dietz*, § 39 Rn. 3.

258 Schricker- *Dietz*, § 39, Rn. 3.

259 In diesem Sinne auch BGH GRUR 1974, S. 675/676 - Schulerweiterung; OLG Frankfurt/M GRUR 1986, S. 244 - Verwaltungsgebäude; Schricker - *Dietz*, § 39 Rn. 25.
Diese analoge Anwendung wird teilweise damit begründet, dass auch der Eigentümer oder Besitzer regelmäßig sein Recht am Werkgegenstand direkt oder indirekt über Dritte vom Urheber herleite, so dass ihn mit dem Urheber eine Vertragsbeziehung verbinde; *Grohmann* (1971), S. 31; *Schilcher* (1989), S. 58; *Schöfer* (1984), S. 125.
Gegen eine Ausdehnung des Anwendungsbereichs des § 39 Abs. 1 UrhG aber Wandtke/Bullinger - *Wandtke/Grunert*, § 39 Rn. 17; BGH GRUR 1999, S. 230/232 - Treppenhausgestaltung.

260 Siehe 2. Kapitel B.I.1.b.cc.(1).

261 Schricker - *Dietz*, § 14 Rn. 21; *Federle* (1998), S. 39.

262 *Grohmann* (1971), S. 77.

263 So ausdrücklich BGH GRUR 1999, S. 230/232 - Treppenhausgestaltung; „Der Schutz des Urhebers ... richtet sich nicht nur gegen künstlerische Verschlechterungen, sondern auch gegen andere Verfälschungen der Wesenszüge des Werkes in der Form, wie es anderen dargeboten wird." Ähnlich auch BGH GRUR 1989, S. 106/107 - Oberammergauer Passionsspiele II; OLG München GRUR 1993, S. 332/333 - Christoph Columbus.

einen unangemessenen Sachzusammenhang gebracht[264] oder unsachgemäß präsentiert wird.[265] Die Beeinträchtigung kann danach als „eine von der Aufwertung oder Abwertung des Werkes vom Standpunkt eines Dritten unabhängige, objektiv nachweisbare Änderung des vom Urheber geschaffenen geistig-ästhetischen Gesamteindruckes des Werkes" bezeichnet werden.[266]

bb. Änderung

Eine Änderung des Werkes liegt nach dem Wortsinn nur dann vor, wenn in das Werk selbst direkt eingegriffen wird. Da der Schutzzweck der §§ 14, 39, 62 und 93 UrhG sich nicht auf die Verkörperung des Werkes, sondern auf das Werk als geistig persönliche Schöpfung bezieht, stellt jeder direkte Eingriff in die äußere oder innere Werkform oder den Werkinhalt eine Änderung dar,[267] ohne dass ein Eingriff in die Sachsubstanz eines Werkexemplars nötig wäre.[268] Eine Änderung ist daher also auch bei der Verwertung durch Vervielfältigung, Bearbeitung, Sendung oder Aufführung möglich.[269] Da aber die Interessenabwägung bei der Änderung und der sonstigen Beeinträchtigung nach identischen Kriterien abläuft, ist die Einteilung in direkte und indirekte Eingriffe ohne praktische Bedeutung.[270]

cc. Entstellung

Die Entstellung bezeichnet Fälle besonders gravierender Beeinträchtigungen. Sie liegt bei einer Sinnverzerrung, Missdeutung und Verstümmelung der Wesenszüge des Werkes vor.[271] Dies liegt etwa vor, wenn wesentliche Teile des Werkes gestrichen werden, oder wenn das Werk mit Zusätzen versehen wird,

---

264 Für die allgemeine Meinung OLG Frankfurt/M GRUR 1995, S. 215 - Springtoifel; Möhring/Nicolini - *Kroitzsch*, § 14, Rn. 15; für urheberschutzfähige Marken so auch *Wandtke/Bullinger*, GRUR 1997, S. 573/579.

265 Als Beispiel kann die Präsentation eines herausragendenden Werkes der Malerei im Rahmen einer Ausstellung, die ansonsten nur völlig minderwertige Werke präsentiert, angeführt werden, so etwa wenn ein künstlerischer Akt unter obszönen Nacktbildern präsentiert wird, oder wenn ein Werk, das von seiner Farbkomposition lebt, unter unpassender, verunstaltender Beleuchtung ausgestellt wird; vgl. *Tölke* (1967), S. 95 f.; *Meyer* (1936), S. 80; *Grohmann* (1971), S. 81 f.; *v. Waasen* (1994), S. 47.

266 Zu dieser Definition gelangt Schricker - *Dietz*, § 14 Rn. 21.

267 *Federle* (1998), S. 40; *Grohmann* (1971), S. 56.

268 So deutlich Schricker - *Dietz*, § 14 Rn. 24.

269 BGH GRUR 1971, S. 35 - Maske in Blau; BGH GRUR 1976, S. 199 - Götterdämmerung; vgl. auch *Federle* (1998), S. 40.

270 *v. Welser* (2000), S. 39; *Federle* (1998), S. 40.

271 Statt aller Schricker - *Dietz*, § 14 Rn. 19 mit weiteren Nachweisen.

die ihm eine andere Aussage oder Tendenz verleihen.[272] Der Unterschied zwischen der Entstellung und der „normalen“ Beeinträchtigung ist nur ein quantitativer, kein qualitativer. Beide Begriffe unterscheiden sich nicht durch die Eingriffsart oder die Art der Werkverletzung, sondern allein durch die Intensität des Eingriffs.[273] Daher ist auch bei der Entstellung eine Abwägung der Interessen vorzunehmen,[274] so dass eine trennscharfe Abgrenzung zur Beeinträchtigung und Änderung auch hier entbehrlich ist.[275]

d. Werkintegritätsschutz und Rechte des Eigentümers

Da das allgemeine Beeinträchtigungsverbot jedermann gegenüber anzuwenden ist, gilt es auch dem Eigentümer eines Werkstücks gegenüber. Die werkintegritätsschützenden Einzelbefugnisse des Urheberrechts stellen also ein Recht dar, das die Befugnis des Eigentümers, mit seiner Sache, hier dem Werkstück, beliebig zu verfahren, einschränkt. Der Eigentümer eines Werkstücks darf an diesem solche Handlungen nicht vornehmen, die geeignet sind, das Werk zu verändern, zu entstellen oder sonst zu beeinträchtigen, sofern sich nicht im Rahmen einer Interessenabwägung ergibt, dass sein Interesse gegenüber dem Integritätsinteresse des Urhebers vorzugswürdig erscheint. Das Reichsgericht hat das Verhältnis von Eigentum und Urheberrecht zueinander wie folgt beschrieben: „Das Urheberrecht (kann) nur unbeschadet des Eigentumsrechts, das Eigentumsrecht nur unbeschadet des Urheberrechts ausgeübt werden.“[276]

---

[272] OLG München GRUR 1986, S. 460/461 - Die unendliche Geschichte; Fromm/Nordemann - *Hertin*, § 14 Rn. 8; *v. Waasen* (1994), S. 45; *v. Gamm* (1968), § 14 Rn. 8.

[273] Dies betont auch *Federle* (1998), S. 44.

[274] Schricker - *Dietz*, § 14 Rn. 19; *Federle* (1998), S. 44; *v. Waasen* (1994), S. 45; *Schack* (2001), Rn. 342.
Nach der Gegenauffassung ist bei der Entstellung keine Interessenabwägung vorzunehmen. Dies ergebe sich schon aus der grammatikalischen Gesetzesauslegung, da der Relativsatz des § 14 UrhG („die geeignet ist ...“), der die Interessenabwägung vorschreibe, im Singular abgefasst sei und sich daher nur auf das Wort „Beeinträchtigung“ beziehen könne; so Fromm/Nordemann - *Hertin*, § 14 Rn. 5. Diese Argumentation ist jedoch nicht zwingend. Da die Beeinträchtigung den Oberbegriff bildet, der auch die Entstellung als besonders gravierenden Fall der Beeinträchtigung mitumfasst, ist es grammatikalisch unproblematisch möglich, den entsprechenden Nebensatz auch auf die Entstellung zu beziehen. Überdies ist es praktisch nicht möglich, einen eindeutigen Grenzwert festzulegen, ab dem die Beeinträchtigung in eine Entstellung umschlägt.

[275] Schricker - *Dietz*, § 14 Rn. 20.

[276] RGZ 79, S. 397/400 - Felseneiland mit Sirenen

2. Vernichtung eines Werkstücks als Beeinträchtigung des Werkes

a. Vernichtung eines Werkstücks ohne Original- oder Einmaligkeitscharakter

Wird ein Werkstück zerstört, bei dem es sich weder um die einzige Werkverkörperung, noch um das einzige Original eines Werkes der bildenden Kunst handelt, so bleibt das Werk als solches erhalten.[277] Der individuelle geistige Gehalt besteht von der Vernichtung des einzelnen Werkstücks völlig unangetastet fort, da das Werk durch die übrigen Werkverkörperungen weiterhin von Dritten sowie vom Urheber selbst wahrgenommen werden kann. Die Zerstörung eines solchen Werkstücks stellt mithin keine Beeinträchtigung des Werkes dar.[278]

Etwas anderes gilt jedoch dann, wenn über den reinen Akt der Zerstörung hinaus in der Zerstörungshandlung oder im Zuge der Zerstörungshandlung eine Beeinträchtigung gegeben ist. Diese könnte etwa darin liegen, dass ein Werkexemplar mit der Intention öffentlich vernichtet wird, zum Ausdruck zu bringen, es handele sich um ein „schädliches“ oder „gefährliches“ Werk. So wurden zum Beispiel zur Zeit des Nationalsozialismus Bücher von dem Regime verhassten Autoren öffentlich verbrannt. Hier liegt in der über die reine Vernichtung des Werkexemplars hinausgehenden öffentlichen Herabsetzung des Werkes eine tatbestandliche Beeinträchtigung.[279]

b. Vernichtung des Werkes selbst

Wenn die einzige Werkverkörperung bzw. wenn das einzige Original eines Werkes der bildenden Kunst vernichtet wird, so ist das Werk selbst als vernichtet anzusehen.[280] Ein Großteil der Literatur, die sich für ein Recht des Urhebers, die Vernichtung seines Werkes zu verbieten, ausspricht, leitet dies direkt aus § 14 UrhG ab, indem sie die Vernichtung des Werkes direkt unter den Begriff der „anderen Beeinträchtigung“ nach § 14 UrhG subsumiert.[281]

---

[277] Vgl. die Darstellung zur Vernichtung eines Werkes im 1. Kapitel unter B.III.1.

[278] So auch *Tölke* (1967), S. 89.

[279] Eine weiteres Beispiel für eine solche, über die reine Vernichtung hinausgehende Herabsetzung des Werkes bildet die Vernichtung eines Werkstücks mit der Begründung, es handele sich bei dem Werk um „schmutzige, verabscheuenswürdige Pornographie“; berichtet von *Grohmann* (1971), S. 128.

[280] Siehe 1. Kapitel B.III.1.

[281] *Samson*, UFITA 47 (1966), S. 1/37; *Samson* (1973), S. 122; Wandtke/Bullinger - *Wandtke/Grunert*, § 39 Rn. 37; *Dietz* (1968), S. 112; Schricker - *Dietz*, § 14 Rn. 37 ff.; *Movsessian*, UFITA 95 (1983), S. 77/85; *Schack* (2001), Rn. 358; *Schöfer* (1984), S. 139 f.; *Richard/Junker*, GRUR 1988, S. 18/23 f.; *Schilcher* (1989), S. 83 ff.; *v. Waasen* (1994), S. 151-154; *Dieselhorst* (1995), S. 125. Vgl. auch 2. Kapitel A.III.2.

aa. Beeinträchtigung des Werkes, nicht der Urheber-Werk-Beziehung

Die Werkvernichtung unter den Begriff Beeinträchtigung zu subsumieren, hat den Vorteil, dass die Erhaltungsinteressen des Urhebers unproblematisch im Rahmen einer einzelfallbezogenen Interessenabwägung berücksichtigt werden können. Dagegen spricht jedoch der Wortlaut der Norm. Eine Beeinträchtigung setzt voraus, dass nach der entsprechenden Handlung das Objekt der Beeinträchtigung fortbesteht, da nur ein weiterhin vorhandenes Gut als beeinträchtigt bezeichnet werden kann. An dieser Stelle ist zu beachten, dass sich der Begriff Beeinträchtigung nach dem Wortlaut des § 14 UrhG ebenso wie der Begriff Entstellung allein auf den Zustand des konkreten Werkes bezieht, nicht dagegen auf die Interessen des Urhebers an seinem Werk. Es muss also, damit § 14 UrhG direkt anwendbar ist, ein konkretes Werk beeinträchtigt sein; eine Beeinträchtigung der Urheber-Werk-Beziehung ist nicht ausreichend.[282] Eine Beeinträchtigung des konkreten Werkes kann jedoch nur dann vorliegen, wenn nach der Eingriffshandlung das Werk selbst oder urheberrechtlich schutzfähige Teile von diesem weiter bestehen.[283] Es ist aber gerade das Wesen der Vernichtung, dass weder das Werk noch Teile von diesem fortbestehen.[284] Die Vernichtung kann zwar die Interessen des Urhebers beeinträchtigen, nicht aber das konkrete Werk. Daher ist auch die Feststellung, die Vernichtung stelle die stärkste Form der Beeinträchtigung dar,[285] nicht zutreffend.

bb. Bildet die Werkvernichtung einen Extremfall der Änderung?

Da der Begriff „andere Beeinträchtigung" auch den Begriff „Änderung" mitumfasst,[286] könnte man daran denken, die Vernichtung des Werkes als eine ins Extreme gesteigerte Form der Änderung zu begreifen und auf diesem Weg die Anwendbarkeit des Begriffs der „Beeinträchtigung" begründen.[287] Zutreffend ist, dass eine Veränderung des Werkes, die immer weiter gesteigert wird, irgendwann den Grenzwert zur Zerstörung überschreitet[288] und daher eine trennscharfe Abgrenzung im Einzelfall kaum möglich ist.

Als anschauliches Beispiel kann hier der Fall einer von Joseph Beuys durch Hinzufügen von Heftpflastern, Mullbinden und ähnlichen Applikationen künstlerisch gestaltete Kinderbadewanne angeführt werden. Diese wurde zunächst von übereifrigen Putzfrauen des Leverkusener Museums, in dem sie ausgestellt

---

282 *Bullinger* (1997), S. 109; Wandtke/Bullinger - *Bullinger*, § 14 Rn. 23.

283 So auch *Grohmann* (1971), S. 126.

284 So auch im 1. Kapitel unter B.III.2.c.

285 So Schricker - *Dietz*, § 14 Rn. 38; *Movsessian*, UFITA 95 (1983), S. 77/84 f.; *Schöfer* (1984), S. 140; *Schilcher* (1989), S. 83 f.

286 Siehe 2. Kapitel B.I.1.b.cc.(1).

287 Diese Idee äußert *v. Waasen* (1994), S. 153 f., verwirft sie aber im Ergebnis.

288 *Meyer* (1937), S. 83; *Wurm* (1920), S. 46.

war, von den Mullbinden und Pflastern befreit und anschließend ausgescheuert. Danach wurde sie von den Mitgliedern des in besagtem Museum tagenden SPD-Ortsvereins zum Kühlen ihrer Bierflaschen gebraucht.[289] Für das Vorliegen einer Änderung könnte sprechen, dass die Badewanne, das Hauptobjekt des Kunstwerkes, auch nach dieser Behandlung weiterhin vorhanden ist. Da jedoch der persönlich-geistige Gehalt durch die Entfernung der Applikationen völlig beseitigt wurde und die Badewanne als solche keinen Werkcharakter mehr aufweist, ist hier von einer Vernichtung auszugehen.

Eine Änderung des Werkes setzt ebenso wie die Beeinträchtigung das Fortbestehen des Werkes voraus. Die Änderung besitzt im Vergleich zur Vernichtung insofern eine andere Qualität, als bei der Änderung ein bestehendes Werk modifiziert wird, so dass die Interessen des Urhebers am Schutz der Aussage seines Werkes vor Verfälschungen betroffen sind, während bei der Vernichtung der Bestand des Werkes aufgehoben wird, so dass ausschließlich das Interesse des Urhebers an der Erhaltung seines Werkes berührt wird.[290] Die Vernichtung kann daher auch nicht als Extremfall der Änderung angesehen werden.

Die Vernichtung ist also nicht direkt unter den § 14 UrhG zu subsumieren.

c. Ausdehnung des Anwendungsbereichs der §§ 14, 39, 62, 93 UrhG auf die Werkvernichtung

Man könnte daran denken, den Anwendungsbereich der werkintegritätsschützenden Normen der §§ 14, 39, 62, 93 UrhG, über ihren Wortlaut hinaus, auch auf die Werkvernichtung auszudehnen.[291]

Gegen die Ausdehnung des Anwendungsbereiches der §§ 14, 39, 62, 93 UrhG spricht aber der sich aus der Gesamtschau der Normen ergebende Schutzzweck und die Regelungsintention dieses Normenkomplexes. Es ist ein umfassender Schutz sowohl vor Änderungen, Entstellungen als auch vor allen sonstigen Beeinträchtigungen bezweckt. Durch die Verwendung des Begriffs Beeinträchtigung als Oberbegriff, der die Änderung und die Entstellung mitumfasst, wird deutlich, dass der bezweckte Schutz stets voraussetzt, dass das Werk selbst fortbesteht. Der Oberbegriff Beeinträchtigung bringt deutlich zum Ausdruck, dass der Zweck des Normenkomplexes nicht ist, die geistigen Interessen des Urhebers vor jedem Eingriff in die Werksubstanz zu schützen. Der Urheber soll

---

289 Schilderung des Falls und des dadurch ausgelösten Rechtsstreits bei *Hamann*, FuR 1976, S. 166 f.

290 Siehe zu den durch die Werkvernichtung berührten Interessen des Urhebers auch die Ausführungen im 2. Kapitel unter B.III.2.

291 Vor Inkrafttreten des UrhG hat sich *Meyer* (1936), S. 84 für eine analoge Anwendung der Vorschriften über die Werkänderung (§ 12 KUG, § 9 LUG) auf die Werkvernichtung ausgesprochen.

nur davor geschützt werden, dass die Aussage und die Wirkung seines Werkes durch Eingriffe in die Werksubstanz oder das Umfeld verändert werden und seine geistigen und persönlichen Interessen durch das Fortbestehen eines in dieser Form von ihm nicht beabsichtigten Werkes verletzt werden. Der Schutz geht daher nur soweit, wie es nötig ist, das Urheberinteresse an der Erhaltung der unverfälschten Aussage des Werkes zu gewährleisten. Ein Schutz gegen die Vernichtung des Werkes aber ist für diesen Zweck nicht erforderlich, da durch die Vernichtung das Werk nicht in anderer als der vom Urheber intendierten Weise wirkt. Eine Ausdehnung des Anwendungsbereiches der §§ 14, 39, 62, 93 UrhG entspricht nicht dem Schutzzweck und der Intention des Normenkomplexes.

Die werkintegritätsschützenden Normen des Urheberrechts sind also auf die Werkvernichtung weder direkt noch entsprechend anwendbar.[292]

II. Ableitung eines Abwehrrechts aus sonstigen urheberrechtlichen Einzelbefugnissen

1. Zugangsrecht, § 25 UrhG

Nach § 25 UrhG kann der Urheber vom Besitzer eines Werkstücks verlangen, dass dieser ihm das Werkstück zur Herstellung von Vervielfältigungsstücken oder Bearbeitungen des Werkes zugänglich macht, soweit nicht berechtigte Interessen des Besitzers dem entgegenstehen. Dadurch soll dem Urheber, der sich nicht mehr im Besitz des Werkstücks befindet, die Möglichkeit der Vervielfältigung und Bearbeitung sowie der aktiven Auseinandersetzung mit dem Werk erhalten werden. Während die Möglichkeit der Auseinandersetzung mit dem Werk allein den geistigen Interessen des Urhebers dient, trägt die Möglichkeit, Vervielfältigungsstücke und Bearbeitungen der Werkes anzufertigen, sowohl den geistigen und persönlichen[293] als auch den materiellen Urheberinteressen Rechnung.[294] Das Zugangsrecht enthält also sowohl eine persönlichkeitsrechtliche als auch eine vermögensrechtliche Komponente, entsprechend hat der Gesetzgeber es unter „sonstige Rechte des Urhebers" eingeordnet.[295]

---

292 Zu diesem Ergebnis gelangen auch *Locher* (1970), S. 74; *Beigel* (1984), Rn. 123; *Jestaedt* (1997), S. 59 ff.

293 Den geistigen und persönlichen Interessen wird insofern gedient, als dem Urheber ermöglicht wird, ein Vervielfältigungsstück oder eine Bearbeitung des Werkes anzufertigen und zu besitzen; vgl. Schricker - *Vogel*, § 25 Rn. 4; Möhring/Nicolini - *Spautz*, § 25 Rn. 6; *Beigel* (1984), Rn. 151; *v. Waasen* (1994), S. 181; *Tölke* (1967) S. 121.

294 Den materiellen Interessen dient das Zugangsrecht insofern, als die Möglichkeit der Anfertigung von Vervielfältigungen und Bearbeitungen auch der wirtschaftlichen Verwertung des Werkes dient; vgl. *v. Gamm* (1968), § 25 Rn. 1, 4; *Tölke* (1967), S. 121; Wandtke/Bullinger - *Bullinger*, § 25 Rn. 10; Schricker - *Dietz*, § 25 Rn. 4.

295 *v. Waasen* (1994), S. 181 sieht das Zugangsrecht als rein urheberpersönlichkeitsrechtliche Befugnis. Auch *Tölke* (1967), S. 122 bezeichnet es als eine Befugnis des droit moral. Da-

Man könnte erwägen, aus der Wertung des § 25 UrhG auf ein generelles Verbot für den Besitzer bzw. den besitzenden Eigentümer, das Werkstück zu zerstören, zu schließen. Durch die Zerstörung wird nämlich das Recht auf Zugang und damit die Möglichkeit der Bearbeitung, der Vervielfältigung und der Auseinandersetzung mit dem Werk endgültig vereitelt. In der Literatur wird teilweise vertreten, das Zugangsrecht begründe nur insoweit ein Vernichtungsverbot, als die Vernichtung ausschließlich der Vereitelung des Zugangsrechts diene, ohne dass andere Gründe ersichtlich seien.[296] Daneben wird auch die Meinung vertreten, die Vernichtung sei nur dann unzulässig, wenn das Zugangsrecht bereits geltend gemacht wurde und durch die Vernichtung vereitelt werde.[297]

Soweit das Werk aus keinem anderen Grund als aus dem, das Zugangsrecht zu vereiteln, vernichtet wird, folgt ein Vernichtungsverbot schon aus dem Schikaneverbot nach § 226 BGB, ohne dass es auf ein urheberpersönlichkeitsrechtliches Vernichtungsverbot aus § 25 UrhG ankäme. Nach § 226 BGB ist die Ausübung eines Rechts immer dann verboten, wenn sie objektiv nach der Lage der gesamten Umstände zu keinem anderen Zweck als dem, einem anderen Schaden zuzufügen, erfolgt. Dabei kann dieser Schaden auch in der Verletzung ideeller Interessen bestehen.[298] Dies wird jedoch im Einzelfall kaum nachzuweisen sein, da sich aus der objektiven Interessenlage meist noch andere Gründe als nur die Vereitelung des Zugangsrechts ableiten lassen werden. Gleichwohl folgt aus dem Zugangsrecht kein Recht, die Zerstörung des Werkes zu verbieten. Die Intention des Gesetzgebers war es, dem Urheber gegen den jeweiligen Besitzer einen Anspruch auf Zugang zum Werkstück zu gewähren. Es sollte hieraus in keiner Weise eine weitergehende Pflicht des Besitzers begründet werden. Der Gesetzgeber hat das Zugangsrecht bewusst an die Besitzposition, also an die tatsächliche Sachherrschaft und nicht an eine rechtliche Position angeknüpft. Diese Position der tatsächlichen Sachherrschaft endet mit der Zerstörung des Werkstücks, ebenso wie mit der Übergabe des Werkstücks an einen Dritten. In beiden Fällen erlischt das Zugangsrecht. Beide Handlungen sollen dem Besitzer des Werkstücks durch das Zugangsrecht gleichermaßen nicht verboten werden.

2. Folgerecht, § 26 UrhG

Es könnte daran gedacht werden, aus dem in § 26 UrhG normierten Folgerecht ein Recht des Urhebers, die Vernichtung des Werkes zu untersagen, abzuleiten.

---

gegen befürwortet *Dietz* (1987), S. 117 die hier vertretene Ansicht von der zweifachen Schutzrichtung des Zugangsrechts.

[296] *Rehbinder* (2002), Rn. 244.

[297] *Hubmann* (1984), S. 63.

[298] Palandt - *Heinrichs*, § 226 Rn. 2.

Dem Urheber steht nach § 26 UrhG immer, wenn ein Original der bildenden Kunst unter Beteiligung eines Kunsthändlers oder Versteigerers veräußert wird, ein Anspruch in Höhe von 5% des Verkaufspreises zu. Wird das Werk zerstört, so wird dieser Anspruch endgültig vereitelt. Ähnlich leitet schon Opet 1913 ein Vernichtungsverbot aus der Überlegung ab, dass durch die Vernichtung der dem Urheber seiner Meinung nach zustehende Anspruch auf Teilhabe an einem etwaigen Wertzuwachs seines Werkes vereitelt werde.[299]

Diese Konstruktion vermag nicht zu überzeugen. Das Folgerecht stellt keinen Anspruch auf Beteiligung an dem abstrakten Wertzuwachs des Werkes dar. Ein Anspruch nach § 26 UrhG entsteht nur dann, wenn das Werk unter den in § 26 UrhG normierten Bedingungen veräußert wird. Ob, wann und zu welchen Konditionen das Werk weiterveräußert wird, bestimmen allein der jeweilige Eigentümer und der Erwerber. § 26 UrhG normiert genauso wenig einen Anspruch auf Erhaltung des Werkes zur Gewährleistung einer späteren Veräußerung wie einen Anspruch auf eine Veräußerung.[300]

III. Unmittelbar aus dem UPR abgeleitetes Recht, die Werkvernichtung zu verbieten

Da sich, wie bisher dargelegt wurde, aus keiner der Einzelbefugnisse mit persönlichkeitsrechtlichem Einschlag ein Recht des Urhebers, die Zerstörung seines Werkes zu verbieten, ableiten lässt, stellt sich die Frage, ob sich diese Befugnis unmittelbar aus dem UPR selbst ergibt. Voraussetzung dafür wäre, dass der Schutzbereich des UPR sich nicht in der Summe der im UrhG normierten Einzelbefugnisse, die (zumindest auch) dem Schutz der ideellen Urheberinteressen dienen, erschöpft, sondern darüber hinausgeht. Nur in diesem Fall könnten nämlich, soweit dies zum Schutz des Urhebers erforderlich ist, über die konkreten Einzelbefugnisse hinaus aus dem UPR selbst weitergehende Befugnisse abgeleitet werden.

1. Verhältnis des UPR zu den gesetzlich normierten persönlichkeitsrechtlichen Einzelbefugnissen

a. Das UPR als Summe der persönlichkeitsrechtlichen Einzelbefugnisse

Nach einem streng positivistischen Ansatz besteht das UPR nur in dem Umfang, in dem es durch die Einzelbefugnisse des UrhG gesetzlich ausgestaltet wird. Danach bildeten die Einzelbefugnisse mit persönlichkeitsschützendem Einschlag eine abschließende Normierung der Regelungen zum Schutz der ideellen Urheberinteressen. § 11 UrhG enthalte nur eine allgemeine Umschreibung des

[299] *Opet*, Annalen des deutschen Reiches (1913), S. 368/379.
[300] So auch *v. Waasen* (1994), S. 28, 153.

Schutzgegenstandes, ohne dass sich aber aus ihm konkrete Berechtigungen des Urhebers ergeben.[301]

Alternativ könnte erwogen werden, einen über die Einzelbefugnisse hinausgehenden Schutz der ideellen Interessen des Urhebers nicht aus dem UPR, sondern aus dem aPR abzuleiten.[302] Der Schutzbereich des UPR wäre dann abschließend durch die Summe der persönlichkeitsschützenden Einzelbefugnisse normiert. Soweit hierfür Bedarf besteht, etwa weil der Schutzumfang der Einzelbefugnisse hinter den im GG getroffenen Wertentscheidungen zugunsten des Persönlichkeitsschutzes zurückbleibt, wäre ein weitergehender Schutz dem aPR zu entnehmen.

b. § 11 S. 1 UrhG als Generalklausel im urheberpersönlichkeitsrechtlichen Bereich

Nach dem entgegengesetzten Verständnis des UPR sind die Einzelbefugnisse mit persönlichkeitsrechtlichem Bezug nicht als abschließende Normierung des UPR aufzufassen, sondern es seien vielmehr typische Interessenkonstellationen normiert, ohne dass diesen Ausschließlichkeitscharakter zukomme. Immer dann, wenn in einer speziellen Fallkonstellation in die geistigen oder persönlichen Interessen des Werkschöpfers eingegriffen werde, dieser Eingriff von den ausdrücklich geregelten Einzelbefugnissen aber nicht erfasst werde, könne auf das

---

301 So ausdrücklich *Grohmann* (1971), S. 125; *Jestaedt* (1997), S. 58; auch Wandtke/Bullinger - *Bullinger*, § 11 Rn. 1 weist ausdrücklich darauf hin, dass § 11 UrhG dem Urheber keine spezifischen Rechte gewähre.
Obgleich sie sich zu dieser Frage nicht ausdrücklich äußern, gehen wohl auch andere Vertreter des Schrifttums stillschweigend von einer abschließenden Normierung der persönlichkeitsschützenden Rechte des Urhebers durch die Einzelbefugnisse aus: so etwa *Tölke* (1967), S. 11-14; *v. Welser* (2000), S. 22; Fromm/Nordemann - *Hertin*, Vor § 12 Rn. 2.

302 *Krüger-Nieland*, Fs. Hauß (1979), S. 215/221 spricht sich, obgleich sie die Funktion des § 11 UrhG als Generalklausel im persönlichkeitsrechtlichen Bereich betont, dafür aus, in dem Falle, dass die persönlichkeitsschützenden Einzelbefugnisse nicht den grundrechtlichen Anforderungen an den Schutz der Persönlichkeit entsprechen, einen weitergehenden Schutz aus dem aPR zu gewähren.
So will auch Wandtke/Bullinger - *Bullinger*, § 14 Rn. 24 im Einzelfall einen Schutz der Urhebers vor der Vernichtung seines Werkes aus dem aPR ableiten.

UPR als solches zurückgegriffen werden.[303] Dabei komme § 11 UrhG als Generalklausel zur Anwendung.[304]

c. Stellungnahme

aa. Das UPR als umfassendes subjektives Recht

Ein entscheidendes Argument gegen die Auffassung, es handle sich bei den persönlichkeitsrechtlichen Einzelbefugnissen des UrhG um eine abschließende Normierung des UPR, ergibt sich aus der Entwicklungsgeschichte des UPR. So hat schon das Reichsgericht vor Inkrafttreten des UrhG, das UPR als umfassendes subjektives Recht des Urhebers anerkannt, obwohl es im LUG und KUG nur eine rudimentäre gesetzliche Grundlage hatte.[305] Würde man das UPR heute auf die konkret normierten Einzelbefugnisse beschränken, so würde es damit gerade kein umfassendes subjektives Recht des Urhebers mehr darstellen, sondern lediglich ein auf bestimmte Befugnisse beschränktes Recht. Dies würde eine Beschneidung der Rechte des Urhebers im Vergleich zu der Zeit vor Inkrafttreten des UrhG bedeuten. Dass dies nicht die Intention des Gesetzgebers war, macht die amtliche Begründung deutlich:

> „Die geltenden Urheberrechtsgesetze zählen die Verwertungsbefugnisse des Urhebers abschließend auf, mit der Folge, daß andere als die genannten dem Urheber grundsätzlich nicht zustehen. Die persönlichkeitsrechtlichen Befugnisse sind nur unvollkommen geregelt. Beides hat im Laufe der Zeit zu Schwierigkeiten geführt, da durch die technische Entwicklung neue, vom Gesetz noch nicht berücksichtigte Verwertungsmöglichkeiten entstanden sind (...), die nur durch die Rechtsprechung in ergänzender Auslegung der Gesetze dem Urheber vorbehalten werden konnten. Um diese Schwierigkeiten für die Zukunft zu vermeiden, gestaltet der Entwurf das Urheberrecht als ein umfassendes absolutes, das dem Urheber alle vorhandenen und künftig etwa neu entstehenden Verwertungsmöglichkeiten vorbehält und ihn zugleich allgemein in seinen ideellen Interessen am Werk schützt."[306]

---

303 *v. Gamm* (1968), § 11 Rn. 6; *Ulmer* (1980), S. 209 f.; *Neumann-Duesberg*, NJW 1971, S. 1640/1642; *Müsse* (1999), S. 42; auch Schricker - *Dietz*, Vor §§ 12 ff., Rn. 10 sieht die Aufzählung der persönlichkeitsschützenden Einzelvorschriften als nicht erschöpfend an, stellt aber nicht eindeutig fest, dass ein Rückgriff auf das UPR selbst möglich ist.

304 Auch *v. Gamm* (1968), § 11, Rn. 6 betont die Funktion des § 11 UrhG als Generalklausel im urheberpersönlichkeitsrechtlichen Bereich.

305 Siehe RGZ 79, S. 379/401- Felseneiland mit Sirenen; RG GRUR 1929, S. 508 ff. - Lateinisches Übungsbuch.

306 Amtliche Begründung des Regierungsentwurfs, UFITA 45 (1965), S.240/242.

In dieser Aussage wird deutlich, dass keinesfalls an eine Einschränkung der Rechte des Urhebers im Vergleich zur Rechtslage vor Inkrafttreten des UrhG gedacht war, sondern der Urheber durch das UrhG umfassend sowohl hinsichtlich seiner materiellen als auch seiner ideellen Interessen geschützt werden sollte.

Auch der Wortlaut des § 11 S. 1 UrhG spricht gegen einen abschließenden Charakter der persönlichkeitsrechtlichen Einzelbefugnisse. So heißt es, der Urheber werde „in seinen geistigen und persönlichen Beziehungen zum Werk“ geschützt. Würden die persönlichkeitsrechtlichen Einzelbefugnisse eine abschließende Regelung darstellen, so wäre § 11 S. 1 UrhG eine gänzlich überflüssige allgemeine Deklaration des Schutzgegenstandes des UrhG ohne jeden eigenständigen Regelungsgehalt. Die ausdrückliche Aufnahme dieser weiten und offenen Formulierung spricht vielmehr für den Willen des Gesetzgebers, eine Generalklausel schaffen zu wollen, die, soweit dies geboten ist, die ideellen Interessen des Urhebers schützt, sofern diese nicht von den Einzelbefugnissen erfasst werden.

bb. Kein Rückgriff auf das aPR innerhalb des Anwendungsbereiches des UPR

Da der Gesetzgeber einen umfassenden Schutz des Urhebers auch im Bereich seiner ideellen Interessen durch das UrhG beabsichtigt hat, ist es nicht zu rechtfertigen, in den Fällen, in denen der durch die Einzelbefugnisse gewährleistete Schutz der Persönlichkeit eines Werkschöpfers hinter den Anforderungen des Grundgesetzes zurückbleibt, weitergehende Rechte ausschließlich aus dem aPR abzuleiten. Den Schutzgeboten des Grundgesetzes ist ohne weiteres auch durch eine verfassungskonforme Auslegung des § 11 S. 1 UrhG zu entsprechen. Die Frage, inwieweit das aPR ergänzend neben dem UPR herangezogen werden kann, da es von diesem nicht erfasste Interessen schützt, wird unten noch zu klären sein.[307]

cc. Negative Tatbestandswirkung der Einzelbefugnisse

Im Ergebnis ist festzuhalten, dass das UPR sich nicht in den konkret normierten Einzelbefugnissen erschöpft, sondern dem Urheber über die Generalklausel des § 11 S. 1 UrhG im Einzelfall weitergehende Befugnisse zustehen, wenn der Schutz seiner ideellen Interessen durch die Einzelbefugnisse nicht hinreichend gewährleistet ist. Bei der Anwendung des § 11 S. 1 UrhG als Generalklausel ist aber die negative Tatbestandswirkung der gesetzlich normierten Einzelbefugnisse zu beachten. Wird in die geistigen oder persönlichen Interessen des Urhebers

---

[307] Siehe hierzu 6. Kapitel A.II.3.

an seinem Werk eingegriffen, ohne dass eine der Einzelbefugnisse Schutz bietet, so ist durch Auslegung zu ermitteln, ob es sich um eine systemwidrige Schutzlücke handelt, so dass § 11 S. 1 UrhG als lückenfüllende Generalklausel zur Anwendung gelangen kann, oder ob die gesetzliche Wertung ergibt, dass die Fallkonstellation zwar in den Anwendungsbereich einer Einzelbefugnis fällt, diese aber die Interessen des Urhebers in beabsichtigter Weise nicht schützt. In diesem Fall darf die bewusste Wertung des Gesetzgebers nicht über die Anwendung der Generalklausel umgangen werden.

2. Die Werkvernichtung als Eingriff in die ideellen Interessen des Urhebers

Als ein wesentliches Argument gegen ein Recht des Urhebers, die Vernichtung seines Werkes zu verbieten, wird angeführt, die Vernichtung stelle keinen Eingriff in die ideellen Urheberinteressen dar. Anders als bei der Änderung oder Entstellung, werde dem Urheber kein falsches, in dieser Form nicht von ihm stammendes Geistesprodukt untergeschoben. Es komme daher zu keinem Eingriff in die künstlerische Eigenart des Werkes.[308] Die Vorstellung der Mit- und Nachwelt von seinem Schaffen werde nicht verfälscht, so dass sein künstlerischer Ruf und sein Ansehen in der Öffentlichkeit durch die Vernichtung nicht in Mitleidenschaft gezogen würden.[309] Da das Werk nach der Vernichtung nicht mehr vorhanden sei, könne es weder für noch gegen den Urheber Zeugnis ablegen, so dass das UPR nicht berührt werde.[310]

a. Beeinträchtigung der persönlichen Interessen des Urhebers am konkreten Werk

Wie oben dargelegt wurde, weist das UPR insofern eine doppelte Schutzrichtung auf, als es sowohl die geistigen als auch die persönlichen Interessen des Urhebers an seinem Werk schützt. Mit den persönlichen Interessen sind die auf die Person des Urhebers gerichteten Interessen am Werk geschützt. Durch das Werk gewährt der Urheber einen Einblick in seine Persönlichkeit. Er gibt eine Momentaufnahme bestimmter Teile seiner Gefühls- und Erlebniswelt preis, indem er erkennen lässt, welche Themen ihn beschäftigen und bewegen. Er gibt mit seinem Werk Auskunft über sein künstlerisches und allgemein menschliches Selbstverständnis.[311] Häufig wird er Teile seiner persönlichen Biographie mehr oder weniger verfremdet verarbeiten. Der Urheber hat nun ein Interesse daran,

---

[308] RGZ 79, S. 397/401 - Felseneiland mit Sirenen; LG München I FuR, S. 513/ 514 - Hajek II (ADAC Hauptverwaltung II).

[309] *Adler*, RuW (1912), S. 452/454; *Altenberg*, JW 1913, S. 76/78; *Kohler*, MuW 1917, S. 117/118; *Wurm* (1920), S. 46.

[310] *Grohmann* (1971), S. 24.

[311] So auch *Federle* (1998), S. 24.

dass das Werk seine Persönlichkeit so widerspiegelt, wie er sie bewusst oder unbewusst in der Werkgestaltung zum Ausdruck gebracht hat.[312] Dieses Interesse des Urhebers daran, dass sein Werk kein anderes Bild über seine Person als das von ihm angelegte abgibt, wird durch den „persönlichen Aspekt“ des UPR geschützt. Der Urheber wird also vor einer Beeinträchtigung seines Ansehens, seines Rufs und seiner Ehre, soweit sie in Beziehung zu dem konkreten Werk stehen, geschützt. In diesem Bereich entspricht der Schutzgegenstand des UPR dem des Art. 6bis RBÜ.[313]

Nach der Vernichtung des Werkes wird, anders als nach der Veränderung, kein falsches Bild der Persönlichkeit des Urhebers in der Öffentlichkeit vermittelt, da das Werk von der Öffentlichkeit überhaupt nicht mehr wahrgenommen wird. Es findet keine Auseinandersetzung mit dem Werk mehr statt. Daher werden durch die Vernichtung des Werkes das öffentliche Ansehen des Urhebers sowie sein Ruf in Bezug auf dieses konkrete Werk nicht beeinträchtigt. Der Urheber wird nicht mehr als Schöpfer des Werkes wahrgenommen, dies wirkt sich auf Ruf und Ansehen weder positiv noch negativ aus. Die Zerstörung hinterlässt „ein bloßes Vakuum“.[314] Die persönlichen Interessen des Urhebers in Bezug auf das konkrete Werk werden daher also nicht beeinträchtigt.[315]

b. Beeinträchtigung der persönlichen Interessen am Gesamtoeuvre

Durch die Vernichtung eines Werkes können jedoch der auf das Gesamtschaffen bezogene Ruf und das Ansehen des Urhebers beeinträchtigt werden. Fehlt ein besonders bedeutendes Werk eines Künstlers, das für sein Gesamtoeuvre oder gar für eine ganze Epoche oder Stilrichtung prägend war, da es vernichtet wurde, wird das öffentliche Ansehen und der Ruhm des Künstlers für sein Werkschaffen insgesamt geschmälert.[316] So hätte beispielsweise der künstlerische Ruf Rembrandts höchstwahrscheinlich ganz erheblich unter einer frühzeitigen Zerstörung der „Nachtwache“ gelitten.[317] Auch wenn die persönlichen Interessen des Urhebers an einem konkreten Werk nicht beeinträchtigt werden, so sind durch die Vernichtung eines bedeutenden Werkes aber doch die persönlichen Interessen am Gesamtoeuvre betroffen.

In der urheberrechtlichen Literatur werden teilweise auch diese, auf das Gesamtschaffen bezogenen Interessen dem UPR unterstellt. So wird angeführt, das

---

312 *Grunert* (2002), S. 209.

313 Vgl. 2. Kapitel B.I.1.a.

314 *v. Waasen* (1994), S. 146.

315 Dies gestehen auch zahlreiche Autoren zu, die sich gegen ein generelles Vernichtungsrecht des Eigentümers aussprechen; so *Schöfer* (1984), S. 141; *v. Waasen* (1994), S. 145 f.; *Schilcher* (1989), S. 84.

316 *Schack*, GRUR 1983, S. 56/57; *v. Waasen* (1994), S. 146; *Schöfer* (1984), S. 141.

317 *Tölke* (1967), S. 89.

UPR schütze nicht nur die reine Urheber-Werk-Beziehung, sondern werde durch allgemeine persönlichkeitsrechtliche Elemente überlagert.[318] Der Urheber wolle in seinem Werk als Ausdruck und Teil seiner Persönlichkeit fortwirken, und daher umfassten seine urheberpersönlichkeitsrechtlichen Interessen das Fortbestehen seines Werkes nicht nur als Einzelwerk, sondern auch als Teil seines Gesamtwerkes.[319]

Wie oben schon dargelegt wurde, stellt das UPR nach der monistischen Konstruktion des UrhG kein selbständiges Recht dar, sondern bildet zusammen mit den Verwertungsrechten das einheitliche Urheberrecht.[320] Aus § 11 UrhG geht hervor, dass der Schutz durch das Urheberrecht immer einen konkreten Werkbezug voraussetzt. Aufgrund der Einbindung in das einheitliche Urheberrecht setzt daher auch der Schutz durch das UPR immer einen konkreten Werkbezug voraus. Dem durch die Vernichtung eines Werkes betroffenen persönlichen Interesse des Urhebers an der Erhaltung seines Gesamtoeuvres fehlt der Bezug zu einem konkreten Einzelwerk.[321] An seinem Gesamtschaffen steht dem Urheber kein einheitliches Urheberrecht zu, da es sich bei einer Mehrzahl von Einzelschöpfungen nicht um ein Werk im Sinne des UrhG handelt.[322] Der Schutzbereich des UPR erstreckt sich daher also nicht auf die persönlichen Interessen des Urhebers an seinem Gesamtoeuvre. Unten wird darauf einzugehen sein, inwieweit das Interesse an der Erhaltung des Gesamtschaffens durch das aPR Schutz genießt.[323]

Das UPR wird also, soweit es die persönlichen Interessen des Urhebers schützt, durch die Vernichtung des Werkes nicht beeinträchtigt.

c. Beeinträchtigung der geistigen Interessen des Urhebers am konkreten Werk

Während man vor Inkrafttreten des UrhG überwiegend davon ausging, das UPR schütze nur die persönlichen Interessen des Urhebers, geht heute sowohl aus

[318] *Richard/Junker*, GRUR 1988, S. 18/24.
[319] *Schack*, GRUR 1983, S. 56/57; *Richard/Junker*, GRUR 1988, S. 18/24.
[320] Siehe 1. Kapitel A.III.2.
[321] Zu diesem Ergebnis kommen auch: *Schöfer* (1984), S. 141; *v. Gamm* (1968), § 2 Rn. 10; *Dietz* (1968), S. 31; Schricker - *Dietz*, Vor §§ 12 ff Rn. 16; *v. Waasen* (1994), S. 147; zum selben Ergebnis kommt auch *Bullinger* (1997), S. 110 wenn er feststellt, das Entstehen von Lücken im Gesamtschaffen durch die Werkvernichtung werde von § 14 UrhG nicht erfasst.
[322] Schricker - *Dietz*, Vor §§ 12 ff Rn. 16.
[323] Siehe dazu 6. Kapitel A.III.3.

§ 11 S. 1 UrhG als auch aus § 14 UrhG eindeutig hervor, dass neben den persönlichen auch die geistigen Interessen des Urhebers erfasst sind.[324]

Im Gegensatz zu den persönlichen Interessen sind die geistigen Interessen des Urhebers nicht auf seine Person, sondern unmittelbar auf sein Werk als sein geistiges Produkt bezogen.[325] Mit der Zerstörung des einzigen Werkexemplarses bzw. des einzigen Originals wird die im „Werkstück manifestierte Objektivation der schöpferischen Gestaltungskraft"[326] des Urhebers zunichte gemacht. Es wird „das Band der geistigen Vaterschaft, das den Urheber mit seinem Werk verbindet",[327] zerschnitten. Der Urheber kann sich mit seinem Werk nach der Vernichtung nicht mehr auseinandersetzen, er kann es nicht mehr als Inspirationsquelle für weitere Werke, als Stufe auf der Leiter seiner künstlerischen Entwicklung, nutzen. Er kann auch keine Abbildungen, Kopien oder Bearbeitungen des Werkes mehr schaffen.[328] Die Vernichtung stellt insofern einen gravierenden Eingriff in seine werkbezogenen, also seine geistigen Interessen dar.[329]

Darüber hinaus stellt ein Werk immer ein Objekt der Kommunikation zwischen dem Werkschöpfer und dem Werkkonsumenten dar.[330] Es ist das Wesen jeder persönlich-geistigen Schöpfung, innere Prozesse des Urhebers dem Werkbetrachter mitzuteilen. Der Zweck jeden Werkes ist daher immer die Vermittlung von Informationen an den Werkkonsumenten. Unabhängig von seiner Person, von seinem Ruf und seinem Ansehen hat der Urheber ein Interesse daran, dass dieser Prozess ablaufen kann und dass er in der von ihm intendierten Weise abläuft und damit beim Konsumenten die beabsichtigte Wirkung auslöst. Auch diese Interessen an der Informationsvermittlung sind rein auf das Werk selbst

---

324 Mit der Erweiterung der Schutzaussage auf die geistigen Interessen geht das deutsche UrhG über den von Art. 6bis RBÜ vorgegebenen Schutzumfang hinaus. Nach Art. 6bis RBÜ kann der Urheber nur Handlungen verbieten, soweit sie „seiner Ehre und seinem Ruf nachteilig sein könnten". Durch die Beschränkung auf die Erhaltung von Ruf und Ehre schützt die RBÜ nur die ideellen Interessen vor Eingriffen mit einem Öffentlichkeitsbezug, schützt also nur die persönlichen Interessen. Die abweichende Formulierung der deutschen Gesetzesfassung wird in der amtlichen Begründung damit erklärt, es solle zum Ausdruck gebracht werden, dass nicht an den allgemeinen Persönlichkeitsschutz gedacht sei; amtliche Begründung des Regierungsentwurfes, UFITA 45 (1965), S. 240/258.

325 Auf diese doppelte Richtung der Interessen des Urhebers weist besonders deutlich Ulmer, 1980, S. 209 hin.

326 *Hartmann* (1949), S. 406 ff.

327 So auch *Fuchs* (1951), S. 72; *Schöfer* (1984), S. 144; *Tölke* (1967), S. 90.

328 Diese Möglichkeiten sollen dem Urheber durch das Zugangsrecht des § 25 UrhG gewährt werden; Vgl. *v. Waasen* (1994), S. 148.

329 So ausdrücklich auch *v. Waasen* (1994), S. 148.

330 So begreift etwa Schricker - *Schricker*, Einleitung Rn. 7 den Zweck des Urheberrechts als „Schutz qualifizierter menschlicher Kommunikation"; *Kellerhals* (2000), S. 91 will das Urheberpersönlichkeitsrecht als „Schutzrecht authentischer Kommunikation zwischen Urheber und Publikum" verstanden wissen.

bezogenen und damit als „geistige Interessen" vom UPR geschützt.[331] Wird das Werk verändert oder sonst beeinträchtigt, so kann die Informationsvermittlung nicht mehr in der beabsichtigten Weise ablaufen. Dies stellt einen Eingriff in die geistigen Urheberinteressen dar. Wird das Werk vernichtet, so wird jegliche Informationsvermittlung unterbunden. Auch hierin liegt ein Eingriff in die geistigen Urheberinteressen.

Dass die Vernichtung des Werkes einen Eingriff in den Schutzbereich des UPR darstellt, ergibt sich daneben auch aus folgender Überlegung: Schutzgegenstand des UPR ist, wie in der amtlichen Begründung zu den §§ 11 und 14 UrhG mehrfach festgestellt wird, die ideelle Urheber-Werk-Beziehung.[332] So wird der Schutzgegenstand des UPR in der amtlichen Begründung z.B. prägnant als „das geistige und persönliche Band, das zwischen dem Urheber und seinem Werk bestehe", beschrieben.[333] Da aber eine ideelle Urheber-Werk-Beziehung den Bestand des Werkes voraussetzt, kann ihr Schutz nur dadurch erreicht werden, dass auch der Bestand des Werkes Schutz genießt.[334] Dieser Schutz dient, da er nicht auf Erhaltung von Ehre und Ansehen der Person des Urhebers gerichtet ist, den geistigen Interessen des Urhebers.

Abschließend ist festzustellen, dass durch die Erstreckung des Schutzbereiches des UPR auf die geistigen Urheberinteressen auch der Bestand des Werkes geschützt ist. Die Werkvernichtung beeinträchtigt die geistigen Interessen des Urhebers und stellt daher einen Eingriff in den Schutzbereich des UPR dar.[335]

Teilweise wird vertreten, die geistigen Interessen des Urhebers seien schon dann betroffen, wenn von wenigen Werkstücken mit Originalcharakter eines vernichtet werde, da mit jedem unwiederbringlich untergegangenen Werkstück die Gefahr wachse, dass das Werk selbst verloren gehe.[336] Dem ist entgegenzuhalten, dass das UPR, so wie es in § 11 S. 1 UrhG normiert ist, unmittelbar die Beziehung des Urhebers zu seinem Werk, die Beziehung zu seinem Werkstück hingegen nur mittelbar schützt. In die Beziehung zum Werk wird aber erst eingegriffen, wenn das letzte Original vernichtet wird, da erst dann das Werk selbst untergeht. Solange das Werk selbst fortbesteht, ist das geistige Band zwischen

---

[331] Auch *Federle* (1998), S. 24 und *Grunert* (2002), S. 208 sehen den Schutzbereich der geistigen Interessen in der authentischen Informationsvermittlung zwischen Werk und Konsumenten.

[332] Amtliche Begründung des Regierungsentwurfs, UFITA 45 (1965), S. 240/257 ff.; vgl. auch *Schöfer* (1984), S. 144.

[333] Amtliche Begründung des Regierungsentwurfs, UFITA 45 (1965), S. 240/258.

[334] Zu diesem Ergebnis kommt auch *Schöfer* (1984), S. 148.

[335] Im Ergebnis so auch, jedoch mit teilweise unterschiedlichen Schlussfolgerungen *Wurm* (1937), S. 84; *Tölke* (1967), S. 91 f; *Schack*, GRUR 1983, S. 56/ 57; *Schöfer* (1984), S. 144; *Richard/Junker*, GRUR 1988, S. 18/24; *Schilcher* (1989), S. 84; *v. Waasen* (1994), S. 148 f.; *Erdmann*, Fs. Piper (1996), S. 655/674; *Jestaedt* (1997), S. 58.

[336] *v. Waasen* (1994), S. 161.

Urheber und Werk noch nicht betroffen. Die Tatsache allein, dass die Vernichtung des geistigen Werkes wahrscheinlicher geworden ist, stellt noch keinen Eingriff in die Urheber-Werk-Beziehung dar. Ein Eingriff in die geistigen Interessen des Urhebers liegt also nur dann vor, wenn tatsächlich das einzige Werkstück bzw. das einzige Original vernichtet wird.

d. Intensität der Beeinträchtigung des UPR durch die Werkvernichtung

Teilweise wird vertreten, die Vernichtung des Werkes stelle im Vergleich zur Änderung den weniger schwerwiegenden Eingriff in das UPR dar.[337] Während die Vernichtung nur die geistigen Interessen des Urhebers betreffe, beeinträchtige die Änderung sowohl die geistigen als auch die persönlichen Interessen.[338] Es falle mit der Vernichtung zwar ein Werk des Urhebers in die Versenkung, dem Künstler werde aber kein unrichtiges Werk zugeschrieben.[339] Die Gegenauffassung sieht in der Vernichtung den gegenüber der Veränderung schwererwiegenden Eingriff in das UPR.[340]

Beiden Ansichten ist entgegenzuhalten, dass bei dieser Art der Betrachtung zwei qualitativ unterschiedliche Formen der Beeinträchtigung des UPR gegenübergestellt werden. Es kann zwar eine Änderung des Werkes von einem gewissen Grad ab in eine Vernichtung umschlagen, jedoch ist im Grundsatz davon auszugehen, dass die Vernichtung und die Änderung grundsätzlich von unterschiedlicher Angriffsrichtung sind, da jeweils unterschiedliche Interessen des Urhebers berührt werden. Mit der Veränderung wird vor allem in die persönlichen Interessen des Urhebers an seinem Werk eingegriffen, die geistigen Interessen sind nur am Rande betroffen. Die Vernichtung des Werkes dagegen lässt die persönlichen Interessen des Urhebers unberührt, greift aber in seine geistigen Interessen dafür umso gravierender ein. Da die Beziehung zwischen Urheber und Werk durch die Vernichtung des Werkes völlig aufgehoben wird, liegt hierin der schwerstmögliche Eingriff in die geistigen Urheberinteressen. Beide Interessen sind gleichermaßen durch das UPR geschützt, es kann daher nicht davon ausgegangen werden, dass eine der Eingriffsarten das UPR gravierender beeinträchtige als die andere.

3. Argumente für und gegen ein urheberrechtliches Vernichtungsverbot

Es wurde bisher festgestellt, dass aus keiner der im UrhG konkret normierten Einzelbefugnisse ein Recht des Urhebers, die Vernichtung seines Werkes zu

---

[337] *Tölke* (1967), S. 89, 93; *v. Waasen* (1994), S. 149; *Kohler*, MuW 1917, S. 117/118.
[338] *v. Waasen* (1994), S. 149.
[339] *Kohler*, MuW 1917, S. 117/118.
[340] *Schilcher* (1989), S. 84.

verbieten, folgt. Es wurde aber auch dargelegt, dass neben den gesetzlich normierten Einzelbefugnissen auch aus dem UPR selbst über die Generalklausel § 11 S. 1 UrhG weitergehende subjektive Rechte des Urhebers abzuleiten sind, soweit dies zum Schutz der ideellen Interessen des Urhebers geboten ist. Weiter wurde festgestellt, dass die Werkvernichtung einen Eingriff in die ideellen Interessen des Urhebers darstellt. Nun ist zu klären, ob es im Falle der Werkvernichtung geboten ist, ein Abwehrrecht aus § 11 UrhG herzuleiten.

a. Überantwortet der Urheber gegen ein Verkaufsentgelt das Werk bewusst auch der Gefahr der Vernichtung?

Als Argument gegen ein Vernichtungsverbot wird angeführt, der Urheber habe in der Regel das Eigentum an seinem Werkstück veräußert und dafür ein Entgelt erhalten, er habe es damit allen Risiken des Verkehrslebens überantwortet. Er müsse daher von vornherein auch mit der Zerstörung des Werkstücks und damit des Werkes rechnen.[341] Auch bei der Zerstörung eines Originals der bildenden Kunst sei den Interessen des Urhebers in ausreichendem Maße Rechnung getragen, da der Urheber für die Veräußerung eines Originals in der Regel ein höheres Entgelt als für die Veräußerung eines Vervielfältigungsstücks erhalte.[342]

Bei genauer Betrachtung zeigt sich, dass in diesem Gedankengang zwei verschiedene Aspekte, die gegen die Befugnis der Urhebers, die Vernichtung zu verbieten, sprechen könnten, enthalten sind. Zum einen der Gedanke, dass der Urheber, der das Eigentum an seinem Werkstück übertrage, es damit allen Risiken des Verkehrslebens überantworte und daher von vornherein auch mit der Zerstörung des Werkstücks und des Werkes durch den Eigentümer rechnen müsse. Dieses Argument kann nur dann vorgebracht werden, wenn der Urheber tatsächlich das Eigentum an einem Werkstück freiwillig überträgt. Wenn dagegen das Eigentum durch gutgläubigen oder originären Erwerb übergeht, kommt dieses Argument nicht zum Tragen.[343] Außerdem krankt diese Argumentation daran, dass sie die Antwort auf die zu klärende Frage, welche Folgen und Risiken die Eigentumsübertragung in Bezug auf die Zerstörungsbefugnis hat, vorwegnimmt. Es soll gerade geklärt werden, welche Rechte des Eigentümers sich aus der Eigentumsübertragung am Werkstück ergeben, mit welchen Folgen der Urheber also rechnen muss.[344] Es liegt also eine petitio principii vor.[345]

---

[341] RGZ 79, S. 397/401 - Felseneiland mit Sirenen; LG Berlin Schulze LGZ 64, S. 10 - Eden-Hotel; LG München I FuR, S. 513/514 - Hajek II (ADAC Hauptverwaltung II); *Hubmann* (1984), S. 63.

[342] *Grohmann* (1971), S. 124.

[343] Darauf weisen auch *Movsessian*, UFITA 95 (1983), S. S. 77/84 und *v. Waasen* (1994), S. 144 hin.

[344] *Schöfer* (1984), S. 152; *v. Waasen* (1994), S. 145.

Der zweite Aspekt ist der, dass der Urheber für die Übertragung des Eigentums an seinem Werkstück ein Entgelt erhalten habe, und er sich daher nicht gegen eine Vernichtung des Werkes wenden könne. An dieser Stelle ist wieder eine deutliche gedankliche Trennung zwischen dem Werkstück und dem Werk vorzunehmen. Mit der Übertragung des Eigentums am Werkstück ist weder eine Übertragung des Urheberrechts, noch des UPR verbunden. Dies wäre wegen der Unübertragbarkeit beider Rechte auch gar nicht möglich. [346] In der schlichten Übertragung des Eigentums liegt im Zweifel auch nicht die Einräumung eines Nutzungsrechts. Das Entgelt wird also nur für das Eigentum an der materiellen Verkörperung des Werkes und der mit dem Eigentum, bzw. mit dem Besitz dieser Verkörperung verbundenen Möglichkeit der sinnlichen Wahrnehmung des Werkes bezahlt, nicht aber für weitergehende Rechte am Werk. Es kann also nicht gefolgert werden, dem Urheber wurde ein Entgelt auch für die mögliche Zerstörung seines Werkes gezahlt. Dies ist auch bei einem Original des Werkes nicht anders, obgleich hier tatsächlich das Entgelt in der Regel höher ausfällt. Das höhere Entgelt rechtfertigt sich nämlich allein daraus, dass solche Werkverkörperungen mit Originalcharakter nur in sehr begrenzter Stückzahl vorhandenen und daher auf dem Markt begehrter sind als bloße Vervielfältigungsstücke. Das höhere Entgelt wird hingegen nicht deshalb entrichtet, weil mit der Veräußerung des Originals die Einräumung weitergehender Rechte am Werk verbunden ist. Dieses stellt § 44 Abs. 1 UrhG klar.

b. Keine Erhaltungspflicht des Eigentümers

Vereinzelt finden sich in der Literatur Stimmen, die sich dafür aussprechen, aus dem UPR eine Pflicht des Eigentümers, das Werkstück pfleglich zu behandeln und vor einer drohenden Vernichtung durch Umwelteinflüsse zu schützen, abzuleiten.[347] Ganz überwiegend wird diese Ansicht jedoch zu Recht abgelehnt.[348]

---

345 *Schack*, GRUR 1983, S. 56/57; *Schack* (2001), Rn. 358; *Richard/Junker*, GRUR 1988, S. 18/24.

346 In dieser Frage so auch *v. Waasen* (1994), S. 144.

347 So führt *Samson* UFITA 47 (1966), S. 1/37 aus, dem Urheber müsse, wenn ihm durch das UrhG das Recht zugestanden werde, sich gegen eine Entstellung oder andere Beeinträchtigung seines Werkes zu wehren, erst recht das Recht zugestanden werden, sich gegen die durch eine verständnislose und unpflegliche Behandlung verursachte Vernichtung zu wehren.

Damme, DJZ 1910, Sp. 1201/1203 äußert sich nicht direkt zu einer Erhaltungspflicht des Eigentümers. Er bezeichnet den Eigentümer aber als Treuhänder des Künstlers und verantwortungsvollen Verwalter eines Teils des nationalen Besitzes.

348 *Olshausen*, Hanseatische Rechts- und Gerichtszeitschrift 16. Jg. (1933), Sp. 113; *Borges* (1934), S. 34; *Tölke* (1967), S. 94; *Grohmann* (1971), S. 121; *v. Gamm* (1968), § 14 Rn. 13; *v. Waasen* (1994), S. 141 f.; Möhring/Nicolini - *Kroitzsch*, § 14 Rn. 24; *Paschke*, GRUR 1984, S. 858/867; *G. Schulze*, FS. Dietz (2001), S. 177/182; gegen eine Erhal-

Die gesetzliche Ausgestaltung des UPR zeigt, dass es sich bei diesem um ein reines Abwehrrecht gegen Eingriffe handelt. Es findet sich im UPR keine Grundlage dafür, einen Dritten zur Vornahme bestimmter positiver Handlungen zu verpflichten.[349] Dementsprechend können auch dem Eigentümer im Verhältnis zum Urheber nur Duldungspflichten auferlegt werden. So folgt etwa aus § 12 UrhG die Pflicht des Eigentümers, eine Veröffentlichung des Werkes gegen den Willen des Urhebers zu unterlassen, nicht aber die Pflicht, aktiv für die Veröffentlichung des Werkes zu sorgen.[350] Auch § 13 UrhG ist primär ein Abwehrrecht gegen fremde Angriffe auf die Urheberschaft, wie etwa das Bestreiten der Urheberschaft des Werkschöpfers oder die fälschliche Anmaßung der Urheberschaft. Nur wenn ein solcher Eingriff durch das Unterlassen der Urhebernennung bei öffentlicher Wiedergabe oder öffentlicher Ankündigung des Werkes erfolgt, kann das Abwehrrecht ausnahmsweise in eine Pflicht zu positivem Tun, nämlich Nennung des Urhebers, umschlagen.[351] Ohne diese positive Pflicht wäre das Abwehrrecht in diesem Fall unvollkommen. Dies ändert aber nichts am grundsätzlichen Charakter des Urheberrechts als Abwehrrecht. Das UPR beschränkt also nur die Herrschaftsmacht des Eigentümers, es findet sich aber keine Grundlage im UPR, den Eigentümer zur Vornahme bestimmter positiver Handlungen zu verpflichten.[352] Daher trifft den Eigentümer eines Werkstücks nicht die Pflicht, es vor dem drohenden Verfall oder der Vernichtung durch Umwelteinflüsse zu bewahren. Genauso wenig trifft ihn die Pflicht, das Werkstück pfleglich zu behandeln oder auch nur in geeigneter Umgebung aufzubewahren.[353]

Im Einzelfall wird die Grenze zwischen der bloßen unpfleglichen Behandlung eines Werkstücks, etwa durch unsachgemäße Aufbewahrung, und der wil-

---

tungspflicht, wenn auch mit anderer Begründung auch Fromm/Nordemann - *Nordemann*, § 25 Rn. 6; Schricker - *Vogel*, § 25 Rn. 23; *Mestmäcker/Schulze*, § 25 Anm. 2; für den Eigentümer folge keine Erhaltungspflicht daraus, dass der Urheber in der Zukunft sein Zugangsrecht nach § 25 UrhG ausüben könne.

349 *Paschke*, GRUR 1984, S. 858/867; *Meyer* (1936), S. 82.

350 Schricker - *Dietz*, § 12 Rn. 1; Fromm/Nordemann - *Hertin*, § 12 Rn. 17; *Schack* (2001), Rn. 330.

351 Schricker - *Dietz*, § 13 Rn. 8.

352 So schon *Mittelstaedt*, GRUR 1913, S. 84/88; später auch *Paschke*, GRUR 1984, S.858/867.

353 Den Eigentümer trifft auch keine Verpflichtung, das Werk zu präsentieren, das Ansehen des Urhebers durch öffentliche Zugänglichmachung des Werkes zu mehren. Er kann es für immer in den Keller oder das Magazin verbannen; *Kohler*, MuW 1917, S. 117/118; *Meyer* (1936), S. 82.
Der Eigentümer ist auch nicht verpflichtet, ein Bauwerk, das etwa durch Kriegseinwirkungen oder durch Feuer ohne die Einwirkung des Eigentümers zerstört wurde, auf Verlangen des Urhebers wieder aufzubauen; *v. Waasen* (1994), S. 122 mit weiteren Nachweisen.

lentlichen Zerstörung des Werkes nur schwer zu bestimmen sein. Als Beispiele für derartige Grenzfälle zwischen aktiver Vernichtung durch den Eigentümer und fehlender Erhaltung kann die Aufbewahrung eines Ölgemäldes in einem feuchten Keller oder das Aufstellen von Aquarellen unter freiem Himmel angeführt werden.[354] Fraglich ist, ob der Eigentümer hier das Werk bewusst zerstört hat oder mit diesem nur in unsachgemäßer, „sorgloser“ Weise umgegangen ist. Dieser scheinbar fließende Übergang vom zulässigen bloßen Unterlassen werkerhaltender Maßnahmen zur aktiven Vernichtung könnte als Argument dafür herangezogen werden, dass auch die Vernichtung des Werkes nicht anders zu behandeln ist als das Unterlassen von erhaltenden Maßnahmen. Wenn der Eigentümer nicht verpflichtet ist, das Werk pfleglich zu behandeln oder auch nur vor einer unmittelbar bevorstehenden Vernichtung zu bewahren, warum sollte er dann nicht auch berechtigt sein, das Werk zu zerstören?[355]

Hier ist aber zu beachten, dass der aktiven Vernichtung eine andere Qualität zukommt als der bloßen unsachgemäßen Behandlung oder dem Unterlassen erhaltender Maßnahmen. Während die Vernichtung aktiv und zielgerichtet in die Substanz des Werkes eingreift, da es dem Eigentümer hier gerade darum geht, das Werk bzw. das Werkstück zu beseitigen, stellen das bloße Unterlassen erhaltender Maßnahmen oder die unpflegliche, unsachgemäße Behandlung keinen zielgerichteten Prozess dar. Es kann daher von der Zulässigkeit der achtlosen unpfleglichen Behandlung des Werkes, die zu seiner Vernichtung führt, kein Rückschluss auf die Zulässigkeit der bewussten zielgerichteten Vernichtung gezogen werden.

Die Abgrenzung zwischen beiden Handlungsweisen muss nach dem Horizont des Eigentümers erfolgen. Wenn sein Verhalten nur dazu dient, eine aktive unmittelbare Zerstörung durch eine andere, indirekt zur Zerstörung führende Maßnahme zu ersetzen, liegt eine Vernichtung vor. So muss der Eigentümer sich bewusst sein, dass das Aufbewahren von Aquarellen unter freiem Himmel zwingend beim nächsten Regenguss zu deren Vernichtung führen muss. Hier liegt also eine (indirekte) Zerstörungshandlung vor. Beruht sein Verhalten hingegen auf bloßer Sorglosigkeit und führt es aus der Sicht des Urhebers nicht direkt zur Zerstörung des Werkes, liegt keine Vernichtung vor. So stellt sich bei der Verwahrung von Ölgemälden im feuchten Keller die Lage für den Eigentümer in der Weise dar, dass es nicht zwangsläufig in allernächster Zeit zu einer Vernichtung des Werkes kommen muss.[356]

[354] Diese Beispiele führt *v. Waasen* (1994), S. 142 an.
[355] In diesem Sinne *Heath*, Fs. Schricker (1995), S. 459/473.
[356] So auch *v. Waasen* (1994), S. 142.

c. Erst-Recht-Schluss aus § 14 UrhG

Teilweise wird als Argument für ein Verbietungsrecht des Urhebers ein Erst-Recht-Schluss aus dem Wortlaut des § 14 UrhG angeführt. Wenn das UPR, so wie es in § 14 UrhG ausgestaltet ist, dem Urheber das Recht gibt, sich gegen Änderungen und Entstellungen seines Werkes wehren zu können, so müsse dieses erst recht für die Vernichtung gelten.[357] Diese Argumentation ist aber insofern nicht zwingend, da, wie oben[358] dargestellt wurde, die Vernichtung keineswegs grundsätzlich die Interessen des Urhebers stärker beeinträchtigt als eine Änderung oder andere Beeinträchtigung des Werkes. Vielmehr weisen beide Eingriffsarten unterschiedliche Qualitäten auf und beeinträchtigen unterschiedliche Urheberinteressen. Die Vernichtung stellt zwar den schwerstmöglichen Eingriff in die geistigen Interessen des Urhebers dar, lässt dafür aber dessen persönliche Interessen unberührt. Zwischen dem Interesse an der unverfälschten Erhaltung der Aussage des Werkes, das durch die Änderung oder Entstellung betroffen ist, und dem Interesse an der Erhaltung des Bestands des Werkes lässt sich kein Stufenverhältnis ausmachen. Daher kann auch kein Erst-Recht-Schluss von der Änderung oder Entstellung auf die Vernichtung gezogen werden.

d. Wurde bewusst von der Aufnahme eines Vernichtungsverbots abgesehen?

Als wohl wichtigstes Argument für ein uneingeschränktes Vernichtungsrecht des Eigentümers wird angeführt, aus der amtlichen Begründung zum Regierungsentwurf des UrhG gehe eindeutig hervor, dass von der Aufnahme eines Vernichtungsverbots in das UrhG bewusst abgesehen wurde.[359] Die entscheidende Passage der amtlichen Begründung lautet:

> „Es erscheint weiterhin nicht angebracht, in das Gesetz ein Vernichtungsverbot für Werke der bildenden Künste aufzunehmen, soweit an ihrer Erhaltung ein öffentliches Interesse besteht. Die Erhaltung kulturell wertvoller Kunstwerke ist nicht Aufgabe des privatrechtlichen Urheberrechts, sondern des zum Gebiet des öffentlichen Rechts gehörenden Denkmalschutzes."[360]

---

[357] *Samson*, UFITA 47 (1966), S. 1/37; *Samson* (1973), S. 122; *Schack*, GRUR 1983, S. 56/57.

[358] Vgl. 2. Kapitel B.III.2.d.

[359] v. *Gamm* (1968), § 14 Rn. 11; *Grohmann* (1971), S. 126; *Weber* (1976), S. 86; *Locher* (1970), S. 74; *Haberstumpf* (2000), Rn. 74; *Jestaedt* (1997), S. 59; bis zur 5. Auflage so auch Fromm/Nordemann - *Hertin*, § 14 Rn. 2; *Movsessian* UFITA 95 (1983), S. 77/84; sie verneint aber im Ergebnis das grundsätzliche Zerstörungsrecht des Eigentümers.

[360] Amtliche Begründung des Regierungsentwurf, UFITA 45 (1965), S. 240/260.

Aus dieser Formulierung geht nur hervor, dass ein Vernichtungsverbot aus kulturschützenden Erwägungen für Werke mit Bedeutung für die Allgemeinheit nicht aufgenommen werden sollte.[361] Das öffentliche Interesse an der Erhaltung solcher besonders bedeutender Werke wird richtigerweise nicht dem Schutz durch das UrhG unterstellt. Das Urheberrecht schützt seinem in § 11 UrhG näher bestimmten Inhalt nach die ideellen und materiellen Interessen des Urhebers an seinem Werk. Es wird also die Person des Urhebers geschützt, seine persönlichkeitsrechtlichen und verwertungsrechtlichen Belange werden geregelt. Die Erhaltung des schützenswerten Kulturgutes für die Allgemeinheit stellt dagegen einen gänzlich anderen Regelungsgehalt dar. Durch die besagte Formulierung der amtlichen Begründung wird lediglich klargestellt, dass diese öffentlichen Interessen kein beachtenswertes Motiv im Rahmen des UrhG sind und daher auch kein *denkmalschützendes* Zerstörungsverbot aufgenommen wurde. Auf die hier zu klärende Frage, ob dem Urheber zum Schutze seiner ideellen Interessen ein Recht, sich gegen die Vernichtung seines Werkes zu wenden, gewährt wird, geht die amtliche Begründung mit keinem Wort ein.[362] Dieses Schweigen wird teilweise dahingehend interpretiert, der Gesetzgeber habe ein Vernichtungsverbot aus urheberpersönlichkeitsrechtlichen Gesichtpunkten überhaupt nicht in Erwägung gezogen.[363] Dieser Schluss ist jedoch nicht zwingend. Genauso könnte man argumentieren, dass in der amtlichen Begründung nur deshalb der Ausschluss eines Vernichtungsverbots aus denkmalschützerischen Erwägungen besonders betont wird, weil stillschweigend von einem Recht des Urhebers, sich aufgrund seiner geistigen und persönlichen Belange gegen die Vernichtung seines Werkes zu wenden, ausgegangen wird. Im Ergebnis lässt sich nur feststellen, die amtliche Begründung liefert weder für noch gegen das Vernichtungsverbot aus urheberpersönlichkeitsrechtlichen Erwägungen einen eindeutigen Hinweis.[364]

e. Negative Tatbestandswirkung der werkintegritätsschützenden Normen

Mit dem oben genannten Argument eng verknüpft ist die Überlegung, die Ableitung eines Zerstörungsverbots sei deshalb ausgeschlossen, weil die werkintegritätsschützenden Normen eine abschließende Regelung der Zulässigkeit von Eingriffen Dritter in das Werk darstellten, und sie insoweit negative Tatbestandswirkung entfalteten, als dass der Urheber sich gegen alle von ihnen nicht erfassten Werkeingriffe nicht wenden könne. In diesem Fall würde das Fehlen eines Vernichtungsverbots keine unbeabsichtigte Regelungslücke darstellen, sondern eine bewusst vorgenommene Wertung des Gesetzgebers, die nicht über

[361] *Dietz* (1968), S. 112.
[362] *Dietz* (1968), S. 112.
[363] So auch *Grohmann* (1971), S. 126.
[364] So auch *v. Waasen* (1994), S. 150.

die Anwendung der Generalklausel des § 11 UrhG umgangen werden dürfte. Die negative Tatbestandswirkung einer Norm bzw. eines Normkomplexes kann sich aber immer nur auf ihren Regelungsbereich erstrecken. Oben wurde festgestellt, dass der Urheber durch die §§ 14 und 39 UrhG nicht schlechthin vor sämtlichen denkbaren Eingriffen in die Werkintegrität geschützt werden soll, sondern nur vor Eingriffen, die geeignet sind, die Aussage und Wirkung des Werkes zu verändern. Die Zerstörung wird aber vom Regelungsbereich gerade nicht erfasst. Entsprechend können die §§ 14 und 39 UrhG keine negative Tatbestandswirkung für die Werkvernichtung entfalten.

f. Umfassender Schutz der ideellen Interessen des Urhebers

Es lässt sich weder aus dem UrhG selbst, noch aus den Erwägungen des Gesetzgebers eine Wertung entnehmen, die gegen ein Vernichtungsverbot spricht. Auch die übrigen Argumente, die gegen ein Vernichtungsverbot ins Feld geführt werden, erweisen sich, wie dargelegt, als nicht stichhaltig. Als entscheidend erweist sich daher die in der amtlichen Begründung zum Ausdruck kommende Intention des Gesetzgebers, den Urheber umfassend sowohl hinsichtlich seiner materiellen als auch seiner ideellen Interessen zu schützen.[365] Da die Vernichtung eines Werkes einen gravierenden Eingriff in die geistigen Interessen des Urhebers bedeutet, wäre dieser Schutz aber ohne die Möglichkeit, wenigstens unter bestimmten einschränkenden Voraussetzungen auch die Vernichtung des Werkes verbieten zu können, höchst unvollkommen. Zur Umsetzung des durch das UrhG beabsichtigten umfassenden Schutzes des Urhebers in ideeller Hinsicht erscheint es daher geboten, über die Generalklausel in § 11 S. 1 UrhG ein Recht des Urhebers, sich gegen die Werkvernichtung zu wenden, direkt aus dem UPR herzuleiten.

4. Ergebnis

Die Werkvernichtung stellt eine Beeinträchtigung der geistigen Interessen des Urhebers und damit einen Eingriff in den Schutzbereich des UPR dar. Gleichwohl wird sie von keiner der im UrhG konkret normierten Einzelbefugnisse erfasst. Da durch das UrhG ein umfassender Schutz des Urhebers sowohl hinsichtlich seiner materiellen als auch seiner ideellen Interessen bezweckt ist, erscheint es geboten, ein Recht des Urhebers, unter bestimmten Voraussetzungen die Vernichtung seines Werkes verbieten zu können, aus § 11 S. 1 UrhG als Generalklausel für den urheberpersönlichkeitsrechtlichen Bereich abzuleiten.

---

[365] Vgl. 2. Kapitel B.III.1.c.aa. Dort ist die entscheidende Passage der amtlichen Begründung des Regierungsentwurfes (UFITA 45, (1965), S.240/242) zitiert.

3. Kapitel: Aussagen des Grundgesetzes

In diesem Kapitel soll untersucht werden, inwieweit die Ableitung eines Vernichtungsverbots aus dem UrhG den Schutzaussagen des GG entspricht. Außerdem soll geprüft werden, ob sich aus dem Grundgesetz Anhaltspunkte dafür ableiten lassen, wie das urheberrechtliche Vernichtungsverbot zu den Befugnissen des Werkeigentümers in Beziehung zu setzen ist.

A. Bedeutung der Grundrechte im Zivilrecht

Die Bedeutung der Grundrechte liegt vorrangig in ihrer Funktion als Abwehrrechte des Bürgers gegen staatliche Beeinträchtigung,[366] indem sie primär die „Freiheitssphäre des Einzelnen vor Eingriffen der öffentlichen Gewalt (...) sichern".[367] Im Rahmen dieser Untersuchung geht es aber nicht um die Zulässigkeit staatlicher Eingriffe in die Sphäre des Urhebers, sondern um Handlungen anderer Privatrechtssubjekte. Daher ist hier nach der Geltung der Grundrechte für den Bereich des Privatrechts zu fragen.

I. Keine unmittelbare Geltung der Grundrechte im Privatrecht

In der Rechtsprechung und der Literatur wird eine Wirkung der Grundrechte auch für das Privatrecht heute allgemein anerkannt.[368] Uneinigkeit besteht aber hinsichtlich des Umfangs dieser „Drittwirkung" oder „Ausstrahlungswirkung" der Grundrechte für die Verhältnisse Privater untereinander. Teilweise wird eine „unmittelbare Drittwirkung"[369] angenommen, überwiegend wird heute jedoch eine nur „mittelbare Drittwirkung" propagiert.[370]

---

366 Jarass/Pieroth - *Jarass*, Vorb. vor Art. 1 Rn. 4; v. Mangoldt/Klein/Starck - *Starck*, Art. 1 Abs. 3 Rn. 147 f.; *Pieroth/Schlink* (2002), Rn. 58 f.; v. Münch/Künig - *v. Münch*, Vorb. Art. 1-19 Rn. 16; Sachs - *Sachs*, Vor Art. 1 Rn. 42; Dreier - *Dreier*, Vorb. Rn. 45.

367 BVerfGE 7, S. 198/204; BVerfGE 50, S. 290/336 f.; BVerfGE 68, S. 193/205.

368 So die ständige Rechtsprechung seit BVerfGE 7, S.198 ff.; für viele in der Literatur *Pieroth/Schlink* (2002), Rn. 81, 173 ff.; zum früheren Streitstand siehe *Enneccerus/Nipperdey* (1959), S. 91 ff.

369 *Enneccerus/Nipperdey* (1959), S. 91 ff.; *Schwabe* (1971), S. 1 ff.; *Schwabe*, AöR 100 (1975), 442 ff.; beschränkt auf den Bereich des Vertragsrechts *Hager*, JZ 1994, S. 373 ff. Für eine unmittelbare Geltung „einiger bedeutender Grundrechte" im Privatrecht auch BAGE 1, S. 185/193 f.

370 So ständige Rechtsprechung seit BVerfGE 7, S. 198/204 ff.; siehe auch BVerfGE 73, S. 261/269; BVerfGE 81, S. 242/254 ff.; BVerfG AfP 1999, S. 57/59; für die Literatur v. Mangold/Klein/Stark - *Stark*, Art. 1 Rn. 99 ff.; Maunz/Dürig - *Dürig*, Art. 1 Rn. 131 ff.; *Schnapp*, Jus, 1989, S. 1/7; *Canaris*, JuS 1989, S. 161/162; *Stern/Sachs*, 1988, S. 1509 ff.;

In Art. 1 Abs. 1 S. 1 GG ist die Pflicht aller staatlicher Gewalt zum Schutz der Menschenwürde normiert. Da alle nachfolgend normierten Grundrechte spezielle positivrechtliche Mittel zur Konkretisierung dieses Zieles darstellen,[371] ergibt sich daraus zugleich ein Schutzbefehl bezüglich der gesamten Grundrechtsordnung. Dieser richtet sich nach Art. 1 Abs. 3 GG an alle drei Staatsgewalten, so dass auch die Zivilgesetzgebung und die Zivilrechtsprechung zur Verwirklichung der Grundrechtsordnung berufen sind.[372] Eine unmittelbare Anwendung der Grundrechte im Privatrechtsverkehr hätte aber die Geltung von grundsätzlich auf Subordination angelegten Prinzipien aus dem Verhältnis Staat - Bürger zur Folge, während aber das Verhältnis der Bürger untereinander durch Gleichberechtigung gekennzeichnet ist. So würde etwa bei unmittelbarer Grundrechtsbindung jedes private Handeln dem Gesetzesvorbehalt und dem Übermaßverbot bzw. Verhältnismäßigkeitsprinzip unterliegen. Dies wäre nicht nur unpraktikabel, sondern würde auch jede Form der über Art. 2 Abs. 1 GG ebenfalls grundrechtlich geschützten Privatautonomie und der daraus resultierenden Vertragsfreiheit verhindern.[373] Die als Freiheitsrechte des Bürgers konzipierten Grundrechte würden durch eine unmittelbare Wirkung im Privatrecht in ihr Gegenteil verkehrt. Akte der Privatrechtssubjekte untereinander, wie etwa Rechtsgeschäfte oder unerlaubte Handlungen, einer unmittelbaren Wirkung der Grundrechte zu unterstellen, stellt also kein adäquates Mittel zur Verwirklichung des Schutzauftrages der Grundrechtsordnung dar.[374] Eine unmittelbare Drittwirkung der Grundrechte ist daher abzulehnen. Dies ergibt sich darüber hinaus schon aus dem Wortlaut des Art. 1 Abs. 1 S. 2 und Abs. 3 GG, wonach allein die Staatsgewalt Adressat des Schutzauftrages des GG und damit unmittelbar an die Grundrechte gebunden ist.[375] Die Grundrechte sind also ausschließlich als subjektiv-öffentliche Rechte zu verstehen. Sie entfalten daher ihren Gehalt als Abwehrrechte (status negativus)[376] unmittelbar allein gegenüber staatlichen Eingriffen, daneben ist auch allein die Staatsgewalt Adressat der aus ihnen abgeleiteten

Hesse (1995), Rn. 351; *Pieroth/Schlink* (2002), Rn. 173 ff.; *Windthorst* (1994), S. 114 ff.; *Funkel* (2001), S. 17; 129; *Grunert* (2002), S. 171 ff.

371 Maunz/Dürig - *Dürig*, Art. 1 Rn. 102; *Funkel* (2001), S. 130.

372 So auch *Funkel* (2001), S. 130; vgl. auch *Canaris*, JuS 1989, S. 161.

373 *Canaris*, JuS 1989, S. 161/162; *Funkel* (2001), S. 130.

374 Auch eine häufig vorliegende faktische Überlegenheit einer Partei im Privatrechtsverkehr vermag an diesem Grundsatz nichts zu ändern. Auch hier gelten die Grundrechte nicht unmittelbar, sondern verpflichten vielmehr den Gesetzgeber und die Rechtsprechung, durch Schaffung bzw. Anwendung geeigneter privatrechtlicher Instrumentarien der grundrechtlichen Schutzaussage zu entsprechen und zu verhindern, dass das unterlegene Privatrechtssubjekt zum reinen Objekt der Handlungen des Überlegenen herabgewürdigt wird; ähnlich *Canaris*, JuS 1989, S. 161/162.

375 *Funkel* (2001), S. 130.

376 Siehe zum Begriff des „status negativus" *Pieroth/Schlink* (2002), Rn. 58.

Ansprüche (status positivus)[377].[378] Der Einzelne kann eine Beeinträchtigung seiner Grundrechte durch einen anderen Privaten dementsprechend nicht mittels eines auf seine Grundrechte gestützten Anspruchs gegen diesen abwehren. Seine Grundrechte richten sich nur auf Schutzgewährung gegen die Staatsgewalt. Daher kann auch dem Urheber im Falle der Werkvernichtung nie ein unmittelbarer grundrechtlicher Anspruch gegen den Vernichtenden zustehen.

II. Mittelbare Drittwirkung der Grundrechte

Die Grundrechte entfalten aber dadurch eine mittelbare Wirkung im Verhältnis zwischen Privaten, dass sie die direkt an die Grundrechtsordnung gebundenen Staatsgewalten zur Umsetzung der in den Grundrechten zum Ausdruck kommenden „objektiven Wertordnung"[379] innerhalb des Privatrechts verpflichten.[380] Die Privatrechtsordnung ist daher so auszugestalten, dass der Einzelne bei der Verwirklichung seiner Rechte im Privatrechtsverkehr nicht gegen die objektiven Wertentscheidungen des Grundgesetzes verstößt. Auf diese Weise entfalten die Grundrechte als objektives Recht[381] auch im Verhältnis der Bürger untereinander eine mittelbare Drittwirkung. Die Umsetzung der grundrechtlichen Werteordnung ist in erster Linie Aufgabe des Zivilgesetzgebers.[382] Daneben hat aber auch die Zivilrechtsprechung bei der Anwendung, Auslegung und Weiterentwicklung der geltenden Gesetze dafür Sorge zu tragen, dass die Wertaussagen des Grundgesetzes umgesetzt werden. Hierbei kommt insbesondere den „wertausfüllungsfähigen und wertausfüllungsbedürftigen Generalklauseln"[383] und den unbestimmten Rechtsbegriffen des Privatrechts Bedeutung zu.[384] Bei diesen in besonderem Maße unbestimmten Gesetzesstellen sind die Grundrechte als wesentlicher Maßstab zur konkretisierenden Auslegung und Ausfüllung heranzuziehen.[385] Eine solche nach Maßgabe der grundrechtlichen Wertentscheidungen auszulegende Generalklausel stellt auch § 11 S. 1 UrhG dar.

---

377 Siehe zum Begriff des „status positivus" *Pieroth/Schlink* (2002), Rn. 60.

378 Ausdrücklich so auch *Funkel* (2001), S. 130; zum Charakter der Grundrechte als subjektiv-öffentliche Rechte vgl. auch *Rupp*, Archiv des öffentlichen Rechts 101 (1976), S. 161/170.

379 Ein Überblick zur dogmatischen und historischen Ableitung der „objektiven Wertordnung" aus den zunächst als Abwehrrechten konzipierten Grundrechten findet sich bei *Bleckmann*, DVBl 1988, S. 938/939 ff.

380 *Canaris*, JuS 1989, S. 161; *Hesse* (1995), Rn. 355.

381 Zur objektiv-rechtlichen Funktion der Grundrechte: *Pieroth/Schlink* (2002), Rn. 73 ff.

382 *Hesse* (1995), Rn. 355.

383 Vgl. *Canaris*, JuS 1989, S. 161/163.

384 BVerfGE 7, S. 198/204 ff.; so schon *Dürig*, Fs. Nawiasky (1956), S. 157/176; aktueller Maunz/Dürig - *Dürig*, Art. 1 Rn. 132.; *Hesse* (1995), Rn. 356; *Achtenberg*, JZ 1975, S. 713/718; *Pieroth/Schlink* (2002), Rn. 180 ff.

385 So auch *Grunert* (2002), S. 173.

III. Interessenausgleich durch Herbeiführung einer praktischen Konkordanz

Da sich im Bereich des Privatrechts in einem Konfliktfall regelmäßig auf beiden Seiten grundrechtlich geschützte Positionen gegenüberstehen, ergibt sich das Problem, dass die Gewährleistung des Schutzes des einen Rechtsträgers in der Regel zu einem Eingriff in die Rechte des anderen Rechtsträgers führen muss.[386] Der Schutz des einen, gleichgültig ob er durch einen Akt der Legislative, also durch Erlass eines entsprechenden Gesetzes oder durch einen Akt der Judikative, also durch ein ihn schützendes Urteil, erreicht wird, bedeutet immer zugleich einen staatlichen Eingriff in die grundgesetzlich geschützte Position des anderen.[387] Bei dem hier behandelten Problem des Schutzes des Urhebers vor der Vernichtung seines Werkes durch den Eigentümer bedeutet dies, dass der Schutz des Urhebers zwangsläufig einen Eingriff in die entgegenstehende Eigentumsposition bedeutet. Es entsteht also stets ein Konflikt zwischen den grundrechtlich geschützten Positionen der beteiligten Rechtsträger. Auf Seiten des einen ist ein Grundrecht als „objektives Schutzrecht“ (status positivus) zu beachten, auf Seiten des anderen ein Grundrecht als „subjektives Abwehrrecht“ (status negativus). Ist zugunsten des einen das „Untermaßverbot“ zu berücksichtigen, so steht dem auf Seiten des anderen Rechtssubjekts das Gebot der „Verhältnismäßigkeit“[388] des Eingriffs entgegen. Derartige Grundrechtskollisionen sind dadurch zu lösen, dass zwischen den gegenläufigen Interessen eine „praktische Konkordanz“ herbeigeführt wird.[389]

IV. Grundrechtsprüfung durch die Zivilgerichte

Zu einer ausdrücklichen Grundrechtsprüfung durch ein Zivilgericht kommt es dann, wenn das Gericht zu der Überzeugung gelangt, dass die Anwendung einer an sich verfassungsmäßigen gesetzlichen Regelung im konkreten Einzelfall zu einem mit den Aussagen des Grundgesetzes nicht zu vereinbarenden Ergebnis führt. In diesem Fall hat das Gericht die Regelung so auszulegen, dass sie im

---

Die Annahme, die Grundrechte wirkten im Privatrecht ausschließlich über derartige Generalklauseln, wird dem tatsächlichen Umfang ihrer mittelbaren Wirkung nicht gerecht. So wendet das BVerfG die Grundrechte auch zur Auslegung klar umrissener Tatbestandsmerkmale an. Vgl. etwa zur Konkretisierung des § 51 UrhG mittels der Grundrechte der Beteiligten BVerfG GRUR 2001, S. 149 ff; vgl. zur Ausdehnung der Schutzaussage präziser Tatbestände auch *Canaris*, AcP 184 (1984), S. 201/223; *Canaris*, JuS 1989, S. 161/163.

386 *Canaris*, JuS 1989, S. 161/163.

387 *Funkel* (2001), S. 131.

388 In der Literatur wird das Gebot der Verhältnismäßigkeit teilweise auch als „Übermaßverbot“ bezeichnet. So z.B. *Windthorst* (1994), S. 250; *Canaris*, JuS 1989, S. 161/163.

389 BVerfGE 39, S. 1/43; *Lerche* (1961), S. 19, 125; *Hesse* (1995), Rn. 72; *Funkel* (2001), S. 131; *Canaris*, JuS 1989, S. 161/163.

konkreten Fall zu einem grundrechtskonformen Ergebnis führt.[390] Zu einer ausdrücklichen Anwendung der Grundrechte kommt es darüber hinaus auch dann, wenn das Gericht zu der Überzeugung gelangt, dass eine Norm generell mit den Aussagen des Grundgesetzes nicht zu vereinbaren ist.[391] In diesem Fall hat das Gericht gemäß Art. 100 Abs. 1 GG das Verfahren auszusetzen und die entsprechende Norm dem BVerfG zur Prüfung vorzulegen, da das einfache Gericht bei nachkonstitutionellen Gesetzen zwar eine Prüfungskompetenz, allein das BVerfG aber die Verwerfungskompetenz besitzt.[392] In der Regel wird die Abwägung der gegenläufigen grundrechtlich geschützten Positionen durch das Zivilgericht jedoch dergestalt erfolgen, dass die Grundrechte der Parteien nicht ausdrücklich Erwähnung finden, da sie in den jeweils einschlägigen privatrechtlichen Normen eine einfachgesetzliche Ausgestaltung bereits erfahren haben. Auch hinter dieser auf den ersten Blick „einfachgesetzlichen Interessenabwägung" verbirgt sich letztlich eine Abwägung der grundrechtlichen Positionen, deren einfachgesetzlichem Schutz die zugrundeliegenden zivilrechtlichen Normen dienen.[393] Zur Ermittlung des Schutzumfangs einer Generalklausel, um etwa, wie hier, die Frage nach dem Schutz der Interessen des Urhebers vor der Vernichtung seines Werkes durch § 11 S. 1 UrhG beantworten zu können, sind also die Aussagen der Grundgesetzes zu dieser Frage heranzuziehen.

V. Prüfungsumfang

Da es bei dem im Rahmen dieser Untersuchung behandelten Konflikt zwischen den Rechten des Eigentümers und denen des Urhebers um die Werkvernichtung,

---

390 Vgl. zur ständigen Rechtsprechung BVerfGE 67, S. 213/222 ff.

391 So auch *Grunert* (2002), S. 172.

392 Erst wenn die im Grundgesetz zum Ausdruck kommenden Schutzgebote weder durch eine verfassungskonforme Auslegung der entsprechenden einfachgesetzlichen Normen noch durch eine vertretbare Form der richterlichen Rechtsfortbildung zu verwirklichen sind, kommt ein Anspruch des einzelnen auf ein gesetzgeberisches Tätigwerden in Betracht. Das Grundgesetz engt den Gesetzgeber hierbei aber grundsätzlich nicht in der Wahl der Mittel zur Umsetzung dieser Schutzgebote ein. Aus dem Grundgesetz lässt sich nur die Notwendigkeit eines Schutzes des einzelnen vor Verletzungen durch Dritte ableiten, es lassen sich jedoch keine Aussagen zur konkreten Verwirklichung des Schutzes ableiten; *Hesse* (1995), Rn. 350; *Funkel* (2001), S. 131.
Der Gesetzgeber hat den verfassungsmäßigen Schutzauftrag erfüllt, sofern nur durch den gewählten Weg ein effektiver Schutz erreicht wird, der nicht hinter dem vom Grundgesetz gebotenen Schutzminimum zurückbleibt; vgl. hierzu allgemein BVerfGE 39, S. 1/42 ff.; BVerfGE 46, S. 160/164; BVerfGE 77, S. 170/214 f.; BVerfGE 88, S.203/251 ff.
Der Gesetzgeber ist also an ein „Untermaßverbot" gebunden; *Canaris*, JuS 1989, S. 161/163.
Es lässt sich aus dem Grundgesetz daher nie ein Anspruch des Einzelnen auf einen ganz konkreten gesetzgeberischen Akt ableiten; *Funkel* (2001), S. 131.

393 *Grunert* (2002), S. 172.

nicht um die Beurteilung der Zulässigkeit eines hoheitlichen Eingriffs geht, sondern um ein rein privatrechtliches Verhältnis, ist hier, anders als zur Begründung eines subjektiven Abwehrrechts, keine klassische Grundrechtsprüfung vorzunehmen.[394] Es ist vielmehr ausschließlich der objektiv-rechtliche Gehalt der in Betracht kommenden Grundrechte zu ermitteln. Die Grundrechte enthalten zum einen Aussagen mit ausschließlich objektivem Charakter, wie etwa die Institutsgarantie des Art. 14 GG oder das aus Art. 5 Abs. 3 GG abgeleitete Kulturstaatsprinzip. Zum anderen entfaltet aber auch der klassisch abwehrrechtliche Schutzbereich der Grundrechts einen objektiven Gehalt, da auch in diesem Schutzbereich eine grundsätzliche Wertentscheidung zum Ausdruck kommt, die auch in der Zivilrechtsordnung zu verwirklichen ist.

Es sind nun die auf Seiten des Urhebers und des Eigentümers berührten Grundrechte auf ihren objektivrechtlichen Gehalt hinsichtlich der Frage der Werkvernichtung zu untersuchen, anschließend ist zu erörtern, wie die jeweils betroffenen Grundrechte des Eigentümers und des Urhebers durch entsprechende Auslegung der einfachgesetzlichen Vorschriften, also konkret durch entsprechende Auslegung von § 11 S. 1 UrhG, möglichst umfassend zu verwirklichen sind.

B. Objektiver Gehalt der Grundrechte des Urhebers

I. Der Schutz der Interessen des Urhebers durch das Grundgesetz

Nach heute allgemein verbreiteter Ansicht sind die materiellen, also vermögensrechtlichen Interessen an der in einem geistigen Werk manifestierten Leistung als Eigentum des Schöpfers durch Art. 14 Abs. 1 GG geschützt.[395] Wegen der untrennbaren Verknüpfung der vermögenswerten Interessen des Urhebers mit

---

[394] Im öffentlich-rechtlichen Bereich ist zur Begründung eines grundrechtlichen Abwehrrechts zu prüfen, ob der Schutzbereich eines Grundrechts durch eine hoheitliche Maßnahme betroffen ist. Liegt ein solcher Eingriff in den Schutzbereich vor, so ist weiter festzustellen, ob die staatliche Handlung Ausdruck der Schranken des jeweiligen Grundrechts ist. Entspricht die Maßnahme nicht den Grundrechtsschranken, so ist der Eingriff rechtswidrig, und dem Bürger steht das Grundrecht als Abwehrrecht zur Verfügung. Allgemein zur Prüfung der Grundrechte als Abwehrrechte gegen staatliche Maßnahmen: *Kimms/Schlünder* (1998), S. 19 f.

[395] BVerfGE 31, S. 229/239; *Fechner* (1999), S. 198 ff., 253 f.; *Krüger-Nieland*, Fs. Oppenhoff (1985), S. 173/177; Maunz/Dürig - *Papier*, Art. 14 Rn. 195; v. Mangoldt/Klein/Starck - *Depenheuer*, Art. 14 Rn. 152; Schricker - *Melichar*, Vor §§ 45 ff Rn. 7; *Schack* (2001), Rn. 82; *Dietz*, Fs. Schricker (1995), S. 1/6; als Vertreter einer früher existenten Gegenansicht, nach der wegen des persönlichkeitsrechtlichen Gehalts des Urheberrechts auch die vermögensrechtlichen Interessen nicht dem Schutzbereich des Art. 14 GG unterfallen: *Roeber*, UFITA 21 (1956), 150/190.

den ideellen Interessen[396] könnte man daran denken, auch die ideellen Interessen dem Schutzbereich des Art. 14 Abs. 1 GG zu unterstellen. Ungeachtet dieser tatsächlichen untrennbaren Verstrickung der Interessen werden aber rein geistige und persönliche Interessen vom grundrechtlichen Eigentumsschutz nicht erfasst,[397] da dieser sich ausschließlich auf die direkt vermögenswerten Rechte und Güter bezieht.[398] Der Schutz der ideellen Interessen des Urhebers, der auf einfachgesetzlicher Ebene durch das UPR gewährleistet wird, wird auf verfassungsrechtlicher Ebene von der Literatur zumeist ohne weitergehende Ausführungen dem grundrechtlichen aPR aus Art. 2 Abs. 1, 1 Abs. 1 GG zugeordnet.[399] Hier ist aber zu beachten, dass die verfassungsrechtliche Beurteilung eines Rechts unabhängig von den einfachgesetzlichen Vorgaben zu erfolgen hat. Nur weil die geistigen und persönlichen Interessen des Urhebers im Zivilrecht in einem einheitlichen Persönlichkeitsrecht geschützt sind, bedeutet das nicht, dass sie auch verfassungsrechtlich ausschließlich unter den Schutzbereich des grundrechtlichen aPR fallen müssen. Die ideellen Interessen des Schöpfers zu seinem Werk tragen zwar deutlich persönlichkeitsrechtliche Züge, weisen aber daneben die Besonderheit des Werkbezugs auf. Aufgrund dieses speziellen Werkbezugs können die ideellen Interessen des Urhebers nicht ohne weiteres ausschließlich dem grundrechtlichen aPR aus Art. 2 Abs. 1, 1 Abs. 1 GG zugeordnet werden.[400] Neben dem grundrechtlichen aPR kommt für den Schutz der ideellen Interessen des Urhebers vor allem auch die in Art. 5 Abs. 3 GG verankerte Kunst- und Wissenschaftsfreiheit in Betracht.[401]

II. Verhältnis der einzelnen Grundrechte zueinander

Das Verhältnis der einzelnen Grundrechte zueinander ist entscheidend für die Frage, ob und unter welchen Voraussetzungen sie nebeneinander zum Schutz des Urhebers heranzuziehen sind, und wann eine Grundrechtsnorm als die speziellere die Anwendbarkeit der übrigen Grundrechtsnormen ausschließt, so dass sie stets vorrangig zu prüfen wäre.

---

396 Die Tatsache, dass eine klare Trennung des Schutzes vermögensrechtlicher und ideeller Urheberinteressen nicht möglich ist, betont auch Schricker - *Dietz*, Vor §§ 12 ff Rn. 11.

397 v. Mangoldt/Klein/Starck - *Depenheuer*, Art. 14 Rn. 151; *Grunert* (2002), S. 202 f.

398 *Pieroth/Schlink*, (2002), Rn. 903.

399 So etwa *Dietz*, Fs. Schricker (1995), S. 1/5 f.; *Ulmer* (1980) S. 109; *Rehbinder* (2002), Rn. 106; *Schack* (2001), Rn. 81.

400 *Fechner* (1999), S. 256.

401 So auch *Fechner* (1999), S. 256 f.; *Herrmann*, UFITA 73 (1975), S. 85/90. Daneben ist der Vollständigkeit halber auch die in Art. 12 GG aufgeführte Berufsfreiheit zu nennen, die den Urheber schützt, der im Rahmen seiner beruflichen Tätigkeit Werke herstellt; vgl. *Herrmann*, UFITA 73 (1975), S. 85/88; Fechner, 1999, S. 257.

1. Parallele Anwendbarkeit von Art. 14 GG und Art. 2 Abs. 1, 1 Abs. 1 GG bzw. Art. 5 Abs. 3 GG

Nach dem allgemeinen ungeschriebenen Rangordnungsgrundsatz, wonach die speziellere der allgemeineren Norm vorgeht und diese verdrängt, ist dem spezielleren Grundrecht der Vorrang vor dem allgemeineren einzuräumen.[402] Daher tritt das Grundrecht der allgemeinen Handlungsfreiheit aus Art. 2 Abs. 1 GG regelmäßig hinter den spezielleren Freiheitsrechten zurück, sofern diese einschlägig sind.[403] Ist zwischen den betroffenen Grundrechten kein generelles Spezialitätsverhältnis auszumachen, so ist zu prüfen, ob eines der betroffenen Grundrechte im Einzelfall eine engere sachliche Beziehung zu dem zu behandelnden Sachverhalt aufweist. Ist ein solcher stärkerer sachlicher Bezug festzustellen, so tritt im konkreten Einzelfall das sachfernere Grundrecht hinter dem im konkreten Fall spezielleren zurück.[404] So hat hinsichtlich der vermögensrechtlichen Aspekte Art. 14 Abs. 1 GG als spezielleres Grundrecht Vorrang gegenüber der Kunstfreiheit aus Art. 5 Abs. 3 GG und dem Persönlichkeitsrecht aus Art. 2 Abs. 1, 1 Abs. 1 GG.[405] Erweist sich auch keines der betroffenen Grundrechte als im Einzelfall sachnäher, so können beide Grundrechte nebeneinander in Idealkonkurrenz zueinander treten.[406] In diesem Fall sind auch die Schrankenvorbehalte beider Grundrechte zu berücksichtigen.[407] Werden also durch einen Eingriff verschiedene Interessenbereiche des Grundrechtsträgers berührt, die dem Schutzbereich unterschiedlicher Grundrechte zuzuordnen sind, so können die einschlägigen Grundrechte nebeneinander zur Anwendung kommen. Bei einem Eingriff in ein Werk werden häufig gleichzeitig materielle und ideelle Interessen eines Grundrechtsträgers berührt sein, so dass hinsichtlich der materiellen Interessen Art. 14 Abs. 1 GG, hinsichtlich der ideellen Interessen Art. 5 Abs. 3 bzw. Art. 2 Abs. 1, 1 Abs. 1 GG anzuwenden sind.[408]

402 *Windthorst* (1994), § 7 Rn. 40.

403 So die ständige Rechtsprechung des BVerfG seit der „Elfes"-Entscheidung, BVerfGE 6, S. 32/37; ebenso *Pieroth/Schlink* (2002), Rn. 369; *Fechner* (1999), S. 257.
Nach einer nur vereinzelt in der Literatur vertretenen Mindermeinung ist ein Vorrang der spezielleren Norm im Bereich der Grundrechte abzulehnen, so dass die einzelnen Grundrechte stets im Verhältnis der Idealkonkurrenz zueinander stehen; *Herrmann*, UFITA 73 (1975), S. 85/89 f. Dieser Meinung ist aber nicht zu folgen, da sie die spezifischen Schrankenanforderungen der Grundrechte ad absurdum führt.

404 BVerfGE 13, S. 290/296; BVerfGE 65, S. 104/112.

405 BVerfGE 31, S. 229/238 f.; BVerfGE 49, S. 382/392; *Fechner* (1999), S. 195.

406 Jarass/Pieroth - *Jarass*, Vorb. vor Art. 1 Rn. 23; *Pieroth/Schlink* (2002), Rn. 343; *Windthorst* (1994), § 7 Rn. 53.

407 *Pieroth/Schlink* (2002), Rn. 343; *Windthorst* (1994), § 7 Rn. 53.

408 *Fechner* (1999), S. 257.

2. Verhältnis des grundrechtlichen aPR (Art. 2 Abs. 1, 1 Abs. 1 GG) und Art. 5 Abs. 3 GG

Es fragt sich, ob die Kunst- bzw. Wissenschaftsfreiheit im Verhältnis zum grundrechtlichen aPR als spezielleres Grundrecht anzusehen ist. Da das grundrechtliche aPR seine Wurzeln ebenso wie das Grundrecht der allgemeinen Handlungsfreiheit in Art. 2 Abs. 1 GG hat, könnte gefolgert werden, es sei ebenso wie die allgemeine Handlungsfreiheit gegenüber allen besonderen Freiheitsrechten subsidiär. Da die Wurzeln des verfassungsrechtlichen aPR aber nicht allein in Art. 2 Abs. 1 GG, sondern daneben auch im Recht auf Menschenwürde aus Art. 1 Abs. 1 GG liegen, ist das aPR im Vergleich zur allgemeinen Handlungsfreiheit als eigenständiges und diesem gegenüber spezielleres Grundrecht einzustufen,[409] so dass auch keine grundsätzliche Subsidiarität zu den übrigen Freiheitsrechten besteht.[410] Soweit jedoch durch das verfassungsrechtliche aPR die personale Entfaltungsfreiheit der Person geschützt ist, gehen die übrigen Freiheitsrechte als speziellere Ausgestaltungen der personalen Entfaltungsfreiheit vor.[411] Das Verhältnis zwischen dem grundrechtlichen aPR und dem Grundrecht der Kunst- bzw. Wissenschaftsfreiheit aus Art. 5 Abs. 3 GG ist bislang in der Literatur kaum explizit behandelt worden. Beide Grundrechte schützen die Entfaltungsfreiheit der Person. Soweit es um die Entfaltung durch künstlerischen Ausdruck oder wissenschaftliche Arbeiten geht, ist das Grundrecht aus Art. 5 Abs. 3 GG gegenüber dem verfassungsrechtlichen aPR spezieller.[412] Daher ist es im Fall der Vernichtung von Werken der bildenden Kunst vorrangig zu prüfen. Die nachfolgenden Ausführungen werden aber zeigen, dass die durch die Werkvernichtung berührten Interessen des Urhebers nur teilweise dem Schutzbereich des Art. 5 Abs. 3 GG, teilweise aber ausschließlich dem Schutzbereich des verfassungsrechtlichen aPR unterfallen. Der Schutzbereich des aPR geht insoweit über den des Grundrechts auf Kunstfreiheit hinaus. Daher ist zur Ermittlung der objektiven Schutzaussage des GG bei künstlerischen Werken neben der Kunstfreiheit (Art. 5 Abs. 3 GG) zusätzlich auch das verfassungsrechtliche aPR (Art. 2 Abs. 1, 1 Abs. 1 GG) heranzuziehen.[413] In Bezug auf Werke, die dem Schutzbereich des Art. 5 Abs. 3 GG nicht unterfallen, kann von vornherein nur auf die objektive Aussage des grundrechtlichen aPR abgestellt werden.

---

409 Jarass/Pieroth - *Jarass*, Art. 2 Rn. 29; Dreier - *Dreier*, Art. 2 I Rn. 67; *Fechner* (1999), S. 258, 259; v. Mangoldt/Klein/Starck - *Starck*, Art. 2 Abs. 1 Rn. 47.

410 Dreier - *Dreier*, Art. 2 I Rn. 67; Jarass/Pieroth - *Jarass*, Art. 2 Rn. 29.

411 Jarass/Pieroth - *Jarass*, Art. 2 Rn. 29 mit weiteren Nachweisen.

412 *Fechner* (1999), S. 259.

413 Ähnlich *Grunert* (2002), S. 203; ähnlich auch *Fechner* (1999), S. 257, der sich jedoch nur zur Möglichkeit der Anwendbarkeit des Grundrechts der allgemeinen Handlungsfreiheit aus Art. 2 Abs. 1 GG äußert.

III. Objektiver Aussagegehalt des Grundrechts auf Eigentum, Art. 14 Abs. 1 GG

Wie oben dargestellt, schützt Art. 14 Abs. 1 GG den Urheber in seinen materiellen Interessen am Werk.[414] Gemäß Art. 14 Abs. 1 S. 2 GG sind der Inhalt und die Schranken des verfassungsrechtlichen Eigentumsbegriffs durch den Gesetzgeber auszufüllen. Er hat dabei nach Art. 14 Abs. 2 GG die Sozialpflichtigkeit sowie das Allgemeinwohl zu beachten, muss auf der anderen Seite aber die Bestands- und Institutsgarantie wahren. Der Umfang der vermögensrechtlichen Befugnisse des Schöpfers eines Werkes sind in den §§ 15-27 UrhG für den Bereich des Zivilrechts konkretisiert worden, die Schranken dieser Befugnisse in den §§ 45-60 UrhG.

1. Die Bestandsgarantie des Art. 14 Abs. 1 GG

In seiner Funktion als subjektiv-öffentliches Abwehrrecht gegen staatliche Eingriffe schützt Art. 14 Abs. 1 GG den Grundrechtsträger mit der so genannten Bestandsgarantie vor hoheitlicher Inanspruchnahme seiner Eigentumspositionen. Dabei ist aber zu beachten, dass nach dem Wortlaut des Art. 14 Abs. 1 GG der Gesetzgeber Inhalt und Schranken des Eigentums bestimmt. Es sind daher nur diejenigen Positionen als Eigentum geschützt, die dem Grundrechtsträger vom einfachen Gesetz als ausschließliche Rechtspositionen zugewiesen worden sind. Wird in solche Rechtsposition eingegriffen, so ist die Bestandsgarantie des Eigentums betroffen.[415] Diese Bestimmungsbefugnis des Gesetzgebers ist eine Besonderheit des Art. 14 Abs. 1 GG gegenüber allen anderen Grundrechten.[416] Da hier aber gerade ermittelt werden soll, in welchem Umfang sich aus der Verfassung Schutzanforderungen an die Privatrechtsordnung zugunsten des Werkbestandes ableiten lassen, kann die Bestandsgarantie des Art. 14 Abs. 1 GG in diesem Zusammenhang nicht sinnvoll herangezogen werden.

2. Institutsgarantie des Art. 14 Abs. 1 GG

Daneben beinhaltet Art. 14 Abs. 1 GG aber auch eine rein objektiv-rechtliche Instituts- oder Einrichtungsgarantie. Zur Ermittlung des Inhalts dieser Institutsgarantie ist zwischen dem einfachgesetzlichen Eigentumsbegriff und dem verfassungsrechtlich geschützten zu unterscheiden.[417] Während durch die einfachgesetzliche Ausformung des Eigentumsbegriffs der Umfang des subjektiven Rechts konkretisiert wird, verpflichtet der verfassungsrechtliche Eigentumsbe-

---

414 Vgl. 3. Kapitel B.I.

415 *Pieroth/Schlink* (2002), Rn. 897; *Kimms/Schlünder* (1998), S. 206.

416 *Fechner* (1999), S. 199.

417 *Fechner* (1999), S. 200.

griff den Gesetzgeber, dem Einzelnen überhaupt einen Freiheitsraum im vermögensrechtlichen Bereich zu sichern. Es wird also ein Kernbestand an Rechten garantiert, der die Existenz privatnützigen Eigentums gewährleistet. Dem Einzelnen dürfen die Rechte nicht entzogen werden, die zum elementaren Bestand grundrechtlich geschützter Tätigkeit im vermögensrechtlichen Bereich gehören.[418] Obgleich das „geistige Eigentum" nicht zum Eigentum im zivilrechtlichen Sinne zählt, da sich dieses nur auf Sachen bezieht, werden die Rechte des geistigen Eigentums, insbesondere des Urheberrechts, heute ganz überwiegend der Institutsgarantie des Art. 14 Abs. 1 GG zugeordnet.[419] Der verfassungsrechtliche Eigentumsbegriff kann nicht aus den Normen des einfachen Rechts, die im Range unter der Verfassung stehen, abgeleitet werden, sondern ist aus der Verfassung selbst zu bestimmen.[420] Der Gesetzgeber hat daher bei der Ausgestaltung der vermögensrechtlichen Beziehung des Urhebers zu seinem Werk den verfassungsrechtlichen Gehalt des „geistigen Eigentums" zu beachten. Der verfassungsrechtliche Gehalt des geistigen Eigentums definiert sich nach der Rechtsprechung des BVerfG als „die grundsätzliche Zuordnung des vermögenswerten Ergebnisses der schöpferischen Leistung an den Urheber (...) und seine Freiheit, in eigener Verantwortung darüber verfügen zu können".[421]

Die Vernichtung eines Werkes greift insofern in die Möglichkeit der wirtschaftlichen Verwertung ein, als es dem Urheber ab dem Zeitpunkt der Vernichtung kaum mehr gelingen wird, sein Werk zu verwerten. So wird das Entgelt für die Einräumung von Nutzungs- und Verwertungsrechten, z.B. für die Veröffentlichung von Abbildungen eines Werkes der bildenden Kunst, erheblich geringer ausfallen, wenn das Werk selbst nicht mehr existiert. Wenn das Werk vor der Zerstörung in der Öffentlichkeit noch unbekannt war, so wird die sinnvolle wirtschaftliche Verwertung durch die Zerstörung in der Praxis gänzlich vereitelt.

Auch wenn der Werkbestand gegen Eingriffe privater Dritter weder durch das Urheberrecht, noch sonst durch die Privatrechtsordnung geschützt wäre, so würde dadurch zwar die wirtschaftliche Verwertung des Werkes erschwert, jedoch wäre nicht die Zuordnung des vermögenswerten Ergebnisses der geistigen Leistung als solche in Frage gestellt. Dem Werkschöpfer wird ohne die Befugnis, in gewissem Umfang die Zerstörung seines Werkes zu verbieten, nicht die eigenverantwortliche Werkverwertung schlechthin unmöglich. Er kann auch ohne diese Befugnis grundsätzlich das Produkt seiner geistigen Kräfte privatnützig einsetzen. Die Institutsgarantie des Eigentums wird daher durch das Fehlen ei-

418 BVerfGE 58, S. 300/339; *Kimms/Schlünder* (1998), S. 206.

419 *Badura*; in: Benda u.a., Handbuch des Verfassungsrechts (1994), Rn. 36; *Fechner* (1999), S. 210, 211.

420 BVerfGE 58, S. 300/335; *Fechner* (1999), S. 198.

421 Seit BVerfGE 31, S. 229/240 f. ständige Rechtsprechung.

nes Werkbestandsschutzes nicht berührt. Daher lassen sich aus Art. 14 Abs. 1 GG keine Anhaltspunkte für die Auslegung des UrhG hinsichtlich eines Vernichtungsverbots ableiten.

IV. Die Kunstfreiheit, Art. 5 Abs. 3 GG

1. Der Schutzbereich des Grundrechts der Kunstfreiheit

Das BVerfG ging zunächst von der Definierbarkeit der Kunst aus. Das wesentliche der künstlerischen Betätigung sei die freie schöpferische Gestaltung, in der Eindrücke, Erfahrungen und Erlebnisse des Künstlers durch das Medium einer Formensprache zu unmittelbarer Anschauung gebracht würden.[422] In jüngerer Zeit gelangte das BVerfG zu der Ansicht, es sei unmöglich, den Begriff der Kunst einheitlich und abschließend zu definieren. Daher geht das BVerfG nun von einem „offenen Kunstbegriff" aus. Um dennoch im Einzelfall entscheiden zu können, ob ein bestimmter Sachverhalt dem Kunstbegriff unterfällt, ist das BVerfG dazu übergegangen, mehrere Kunstbegriffe nebeneinander zu verwenden.[423] So verwendet es zum einen den „materiellen Kunstbegriff", der dem vorher verwandten Kunstbegriff entspricht.[424] Daneben verwendet es aber auch einen „formalen Kunstbegriff", wonach alles Kunst sei, was einem bestimmten anerkannten Werktyp, wie etwa der Malerei, der Musik, dem Theaterspiel etc. zuzuordnen sei.[425] Als dritter Begriff wird ein „kommunikationstheoretisches oder offenes Kunstverständnis" durch das BVerfG vertreten, wonach das kennzeichnende Merkmal eines künstlerischen Werkes darin liege, dass es wegen der Mannigfaltigkeit seines Aussagegehalts möglich sei, der Darstellung im Wege einer fortgesetzten Interpretation immer weiterreichende Bedeutungen zu entnehmen, so dass sich eine praktisch unerschöpfliche vielstufige Informationsvermittlung ergebe.[426]

Die Kunstfreiheit schützt durch den sog. „Werkbereich", die Herstellung des Kunstwerkes. Hierzu gehören außer der eigentlichen Produktion auch die Vor-

[422] BVerfGE, 30, S. 173/188 f.
[423] BVerfGE 67, S. 213/225; *Pieroth/Schlink* (2002), Rn. 611.
[424] BVerfGE, 30, S. 173/188 f.; BVerfGE 67, S. 213/226.
[425] BVerfGE 67, S. 213/226 f.
[426] BVerfGE 67, S. 213/ 227.
Aus dem vom BVerfG angeführten Nachweisen wird deutlich, dass sich im Schrifttum Befürworter für jeden der parallel verwandten Kunstbegriffe finden; siehe Nachweise bei BVerfGE 67, S. 213/225 ff.
Einigkeit besteht in der Literatur darüber, dass mittels eines weitreichenden Kunstbegriffs auch ungewöhnlichen und überraschenden Ausdrucksformen Schutz gewährt werden muss; vgl. *Pieroth/Schlink* (2002), Rn. 613.

bereitungshandlungen.[427] Damit ist der Künstler also auch schon dann geschützt, wenn er sein Werk in keiner Weise publiziert hat. Daneben unterfällt mit dem „Wirkbereich" auch die Darbietung und Verbreitung, also die Vermittlung des Werkes an Dritte, dem Schutzbereich der Kunstfreiheit.[428] In persönlicher Hinsicht unterfällt der Kunstfreiheit jeder Mensch, der künstlerisch tätig ist, unabhängig davon, ob er als Künstler anerkannt ist und Kunst als Beruf ausübt.[429] Für die Frage der Werkvernichtung besonders bedeutsam ist, dass nach überwiegender Ansicht auch das Kunstwerk selbst als „Objektivation" der Grundrechtsausübung in den Schutzbereich der Kunstfreiheit fällt.[430]

2. Verhältnis des urheberrechtlichen Werkbegriffs zum verfassungsrechtlichen Kunstbegriff

Gemäß § 2 UrhG sind als Werk im urheberrechtlichen Sinn alle persönlich-geistigen Schöpfungen geschützt, sofern sie eine wahrnehmbare Formgestaltung gefunden haben, einen geistigen Gehalt besitzen, sowie ein gewisses Maß an Individualität bzw. Gestaltungshöhe aufweisen.[431] Der größte Teil der urheberrechtlich geschützten Werke wird, wie sich aus dem Katalog des § 2 UrhG ergibt, einer der typischen Kunstformen angehören und daher unter den „formalen Kunstbegriff" fallen. Durch das Merkmal des persönlich-geistigen Gehalts ist sichergestellt, dass ein Werk im urheberrechtlichen Sinne Ausdruck innerer Vorgänge seines Schöpfers ist und daher in aller Regel unter den „materiellen Kunstbegriff" subsumierbar sein wird. Problematisch könnte im Einzelfall nur die Anforderung des kommunikationstheoretischen Kunstbegriffs sein. Das Merkmal der Gestaltungshöhe stellt keine so hohen Anforderungen an die Individualität und Eigentümlichkeit des Geschaffenen, dass notwendigerweise ein derartig mannigfaltiger Aussagegehalt vorliegt, dass das Werk einer fortgesetzten Interpretation zugänglich ist und sich eine vielstufige Informationsvermittlung ergibt. Ein Großteil der urheberrechtlich geschützten Werke wird aber eine so große Komplexität und Individualität aufweisen, dass sie unproblematisch auch nach diesem Klassifizierungsmodell als Kunst anzusehen sind.

---

[427] BVerfGE 30, S. 173/189 - Mephisto; BVerfGE 67, S. 213/224; v. Mangoldt/Klein/Starck - *Starck*, Art. 5 Rn. 283; Jarass/Pieroth - *Jarass*, Art. 5 Rn. 86;*Schmidt-Bleibtreu/Klein*, Art. 5 Rn. 15..

[428] BVerfGE 30, S. 173/189 - Mephisto; BVerfGE 67, S. 213/224; v. Mangoldt/Klein/Starck - *Starck*, Art. 5 Rn. 285; Jarass/Pieroth - *Jarass*, Art. 5 Rn. 86; *Schmidt-Bleibtreu/Klein*, Art. 5 Rn. 15..

[429] *Pieroth/Schlink* (2002), Rn. 614.

[430] Maunz/Dürig - *Scholz*, Art. 5 Abs. III Rn. 17; v. Mangoldt/Klein/Starck - *Starck*, Art. 5 Rn. 284.

[431] Vgl. 1. Kapitel B.I.

Während demnach ein Großteil der urheberrechtlich geschützten Werke dem Grundrecht der Kunstfreiheit unterfällt,[432] ist ein anderer Teil der urheberrechtlich schutzfähigen Werke dagegen von vornherein vom Schutzbereich der Kunstfreiheit ausgenommen. So sind etwa Programme für die Datenverarbeitung nach § 2 Nr. 1 UrhG und Darstellungen wissenschaftlicher oder technischer Art gemäß § 2 Nr. 7 UrhG keine Kunstwerke im verfassungsrechtlichen Sinne. Auch die Werke der kleinen Münze, die sich an der unteren Grenze der urheberrechtlichen Schutzfähigkeit bewegen, werden im Regelfall auch dem weiten verfassungsrechtlichen Kunstbegriff nicht unterfallen.[433] Auf der anderen Seite sind auch Objekte denkbar, die aufgrund ihrer Ungewöhnlichkeit und der in ihnen verkörperten Idee in der Lage sind, eine gewisse Aussage ihres Schöpfers zu transportieren und daher dem Grundrecht der Kunstfreiheit unterfallen, denen aber das für den urheberrechtlichen Schutz notwendige Maß an individueller geistiger Prägung, also an Gestaltungshöhe, fehlt.[434] Als Beispiel können hier z.B. als „Kunstwerke" präsentierte leere, aber signierte Notenblätter dienen.[435] Es zeigt sich also, dass der zivilrechtliche Werkbegriff des Urheberrechts nicht mit dem des Grundrechts der Kunstfreiheit aus Art. 5 Abs. 3 GG gleichgesetzt werden kann. Es besteht zwar eine große Schnittmenge von Geistesprodukten, die beiden Rechtsinstituten zugeordnet werden können, daneben bestehen aber auch Geistesprodukte, die jeweils nur dem einen, nicht aber dem anderen Institut unterfallen.

Wie oben schon dargelegt wurde, gewinnt die Frage nach der Vernichtungsbefugnis des Eigentümers vor allem bei Werken der bildenden Kunst und der Architektur praktische Bedeutung. Nach dem oben Gesagten unterfallen urheberrechtlich geschützte Werke der bildenden Kunst in aller Regel auch dem verfassungsrechtlichen Kunstbegriff. Auch die Werke der Architektur werden, sofern sie ein ausreichendes Maß an Gestaltungshöhe aufweisen, auch als Kunst im verfassungsrechtlichen Sinne anzusehen sein. Das Grundrecht der Kunstfreiheit ist also grundsätzlich geeignet, objektiv-rechtliche Aussagen bezüglich der Schutzes der Werk-erhaltungsinteressen des Urhebers zu enthalten.

3. Eingriff in den Schutzbereich durch die Werkvernichtung

In der Funktion als klassisches Abwehrrecht des Bürgers schützt die Kunstfreiheit aus Art. 5 Abs. 3 GG sowohl den „Wirkbereich", also die Verbreitung und

432 So auch *Fechner* (1999), S. 290.
433 *Fechner* (1999), S. 290.
434 *Fechner* (1999), S. 291.
435 Dies Bespiel führt *Fechner* (1999), S. 291 an.

Präsentation des Werkes, sowie auch den „Werkbereich“, die eigentliche künstlerische Tätigkeit gegen staatliche Eingriffe.[436]

a. Wirkbereich

Der Künstler vermittelt durch sein Werk bestimmte Informationen an den Rezipienten, die bei diesem bestimmte innere Vorgänge, wie das Verstehen der Werkaussage, besonders aber auch direkte emotionale Reaktionen auslösen sollen. Durch diese Prozesse kann der Künstler seinem Publikum seine eigene Gedanken- und Gefühlswelt mitteilen. Er kann mittels des Werkes nicht nur den Verstand seines Publikums, sondern je nach dem von ihm gewählten Ausdrucksmittel unterschiedlich stark auch direkt die Gefühle seines Publikums ansprechen. Das Werk erfüllt also eine Mittlerfunktion in der Kommunikation zwischen dem Künstler und dem Rezipienten. Der Schutz des „Wirkbereiches“ sichert dem Künstler die Möglichkeit dieser besonderen Form der Kommunikation. Die Kunstfreiheit stellt daher ein Kommunikationsgrundrecht dar.[437] Jede hindernde Einwirkung auf diesen Prozess der Informationsvermittlung durch einen Akt der Staatsgewalt stellt einen Eingriff in die Kunstfreiheit dar. So stellt etwa eine staatliche initiierte Veränderung oder Beeinträchtigung des Werkes einen Eingriff in die Kunstfreiheit dar, da die Kommunikation zwischen Künstler und Publikum nicht mehr in der vom Künstler intendierten Weise ablaufen kann. Im Falle der Vernichtung eines Werkes wird jede weitere Rezipation des Werkes unterbunden. Die Vernichtung stellt daher einen besonders gravierenden Eingriff in den „Wirkbereich“ dar.

b. Werkbereich

Ein Eingriff in das Grundrecht der Kunstfreiheit wiegt umso stärker, je weiter neben dem „Wirkbereich“ auch der „Werkbereich“ berührt ist. Entsprechend höher sind die Anforderungen, die an die entgegenstehenden, den Eingriff rechtfertigenden Güter zu stellen sind.[438] Mit dem „Werkbereich“ wird die Freiheit,

---

[436] Siehe 3. Kapitel B.IV.1.

[437] Dreier - *Pernice*, Art. 5 III GG Rn. 14 betont, dass durch den „Wirkbereich“ die Sphäre der Kommunikation geschützt sei.

[438] v. Mangoldt/Klein/Starck - *Starck*, Art. 5 III Rn. 304 ff.; Jarass/Pieroth - *Jarass*, Art. 5 Rn. 91 a; Maunz/Dürig - *Scholz*, Art. 5 Abs. III Rn. 65;
Das BVerfG (siehe BVerfGE 77, S. 240/253 ff.) ist zwar von einer strikten Abstufung der Grundrechtsschranken im Sinne einer qualitativ anderen Abwägung je nachdem, ob der Wirk- oder der Werkbereich betroffen ist, abgerückt, es stellt aber fest, es bestehe eine Vermutung dafür, dass in einem Interessenkonflikt die Kunstfreiheit im „Werkbereich“ eher Vorrang genieße als im „Wirkbereich“. Der Grad der Außenwirkung beeinflusse lediglich das Abwägungsergebnis. Im Ergebnis stellt es damit aber auch strengere Anforderungen an die Rechtfertigung eines Eingriffs, wenn der Werkbereich betroffen ist.

sich überhaupt in künstlerischer Weise auszudrücken, geschützt. Durch den Schutz des „Werkbereiches“ wird die Freiheit des Einzelnen, frei zu entscheiden, wie er der Wirklichkeit begegnet und frei die Vorgänge wiederzugeben, die er durch diese Begegnung erfährt, gewährleistet.[439] Es wird also das Recht des Einzelnen geschützt, in freier schöpferischer Gestaltung seine Eindrücke, Erfahrungen und Erlebnisse durch eine Formgebung wahrnehmbar zu machen.[440] Daher ist der Vorgang der Herstellung eines Kunstwerkes vor jeder staatlicher Einflussnahme geschützt. Der Künstler wird sowohl vor Eingriffen in die Form oder Art der Darstellung, als auch vor einer Beschränkung der Wahl der Inhalte seiner Werke geschützt. Führt man sich vor Augen, wie umfassend der verfassungsrechtliche Kunstbegriff ist,[441] so wird deutlich, dass die Kunstfreiheit ein sehr weitreichendes Recht des Einzelnen begründet, innere Vorgänge mit vielfältigen Gestaltungsmitteln für sich und Dritte wahrnehmbar zu machen. Dieser Schutz der freien künstlerischen Tätigkeit wäre aber höchst unvollständig, wenn zwar die freie Herstellung eines Werkes gewährleistet wäre, auf das fertige Werk aber uneingeschränkt eingewirkt werden könnte. Jedes künstlerische Schaffen kann nur in der Gewissheit sinnvoll ausgeübt werden, dass auch das geschaffene Werk Bestand hat und nicht umgehend wieder vernichtet wird. Der Schutz der Kunstfreiheit würde leer laufen, wenn ein Werk zwar frei von Beschränkungen geschaffen werden dürfte, das fertige Werk aber schutzlos jedem vernichtenden Eingriff ausgesetzt wäre. Würde sich dieser grundrechtliche Werkschutz nur auf die Verfälschung der künstlerischen Aussage des Werkes, nicht aber auf den Bestand des Werkes beziehen, so ergäbe sich das befremdliche Ergebnis, dass der Einzelne in seinem Bemühen, sich künstlerisch auszudrücken, geschützt ist und dass das Resultat dieser Bemühungen, das fertige Werk, zwar vor Verfälschungen seiner künstlerischen Aussage, nicht jedoch hinsichtlich seines Bestandes geschützt ist. Es wäre geradezu widersinnig, den Schöpfer eines Werkes umfassend in seinem Bemühen nach künstlerischem Ausdruck grundrechtlich zu schützen, das Werk als Resultat der geschützten Schaffensvorgänge aber nicht wegen seines künstlerischen bzw. persönlich-geistigen Gehalts zu schützen, sondern allenfalls bezüglich seiner dinglichen Komponente über das Sacheigentum am Werkstück durch Art. 14 Abs. 1 GG. Der „Werkbereich“ ist daher also dahingehend auszulegen, dass auch der Fortbestand des Werkes erfasst ist.

Im Ergebnis ist festzustellen, dass auch der Fortbestand des Werkes als Objektivation des künstlerischen Schaffens vom Schutzbereich des Grundrechts der Kunstfreiheit erfasst ist.[442] Es zeigt sich, dass der Schutzbereich der Kunstfrei-

---

[439] BVerfGE 30, S. 173/190 - Mephisto.

[440] So BVerfGE 30, S. 173/189 - Mephisto allgemein zum Kunstbegriff.

[441] Vgl. zum verfassungsrechtlichen Kunstbegriff 3. Kapitel B.IV.1.

[442] So ausdrücklich nur Dreier - *Pernice*, Art. 5 III Rn. 14. Auch v. Mangoldt/Klein/Starck - *Starck*, Art. 5 Abs. 3 Rn. 284; Maunz/Dürig - *Scholz*, Art. 5 Abs. III Rn. 3, 17 sehen das

heit als klassisches Abwehrrecht sich auf die direkt werkbezogenen Interessen des Urhebers, die oben als die geistigen Interessen[443] des Urhebers charakterisiert wurden, erstreckt.[444]

4. Der objektive Gehalt in der Frage der Werkvernichtung für das Zivilrecht

Das Grundrecht der Kunstfreiheit enthält über seine Funktion als individuelles Freiheitsrecht hinaus auch eine objektive Wertentscheidung für die Freiheit und Pflege der Kunst.[445] Aus der verfassungsrechtlichen Garantie der Kunstfreiheit ergibt sich der Auftrag an den Gesetzgeber, für die geeigneten Rahmenbedingungen zur Entfaltung dieser Freiheit zu sorgen.[446] Da sich im Rahmen der Zivilrechtsordnung die Rechte des künstlerisch Tätigen vor allem aus dem Urheberrecht ergeben, lassen sich aus der objektiven Seite der Kunstfreiheit gewisse Anforderungen vor allem für die Ausgestaltung des Urheberrechts ableiten.[447] Die öffentliche Gewalt hat dafür Sorge zu tragen, dass der „Wirk- und Werkbereich" eines Kunstwerkes in gewissem Umfang auch vor Eingriffen durch private Dritte gewahrt wird. Dabei entfaltet auch die Tatsache, dass der Schutzbereich der Kunstfreiheit nicht nur durch sonstige Einwirkungen, sondern auch durch die Vernichtung des Werkes berührt wird, eine gewisse „Ausstrahlungswirkung" auf die Normen des einfachen Rechts, die im Lichte dieser Wertentscheidung zu interpretieren sind. Solange der Schöpfer eines Werkes dieses nicht wenigstens in gewissem Umfang vor Vernichtungshandlungen privater Dritter zu schützen vermag, ist der Schutz der individuellen Freiheit, sich künstlerisch auszudrücken und über das Medium der Kunst mitzuteilen, nur unvollständig erfüllt. Ein Künstler wird nur dann frei und unbeschwert seinem inneren Erleben eine Form geben, wenn er sicher sein kann, dass sein Schaffensprodukt nicht nur vor staatlichen, sondern auch vor privaten Zugriffen in gewissem Umfang geschützt ist. Dem Urheber sind daher nicht nur, wie es durch § 14 UrhG geschehen ist, Mittel in die Hand zu geben, um sich Beeinträchtigungen seines Werkes von privater Seite zu wehren, sondern darüber hinaus auch, um sein Erhaltungsinteresse im Fall einer Vernichtung seines Werkes durchsetzen zu können. Die objektive Aussage des Art. 5 Abs. 3 GG wiegt dabei besonders

---

Werk als von Art. 5 Abs. 3 GG geschützt an, ohne allerdings ausdrücklich seinen Fortbestand zu erwähnen.

[443] Siehe ausführlich zum Begriff der geistigen Interessen 2. Kapitel B.III.2.c.

[444] Der Schutz der geistigen Urheberinteressen durch das Grundrecht der Kunstfreiheit wird auch von *Grunert* (2002), S. 208 betont.

[445] Maunz/Dürig - *Scholz*, Art. 5 Abs. III Rn. 5; Dreier - *Pernice*, Art. 5 III Rn. 43; in BVerfGE 30, S. 173/188 - Mephisto wird von einer „wertentscheidenden Grundsatznorm" gesprochen.

[446] So ausdrücklich nur *Fechner* (1999), S. 296.

[447] Fechner (1999), S. 296.

schwer, da durch die Werkvernichtung nicht nur der „Wirkbereich“, sondern auch der „Werkbereich“ berührt wird. Die staatliche Gewalt hat dafür Sorge zu tragen, dass der „Werkbereich“ soweit wie möglich auch vor der Einwirkung durch Private geschützt wird.

5. Das Kulturstaatsprinzip als staatszielbestimmende Aussage des Art. 5 Abs. 3 GG

Über die Funktion als individuelles Freiheitsrecht hinaus entfaltet das Grundrecht der Kunstfreiheit auch eine ausschließlich objektiv-rechtliche Aussage, da aus Art. 5 Abs. 3 GG das verfassungsrechtlich verankerte Kulturstaatsprinzip im Sinne einer Staatszielbestimmung abgeleitet wird.[448]

a. Grundsätzliche Anforderungen des Kulturstaatsprinzips an das Urheberrecht

Aus dem Kulturstaatsprinzip leiten sich in verschiedene Richtungen laufende Pflichten des Staates ab. Zum einen wird aus dem Kulturstaatsprinzip unter Bezugnahme auf das Sozialstaatsprinzip die Pflicht des Staates begründet, eine „kulturelle Daseinsvorsorge“ zu sichern. Danach hat der Staat dafür Sorge zu tragen, dass in gewissem Umfang der Zugang jeden Bürgers zu kulturellen Gütern unter zumutbaren Bedingungen sichergestellt ist.[449] Neben diesem Gebot, dass eher die passive, konsumierende Seite des Kulturlebens betrifft, werden aus dem Kulturstaatsprinzip auch Pflichten des Staates hinsichtlich aktiver kultur- bzw. kunstschaffender Tätigkeiten seiner Bürger begründet. Der Staat hat aufgrund dieser Staatszielbestimmung die Pflicht, die Existenz eines Kulturstaates dadurch zu ermöglichen, dass er geeignete Voraussetzungen für die Entstehung von Kunst und deren Verbreitung und Entfaltung schafft.[450]

Ohne die geistig-schöpferische Tätigkeit Einzelner wäre eine „kulturelle Daseinsvorsorge“ mangels kultureller Güter nicht gewährleistet. So wird aus dem Kulturstaatsprinzip die Verantwortung des Staates für ein geistiges Schöpfertum

---

448 Fechner (1999), S. 360; *Häberle*, AöR 110 (1985), 577/607 ff.; v. Mangoldt/Klein/Starck - *Starck*, Art. 5 Abs. 3 Rn. 269; Maunz/Dürig - *Scholz*, Art. 5 III Rn. 8; allgemein für ein Kulturstaatsprinzip, ohne dies aber eindeutig aus Art. 5 Abs. 3 GG herzuleiten, auch: *Oppermann*, Fs. Bachof (1984), S. 3 ff.
Auch das BVerfG leitet aus Art. 5 Abs. 3 GG eine „objektive Wertentscheidung für die Freiheit der Kunst“ ab, die „dem modernen Staat, der sich im Sinne einer Staatszielbestimmung auch als Kulturstaat versteht, zugleich die Aufgabe (stellt), ein freiheitliches Kunstleben zu erhalten und zu fördern“; BVerfGE 36, S. 322/331; vgl. allgemein zum Kulturstaatsprinzip auch: BVerfGE 35, S. 79/114; BVerfGE 81, S. 108/116.

449 Ausführlich hierzu *Palm* (1998), S. 145 ff.

450 *Grunert* (2002), S. 218.

seiner Bürger abgeleitet.[451] Der Staat ist also verpflichtet, ein System zu schaffen, das es dem Einzelnen nicht nur ermöglicht, kulturell bzw. künstlerisch tätig zu sein, da ihm in ausreichendem Maße entsprechende individuelle Freiheiten zur Seite stehen, sondern der Einzelne muss sogar positiv zur schöpferischen Tätigkeit ermutigt werden. Dies ist etwa dadurch zu erreichen, dass der schöpferisch Tätige in seinen materiellen und ideellen Interessen am Produkt seiner geistigen Arbeit geschützt wird. In diesem Bereich kommt dem Urheberrecht besondere Bedeutung zu. Das Urheberrecht fördert die Bedingungen der Kunstproduktion und damit des gesamten kulturellen Lebens.[452] Daher stellt die Ausgestaltung des Urheberrechts eine „Hauptmaßnahme des Kulturstaates" dar,[453] so dass das Urheberrecht als die „Magna Charta des kulturellen Schaffens" bezeichnet werden kann.[454] Dementsprechend ergeben sich aus dem Kulturstaatsprinzip gewisse Anforderungen an die gesetzliche Ausgestaltung des Urheberrechts.[455] Bei der Gewährleistung des Schutzes des Werkschaffenden ist das Spannungsverhältnis zu dem Bedürfnis der Allgemeinheit auf Zugang zu Kulturgütern zu beachten. So sind also durch die Regelungen des Urheberrechts die Interessen des „Werkschaffenden" mit den Interessen der „Werkkonsumierenden" und der „Werkverwertenden" in Einklang zu bringen. Werden die Interessen auf Seiten eines der Beteiligten vernachlässigt, so gerät das Gefüge aus dem Gleichgewicht, mit der Folge, dass der Staat den Anforderungen aus dem Kulturstaatsprinzip nicht optimal nachkommt.

b. Vernichtungsverbot für kulturell bedeutende Werke

Aus dem Kulturstaatsprinzip könnte abgeleitet werden, dass der Staat gehalten ist, die Vernichtung kulturell wertvoller Werke zu verhindern, um diese dem „kulturellen Erbe" der Allgemeinheit zu erhalten. Die Verleihung eines absoluten-subjektiven Rechts an den Urheber, die Vernichtung seines Werkes zu verbieten, wird diesem Ziel aber nur höchst unvollkommen gerecht. Das Interesse des Urhebers an der Erhaltung eines bestimmten Werkes wird sich keineswegs zwangsläufig mit dem öffentlichen Interesse an der Erhaltung kulturell interessanter, wegweisender und außergewöhnlicher Werke decken. Es ist möglich, dass ein Urheber an einem kulturell bedeutenden Werk persönlich das Interesse

---

[451] *Ermecke* (1956), S. 35.
[452] *Fechner* (1999), S. 296.
[453] *Wandtke*, ZUM 1991, S. 484/485.
[454] So *Fechner* (1999), S. 296 mit weiteren Nachweisen.
[455] *Fechner* (1999), S. 360; *Dietz*, Fs. Schricker (1995), S. 1/7.
Sehr fraglich ist in diesem Bereich, ob und inwieweit das Kulturstaatsprinzip auch eine Pflicht zur staatlichen Kunstförderung in finanzieller Hinsicht begründet; vgl. hierzu *Dietz*, in: Dittrich, Woher kommt das Urheberrecht und wohin geht es? (1988), S. 200/212; kritisch zur staatlichen Kunstförderung auch *Fechner* (1999) S. 360.

verloren hat und ihm die Vernichtung daher gleichgültig ist, oder dass er sich künstlerisch in eine andere Richtung weiterentwickelt hat und daher dieses Werk sogar ablehnt und die Vernichtung befürwortet. Auf der anderen Seite wird der Schöpfer häufig ein Erhaltungsinteresse an Werken an den Tag legen, die aus kultureller Sicht völlig unbedeutend sind.[456] Das Anliegen, das öffentliche kulturelle Erbe zu sichern, kann daher durch öffentlich-rechtliche Vorschriften, wie das Denkmalschutzrecht, weitaus wirkungsvoller erreicht werden als durch die Begründung subjektiv-privater Rechte.

c. Das urheberrechtliche Vernichtungsverbot als Mittel zur Förderung des kulturellen Schaffens

Dagegen könnte über das Gebot, die schöpferische Tätigkeit insgesamt zu fördern, ein Argument zugunsten eines subjektiv-privaten Rechts, die Werkvernichtung verbieten zu dürfen, abgeleitet werden. So wird die Einräumung eines subjektiven Rechts, unter bestimmten Voraussetzungen der Vernichtung des eigenen Geisteswerkes entgegentreten zu können, den Einzelnen in dem Gefühl bestärken, dass der Wert seiner geistigen Leistung vom Staat und von anderen anerkannt und respektiert wird. Der schöpferisch Tätige wird bei umfassender Achtung seiner Schöpferwürde und bei Achtung und Schutz des Werkbestandes gegenüber Eingriffen privater Dritter eher ein Klima vorfinden, in dem er sich zu geistigem Schaffen animiert sieht. Ein Vernichtungsverbot stellt insofern ein geeignetes Mittel zur Förderung kulturellen Schaffens dar. Damit lässt sich aus dem Kulturstaatsprinzip ein Argument für eine entsprechende Auslegung des Urheberrechts ableiten.

Auch wenn sich die Staatszielbestimmung zugunsten des Kulturstaates in erster Linie an den Gesetzgeber richtet, der die Voraussetzungen zur Verwirklichung der Staatsziele zu schaffen hat, sind Staatsziele aber auch generell „Richtlinie oder Direktive für staatliches Handeln und daher auch für die Auslegung von Gesetzen und sonstigen Rechtsvorschriften“ zu beachten.[457] Daher hat auch die Rechtsprechung im Rahmen der verfassungskonformen Auslegung einfachgesetzlicher Normen die Förderung bestimmter Staatsziele in gewissem Umfang mit zu berücksichtigen. Dabei muss aber betont werden, dass aus der objektiven Aussage des Grundgesetzes zugunsten des Kulturstaates nur im Ausnahmefall eine konkrete Rechtsfolge abgeleitet werden kann. Der Gesetzgeber ist grundsätzlich hinsichtlich der konkreten Maßnahmen zur Verwirklichung des Kulturstaatsprinzips frei, solange er nur generell für die Verwirklichung dieses Staatszieles sorgt. Daher besteht auch weder für den Gesetzgeber noch für die

---

456 Siehe zum Denkmalschutzrecht 6. Kapitel B.II.

457 BMI/BMJ (Hrsg.), Staatszielbestimmung/Gesetzesaufträge, Bericht der Sachverständigenkommission, 1983, S. 21.

Rechtsprechung eine Verpflichtung, zur Verwirklichung des Kulturstaatsprinzips ein subjektives Vernichtungsverbotsrecht des Urhebers zu begründen. Die Tatsache, dass die Begründung eines Vernichtungsverbots dem Kulturstaatsprinzip entgegenkommt, kann daher nur als vergleichsweise schwaches Argument für eine entsprechende Auslegung des Urheberrechts herangezogen werden.

V. Die Wissenschaftsfreiheit, Art. 5 Abs. 3 GG

1. Der Schutzbereich der Wissenschaftsfreiheit

Der Schutzbereich der Wissenschaftsfreiheit ist ähnlich dem der Kunstfreiheit einer abschließenden exakten Definition nicht zugänglich, da es sich bei der Wissenschaft um einen Lebenssachverhalt handelt, der sich auf „eine Fülle geistig-autonomer sowie kommunikativer Erkenntnis- und Vermittlungsprozesse gründet, diese sämtlich umfasst und definitorisch offen bleiben muss".[458] Das BVerfG hat den Bereich der wissenschaftlichen Tätigkeit als „alles, was als ernsthafter planmäßiger Versuch zur Ermittlung der Wahrheit anzusehen ist", umrissen.[459] Der Begriff Wissenschaft bildet den Oberbegriff für die Begriffe Forschung und Lehre.[460] Inhaltlich umfasst die Freiheit der Forschung die „Fragestellung und die Grundsätze der Methodik sowie die Bewertung des Forschungsergebnisses und seine Verbreitung".[461] Damit sind der Forschungsgegenstand, das Forschungsziel, die Forschungsmethode und die Forschungsverbreitung geschützt.[462] Die Freiheit der Lehre schützt „insbesondere deren Inhalt, den methodischen Ansatz und das Recht auf Äußerung von wissenschaftlichen Lehrmeinungen".[463] Unter den Schutzbereich fallen neben dem mündlichen Vortrag auch die Lehre durch Veröffentlichung von Lehrbüchern, Skripten, Aufsätzen usw.[464]

---

[458] Maunz/Dürig - *Scholz*, Art. 5 Abs. III Rn. 87.

[459] BVerfGE 35, S. 79/113; BVerfGE 47, S. 327/367.
Dieser groben Umschreibung des Schutzbereichs wird in der Literatur weitgehend zugestimmt; vgl. Maunz/Dürig - *Scholz*, Art. 5 Abs. III Rn. 91; *Pieroth/Schlink* (2002), Rn. 621; v. Münch/Künig - *Wendt*, Art. 5 Rn. 100.

[460] Für viele Maunz/Dürig - *Scholz*, Art. 5 Abs. III Rn. 85.

[461] BVerfGE 35, S. 79/113.

[462] Maunz/Dürig - *Scholz*, Art. 5 Abs. III Rn. 110.

[463] BVerfGE 35, S. 79/113 f.

[464] v. Mangoldt/Klein/Starck - *Starck*, Art. 5 Rn. 340.

2. Verhältnis des urheberrechtlichen Werkbegriffs zum verfassungsrechtlichen Wissenschaftsbegriff

Ein nicht unbedeutender Teil urheberrechtlich geschützter Werke wird dem Schutzbereich des Grundrechts der Wissenschaftsfreiheit unterfallen, da diese Werke der Verbreitung wissenschaftlicher Erkenntnisse dienen oder als Mittel der wissenschaftlichen Lehre fungieren.

Zu beachten ist aber, dass der Anknüpfungspunkt des Schutzes durch das UrhG ein gänzlich anderer ist als der des Grundrechts auf Wissenschaftsfreiheit. Die eigentliche wissenschaftliche Erkenntnis, die Lehre, die wissenschaftliche Theorie, um derentwillen der grundrechtliche Schutz besteht, wird vom einfachgesetzlichen Schutzbereich des Urheberrechts nicht erfasst. Der urheberrechtliche Schutz beruht auf der Form und Art der Sammlung, der Einteilung und Anordnung des Materials sowie auf der Art der Gestaltung und Darstellung des gedanklichen Inhalts. Urheberrechtsschutz wird nur gewährt, wenn die Darstellung im Vergleich zu anderen, vorbekannten oder denkbaren Darstellungsmöglichkeiten einen schöpferischen Gestaltungswillen erkennen lässt und die Darstellungsroutine des jeweiligen Wissenschaftszweiges durchbrochen wird, indem der fachübliche Gliederungs-, Systematisierungs- und Sprachstil verlassen wird.[465] Kriterien für die urheberrechtliche Schutzfähigkeit sind nicht der Wert und die Bedeutung der wissenschaftlichen Aussagen oder des methodischen Ansatzes, um dessentwillen der grundrechtliche Schutz der Wissenschaft besteht, sondern rein äußerliche Kriterien.[466] Wissenschaftliche Lehren und Theorien sind in ihrem Kern, also hinsichtlich des gedanklichen Inhalts ihrer Aussage, gemeinfrei.[467] Der Grund hierfür liegt zum einen darin, dass die Erkenntnisse des Wissenschaftlers, seine Lehren und Theorien, keine persönlich-geistigen Schöpfungen des Wissenschaftlers darstellen, sondern sie Vorgegebenes aufdecken. Die in wissenschaftlichen Werken enthaltenen Lehren, Systeme und Theorien sind, soweit sie der Wahrheit entsprechen, den allgemeinen Quellen entnommen und daher von vornherein Gemeingut.[468] Allein im Bereich der Darstellung der wissenschaftlichen Erkenntnis ist Raum für eine persönlich-geistige Schöpfung des Urhebers gegeben. Zum anderen liegt die Begründung der Gemeinfreiheit im Bedürfnis der Wissenschaft und der Allgemeinheit, den Inhalt der wissenschaftlichen Arbeit der Diskussion, Verbreitung und Darstellung offen zu halten. so dass an der wissenschaftlichen Erkenntnis kein urheberrechtliches Monopol anerkannt werden kann.[469] Wissenschaftliche Ergebnisse und

---

465 *Fechner* (1999) S. 326; BGH GRUR 1984, S. 659/660 - Ausschreibungsunterlagen; BGH GRUR 1986, 739/740 - Anwaltsschriftsatz.

466 *Fechner* (1999) S. 326.

467 BGH GRUR 1991, S. 130/132 - Themenkatalog; BGH GRUR 1981, S. 352/353 - Staatsexamensarbeit; Schricker - *Loewenheim*, § 2 Rn. 64; *Fechner* (1999) S. 325.

468 *Hubmann* (1987), S. 35 f.

469 *Hubmann* (1987), S. 35 f.

Lehren müssen Gegenstand der freien geistigen Auseinandersetzung bleiben, es darf nicht möglich sein, Diskussion und Kritik urheberrechtlich zu untersagen.[470] Gleichwohl hat aber der Gesetzgeber bei der Ausgestaltung des Urheberrechts die Wertaussagen der Wissenschaftsfreiheit zu beachten, und auch der Rechtsanwender muss sich bei der Auslegung des Urheberrechts an den Aussagen der Wissenschaftsfreiheit orientieren.

3. Objektive Aussagen bezüglich der Vernichtung wissenschaftlicher Werke

Der objektive Gehalt der Schutzaussage der Wissenschaftsfreiheit in Bezug auf die Werkvernichtung entspricht weitgehend dem Gehalt der Schutzaussage der Kunstfreiheit. Ebenso wie die Kunstfreiheit eine objektive Aussage zugunsten des Bestandsschutzes des Produkts künstlerischer Tätigkeiten entfaltet, lässt sich auch der Wissenschaftsfreiheit eine Schutzaussage zugunsten des Fortbestandes des Ergebnisses wissenschaftlicher Tätigkeiten entnehmen. Der Schutz der persönlichen Freiheit des Einzelnen, sich wissenschaftlich zu betätigen, ist in hohem Maße unvollkommen, wenn der Bestand des Ergebnisses der wissenschaftlichen Tätigkeit keinen Schutz genießt. Dieser Wertentscheidung kann grundsätzlich durch ein urheberrechtliches Vernichtungsverbot gedient werden, auch wenn der urheberrechtliche Schutz sich nur auf die Art der Darstellung, nicht aber auf den Inhalt bezieht. Genießt nämlich die Darstellung Bestandsschutz, wird die Person des wissenschaftlich Tätigen indirekt auch hinsichtlich des Fortbestandes des wissenschaftlichen Inhalts geschützt.

Es ist aber zu beachten, dass es sich bei urheberrechtlich geschützten wissenschaftlichen Werken nahezu ausschließlich um Schriftwerke oder um Darstellungen wissenschaftlicher bzw. technischer Art nach § 2 Abs. 2 Nr. 7 UrhG handelt. Da die Frage der Vernichtungsbefugnis bei diesen Werkarten im Gegensatz zu Werken der bildenden Kunst oder der Baukunst angesichts der Möglichkeit zur unproblematischen Vervielfältigung in der Praxis kaum von Bedeutung ist,[471] ist auch das Gewicht der objektiven Wertentscheidung des Grundrechts auf Wissenschaftsfreiheit in dieser Frage vergleichsweise gering.

VI. Das verfassungsrechtliche aPR, Art. 2 Abs. 1, 1 Abs. 1 GG

Die Aussagen des verfassungsrechtlichen aPR zur Frage der Werkvernichtung sind neben denen der Kunstfreiheit insofern interessant, als sie auch auf Werke zu beziehen sind, die dem verfassungsrechtlichen Kunstbegriff nicht unterfallen, wie z.B. reine Zweckbauten. Darüber hinaus wird das verfassungsrechtliche aPR

---

[470] Schricker - *Loewenheim*, § 2 Rn. 58.
[471] Dieses wurde im 1. Kapitel unter B.III.3. dargestellt.

auch darauf zu untersuchen sein, inwieweit es Interessen der Werkschaffenden schützt, die vom Grundrecht der Kunstfreiheit nicht erfasst werden.

1. Abgrenzung des verfassungsrechtlichen aPR vom zivilrechtlichen aPR

An dieser Stelle ist deutlich hervorzuheben, dass zwischen dem zivilrechtlichen aPR und dem verfassungsrechtlichen Persönlichkeitsrecht zu unterscheiden ist. Das verfassungsrechtliche aPR ist ein durch die Rechtsprechung des BVerfG aus der in Art. 2 Abs. 1 GG verankerten „allgemeinen Handlungsfreiheit" in Verbindung mit der in Art. 1 Abs. 1 GG niedergelegten „Menschenwürde" entwikkeltes eigenständiges Grundrecht.[472] Es wird vom BVerfG als „unbenanntes Freiheitsrecht" eingeordnet.[473] Das zivilrechtliche aPR dagegen ist vom BGH als absolutes Recht für den Bereich des Privatrechts anerkannt worden, um die im verfassungsrechtlichen aPR zum Ausdruck kommende objektive Wertentscheidung des Grundgesetzes zum Schutz der „menschlichen Personenhaftigkeit" als „übergesetzlichen Grundwert der Rechtsordnung"[474] auch im Privatrecht zu verwirklichen. Das zivilrechtliche aPR entfaltet im Gegensatz zum grundrechtlichen aPR unmittelbar zwischen Privatrechtssubjekten Wirkung als subjektives Recht.[475]

2. Schutzbereich des verfassungsrechtlichen aPR, Art. 2 Abs. 1, 1 Abs. 1 GG

Während durch das Grundrecht der allgemeinen Handlungsfreiheit aus Art. 2 Abs. 1 GG jedes Tun oder Unterlassen geschützt wird, unabhängig davon, welche Bedeutung es für die Persönlichkeitsentfaltung hat, [476] wird durch die Betonung des Menschenwürdegehalts des Art. 1 Abs. 1 GG durch das grundrechtliche aPR stärker die Persönlichkeitssphäre geschützt. Es werden dabei die Verhaltensweisen geschützt, die einen „besonderen Konnex" mit der Menschenwürde aufweisen und somit eines stärkeren Schutzes bedürfen als alle anderen Verhaltensweisen, die vom Grundrecht der allgemeinen Handlungsfreiheit aus Art. 2 Abs. 1 GG erfasst werden.[477]

---

[472] BVerfGE 54, S. 148/152; BVerfGE 72, S. 155/170; BVerfGE 79, 263/270; BVerfGE 90, S. 263/270; wie hier auch: *Pieroth/Schlink* (2002), Rn. 373; *Fechner* (1999) S. 260.

[473] BVerfGE 54, S. 148/153; BVerfGE 72, S. 155/170.

[474] BGH GRUR 1958, S. 408/409 - Herrenreiter.

[475] Im folgenden wird zur besseren Unterscheidbarkeit das aPR als Grundrecht stets als *grundrechtliches aPR* oder *verfassungsrechtliches aPR* bezeichnet, während mit der reinen Bezeichnung als *aPR* stets das einfachgesetzliche aPR gemeint ist.
Auf das zivilrechtliche aPR wird im 6. Kapitel unter A. noch ausführlich eingegangen.

[476] Vgl.: BVerfGE 6, S. 32/36; BVerfGE 54, S. 143/144.

[477] *Jarass*, NJW 1989, S. 857; *Kimms/Schlünder* (1998) S. 279.

So umfasst der Schutzbereich des verfassungsrechtlichen aPR zunächst die Freiheit, sich in die Privat- und Intimsphäre zurückzuziehen, Dritte von dieser auszuschließen und selbst darüber zu bestimmen, was an Informationen aus diesem Bereich nach außen dringen soll.[478] Es wird ein Bereich geschaffen, in dem der Einzelne „unbeobachtet sich selbst überlassen ist oder mit Personen seines besonderen Vertrauens ohne Rücksicht auf gesellschaftliche Verhaltenserwartungen und ohne Furcht vor staatlichen Sanktionen verkehren kann".[479] Es wird also im weitesten Sinne ein Recht des Einzelnen, in Ruhe gelassen zu werden, gewährleistet.[480] Während die allgemeine Handlungsfreiheit des Art. 2 Abs. 1 GG das „aktive" Element der Persönlichkeitsentfaltung schützt, bezieht sich der Schutzbereich des grundrechtlichen aPR stärker auf das „passive" Element,[481] wobei jedoch zu beachten ist, dass sich das aktive und das passive Element wechselseitig bedingen. So schafft das aPR in seiner Funktion, einen „autonomen Bereich" des Menschen zu schützen, in dem er seine Individualität entwikkeln und wahren kann,[482] erst die Basis für die freie Entfaltung der Persönlichkeit, wie sie Art. 2 Abs. 1 GG schützt.[483] Durch das grundrechtliche aPR wird zur Sicherung von Autonomie und Selbstbestimmung des Einzelnen die engere persönliche Lebenssphäre „und ihre Grundbedingungen"[484] umfassend gewährleistet.[485]

Daneben wird durch das verfassungsrechtliche aPR aber auch der soziale Geltungsanspruch der Person, der auch die Ehre umfasst, geschützt. Es wird die Selbstbestimmung hinsichtlich der Darstellung der eigenen Person in der Öffentlichkeit gewährleistet.[486] Der Einzelne hat grundsätzlich selbst darüber zu entscheiden, wie er sich Dritten oder der Öffentlichkeit gegenüber darstellt, insbesondere ob und wie er mit eigenen Äußerungen hervortreten will.[487] Auch die Schaffung und Veröffentlichung von geistigen Schöpfungen unterfällt als besonders qualifizierte Persönlichkeitsäußerung dem verfassungsrechtlichen aPR.

Zusammenfassend lässt sich sagen, der Einzelne wird durch das grundrechtliche aPR umfassend in der Entfaltungsmöglichkeit seines subjektiven Eigenwertes geschützt.

---

478 *Degenhart*, Jus 1992, 361.
479 BVerfGE, 90, S. 255/260.
480 BVerfGE 27, S. 1/6; *Jarass*, NJW 1989, S. 857/859.
481 Vgl.: BVerfGE 54, S. 148/153.
482 BVerfGE 35, S. 202/220 - Lebach.
483 *Degenhart*, JuS 1992, S. 361; ähnlich: *Jarass*, NJW 1989, S. 857/859.
484 BVerfGE 79, S. 256/268.
485 *Degenhart*, JuS 1992, S. 361.
486 *Degenhart*, JuS 1992, S. 361.
487 BVerfGE 54, S. 148/153.

3. Auswirkung der Herleitung aus zwei Grundrechtsnormen auf die Einschränkbarkeit

Die Herleitung dieses Grundrechts aus zwei Grundrechtsnormen hat Auswirkungen auf seine Einschränkbarkeit. Aus der Verankerung in Art. 2 Abs. 1 GG ergibt sich, dass das aPR im Gegensatz zur Würde des Menschen nicht unantastbar ist, sondern der Schranke der verfassungsmäßigen Ordnung unterliegt.[488] Dieser Begriff ist als die Gesamtheit der Normen, die formell und materiell mit der Verfassung in Einklang stehen, zu verstehen.[489] Damit steht das aPR faktisch unter einem einfachen Gesetzesvorbehalt. Die Ableitung aus Art. 1 Abs. 1 GG begrenzt die Einschränkbarkeit aber insoweit, als der Menschenwürdegehalt des aPR unangetastet bleiben muss. Dadurch wird ein absolut geschützter Kernbereich gewährt. Ist dieser Kernbereich betroffen, findet eine Abwägung der widerstreitenden Interessen nach Maßgabe des Verhältnismäßigkeitsgrundsatzes nicht mehr statt.[490]

4. Eingriff in den Schutzbereich durch die Werkvernichtung

a. Keine Verfälschung einer Persönlichkeitsäußerung

Es ist anerkannt, dass die verfälschte, unrichtige oder entstellende Wiedergabe einer Äußerung einen Eingriff in das verfassungsrechtliche allgemeine Persönlichkeitsrecht darstellt.[491] Daher stellt auch jede Veränderung eines Werkes, die von der Allgemeinheit dem Schöpfer als von ihm stammend zugerechnet wird, einen Eingriff in sein verfassungsrechtliches aPR dar. Der Schutzbereich des verfassungsrechtlichen aPR umfasst insoweit also die persönlichen Interessen des Werkschöpfers.[492] Bei der hier relevanten Vernichtung eines Werkes wird die Geistesäußerung des Urhebers aber gerade nicht verändert oder entstellt, sondern es wird die gesamte Persönlichkeitsäußerung des Urhebers zunichte gemacht. Dadurch wird in Bezug auf das vernichtete Werk kein falsches und entstelltes Bild der Persönlichkeit des Urhebers, wie sie sich im Ergebnis seiner schöpferischen Prozesse offenbart, gezeigt. Daher werden die persönlichen Interessen des Urhebers an seinem konkreten Werk nicht berührt werden.[493] Es fragt sich nun, ob auch der Bestand einer persönlich-geistigen Schöpfung als solcher vom Schutzbereich des verfassungsrechtlichen aPR umfasst ist.

---

488 *Pieroth/Schlink* (2002), Rn. 382; *Fechner* (1999), S. 261; Jarass/Pieroth - *Jarass*, Art. 2 Rn. 45.

489 So BVerfGE 6, S. 32/38 ff; BVerfGE 80, S. 137/153.

490 Vgl.: BVerfGE 80, S. 367/373; BVerfG NJW 1996, 771/772.

491 *Pieroth/Schlink* (2002) Rn. 377; *Fechner* (1999) S. 260; BVerfGE 54, S. 208/217 f.

492 So auch *Grunert* (2002), S. 209.

493 Vgl. 2. Kapitel B.III.2.a.

b. Herabsetzung der Person des Werkschöpfers durch die Werkvernichtung

In der Erstellung einer geistigen Schöpfung liegt immer ein kreativer Prozess. Die Möglichkeit, sich in kreativer Hinsicht frei entfalten zu können, stellt in jedem Fall, unabhängig davon, ob diese Tätigkeit bzw. das Werk im Einzelfall der Kunstfreiheit unterfällt, ein wichtiges Element der autonomen Persönlichkeitsverwirklichung dar. In seiner qualifizierten Form als künstlerisches Schaffen genießt diese Tätigkeit, wie oben dargestellt, besonderen grundgesetzlichen Schutz durch die Kunstfreiheit (Art. 5 Abs. 3 GG). Doch auch jede nicht der Kunstfreiheit unterfallende kreativ-schöpferische Tätigkeit ist zum elementaren Bereich der personalen Entfaltung zu rechnen. Durch jede Form der kreativen eigenschöpferischen Tätigkeit setzt der Einzelne sich mit seiner eigenen Person auseinander, so dass jede schöpferische Tätigkeit ein Mittel zur Entwicklung der eigenen Individualität darstellt. Gerade in seiner Fähigkeit zur schöpferischen Tätigkeit kommt der subjektive Eigenwert des Menschen zum Ausdruck. Die eigenschöpferische Leistung ist daher dem engeren Bereich der persönlichen Lebenssphäre zuzurechnen. Entsprechend genießt die schöpferische Tätigkeit grundrechtlichen Schutz nicht nur durch das Grundrecht der allgemeinen Handlungsfreiheit (Art. 2 Abs. 1 GG), sondern unterfällt dem Schutzbereich des grundrechtlichen aPR.

Eine Schutzaussage zugunsten des Werkbestandes ist mittels des Menschenwürdegehalts des verfassungsrechtlichen aPR abzuleiten. Bislang ist trotz verschiedener Versuche in Literatur und Rechtsprechung noch keine prägnante Definition des Begriffs der Menschwürde gefunden worden.[494] Einigkeit besteht aber insoweit, dass mit der Verankerung der Menschenwürde in Art. 1 Abs. 1 GG der soziale Wert- und Achtungsanspruch, der dem Einzelnen aufgrund seines Menschseins zukommt, garantiert wird.[495] So verbietet es die Menschenwürde, den Menschen zum bloßen Objekt des Handelns anderer, bzw. des Staates zu machen oder ihn einer Behandlung auszusetzen, die seine Subjektsqualität prinzipiell in Frage stellt".[496] Der Mensch wird vor jeder Behandlung, die „Ausdruck der Verachtung des Wertes, der dem Menschen kraft seines Personseins zukommt, also eine in diesem Sinne verächtliche Behandlung" ist, geschützt.[497]

Da in einer persönlichen Schöpfung stets ein bestimmter Teil der Persönlichkeit des Werkschaffenden widergespiegelt wird, verbindet den Schöpfer mit sei-

---

[494] Dies stellt auch *Niebler*, BayVBl 1989, S. 737 fest. An dieser Stelle finden sich auch weitere Nachweise zu den Definitionsversuchen in Literatur und Rechtsprechung.

[495] BVerfGE 9, S. 167/171; BVerfGE 87, S. 209/228; Siehe zum Wert- und Achtungsanspruch des Individuums: v. Mangoldt/Klein/Starck - *Starck*, Art. 1 I; *Schmidt-Bleibtreu/Klein*, Art. 1 Rn. 1.

[496] BVerfGE 50, S. 166/175; BVerfGE 87, S. 209/228.

[497] BVerfGE 30, S. 1/25 f.

nem Werk stets ein geistiges Band. Über sein Werk kann der Schöpfer sich mit seiner eigenen Persönlichkeit auseinandersetzen. Der Werkersteller wird daher ein Interesse am Fortbestand seines Werkes um seiner selbst willen haben, unabhängig von der Wirkung des Werkes auf andere und unabhängig von seinem durch das Werk beeinflussten Ruf und Ansehen.[498] Die Vernichtung des Werkes ohne hinreichenden Grund stellt eine Herabwürdigung des Eigenwertes der Person des Werkschaffenden dar. Der dem Menschen um seiner selbst willen zukommende soziale Wert- und Achtungsanspruch gebieten es deshalb, auch dem Fortbestand des Produkts seiner kreativen Schaffensleistung um ihrer selbst willen Schutz zu gewähren. Dieser Schutz des Werkbestandes geht wegen seines unmittelbaren Personenbezugs über die Schutzaussage der Kunstfreiheit hinaus. Daher kommt der Schutzaussage des verfassungsrechtlichen aPR auch bei Werken, die dem grundrechtlichen Kunstbegriff unterfallen, neben Art. 5 Abs. 3 GG selbständige Bedeutung zu.

An dieser Stelle ist zu aber betonen, dass nicht jede Vernichtung eines Werkes schlechthin einen Eingriff in die Menschenwürde des Werkerschaffenden mit der Folge eines absoluten, einer Interessenabwägung entzogenen Schutzes bedeutet. Eine Verletzung der Menschenwürde ist durch die Werkvernichtung nur in wenigen Extremfällen gegeben. Erst wenn den Produkten des geistigen Schaffens einer bestimmten Person generell jede Existenzberechtigung abgesprochen und aus diesem Grund versucht wird, sämtliche geistigen Werke der Person systematisch zu vernichten, ist hierin eine Behandlung, die eine Verächtlichmachung des Eigenwertes des Werkschaffenden bedeutet, zu sehen. Dann erst wird der Werkschöpfer zum bloßen Objekt degradiert. Ein solcher Eingriff in die Menschenwürde kreativ Tätiger lag z.B. in dem Versuch des nationalsozialistischen Regimes, das gesamte Schaffen der dem System verhassten Menschen zu vernichten.

Auch wenn ein Eingriff in die Menschenwürde nur in derartigen Extremfällen vorliegt, so ist dennoch bei der Auslegung des Schutzbereiches des verfassungsrechtlichen aPR stets die in Art. 1 Abs. 1 GG zum Ausdruck gebrachte Wertentscheidung für den Achtungsanspruch des menschlichen Eigenwertes zu berücksichtigen. Daher ist das verfassungsrechtliche aPR dahingehend auszulegen, dass der Bestand eines Geisteswerkes als Element der Persönlichkeitsentfaltung auch unterhalb der Schwelle eines Eingriffs in die Menschenwürde in gewissem Umfang Schutz genießt.[499] Solange nicht der Menschenwürdegehalt

---

[498] So auch *Fechner* (1999), S. 322.
Diese Interessen am Werk unabhängig von Ruf und Ansehen der Person des Urhebers bilden die geistigen Interessen des Urhebers; vgl. 1. Kapitel A.IV.1.

[499] Auch das BVerfG interpretiert den Schutzbereich des verfassungsrechtlichen aPR unter Hinzuziehung der Menschenwürde, gewährt aber im Rahmen des auf diese Weise ausgelegten Schutzbereichs des aPR auch Schutz vor Eingriffen, die keine Verletzung der Menschenwürde darstellen. So stellt das BVerfG z.B. fest, dass bei Bestimmung und Reich-

angetastet ist, besteht jedoch kein absoluter Schutz vor Vernichtung, sondern es ist jeweils im Einzelfall nach Maßgabe des Verhältnismäßigkeitsprinzips über die Zulässigkeit eines Eingriffs in den Werkbestand zu entscheiden. Im Ergebnis ist festzustellen, dass die Vernichtung eines Werkes einen Eingriff auch in den Schutzbereich des grundrechtlichen aPR darstellt.

5. Objektiver Aussagegehalt für die Zivilrechtsordnung

Aufgrund seiner Herleitung unter anderem aus der Menschenwürdegarantie des Art. 1 Abs. 1 GG entfaltet gerade das verfassungsrechtliche aPR über seine Funktion als Abwehrrecht gegen staatliche Einwirkungen hinaus eine starke Wirkung für das Verhältnis zwischen Privatrechtssubjekten untereinander. In der Garantie der Menschenwürde kommt eine „richtungsweisende Wertentscheidung", die nicht nur den einzelnen Grundrechten zugrunde liegt, sondern die auch durch die gesamte Rechtssetzung und Rechtsanwendung zu achten ist, zum Ausdruck.[500] Daher ist die Menschenwürde für das Ermessen des Gesetzgebers und der Verwaltung, ebenso wie für die Gesetzesauslegung und Ausfüllung von Gesetzeslücken durch den Rechtsanwender von maßgebender Bedeutung.[501] Aufgrund dieser Drittwirkung der Wertentscheidung des Art. 1 Abs. 1 GG ist durch die Rechtsordnung bzw. die Rechtsanwendung zu gewährleisten, dass der soziale Wert- und Achtungsanspruch des Einzelnen auch durch private Dritte nicht zunichte gemacht wird. Der Staat hat also dafür Sorge zu tragen, dass der Eigenwert des Menschen auch im Verhältnis zwischen Privatrechtssubjekten nicht herabgewürdigt wird. Entsprechend ergibt sich aus dem verfassungsrechtlichen aPR eine objektive Schutzpflicht des Staates gegenüber dem Einzelnen vor privaten Verletzungshandlungen.[502]

---

weite des Grundrechts aus Art. 2 Abs. 1 GG zu beachten sei, dass nach der Grundsatznorm des Art. 1 Abs. 1 GG die Würde des Menschen unantastbar sei, so dass in einen absoluten Kernbereich privater Lebensgestaltung, die Intimsphäre, nicht eingegriffen werden dürfe (BVerfGE 34, S. 238/245). Das BVerfG entwickelt hieraus das „Recht am gesprochenen Wort" (BVerfGE 34, S. 238/246). Über den Schutz der Intimsphäre als direkte Ausprägung der Menschenwürde hinaus gewährt das BVerfG aber auch Schutz durch das aPR vor weniger gravierenden Eingriffen, wobei in diesem Bereich eine Abwägung der Interessen nach dem Verhältnismäßigkeitsprinzip vorgenommen wird (BVerfGE 34 S. 238/248).

500 BK - *Zippelius*, Art. 1 Abs. 1 u. 2 Rn. 30.

501 BK - *Zippelius*, Art. 1 Abs. 1 u. 2 Rn. 30, 36.

502 Da der Gesetzgeber an einigen Stellen die objektiven Schutzaussagen des verfassungsrechtlichen aPR nicht in ausreichendem Maße umgesetzt hat, sah sich die Rechtsprechung genötigt, verfassungswidrige Schutzlücken durch die Einführung des zivilrechtlichen aPR zu schließen. Dies direkt aus Art. 2 Abs. 1, 1 Abs. 1 abgeleitete subjektive private Recht ist daher eine direkte Ausprägung der mittelbaren Drittwirkung dieses Grundrechts.

Auch wenn geistige Schöpfungen durch private Dritte ohne rechtfertigenden Grund vernichtet werden, so stellt dies eine Herabsetzung der Person des Werkschaffenden dar, dies widerspricht der in Art. 2 Abs. 1, 1 Abs. 1 GG zum Ausdruck kommenden objektiven Wertentscheidung. Aus dem verfassungsrechtlichen aPR lässt sich also eine objektive Wertaussage für ein Recht des Werkschöpfers, wenigstens unter bestimmten Voraussetzungen die Vernichtung seines Werkes verbieten zu können, ableiten.[503]

Nur soweit die Vernichtung von urheberrechtlich nicht geschützten Werken zu beurteilen ist, kann dieser Schutzgedanke direkt dem zivilrechtlichen aPR zugeordnet werden. Bei urheberrechtlich geschützten Werken ist zu beachten, dass die geistigen Interessen des Werkschöpfers zu einem konkreten Werk abschließend durch das UPR erfasst werden und die Anwendbarkeit des zivilrechtlichen aPR daher verdrängt ist.[504] Hier ist die Schutzaussage des verfasungsrechtlichen aPR also bei der Auslegung des UrhG zu berücksichtigen.

VII. Beschränkung der Schutzaussage zugunsten des Werkbestandes durch gegenläufige Interessen des Eigentümers

Die Tatsache, dass sich aus dem GG, insbesondere aus der Kunst- bzw. der Wissenschaftsfreiheit aus Art. 5 Abs. 3 GG und dem verfassungsrechtlichen aPR (Art. 2 Abs. 1, 1 Abs. 1 GG) eine objektive Schutzaussage und Wertentscheidung zugunsten des Schutzes des Urhebers vor einer Vernichtung seines Werkes durch private Dritte ableiten lässt, bedeutet keineswegs, dass der Werkbestand uneingeschränkt zu schützen ist. Es ist vielmehr zu beachten, dass jedes Grundrecht in seiner klassischen Funktion als Abwehrrecht gegen hoheitliche Eingriffe unter gewissen Voraussetzungen einschränkbar ist. Jedes Grundrecht steht entweder unter einem ausdrücklichen Gesetzes- bzw. Schrankenvorbehalt, oder wird, auch wenn es seinem Wortlaut nach einschränkungslos besteht, so wie etwa die hier betroffene Kunstfreiheit aus Art. 5 Abs. 3 GG, durch verfassungsimmanente Schranken begrenzt.[505] Die verfassungsimmanenten Schranken werden durch dem Grundrecht entgegenstehende Werte von Verfassungsrang gebildet. Da die mittelbare Drittwirkung, die die Grundrechte im Privatrecht entfalten, nicht weitreichender sein kann als ihre klassische Schutzwirkung als öffentlich-rechtliches Abwehrrecht, wird auch die Schutzaussage zugunsten des Werkbestandsschutzes durch gegenläufige Aussagen des Grundgesetzes be-

---

503 Ähnlich bisher nur *Fechner* (1999), S. 323: „Verfassungsrechtlich stellt sich das *allgemeine Persönlichkeitsrecht* als durchaus tragfähig heraus, um eine *Vernichtung von Originalwerken zu verhindern.*"

504 Siehe oben.

505 Für die allgemeine Auffassung: Zum Gesetzesvorbehalt *Windthorst* (1994) S. 197 ff.; zum ausdrücklichen Schrankenvorbehalt *Windthorst* (1994) S. 217 ff.; zu den verfassungsimmanenten Schranken *Windthorst* (1994) S. 223.

grenzt. Solche gegenläufigen Aussagen enthalten die Freiheitsrechte des Eigentümers des Werkstücks, die als objektive Wertentscheidungen ebenfalls mittelbare Wirkung für den Bereich der Privatrechts entfalten.

C. Objektiver Gehalt Art. 14 GG zugunsten des Sacheigentümers

Die Befugnis zur Vernichtung des Werkstücks durch den privatrechtlichen Sacheigentümer könnte unter den Schutzbereich des grundrechtlichen Eigentumsbegriffs aus Art. 14 Abs. 1 GG fallen. Bei der Prüfung des grundrechtlichen Eigentumsschutzes ist, wie oben dargestellt wurde, zwischen dem Bestandsschutz und der Institutsgarantie zu unterscheiden.[506]

I. Bestandsschutz

Der Bestandsschutz des Art. 14 Abs. 1 GG umfasst „grundsätzlich alle vermögenswerten Rechte, die dem Berechtigten von der Rechtsordnung in der Weise zugeordnet sind, dass er die damit verbundenen Befugnisse nach eigener Entscheidung zu seinem privaten Nutzen ausüben darf".[507] Damit unterfällt das privatrechtliche Sacheigentum dem grundrechtlichen Eigentumsschutz des Art. 14 Abs. 1 GG.[508] Der Schutz durch Art. 14 Abs. 1 GG beschränkt sich dabei nicht nur darauf, das Eigentum innezuhaben, sondern umfasst auch die Nutzung des Eigentums. Der Eigentümer darf den Gegenstand seines Eigentums verwenden, verbrauchen, veräußern etc.[509] Da dem Eigentümer durch die für das privatrechtliche Eigentum inhaltsbestimmende Norm des § 903 BGB umfassende Rechte an dem Gegenstand seines Eigentums zugewiesen sind, unterfällt grundsätzlich auch die Zerstörung des Gegenstandes dem Bestandsschutz des Art. 14 Abs. 1 GG. Der grundrechtliche Bestandsschutz des Sacheigentümers erstreckt sich aber nur auf das Werkstück. Am Werk selbst als Immaterialgut stehen dem Sacheigentümer nach den inhaltsbestimmenden Regelungen des einfachen Rechts keine Befugnisse zu. Dementsprechend genießt der Eigentümer des Werkstücks hinsichtlich des Werkes auch keinen grundrechtlichen Bestandsschutz. Es unterfällt also nur das Interesse des Eigentümers, sein Werkstück zu zerstören, dem Bestandsschutz durch Art. 14 Abs. 1 GG. Ein Interesse daran, auch das Werk selbst zu zerstören, unterfällt nicht dem grundrechtlichen Bestandsschutz des Eigentums.

---

[506] Siehe die entsprechenden Ausführungen zum grundrechtlichen Eigentumsschutz des Urhebers im 3. Kapitel unter B.III.

[507] BVerfGE 95, S. 267/300.

[508] Für viele *Kimms/Schlünder* (1998), S. 209.

[509] *Pieroth/Schlink* (2002), Rn. 914.

II. Institutsgarantie

Daneben enthält Art. 14 Abs. 1 GG die Institutsgarantie des Eigentums.[510] Diese verpflichtet den Gesetzgeber, dem Einzelnen überhaupt einen Freiraum im vermögensrechtlichen Bereich zu sichern. Es wird dadurch die Existenz des privatnützigen Eigentums gewährleistet. Diese ist aber selbst in dem Falle, dass dem Eigentümer durch die Regelungen des Privatrechts insgesamt die Möglichkeit zur Zerstörung eines Werkstücks genommen wird, nicht infrage gestellt. Daher ist die Institutsgarantie des Art. 14 Abs. 1 GG durch diese Frage nicht betroffen.

D. Ausgleich der grundrechtlich geschützten Werte durch das Urheberrecht

Dem GG ist, wie oben dargestellt wurde, sowohl eine Schutzaussage bzw. Wertentscheidung zugunsten der Interessen des Werkschöpfers an der Erhaltung seines Werkes, als auch zugunsten der gegenläufigen Eigentümerinteressen zu entnehmen. Damit stehen sich in dieser Frage auf beiden Seiten grundrechtlich geschützte Interessen gegenüber. Wie oben schon angedeutet wurde, bedeutet in diesem Fall die Gewährleistung des Schutzes des einen Rechtsträgers immer einen Eingriff in die Rechte des anderen. Derartige Interessenkollisionen sind durch die Herstellung eines Interessenausgleichs in Form einer „praktischen Konkordanz" zu lösen.[511]

I. Praktische Konkordanz

Das BVerfG hat in verschiedenen Entscheidungen deutlich gemacht, dass im Falle der Kollision der Grundrechte verschiedener Grundrechtsträger nicht eines das andere prinzipiell überwiegt, sondern nur durch eine Abwägung aller Gesichtspunkte im Einzelfall eine Entscheidung darüber gefunden werden kann, wie der Konflikt der kollidierenden Interessen zu lösen ist.[512] Die grundrechtlich geschützten Interessen jeder Partei sollen dabei soweit zur Verwirklichung kommen, bis sie durch gegenläufige Interessen begrenzt werden. Im Kollisionsfall ist nicht in abstrakter „Wertabwägung" der Aussage eines Grundrechts auf Kosten eines anderen Grundrechts ausschließlich Geltung zu verschaffen,[513]

---

[510] Vgl. 3. Kapitel B.III.2.

[511] Vgl. 3. Kapitel A.III.

[512] Für die Kollision des Rechts auf Kunstfreiheit (Art. 5 Abs. 3 GG) mit dem aPR aus Art. 1 Abs. 1, 2 Abs. 1 GG: BVerfGE 30, S. 173/195 - Mephisto; für die Kollision des Eigentumsrechts (Art. 14 Abs. 1 GG) mit dem Recht auf freie Meinungsäußerung (Art. 5 Abs. 1 S. 1 GG): BVerfGE 7, S. 230/234 f.; für die Kollision des Eigentumsrechts (Art. 14 Abs. 1 GG) mit dem Recht auf wirtschaftliche Handlungsfreiheit (als Teil der allgemeinen Handlungsfreiheit von Art. 2 Abs. 1 GG erfasst): BVerfGE 14, S. 263 ff.

[513] *Hesse* (1995), Rn. 72.

sondern alle betroffenen Grundrechte sind im Wege eines schonenden Ausgleichs möglichst optimal zu realisieren.[514] Die Konfliktlösung im Einzelfall ist in der Weise zu gestalten, dass beiden verfassungsmäßig geschützten Gütern Grenzen gezogen werden. Hierbei sind der Grundsatz der Verhältnismäßigkeit bzw. das Übermaßverbot zu beachten, d.h. keines der Güter darf weiter eingeschränkt werden, als es zur Herstellung des Ausgleichs zum anderen Gut notwendig ist.[515] Es darf aber auch keines der in Betracht kommenden Rechtsgüter soweit schutzlos gestellt werden, dass das durch die Verfassung vorgegebene Schutzminimum unterschritten wäre. Es ist also das Untermaßverbot zugunsten aller sich gegenüberstehenden Güter zu beachten. Das Gebot der Verhältnismäßigkeit verhindert einen übermäßigen Eingriff in jedes Rechtsgut, das Untermaßverbot eine Unterschreitung des Schutzminimums.

II. Auslegung des UrhG

Es ist nicht zu bezweifeln, dass die Regelungen des Urheberrechts grundsätzlich einen verhältnismäßigen Ausgleich zwischen den Interessen des Eigentümers des Werkstücks und denen des Urhebers beinhalten. Wie die bisherige Untersuchung gezeigt hat, stünde aber dem Urheber, sofern man die im UrhG konkret normierten Einzelbefugnisse als abschließende Regelung des UPR begreift, nicht die Befugnis zu, der Vernichtung seines Werkes entgegenzutreten. Ein solches Recht steht ihm auch aus keinem anderen Rechtsinstitut der Zivilrechtsordnung zu.

1. Kein Vernichtungsschutz durch sonstige Rechtsinstitute des Zivilrechts

Ein Rückgriff auf das aPR scheidet wegen der abschließenden Normierung der ideellen Interessen des Urhebers zu einem konkreten Werk durch das UPR aus.[516] Auch die allgemeinen zivilrechtlichen Institute zum Schutz absoluter Rechte gewähren dem Werkschöpfer keinen Schutz. Weder der Beseitigungs- und Unterlassungsanspruch des § 1004 BGB, noch das Verbot unerlaubter Handlungen aus § 823 BGB geben dem Urheber die Rechtsmacht, die Vernichtung seines Werkes zu verhindern. Zwar ist das Urheberrecht als absolutes Recht im Sinne des § 823 Abs. 1 BGB anerkannt,[517] jedoch trifft § 823 BGB keine Aussage über die Reichweite eines absoluten Rechts. Es wird durch das Delikts-

---

514 *Lerche* (1961), S. 19, 125; *Hesse* (1995), Rn. 72; BVerfGE 39, S. 1/43 wo ausdrücklich vom „Prinzip des schonendsten Ausgleichs konkurrierender grundgesetzlich geschützter Positionen" gesprochen wird.

515 *Hesse* (1995), Rn. 72.

516 Siehe 2. Kapitel B.III.1.c.bb.

517 Palandt - *Thomas*, § 823 Rn. 15; Staudinger - *Hager*, § 823 Rn. 137; MüKo - *Mertens* (3. Aufl.), § 823 Rn. 153.

recht der Rechtsinhaber in Bezug auf sein absolutes Recht nur in dem Umfang geschützt, in dem dies Recht von anderen Normen ausgestaltet wird. Schließt der Schutzumfang des Urheberrechts als absolutes subjektives Recht den Schutz vor der Werkvernichtung nicht mit ein, so gewähren auch die Rechtsinstitute § 823 BGB und § 1004 BGB keinen Schutz. Diese dürfen nicht herangezogen werden, um einen in der gesetzlichen Ausgestaltung des absoluten Rechts nicht gewährten Schutz zu ersetzen.[518] Der Werkschöpfer wäre also der Vernichtung seines Werkes durch jedes andere Rechtssubjekt schutzlos ausgeliefert. Er könnte nach dieser Auslegung des UrhG nicht einmal die Vernichtung durch einen Dritten, dem am Werk keinerlei Rechte zustehen, abwehren.

Die Zivilrechtsordnung gewährt jedoch einen indirekten Werkschutz, soweit der Werkschöpfer zugleich Sacheigentümer der materiellen Werkverkörperung ist. Durch den umfassenden zivilrechtlichen Schutz des Sacheigentums kann der Urheber in diesem Fall jede Einwirkung auf das Werkstück untersagen und dadurch indirekt auch den Bestand des Werkes sichern. Dieser indirekte Schutz ist aber insofern höchst lückenhaft, als es in zahlreichen Fällen dem Schöpfer aus praktischen sowie aus rechtlichen Gründen nicht möglich sein wird, das Sacheigentum am Werkstück zu erwerben, so etwa bei einem auf fremdem Grund und Boden errichteten oder untrennbar mit einem fremden Gebäude verbundenen Werk. Darüber hinaus ist der Werkschöpfer, sofern er auf diesen indirekten Werkschutz angewiesen ist, in seinem Interesse an der wirtschaftlichen Verwertung seines Werkes erheblich eingeschränkt. Gerade im Bereich der bildenden Kunst stellt der Verkauf und die Übereignung der materiellen Werkverkörperung die ergiebigste Verwertungsmöglichkeit des Werkes dar. Der Schöpfer stünde nach dieser Auslegung vor der Wahl, entweder sein Werk wirtschaftlich sinnvoll verwerten zu können, dadurch aber jede Einflussmöglichkeit auf den Bestand des Werkes aus der Hand zu geben, oder aber Eigentümer der Werkverkörperung zu bleiben und so zwar den Fortbestand des Werkes schützen zu können, andererseits aber auf eine wirtschaftlich sinnvolle Verwertungsmöglichkeit verzichten zu müssen.

2. Vermeidung unverhältnismäßiger Ergebnisse im Einzelfall durch Auslegung des § 11 S. 1 UrhG als Generalklausel

Diese Auslegung der urheberpersönlichkeitsrechtlichen Einzelbefugnisse als abschließende Regelung kann sich im Einzelfall als unverhältnismäßig erweisen. So wäre etwa der Eigentümer zur Werkvernichtung auch dann berechtigt, wenn kein schutzwürdiges Interesse auf seiner Seite vorläge, der Urheber aber andererseits ein erhebliches Interesse an der Erhaltung des Werkes hätte. Hier würden die grundrechtlich geschützten Urheberinteressen weitaus stärker einge-

[518] RGZ 112, S. 2/7; RGZ 121, 65/73; Staudinger - *Hager*, § 823 Rn. 137.

schränkt als dies zu einem Ausgleich mit den Interessen des Eigentümers erforderlich wäre. Auch das Ergebnis, dass der Urheber der Vernichtungshandlung eines Dritten, dem am Werk keinerlei Rechte zustehen, der also weder Eigentümer eines Werkstücks noch in irgendeiner Form zur Nutzung des Werkes berechtigt ist, schutzlos ausgeliefert wäre, stellt sich als unverhältnismäßig dar.

Grundsätzlich ist die Umsetzung der objektiven Wertentscheidungen des Grundgesetzes Aufgabe des Gesetzgebers, dem bei der Wahl seiner Mittel grundsätzlich ein weiter Entscheidungsspielraum zukommt.[519] Hat der Gesetzgeber aber, wie in diesem Fall, keine eindeutige Regelung der Frage getroffen, so ist, wie oben dargestellt wurde,[520] der Rechtsanwender berufen, die grundgesetzlichen Aussagen in die Auslegung der einfachen Gesetze einfließen zu lassen. Die offene Formulierung des § 11 S. 1 UrhG erweist sich dabei als geeignet, die Wertungen des Grundgesetzes in die Zivilrechtsordnung einfließen zu lassen. Daher ist es zur Vermeidung eines im Einzelfall mit den Wertentscheidungen des Grundgesetzes nicht zu vereinbarenden Ergebnisses angebracht, § 11 S. 1 UrhG als Generalklausel für den urheberpersönlichkeitsrechtlichen Bereich auszulegen, um aus dieser ein Recht des Urhebers, die Werkvernichtung verbieten zu können, abzuleiten.

3. Herstellung eines verhältnismäßigen Ausgleichs durch eine Interessenabwägung im Einzelfall

Würde aber nach dieser Überlegung dem Urheber generell das Recht zugebilligt, dem Eigentümer die Zerstörung des Werkstücks zu verbieten, sofern diese die Zerstörung des Werkes bedeutet, so könnte dies im konkreten Einzelfall den Eigentümer weitaus stärker belasten als es zur Durchsetzung der konkreten Urheberinteressen angemessen wäre. Die konkrete Interessenlage in der Frage der Werkvernichtung ist in hohem Maße abhängig von den Umständen des Einzelfalls. So ist z.B. der konkrete Grund für die Zerstörung des Werkes auf Seiten des Eigentümers ebenso relevant wie die Frage, ob das Werk mit einem anderen Gegenstand des Eigentümers, wie etwa einem Grundstück, untrennbar verbunden ist. Auf Seiten des Urhebers ist etwa die Intensität der Urheber-Werk-Beziehung zu beachten. Daneben ist auch relevant, ob im Einzelfall ein Eigentumsübergang mit Zustimmung des Urhebers stattgefunden hat.[521] Aufgrund der Vielzahl solcher variabler Faktoren stellt es sich als sehr problematisch dar, eine praktische Konkordanz durch eine starre, generell abstrakte Regelung für oder gegen eine Vernichtungsbefugnis des Eigentümers herzustellen. Ein schonender

519 Dies betonen bezüglich der Umsetzung des Schutzgebotes des verfassungsrechtlichen aPR auch *Larenz/Canaris* (1994), 493; *Canaris*, JuS 1989, S. 161/163; *Funkel* (2001), S. 17.

520 Vgl. 3. Kapitel A.IV.

521 Ausführlich zu den entscheidungserheblichen Faktoren, 4. Kapitel B.III.2.

Ausgleich zwischen den Urheber- und den Eigentümerinteressen bzw. die Entscheidung darüber, welches Interesse zurückzutreten hat, kann hier immer nur nach einer Betrachtung und Gewichtung der Umstände eines konkreten Einzelfalls vorgenommen werden. Daher ist es sinnvoll und angemessen, die Entscheidung über die Vernichtungsbefugnis von einer Interessenabwägung im konkreten Einzelfall abhängig zu machen. Dies spricht dafür, im Rahmen der grundrechtskonformen Auslegung des § 11 S. 1 UrhG aus diesem nur dann ein Recht des Urhebers, die Vernichtung seines Werkes zu verbieten, abzuleiten, wenn im Einzelfall das Erhaltungsinteresse gegenüber dem gegenläufigen Vernichtungsinteresse schwerer wiegt. Im Rahmen einer solchen Interessenabwägung kann problemlos danach differenziert werden, ob der Eingreifende sich auf eine (grundrechtlich) geschützte Rechtsposition, wie etwa das Eigentum, berufen kann ,oder ob es sich um einen am Werk völlig unbeteiligten Dritten handelt. Im letzteren Fall liegt ein Überwiegen der Urheberinteressen auf der Hand.

E. Ergebnis

Im Ergebnis ist festzustellen, dass auch die Aussagen des Grundgesetzes für die Ableitung eines Rechts des Urhebers aus § 11 S. 1 UrhG, unter bestimmten Umständen die Vernichtung seines Werkes verbieten zu können, sprechen. Dabei gilt es, nach den Wertungen des Grundgesetzes auch die gegenläufigen Interessen des Werkvernichtenden zu berücksichtigen, so dass es angebracht erscheint, die Entscheidung von einer Interessenabwägung im Einzelfall abhängig zu machen.

4. Kapitel: Konkrete Prüfung der Zulässigkeit der Werkvernichtung

A. Dreistufiger Prüfungsaufbau

Wie die bisherige Untersuchung gezeigt hat, ergibt sich aus dem UPR, welches in der Generalklausel des § 11 S. 1 UrhG seine gesetzliche Verankerung gefunden hat, ein Recht des Urhebers, das der Befugnis des Eigentümers zur Vernichtung seines Werkstücks im Einzelfall entgegenstehen kann. Es fragt sich nun, in welchem Umfang dem Urheber konkret das Recht zusteht, dem Eigentümer die Zerstörung des Werkstücks zu verbieten. Bereits oben wurde dargelegt, dass zur Herstellung eines verhältnismäßigen Ausgleichs der grundgesetzlichen Wertentscheidungen, die hinter den sich hier gegenüberstehenden einfachgesetzlichen Rechtspositionen stehen, eine Abwägung der konkreten Interessen des Einzelfalls angebracht erscheint.[522] Dies Ergebnis lässt sich auch auf einfachgesetzlicher Ebene bestätigen. In § 11 S. 1 UrhG wird der Schutzumfang des UPR mit der Formulierung, der Urheber werde in „seinen geistigen und persönlichen Beziehungen zum Werk“ geschützt, nur sehr grob umrissen.[523] Diese Generalklausel bedarf also in Bezug auf den Umfang des Zerstörungsverbots der Ausfüllung und Konkretisierung durch den Rechtsanwender. Dabei bildet nach dem heute überwiegend verbreiteten Ansatz der Wertungsjurisprudenz[524] die Abwägung der sich im konkreten Einzelfall gegenüberstehenden Interessen ein geeignetes und probates Mittel zur kokretiesirenden Anwendung einer Generalklausel auf einen konkreten Fall.[525]

Es ist zweckmäßig, die Zulässigkeit der Werkvernichtung in drei Schritten zu prüfen. In einem ersten Schritt ist zu ermitteln, ob tatbestandlich eine Werkvernichtung vorliegt, in einem zweiten Schritt ist dann zu ermitteln, ob der Urheber in diese wirksam eingewilligt hat, und in einem dritten Schritt ist schließlich mittels der Interessenabwägung festzustellen, ob die Werkvernichtung im konkreten Einzelfall zulässig ist.[526]

---

522 Vgl. 3. Kapitel D.II.2.

523 Zur Einordnung des § 11 UrhG als lückenfüllende Generalklausel siehe 2. Kapitel B.III.1.c.

524 Allgemein zu den Grundsätzen der heute vertretenen Wertungsjurisprudenz: *Larenz* (1991), S. 119 ff.; *Fikentscher* (1976), S. 382 ff.

525 So auch *Kraft* (1983), S. 43; auch *Schöfer* (1984), S. 54 stellt fest, die Interessenabwägung sei ein geeignetes Mittel zur Konkretisierung einer Generalklausel.

526 Auch bei der Prüfung der Zulässigkeit der Änderung oder Beeinträchtigung eines Werkes nach §§ 14, 39 UrhG wird in der Literatur überwiegend ein dreistufiger Prüfungsaufbau propagiert; so Schricker - *Dietz*, § 14 Rn. 18; *Schack* (2001), Rn. 341; *v. Welser* (2000,) S. 39; *Schilcher* (1989), S. 66; *v. Waasen* (1994), S. 97; *Grunert* (2002), S. 174 ff.

B. Prüfungspunkte

I. Vorliegen einer Werkvernichtung

Bezüglich des ersten Schritts der Prüfung der Zulässigkeit einer Werkvernichtung, der Untersuchung, ob es tatbestandlich zu einer Vernichtung des Werkes gekommen ist, kann auf die Ausführungen im 1. Kapitel unter B. III. verwiesen werden.

In der Literatur wird, soweit ein Recht des Urhebers, die Vernichtung seines Werkes zu verbieten, überhaupt anerkannt wird, teilweise an dieser Stelle lediglich geprüft, ob ein Werkstück vernichtet wird. Die Frage, ob es sich bei diesem um das einzige Werkexemplar bzw. das einzige Original eines Werkes der bildenden Kunst oder nur eines von mehreren Werkstücken handelt, wird erst im Rahmen der Abwägung der Urheberinteressen mit den Interessen des Eigentümers geprüft.[527] Bei diesem Prüfungsaufbau wird aber verkannt, dass nur dann, wenn es durch die Vernichtung eines Werkstücks zur Vernichtung des Werkes selbst kommt, die ideellen Interessen des Urhebers betroffen sind. Da die Vernichtung eines von mehreren Vervielfältigungsstücken die geistigen Interessen des Urhebers nicht berührt, liegt hierin kein Eingriff in den Schutzbereich des UPR. Daher kann dem Urheber im Falle der Vernichtung eines von mehreren Werkstücken von vornherein kein Recht zustehen, die Vernichtung des Werkexemplars zu verbieten, so dass sich eine Interessenabwägung erübrigt. Zu einer Zerstörung des Werkstücks, die nicht auch die Zerstörung des Werkes bedeutet, ist der Eigentümer uneingeschränkt berechtigt.[528] Es ist also schon auf der ersten

---

Auf der ersten Stufe wird das Vorliegen einer Änderung oder Beeinträchtigung geprüft. Auf der zweiten Stufe wird dem Wortlaut des § 14 UrhG entsprechend geprüft, ob diese Änderung bzw. Beeinträchtigung geeignet ist, die Interessen des Urhebers zu beeinträchtigen. Auf der dritten Stufe wird eine umfassende Interessenabwägung vorgenommen. Dabei wird angenommen, die Eignung zur Interessengefährdung sei durch den Werkeingriff indiziert und könne nur im Falle des Vorliegens einer Einwilligung des Urhebers entfallen.

Für eine nur zweistufige Prüfungsfolge dagegen BGH GRUR 1982, S. 107/110 - Kircheninnenraumgestaltung; Fromm/ Nordemann - *Hertin*, § 14 Rn. 6; *Altenburg* (1994), S. 20 ff.; *Schöfer* (1984), S. 51; *Dieselhorst* (1995), S. 122; wohl auch Möhring/Nicolini - *Kroitzsch*, § 14 Rn. 18, 23.

Im Ergebnis unterscheidet sich der Prüfungsaufbau bezüglich der Werkvernichtung nicht wesentlich von dem der Werkbeeinträchtigung.

527 So stellt etwa *v. Waasen* (1994), S. 160 unter der Überschrift „Interessenabwägung - Vernichtungsrechte aufgrund besonderer Eigenschaften des Werkstücks" bezüglich der Zerstörung eines Vervielfältigungsstücks ohne Originaleigenschaft fest, die Tatsache, dass von einem Werk massenhaft Vervielfältigungsstücke existieren, begründe eine Ausnahme zu dem seiner Ansicht nach bestehenden grundsätzlichen Vernichtungsverbot.

528 Zu dem Ergebnis, dass mangels Verletzung der Urheberinteressen die Vernichtung eines Werkstücks ohne gleichzeitige Vernichtung des Werkes zulässig ist, gelangt auch v. Waasen, 1994, S. 160.

Stufe der Prüfung, bei der Feststellung des Vorliegens einer Werkvernichtung zu klären, ob weitere Werkexemplare von gleicher Authentizität vorhanden sind.[529]

II. Wirksame Einwilligung

Hat der Urheber wirksam in die Vernichtung seines Werkes eingewilligt, so ist diese zulässig, ohne dass es einer weiteren Prüfung der Vernichtungsinteressen des Eigentümers bedarf. Unter welchen Voraussetzungen die Einwilligung des Urhebers wirksam ist und welche Rechtsnatur sie hat, wird unten noch ausführlich zu erörtern sein.[530]

III. Interessenabwägung

Den nächsten Schritt bildet die umfassende Abwägung der im konkreten Einzelfall widerstreitenden Interessen. Diese Abwägung bildet den Schwerpunkt der Prüfung der Zulässigkeit der Werkvernichtung.

1. Grundsätzliches zur Interessenabwägung

a. Interesse als objektives Ziel hinter dem individuellen Bedürfnis

In einem ersten Schritt sind die sich im konkreten Einzelfall gegenüberstehenden Interessen derjenigen zu ermitteln, denen der Gesetzgeber durch die jeweilige Norm Rechte gegeben, Pflichten auferlegt oder sonst Regelungen zugedacht hat. Da sich das Bedürfnis oder das subjektive Begehren eines einzelnen Rechtssubjekts[531] nicht nach objektiven Maßstäben zu den Bedürfnissen anderer Rechtssubjekte ins Verhältnis setzen lässt, kann sinnvoller Weise unter *Interesse* nur das objektive Ziel, das hinter dem Bedürfnis bzw. der Begehrensvorstellung steckt, verstanden werden. Allein diese Ziele lassen sich nach objektiven Kriterien zueinander in ein Verhältnis setzen und miteinander vergleichen.[532]

b. Bewertung der Interessen

Da aber allein nach der Ermittlung der relevanten Interessen noch keine Entscheidung des konkreten Einzelfalls möglich ist, sind in einem nächsten Schritt

---

529 Im Ergebnis so auch *Schöfer* (1984), S. 156; *Tölke* (1967), S. 89; sowie auch *Grohmann* (1971), S. 123.

530 Siehe hierzu das 5. Kapitel.

531 *Müller-Erzbach* (1950), S. 40 f. und auch *Westermann* (1954), S. 4 bezeichnet die Interessen als Begehrungsvorstellungen, die die Parteien haben, oder haben müssen, wenn sie die ihnen günstige Rechtsfolge anstreben.

532 *Hubmann*, AcP 155 (1956), S. 85/95 f.; *Schilcher* (1989), S. 99.

diese Interessen zu gewichten und gegeneinander abzuwägen.[533] Hierbei ist zu ermitteln, ob und in welchem Ausmaß ein ermitteltes Interesse schutzfähig ist,[534] welches von den verschiedenen in Konflikt zueinander stehenden den Vorzug verdient und welches Interesse zurückzustehen hat.[535] Gerade in diesem Schritt der Wertung der gegenläufigen Interessen liegt der wesentliche Gesichtspunkt, der den Vorzug der modernen Wertungsjurisprudenz gegenüber der früheren Begriffs-, aber auch gegenüber der Interessenjurisprudenz, aus der sich die Wertungsjurisprudenz ableitet, ausmacht.[536] Dabei geht die Wertungsjurisprudenz davon aus, dass sowohl die Normsetzung durch den Gesetzgeber als auch die Übertragung der Normaussage auf den konkreten Einzelfall durch den Rechtsanwender immer ein Akt der Interessenwertung sein muss. Je weiter die Norm, die es anzuwenden gilt, gefasst ist, umso größer wird der Anteil der Wertung durch den Normanwender. Dabei wird der in der Weite der Formulierung liegende Vorteil der großen Flexibilität und Anpassungsfähigkeit durch größere Rechtsunsicherheit erkauft. Die Rechtsprechung hat daher ihre Entscheidung nach Fallgruppen zu systematisieren, um die Vorhersehbarkeit künftiger Entscheidungen zu gewährleisten.[537]

c. Grundsätzliche Wertungsmaßstäbe und Konfliktlösung

Die vorrangigen Maßstäbe, nach denen die Wertung[538] der Interessen vorzunehmen ist, sind zunächst die Aussagen des Grundgesetzes sowie die der einschlägigen einfachen Gesetze.[539] Diese Quellen werden aber gerade im Falle der besonders auslegungsbedürftigen weitgefassten Generalklauseln, der unbestimmten Rechtsbegriffe und bei Gesetzeslücken keine eindeutige Aussage ermöglichen. In diesem Fall ist auf Werterkenntnisquellen, wie die allgemein herrschende Kulturauffassung,[540] oder das allgemein in der Gesellschaft vorgefundene Rechtsgefühl[541] zurückzugreifen. Ebenso ist auch die Natur des Menschen

533 *Hubmann*, AcP 155 (1956), S. 85/88.
534 *Schöfer* (1984), S. 56.
535 *Fikentscher* (1976), S. 382.
536 Zu der Entwicklung von der Begriffs-, über die Interessen- zur Wertungsjurisprudenz siehe *Fikentscher* (1976), S. 373 ff.; *Larenz* (1991), S. 19 ff., 119 ff.
537 So auch *Grunert* (2002), S. 180.
538 Zur Problematik der Wertung allgemein: *Engisch* (1997), S. 142 ff.; *Hubmann* (1977), S. 6 ff.;
539 *Hubmann* (1977), S. 10; auch Larenz (1991), S. 290 f. betont die Wichtigkeit der Rechtsordnung als Erkenntnisquelle für die Wertung.
Hier sind auch Aspekte der Rechtsgeschichte, sowie der Rechtsvergleichung zu berücksichtigen; *Schöfer* (1984), S. 56.
540 *Hubmann* (1977), S. 11.
541 *Hubmann* (1977), S. 12 f.; a.A. *Larenz* (1991), S. 125 ff., der meint, das Rechtsgefühl sei keine Rechtserkenntnisquelle, sondern allenfalls ein Faktor, der einen Erkenntnisprozess

als Werterkenntnisquelle heranzuziehen.[542] Die Aufzählung dieser nur als vage zu bezeichnenden Erkenntnisquellen macht deutlich, dass jede Interessengewichtung immer auch „teils irrationale subjektive und teils auch unbewusste“[543] Entscheidungskomponenten beinhaltet.

Als Kriterium von überragender Bedeutung ist daher die Sachgerechtigkeit der Entscheidung im Einzelfall zu betonen.[544] Nur durch sie ist sicherzustellen, dass insgesamt praktikable, der Natur des zu lösenden Problems gerecht werdende Ergebnisse erzielt werden. Sachgerecht ist eine Entscheidung nach der Definition des BVerfG dann, wenn bei ihr ausschließlich Gesichtspunkte herangezogen werden, deren Berücksichtigung deshalb gerechtfertigt erscheinen, weil sie in einer inneren natürlichen Beziehung zu der zu lösenden Aufgabe stehen, wenn sie also dem Sinn und Zweck der zu schaffenden Ordnung gemäß seien.[545]

Es ergeben sich aber auch Wertungsprinzipien unmittelbar aus der Logik des Einzelfalls. So hat etwa eine Kumulierung von beeinträchtigten Interessen im konkreten Fall ein höheres Gewicht als ein isoliertes Interesse von gleichem Rang.[546] Nähere Werte sind gleichwertigen, entfernteren Werten vorzuziehen.[547] Aus der Sachlage des Einzelfalls ergibt sich auch, dass intensiveren Interessen ein höheres Gewicht zukommt als weniger starken.[548]

Nach der Wertung der Interessen ist eine Konfliktlösung vorzunehmen. Dabei ist zunächst nach dem Ausweichprinzip eine Möglichkeit zu suchen, bei der die Partei, deren Interessen als geringer zu bewerten sind, bzw. bei Gleichwertigkeit der Interessen, die Partei, deren Interessen dies am ehesten zulassen, einen anderen Weg zur Erreichung ihres Zieles wählt. Ist dies nicht möglich, so müssen sich die Parteien im Wege des Ausgleichsprinzips nach dem Wert ihrer

---

in Gang setze, da er Anlass gäbe, nach Gründen für die objektive Richtigkeit des Gefühlten zu fragen. *Larenz* verkennt hier aber, dass es ein allgemeines Rechtsgefühl gibt, das über das Rechtsgefühl des einzelnen hinausgeht, und das insofern als Erkenntnisquelle taugt, da dieses Gefühl der gesamten Rechtsordnung zugrunde liegt. Das allgemeine Rechtsgefühl stellt den Antrieb einer Gesellschaft dar, sich eine Rechtsordnung zu geben und liefert dabei auch die Werte, denen diese Rechtsordnung dient.

542 *Hubmann* (1977), S. 14 f.; *Schöfer* (1984), S. 56.

543 *Grunert* (2002), S. 181.

544 So führt auch das BVerfG in seinen Entscheidungen wiederholt aus, es sei die Sachgerechtigkeit, die für die Richtigkeit einer Entscheidung ausschlaggebend sei; vgl. BVerfGE GRUR 1972, 481/ 483 - Kirchen- und Schulgebrauch; BVerfGE GRUR 1972, 488/490 - Tonbandvervielfältigung.
In der Literatur betont die Bedeutung der Sachgerechtigkeit unter Bezugnahme auf die Rechtsprechung des BVerfG vor allem *Hubmann*, Fs. Eichler (1977), S. 259 ff.; diesem folgend auch *Schöfer*, 1984, S. 57.

545 BVerfGE 1, S. 299/301.

546 *Hubmann*, AcP 155 (1956), S. 85/107 ff.

547 *Hubmann*, AcP 155 (1956), S. 85/110.

548 *Hubmann*, AcP 155 (1956), S. 85/114 f.

Interessen eine verhältnismäßige Zurücksetzung oder Beschränkung gefallen lassen. Erst wenn weder ein Ausweichen noch ein Ausgleich möglich ist, darf sich das überwiegende Interesse auf Kosten des geringerwertigen durchsetzen.[549]

d. Grundsätzlicher Vorrang des Urheberrechts oder des Eigentums im Rahmen der Interessenabwägung

Die beiden sich im Rahmen dieser Untersuchung gegenüberstehenden Interessen sind, wie die bisherige Untersuchung ergeben hat, jeweils durch einfachgesetzliche absolute Rechte, nämlich das Urheberrecht, bzw. genauer durch das UPR, und das Eigentum anerkannt. Es ist hier, bevor auf die Einzelheiten der Interessenabwägung eingegangen werden soll, die Frage zu erörtern, ob bei der Gewichtung der Interessen, unabhängig von einem konkreten Einzelfall, von einem generellen Vorrang eines der beiden absoluten Rechte oder einer der beiden Interessenrichtungen auszugehen ist, so dass diese aus sich selbst heraus in einem Rangverhältnis zueinander stehen.[550]

aa. Aussagen des Grundgesetzes

Aus der Tatsache, dass der Eigentümer des Werkstücks durch Art. 14 Abs. 1 GG geschützt, die durch die Werkvernichtung berührten ideellen Urheberinteressen dagegen von der Kunstfreiheit aus Art. 5 Abs. 3 GG sowie durch das verfassungsrechtliche aPR aus Art. 2 Abs. 1, 1 Abs. 1 GG erfasst werden,[551] ist kein grundsätzlicher Vorrang einer Position abzuleiten.[552] Der Grundrechtsordnung ist die Einordnung der Grundrechte in ein Wertesystem, das es ermöglichen würde, unabhängig vom konkreten Einzelfall Aussagen über die Rangordnung der Grundrechte zueinander zu treffen, fremd.[553] So überwiegt im Falle der Kollision der Grundrechte verschiedener Grundrechtsträger nicht eines das andere prinzipiell, sondern es ist ein verhältnismäßiger Ausgleich herzustellen.[554] Auch die Tatsache, dass abweichend vom sonstigen Grundsatz der Gleichrangigkeit das BVerfG die in Art. 1 Abs. 1 GG geschützte Menschenwürde als „den höch-

---

[549] Ausführlich zur Konfliktlösung *Hubmann*, AcP 155 (1956), S. 85/123 ff.

[550] Selbst wenn von einem solchen abstrakten Übergewicht eines der beiden Rechte auszugehen wäre, bedeutet dies nicht die Entbehrlichkeit der Interessenabwägung, da die Wertung für den konkreten Fall insoweit offen wäre, als dass in dem zu entscheidenden Fall das an sich überwiegende Recht nicht dennoch aufgrund der speziellen Sachlage zurückzutreten hätte; so auch *Schöfer* (1984), S. 58.

[551] Vgl. 3. Kapitel B. und C.

[552] Für die im Rahmen der Prüfung des § 14 UrhG vorzunehmende Interessenabwägung kommen *Schilcher* (1989), S.104; *Schöfer* (1984), S. 72 f.; *v. Waasen* (1994), S. 50 zu einem ähnlichen Ergebnis.

[553] *Hubmann* (1977), S. 22

[554] Siehe zum Prinzip der praktischen Konkordanz 3. Kapitel A.III.

sten Rechtswert innerhalb der verfassungsmäßigen Ordnung" [555] oder als den „Mittelpunkt des Wertesystems der Verfassung"[556] bezeichnet, begründet keinen generellen Vorrang des grundrechtlichen aPR vor anderen Grundrechten. Nur soweit eine schwerwiegende Verletzung der Persönlichkeit unmittelbar die Menschenwürde berührt, genießt das verfassungsrechtliche aPR Vorrang, so dass ein Interessenausgleich ausgeschlossen ist.[557] Nur im Falle eines Eingriffs in den Kern der Urheberehre ist der Menschenwürdegehalt des grundrechtlichen aPR als Wurzel des UPR berührt.[558] Da die Zerstörung eines Werkes jedoch, von Ausnahmefällen abgesehen,[559] nicht in den Kern der Urheberehre eingreift, da sie die persönlichen Interessen an Erhaltung von Ehre und Ansehen in Bezug auf das konkrete Werk unberührt lässt, besteht in dieser Frage kein genereller Vorrang des UPR.

bb. Aussagen einfachgesetzlicher Vorschriften

Das Schrifttum vertritt teilweise die Ansicht, es ließe sich aus den einfachgesetzlichen Vorschriften ein Vorrang der Interessen des Urhebers gegenüber denen des Eigentümers ableiten. Während einige Vertreter der Literatur dies ohne Begründung lediglich feststellen,[560] leiten andere einen Begründungsansatz aus dem Wortlaut des § 39 UrhG ab. Wenn schon dem Nutzungsberechtigten durch § 39 Abs. 1 UrhG eine Änderung des Werkes grundsätzlich verboten sei, so gelte dies erst recht für den Nichtnutzungsberechtigten, wie etwa einem Eigen-

---

555 BVerfGE 45, S. 187/227.

556 BVerfGE 35, S. 202/225 - Lebach; BVerfGE 39, S. 1/43.

557 BVerfG JZ 1987, S. 1075/1076 - Tierkarikaturen; danach ist die Menschenwürde bei einem Eingriff in den Kernbereich menschlicher Ehre berührt.

558 Für Eingriffe in das UPR durch die Werkänderung oder -beeinträchtigung so auch: v. Waasen, 1994, S. 50.

559 Vgl. zu Fällen der Werkvernichtung, die im Einzelfall doch einen Eingriff in die Menschenwürde des Urhebers bedeuten können: 3. Kapitel B.VI.4.b.

560 *Rehbinder* (2002), Rn. 91; *Grohmann* (1971), S. 119. Im Ergebnis kommen diese Autoren aber trotz der Annahme eines generellen Vorrangs des Urheberrechts zur Zulässigkeit der Werkvernichtung.
Auch *Ulmer* (1980), S. 13 geht von einem grundsätzlichen Vorrang des Urheberrechts aus. Im Rahmen der Interessenabwägung des § 14 UrhG betrachtet er vor allem bei Werken der „reinen Kunst" die Interessen des Urhebers als vorrangig, bei Werken der Gebrauchskunst dagegen stünden sich die Interessen gleichrangig gegenüber, dabei lässt er offen, ob dieser Gedanke auch auf die Frage der Werkvernichtung zu übertragen ist; vgl. *Ulmer* (1980), S. 220.
Fromm/Nordemann - *Nordemann*, § 1 Rn. 1 leitet aus der amtlichen Begründung des Regierungsentwurfs des UrhG ab, nicht das Werk, sondern die Person des Urhebers sei geschützt, und folgert daraus, dass aufgrund dieser Wertentscheidung zugunsten des Urhebers bei Auslegung und Anwendung des UrhG im Zweifel stets zugunsten des Urhebers zu entscheiden sei, ohne dies aber näher auszuführen.

tümer, dem keine Nutzungsrechte übertragen worden seien. Ihm gegenüber gelte ein uneingeschränktes Änderungsverbot, so dass keine Interessenabwägung vorzunehmen sei.[561] Dieser Ansicht ist entgegen zu halten, dass der Eigentümer keineswegs mit dem sonstigen Nichtnutzungsberechtigten gleichgestellt werden kann. Während letzterer überhaupt kein Recht für sich ins Feld führen kann, um seinen Eingriff in das Werkstück zu rechtfertigen, steht dem Eigentümer das Herrschaftsrecht des § 903 BGB zur Seite. Wie weit dieses reicht, ist gerade die Frage, die es zu klären gilt. Auch aus den sonstigen Normen des UrhG, die direkt das Verhältnis zwischen dem Urheber und dem Eigentümer des Werkstücks betreffen, also dem Zugangsrecht aus § 25 UrhG, dem Folgerecht aus § 26 UrhG und dem § 44 UrhG, der die Rechte des Eigentümers eines Original konkretisiert, lässt sich keine Wertung für ein generelles Überwiegen eines der beiden Rechte entnehmen.[562]

Auch aus der Tatsache, dass dem Eigentümer in § 903 BGB nur insoweit Befugnisse am Gegenstand seines Eigentums eingeräumt werden, soweit nicht das Gesetz oder Rechte Dritter entgegenstehen, eine solche Beschränkung für das Urheberrecht in § 11 UrhG aber fehlt, kann kein Vorrang des Urheberrechts abgeleitet werden. Es handelt sich bei der Einschränkung des Eigentums nicht um eine besondere, nur das Eigentum betreffende Beschränkung, sondern um die jedem absoluten Herrschaftsrecht immanente wesensmäßige Beschränkung seines Inhalts durch kollidierende Rechte.[563] Zum Wesen jeden absoluten subjektiven Rechts gehört es, dass es seine Begrenzung in den Rechten Dritter findet. So wird auch das Urheberrecht durch die Gesetze und entgegenlaufenden Rechte Dritter begrenzt, ohne dass es hierzu einer besonderen gesetzlichen Klarstellung bedarf.[564]

---

561 *Paschke*, GRUR 1984, S. 858/865; es wird an dieser Stelle jedoch nicht deutlich, ob dieser Grundsatz auch auf die Werkvernichtung zu übertragen ist.
Ähnlich auch *Bielenberg*, GRUR 1974, S. 678: § 39 Abs. 2 UrhG mache deutlich, dass nur für den Nutzungsberechtigten eine Ausnahme vom generellen Änderungsverbot zu machen sei. Wenn schon für Nutzungsberechtigte diese Ausnahme nicht ohne weiteres gewährt werde, so sei davon auszugehen, dass für Nichtnutzungsberechtigte, zu denen auch der Eigentümer zähle, diese Ausnahme noch viel weniger zu machen sei.

562 Für § 44 UrhG so auch *v. Waasen* (1994), S. 51.

563 Palandt - *Bassenge*, Überbl v § 903, Rn. 1.

564 *Grohmann* (1971), S. 92; *Schöfer* (1984), S. 74; *v. Waasen* (1994), S. 59.
Diese wesensmäßige Begrenzung hat einen gesetzlichen Niederschlag etwa in der Formulierung des § 14 UrhG gefunden. Darin heißt es, dass der Urheber nicht jede Beeinträchtigung seines Werkes verbieten darf, sondern nur die, welche seine berechtigten Interessen am Werk gefährden. Die Berechtigung seiner Interessen kann dabei nur durch die Gegenüberstellung mit den Interessen des Beeinträchtigenden erfolgen; so auch Schöfer, 1984, S. 75; vgl. auch amtliche Begrünung des Regierungsentwurfs, UFITA 45 (1965), S. 240/259.

cc. Vorrang des Urheberrechts oder des Eigentums aufgrund wertethischer Gesichtspunkte

Schon vor Inkrafttreten des UrhG wurde ein Vorrang der Interessen des Urhebers an der Unversehrtheit seines Werkes gegenüber den Eigentümerinteressen damit begründet, dass sich das Integritätsinteresse des Urhebers mit dem Interesse der Allgemeinheit am Fortbestand des Bildungsstoffes, der im Werk verkörpert sei, decke. Dieses allgemeine Interesse könne gegenüber dem individuellen Interesse des Eigentümers den Vorrang beanspruchen.[565] Auch in der jüngeren Literatur wird vertreten, es bestehe ein Primat des Urheberrechts als dem wichtigsten Teil des Kulturschaffens.[566] Bei dieser Argumentation wird jedoch nicht ausreichend berücksichtigt, dass das Urheberrecht ausschließlich dem Schutz der Interessen des Urhebers, nicht aber dem Interesse der Allgemeinheit an der Erhaltung von Bildungsgut oder von bedeutendem Kulturschaffen dient. Der Schutz dieser öffentlichen Interessen ist Aufgabe des öffentlich-rechtlichen Kulturgut- bzw. Denkmalschutzes.[567] Überlegungen, die das öffentliche Interesse an der Erhaltung kulturell wertvoller Werke betreffen, sind daher nicht im Rahmen der urheberrechtlichen Interessenabwägung zu berücksichtigen. Es lässt sich also mit diesen Überlegungen der Vorrang des Urheberrechts nicht begründen.[568]

Auch aus einem in der Gesellschaft selbst vorgefundenen Stufenverhältnis der Werte und Güter ist kein Rangverhältnis der subjektiven Rechte herzuleiten. Zwar sind nach der in der Gesellschaft herrschenden Kulturauffassung die materiellen, kulturellen und sittlichen Werte einem aufsteigenden Rangverhältnis zuzuordnen,[569] daraus kann jedoch nicht abgeleitet werden, dass das Urheberrecht, da es ein kulturelles Gut schützt, einen höheren Stellenwert hat als das Eigentum, dessen Schutzgegenstand rein materieller Natur ist. Die Wertung des Grundgesetzes und der einfachen Gesetze hat ergeben, dass von einer Gleichrangigkeit der beiden Rechte auszugehen ist. Diese Wertung der Rechtsordnung als der wichtigsten Werterkenntnisquelle des Juristen kann nicht durch eine vage Wertentscheidung der Kulturauffassung durchbrochen werden.

---

565 *Opet*, Annalen des deutschen Reiches (1913), S. 368/380.

566 So begründet auch *Bindhardt*, BauR 1989, S. 412/413 eine Dominanz des Urheberrechts mit Interessen der Allgemeinheit.

567 Siehe zum Schutzumfang des Denkmalschutzrechts 6. Kapitel B.II.

568 Zu diesem Ergebnis kommt auch *v. Waasen* (1994), S. 55.

569 *Hubmann*, AcP 155 (1956), S. 85/101; *Hubmann* (1971), S. 21; auf diesen Bezug nehmend auch *Schöfer* (1984), S. 69 f.

Im Ergebnis ist also festzuhalten, dass weder dem Eigentum noch dem Urheberrecht im Rahmen der Interessenabwägung ein genereller Vorrang zukommt.[570]

2. Bei der Interessenabwägung zur Werkvernichtung relevante Gesichtspunkte

In der Literatur sind zahlreiche bei der Interessenabwägung nach §§ 14, 39 UrhG zur Frage der Zulässigkeit einer Änderung oder Beeinträchtigung des Werkes zu beachtende Gesichtspunkte herausgearbeitet worden.[571] Von diesen kann aber nur ein kleiner Teil auf die Frage der Werkvernichtung übertragen werden. Hier sollen kurz die für die Werkvernichtung relevanten Gesichtspunkte aufgeführt werden.

a. Vermutung für das Erhaltungsinteresse des Urhebers

§ 11 S. 1 UrhG definiert den Schutzbereich des UPR dergestalt, dass der Urheber in seiner persönlich-geistigen Beziehung zu seinem Werk geschützt ist. Da eine solche Beziehung nicht mehr besteht, wenn das Werk zerstört ist, begründet § 11 S. 1 UrhG eine widerlegliche Vermutung für das Vorliegen des Bestandsinteresses des Urhebers. Für das Vernichtungsinteresse des Eigentümers besteht dagegen keine solche Vermutung. Er hat daher sein Interesse an der Vernichtung des Werkes darzulegen und zu begründen.

b. Intensität der Beeinträchtigung des UPR durch die Zerstörung

Auf Seiten des Urhebers ist das elementare Kriterium im Rahmen der Interessenabwägung die Intensität, mit der die Vernichtung seines Werkes in sein UPR eingreift. Dabei ist die Schwere des Eingriffs abhängig vom Grad des Erhaltungsinteresses des Urhebers.

---

[570] Zu diesem Ergebnis gelangen auch *v. Gamm* (1968), § 14 Rn. 9; Schricker - *Dietz*, § 14 Rn. 15, 29; *Schöfer* (1984), S. 83 f.; *Schilcher* (1989), S. 103; *v. Waasen* (1994), S. 58 f.; *Neuenfeld*, BauR 1975, S. 365/372; *Movsessian*, UFITA 95 (1983), S. 77/80; *Richard/Junker*, GRUR 1988, S. 18/22; *Möhring*, Anm. zu Schulze, RGZ 4 - Felseneiland mit Sirenen, S. 7; *Osterrieth/Marwitz* (1929), § 12, Nr. I 2; *Grunert* (2002), S. 182 ff.

[571] Eine umfassende Übersicht über die bei einer Änderung oder Entstellung des Werkes relevanten Abwägungsgesichtspunkte befindet sich bei: *Schöfer* (1984), S. 85 ff.; *v. Waasen* (1994), S. 67 ff.

aa. Gestaltungshöhe

Das Erhaltungsinteresse des Urhebers wiederum wird ganz erheblich beeinflusst durch die Intensität der Urheber-Werk-Beziehung. Je stärker das Band ausgeprägt ist, das den Urheber an sein Werk bindet, umso größer wird auch das Interesse an der Erhaltung des Werkes sein. Im Rahmen der Interessenabwägung, die nach objektiv nachprüfbaren Gesichtspunkten durchzuführen ist, kann aber nicht auf das subjektive Empfinden des Urhebers abgestellt werden, da dieses abhängig ist vom individuellen Naturell des Urhebers. Zudem existiert kein Maß, mit dem sich die objektive Stärke dieser Bindung messen ließe. Es ist daher sinnvoll, als Indikator für den Grad des Erhaltungsinteresses auf die Gestaltungshöhe des jeweiligen Werkes abzustellen.[572] Der Begriff „Gestaltungshöhe" bezeichnet das Maß an Individualität, den Grad der eigenschöpferischen Prägung, der im Werk zum Ausdruck kommt.[573] Je stärker das Werk vom individuellen Geist seines Schöpfers geprägt ist, umso mehr persönliche Züge wird es tragen und umso größer wird dementsprechend auch das emotionale Band, das den Urheber mit diesem verbindet, sein.[574] Mit der Intensität dieser Bindung wächst auch das Interesse des Urhebers an der Erhaltung seines Werkes. Da somit bei einem Werk, das eine größere Gestaltungshöhe aufweist, die Urheber-Werk-Bindung als enger anzusehen ist, stellt die Zerstörung hier einen schwerwiegenderen Eingriff in das UPR dar.

Teilweise wird im Rahmen der Interessenabwägung bei der Zerstörung eines Werkes auf die Qualität[575] oder den künstlerisch-ästhetischen Rang[576] des Werkes abgestellt und gefolgert, ein Vernichtungsverbot könne nur bestehen, wenn Einigkeit über die „Hochwertigkeit" des Werkes bestehe. Dieses Kriterium ist abzulehnen.[577] Der ästhetische Rang eines Werkes lässt sich, genau wie seine Qualität, nicht nach objektiven Maßstäben ermitteln. Der ästhetische Eindruck

---

572 Auch BGH GRUR 1974, S. 675/676 - Schulerweiterung; *Schöfer* (1984), S. 96; *v. Waasen* (1994), S. 90; *v. Gamm* (1968), § 14 Rn. 9; Schricker - *Dietz*, § 14 Rn. 31; *Grohmann* (1971), S. 44 ff. und *Schilcher* (1989), S. 109 ff. betonen die Bedeutung der objektiv bestimmbaren Gestaltungshöhe als Indikator für den Grad des Erhaltungsinteresses des Urhebers.

573 Siehe zum Begriff der Gestaltungshöhe 1. Kapitel B.I.4.

574 Dies betont auch *v. Gamm* (1968), § 14 Rn. 9; *Schöfer* (1984), S. 96.

575 *Movsessian*, UFITA 95 (1983), S. 77/88.

576 Schricker - *Dietz*, § 14 Rn. 38.

577 Teilweise wird im Rahmen der Interessenabwägung allgemein auf den Rang des Werkes abgestellt, wobei diese Formulierung nicht im Sinne eines Qualitätsurteils verwendet wird, sondern synonym zum Begriff der Gestaltungshöhe; so etwa BGH GRUR 1974, S. 675/676 - Schulerweiterung; *Ulmer* (1980), S. 133, 218; *Gerlach*, GRUR 1976, S. 613/622; auch *v. Waasen* (1994), S. 83 und *Grohmann* (1971), S. 40 weisen darauf hin, dass beide Begriffe teilweise synonym gebraucht werden.
In dieser Verwendung ist der Begriff inhaltlich nicht zu beanstanden, jedoch ist er missverständlich, da er suggeriert, es werde der künstlerische Wert beurteilt.

ist stark vom subjektiven Empfinden des Betrachters abhängig. Gerade im Bereich der modernen Kunst wird sich kein einheitliches Urteil der Kunstkritik über die Qualität bzw. den künstlerischen Wert eines Werkes finden lassen, das der Entscheidung zugrundegelegt werden könnte. Da ein Richter sein Urteil nur anhand objektiver Merkmale fällen darf, kann er auch nicht sein eigenes Kunstverständnis als Wertmaßstab zugrunde legen.[578] Darüber hinaus kann sich im Einzelfall die Intensität der Beziehung des Urhebers zu seinem Werk abweichend von der öffentlichen Meinung über die Qualität und den Wert des Werkes verhalten.[579]

bb. Sonstige Gesichtspunkte

Unabhängig von der Gestaltungshöhe des Werkes bestehen noch andere objektive Gesichtspunkte, die die Intensität des Eingriffs in das UPR beeinflussen und daher im Rahmen der Interessenabwägung zu berücksichtigen sind. Hierzu gehört etwa eine besondere Stellung, die das Werk im Gesamtschaffen des Künstlers einnimmt, z.B. weil es eine besondere Stilrichtung in besonderem Maße repräsentiert.[580] Die Zerstörung eines solchen Werkes führt zu einem besonders einschneidenden Eingriff in die geistigen Interessen des Urhebers. Zu beachten ist, dass hier allein die Interessen an der Erhaltung des konkreten Werkes zu berücksichtigen sind, nicht hingegen die Interessen des Urhebers an der Erhaltung seines Gesamtschaffens, da diese Interessen, wie oben schon dargelegt wurde, nicht vom UPR umfasst werden.[581]

c. Art des Eigentumserwerbs

Es ist im Rahmen einer Interessenabwägung grundsätzlich immer zu beachten, ob eine der Parteien die Interessenkollision selbst veranlasst hat.[582] Daher ist ein weiterer im Rahmen der Interessenabwägung bedeutsamer Gesichtspunkt, ob und wie eine Eigentumsübertragung vom Urheber auf den Eigentümer des Werkstücks stattgefunden hat. Hat der Urheber den Eigentumswechsel bewusst veranlasst, so hat er damit letztlich auch den Interessenkonflikt mit dem Eigentümer sehenden Auges herbeigeführt.

---

578 An dieser Stelle ist noch einmal darauf hinzuweisen, dass mit dem Begriff der Gestaltungshöhe kein Urteil über den ästhetischen Gehalt oder den künstlerischen Wert des Werkes verbunden ist; vgl. 1. Kapitel B.I.4.

579 So auch *v. Waasen* (1994), S. 159.

580 *Richard/Junker*, GRUR 1988, S. 18/22; Fromm/Nordemann - *Hertin*, § 14 Rn. 18; *v. Waasen* (1994), S. 159, 90.

581 Siehe 2. Kapitel B.III.2.b.

582 *Hubmann*, AcP 155 (1956), S. 85/120 f.

aa. Rechtsgeschäftlicher Eigentumsübergang

Hat der Urheber selbst das betreffende Werkstück an den jetzigen oder einen vorherigen Eigentümer veräußert, hat er also den Eigentumswechsel willentlich veranlasst, so musste er sich bewusst sein, dass die grundsätzliche Verfügungsgewalt auf den Eigentümer übergeht und dieser in gewissen Grenzen mit der Sache nach Belieben verfahren darf. Der Urheber musste sich in diesem Fall bewusst sein, dass es zu einem Konflikt zwischen seinen Interessen und denen des Eigentümers kommen kann. Wie oben schon ausgeführt wurde, kann hieraus aber nicht gefolgert werden, der Urheber habe von Anfang an mit der Zerstörung rechnen müssen, da diese zu den Rechten des Eigentümers gehöre. Dieses wäre ein Zirkelschluss, da ja im Rahmen dieser Interessenabwägung gerade ermittelt werden soll, wie weit die Rechte des Eigentümers im konkreten Fall reichen.[583] Ein rechtsgeschäftlicher Eigentumswechsel ist also zwar als ein für das Vernichtungsrecht des Eigentümers sprechender Umstand zu berücksichtigen, der jedoch nicht so schwer wiegt, dass er für sich allein das Vernichtungsrecht begründen könnte. Er kann unter Umständen aber bei sonst ausgeglichener Interessenlage den Ausschlag geben.[584]

bb. Gesetzlicher Eigentumserwerb

Im Falle des gesetzlichen Eigentumserwerbes sind zwei Fallgruppen zu unterscheiden:

(1) Eigentumswechsel aufgrund gutgläubigen Erwerbs oder Ersitzung

Hat der Eigentümer das Werkstück nach §§ 932 ff. BGB gutgläubig erworben, es sich nach § 958 BGB angeeignet oder hat er es nach § 937 BGB ersessen, ohne dass der Urheber auf den Eigentumsübergang hingewirkt hätte, so hat dieser den Konflikt mit den Eigentümerinteressen nicht selbst durch sein vorheriges Verhalten veranlasst. Entsprechend ist dieser Punkt auch nicht zum Nachteil des Urhebers zu berücksichtigen. Vielmehr muss zu seinen Gunsten beachtet werden, dass er sein Eigentum unfreiwillig verloren hat.[585] Aber auch dieser Gesichtspunkt hat nicht soviel Gewicht, dass er für sich genommen die Unzulässigkeit der Werkvernichtung begründen könnte.

---

583 Vgl. auch 2. Kapitel B.III.3.a.

584 Im Ergebnis so auch *v. Waasen* (1994), S. 159.

585 *v. Waasen* (1994), S. 92.

(2) Eigentumswechsel aufgrund von Verbindung des Werkstücks mit einer fremden Sache

Verbindet der Urheber sein Werk derart mit einer fremden beweglichen Sache, dass eine einheitliche Sache entsteht, die vorbestehende Sache aber als Hauptsache anzusehen ist, so erwirbt der Eigentümer der Hauptsache nach § 947 Abs. 2 BGB Alleineigentum an der einheitlichen Sache, in der das Werk verkörpert ist. Aus diesem Grund erwirbt etwa der Eigentümer eines Autos oder eines anderen beweglichen Gegenstandes, auf den ein Grafiti-Sprayer ein urheberrechtlich geschütztes Werk aufträgt, auch das Eigentum an diesem Werkstück. Bei derartigen Fallkonstellationen sind in der Interessenabwägung zwei Aspekte zum Nachteil des Urhebers zu beachten. Zum einen hat auch hier der Urheber bewusst den Eigentumswechsel herbeigeführt. Wenn er das Werkstück auch nicht rechtsgeschäftlich übereignet, so wird er sich doch zumindest laienhaft darüber im Klaren gewesen sein, dass er durch die Verbindung seines Werkes mit einem anderen Gegenstand sein Eigentum verliert. Zum anderen ergibt sich hier die Besonderheit, dass der Urheber von vornherein damit rechnen musste, dass der Gebrauchszweck des Gegenstandes zu gewissen Beeinträchtigungen seines Werkes zwingen kann. Daher setzt er sich zu seinem vorausgegangenen Verhalten in Widerspruch, wenn er den Gebrauchszweck der Gesamtsache für unbeachtlich erklärt.[586] Dieser Gesichtspunkt wird vornehmlich im Falle einer Beeinträchtigung des Werkes relevant werden, da die Erhaltung der spezifischen Gebrauchsfähigkeit des Gegenstandes vor allem Änderungen oder sonstige Beeinträchtigungen mit sich bringen kann.[587] Im Ausnahmefall kann jedoch der Gebrauchszweck des Ursprungsgegenstandes auch die Werkvernichtung nötig machen. So wird etwa ein mit Graffiti-Kunst verziertes Auto nach einem Unfall neu lackiert werden müssen, wodurch das Werk zerstört wird. Die Erhaltung des Gebrauchszwecks der mit dem Werkstück verbundenen Sache stellt ein im Rahmen der Interessenabwägung relativ schwer wiegendes Argument für die Zerstörungsbefugnis dar.[588]

Verbindet der Urheber sein Werk als wesentlichen Bestandteil mit einem Grundstück, so erwirbt der Eigentümer des Grundstücks nach § 946 BGB Eigentum an dem Werkstück. Auch hier muss sich der Urheber, sofern er die Verbindung initiiert hat, entgegenhalten lassen, dass er den Eigentumsverlust am Werkstück und damit den möglichen Konflikt zwischen seinen und den Eigentümerinteressen bewusst herbeigeführt hat. Entsprechend sind auch hier die oben angeführten Gesichtspunkte im Rahmen der Interessenabwägung zugunsten der

586 *Schöfer* (1984), S. 158.

587 Siehe zu dieser Problematik ausführlich *v. Waasen* (1994), S. 74 ff.

588 So schon früh, wenn auch nur für mit einem Gebäude verbundene Werke: *Kohler*, MuW 1917, S. 117/118; ebenso *Tölke* (1967), S. 92; *Schöfer* (1984), S. 158.

Vernichtungsbefugnis des Eigentümers zu berücksichtigen. Insbesondere der Gebrauchszweck des Grundstücks kann hier die Vernichtung rechtfertigen.[589]

Schafft jedoch der Urheber durch Verarbeitung oder Umgestaltung fremder Sachen zu einem urheberrechtlich geschützten Werk eine neue bewegliche Sache, und ist der Wert der Verarbeitung oder Umgestaltung nicht erheblich geringer als der Wert der Ausgangsstoffe, so erwirbt der Urheber nach § 950 Abs. 1 BGB Eigentum an dem Werkstück. So erwirbt der Urheber also im Regelfall Eigentum an einem mit fremden Farben auf eine fremde Leinwand gemalten Gemälde oder an einer aus einem fremden Stein geschlagenen Statue. Es kann in dieser Fallkonstellation also nicht zu dem eben beschriebenen Interessenkonflikt kommen, da der vormalige Eigentümer der Ausgangsstoffe keine Rechte an der neuen Sache - also an dem Werkstück - hat, sondern sich nach § 951 Abs. 1 BGB mit dem Wertersatz für seinen Eigentumsverlust zufrieden geben muss.

3. Fallgruppen

Nachfolgend sollen die Einzelheiten der Interessenabwägung anhand von Fallgruppen behandelt werden. Dabei wird sich zeigen, dass in vielen dieser Fallgruppen eine abstrakte Aussage darüber möglich ist, ob das Erhaltungsinteresse des Urhebers oder das Interesse des Eigentümers an der Vernichtung des Werkstücks vorrangig ist. Es ist jedoch zu beachten, dass in einem konkreten Einzelfall immer atypische Bedingungen ein Abweichen von der für die Fallgruppe getroffenen Aussage nötig machen können. Die hier getroffenen Aussagen können also nur als Anhaltspunkt für die Einzelfallentscheidung dienen.

a. Werke der kleinen Münze

Eine Fallgruppe, für die eine relativ deutliche grundsätzliche Aussage über die Zulässigkeit der Vernichtung getroffen werden kann, bilden die Werke der sog. kleinen Münze. Als Werke der kleinen Münze werden die Werke des alltäglichen Lebens bezeichnet, die sich am unteren Rand der urheberrechtlichen Schutzfähigkeit bewegen. Es handelt dabei um zumeist einfache Geistesprodukte, deren Formgebung und Anordnung zu einem bedeutenden Teil aus den äußeren Gegebenheiten und ihrer Zweckbestimmung vorgegeben sind, so dass diese Werke nur ein geringes Maß an individueller Prägung durch die Persönlichkeit des Urhebers, also eine geringe Gestaltungshöhe, aufweisen.[590] Dementsprechend ist hier im Regelfall von einer nur geringen Bindung des Urhebers

---

[589] *Kohler*, MuW 1917, S. 117/118; ebenso *Tölke* (1967), S. 92; *Schöfer* (1984), S. 158; *v. Waasen* (1994), S. 157.

[590] Ausführlicher zum Begriff der „kleinen Münze" Schricker - *Loewenheim*, § 2 Rn. 38 ff.; Fromm/Nordemann - *Nordemann/Vinck*, § 2 Rn. 20.

auszugehen, so dass dieser im Regelfall auch nur ein geringes Erhaltungsinteresse haben wird. Dem Eigentümer steht daher in der Regel das Recht zur Vernichtung des Werkes zu.[591] Etwas anderes gilt nur dort, wo der Urheber deutlich machen kann, dass seine persönliche Beziehung zu dem Werk im konkreten Fall nicht mit dem geringen Anteil an persönlicher Prägung des Werkes übereinstimmt, seine Bindung zum konkreten Werk also trotz der geringen Gestaltungshöhe hoch ist.

Teilweise wird darauf hingewiesen, dass es sich bei den Werken der „kleinen Münze" typischerweise um Werke handelt, die in Serien mit großen Stückzahlen vorkommen. Daher sei in aller Regel die Vernichtung des Werkstücks zulässig.[592] Dem ist zu entgegnen, dass die Anzahl der vorhandenen Werkexemplare nicht im Rahmen der Interessenabwägung zu berücksichtigen ist, sondern schon bei der Frage, ob überhaupt eine Vernichtung des Werkes und damit ein Eingriff ins UPR vorliegt. Darüber hinaus ist es keineswegs zwingend, dass von einem Werk der kleinen Münze eine große Zahl von Werkexemplaren besteht. So kann etwa eine zum gewerblichen Gebrauch bestimmte Zeichnung, die gerade das zur Schutzfähigkeit nötige Maß an individueller Prägung aufweist, nur einmal, nämlich als Original, existieren. Auch bei dieser Zeichnung kann vom Vernichtungsrecht des Eigentümers ausgegangen werden, ohne dass es darauf ankäme, dass es sich um das einzige Werkexemplar handelt.

b. Isolierte Werke

Ein isoliertes Werk liegt vor, wenn das Werk weder mit einem Grundstück bzw. Gebäude des Eigentümers noch mit einer ihm gehörenden beweglichen Sache verbunden ist. In diese Kategorie gehören z.B. Gemälde oder Skulpturen. Bei diesen isolierten Werken tritt der Konflikt zwischen den Befugnissen des Eigentümers und dem Abwehrrecht des Urhebers am deutlichsten zutage, da in diesem Fall der Konflikt nicht überlagert wird durch weitere Gesichtspunkte, wie sie sich beispielsweise aus dem Nutzungszweck eines Grundstücks oder einer beweglichen Sache ergeben können.

Da der Eigentümer im Regelfall nicht die Vernichtung des Werkes um ihrer selbst Willen bezweckt, und die Vernichtung bei einem isolierten Werk auch nicht durch den Gebrauchszweck eines anderen Gegenstandes motiviert ist, wird der Eigentümer das Werk vernichten wollen, um sich dessen zu entledigen. Dies kann durch Sachzwänge geboten sein, in der Regel weil der Eigentümer keinen

---

[591] So auch *v. Waasen* (1994), S. 158; Fromm/Nordemann - *Hertin*, § 14 Rn. 18. Die geringe urheberpersönlichkeitsrechtliche Schutzwürdigkeit betonen auch Schricker - *Dietz*, § 14 Rn. 31; *Schilcher* (1989), S. 110, *Grohmann* (1971), S. 47; *Schöfer* (1984), S. 157 i.V.m. 96 ff.

[592] *v. Waasen* (1994), S. 158.

Platz zur weiteren Aufbewahrung hat, oder aber auch nur aus einer Laune des Eigentümers heraus erfolgen, etwa weil ihm das Werk nicht mehr gefällt. Es fragt sich nun, ob der rein geschmacklich motivierte, nicht durch Sachzwänge begründete Wunsch, sich des Werkes zu entledigen, ausreicht, die Werkvernichtung gegen die Erhaltungsinteressen des Urhebers durchzusetzen. Aus den Regelungen des BGB über die Dereliktion (§ 959 BGB) lässt sich die Wertung entnehmen, dass das einfachgesetzliche Recht auch das Bestreben des Eigentümers, sich des Gegenstandes unabhängig von einem konkreten zwingenden Grund zu entledigen, als schützenswert anerkennt.[593] Daher dürfen auch im Rahmen dieser Interessenabwägung an die hinter der Werkvernichtung stehenden Ziele keine zu hohen Anforderungen gestellt werden. Schon das bloße Ziel, sich des Werkes zu entledigen, z.B. aus geschmacklichen Gründen, ist ein grundsätzlich beachtenswertes Interesse.

Wie oben dargelegt wurde, ist im Rahmen der Interessenabwägung ein Weg zu suchen, bei dem sich beide Interessen so weit wie möglich verwirklichen lassen, so dass zwischen ihnen ein verhältnismäßiger Ausgleich hergestellt werden kann. Dabei muss das jeweilige Interesse nur so weit zurücktreten als dies zur Verwirklichung des anderen Interesses geboten ist. Würde man dem Eigentümer uneingeschränkt das Recht zugestehen, schon aus geschmacklichen Gründen das Werk zu vernichten, oder würde man dem Urheber das Recht zugestehen, dem Eigentümer in diesem Fall stets die Vernichtung zu verbieten, so wäre jeweils ein Interesse einseitig auf Kosten des anderen verwirklicht worden. Als Mittel zum Ausgleich der Interessen kommt in erster Linie die Rückgabe des Werkes an den Urheber in Betracht.

aa. Rückgabe des Werkes

Das schutzwürdige Interesses des Eigentümers daran, sich des Werkstücks zu entledigen, kann durch die Rückgabe ebenso wirkungsvoll wie durch die Vernichtung befriedigt werden. Zwar stellt die Verpflichtung zur Rückgabe einen Eingriff in die Eigentumsposition dar, diese wiegt aber ausgesprochen gering, da der Eigentümer mit der Zerstörungsabsicht zu erkennen gegeben hat, dass die Eigentumsposition, sowie der im Werkstück verkörperte gedankliche Gehalt des Werkes, für ihn nur einen geringen Wert aufweist. Die Rückgabe des Werkes an den Urheber stellt daher eine dem Eigentümer grundsätzlich zumutbare Ausprägung des Ausweichprinzips dar.[594]

---

[593] Palandt - *Bassenge*, § 903 Rn. 5; Staudinger - *Seiler*, § 903 Rn. 10.

[594] Zu diesem Ergebnis kommen auch: Schricker - *Dietz*, § 14 Rn. 38; Fromm/Nordemann - *Hertin*, § 14 Rn. 18; *Ulmer* (1980), S. 220; *Schack*, GRUR 1983, S. 56/58; *Schack* (2001), Rn. 359; *Schöfer* (1984), S. 160 ff.; *v. Waasen* (1994), S. 173; *Movsessian*, UFITA 95 (1983), S. 77/89; *Erdmann*, Fs. Piper (1996), S. 655/673 ff.

Der den Eigentümer am wenigsten belastende Weg zur Durchführung der Rückgabe wäre der, es dem Urheber zu überlassen, sich über die bevorstehende Zerstörung seines Werkes zu informieren und dem Eigentümer die Rücknahme des Werkes anzubieten.[595] Da der Urheber in der Regel aber erst nach erfolgter Zerstörung seines Werkes von dieser erfahren haben wird, und die Rückgabepflicht daher ins Leere liefe, ist dieser Weg nicht praktikabel. Eine Rücknahme des Werkes durch den Eigentümer lässt sich praktisch nur durchführen, wenn der Eigentümer mit gewissen Pflichten belastet wird. Es ist ihm aber weder zuzumuten, durch komplizierte Nachforschungsmaßnahmen den Aufenthaltsort des Urhebers zu ermitteln noch das Werk, falls der Urheber zur Zurücknahme bereit ist, auf seine Kosten an den Aufenthaltsort des Urhebers zu transportieren. Es ist ihm hingegen aber zumutbar, dem Urheber, sofern dessen Aufenthaltsort ohne Schwierigkeiten zu ermitteln ist, von der geplanten Werkvernichtung Mitteilung zu machen und die Rückgabe des Werkes anzubieten. Dann könnte der Urheber seinerseits die Bereitschaft zur Rücknahme des Werkes signalisieren und für die Abholung auf seine Kosten Sorge tragen.[596]

Diese Mitteilungspflicht ist als eine Aufklärungs- und Auskunftspflicht aus § 242 BGB abzuleiten.[597] Für die Anwendbarkeit des § 242 BGB ist zwar das Vorliegen einer Sonderverbindung erforderlich.[598] Diese muss jedoch nicht in einem vertraglichen oder gesetzlichen Schuldverhältnis bestehen, sondern es reicht ein qualifizierter sozialer Kontakt aus.[599] Ein solcher besteht zwischen dem Urheber und dem Eigentümer des Werkstücks. Zu den aus § 242 BGB fol-

---

[595] Für das deutsche Recht wird dieser Weg, soweit ersichtlich ist, nicht propagiert. Für das schweizerische Urheberrecht wird er von *Meyer* (1937), S. 84 vertreten; dieser nimmt es in Kauf, dass der Urheber erst nachträglich von der Zerstörung erfährt. Er könne bei nachträglicher Kenntnis nicht mehr gegen den Eigentümer vorgehen, da dieser bei der Zerstörung in gutem Glauben gehandelt habe und es ihm daher am Verschulden fehle.

[596] Für eine derartige Mitteilungspflicht des Eigentümers auch Schricker - *Dietz*, § 14 Rn. 39; *Dietz* (1968), S. 112; *Movsessian*, UFITA 95 (1983), S. 77/89; *v. Waasen* (1994), S. 171; *Schöfer* (1984), S. 165; *Schack*, GRUR 1983, S. 56/58; *Schack* (2001), Rn. 359.

[597] So auch *v. Waasen* (1994), S. 172; auch *Erdmann*, Fs. Piper (1996), S. 655/675 spricht sich für eine Informationspflicht aus § 242 BGB aus, ohne allerdings näher auszuführen, auf welche Weise diese Pflicht genau herzuleiten ist.
Teilweise wird diese Mitteilungspflicht mit dem ebenfalls aus § 242 BGB abgeleiteten Verbot unzulässiger Rechtsausübung begründet; *Schack*, GRUR 1983, S. 56/58. Gegen diesen Ansatz spricht jedoch, dass das Verbot unzulässiger Rechtsausübung allein dem Zweck dient, die Durchsetzbarkeit bestehender Rechte einzuschränken, ihm aber keine anspruchsbegründende Qualität zukommt; so auch *Paschke*, GRUR 1984, S. 858/868 (Fn. 117); *v. Waasen* (1994), S. 172.

[598] Palandt - *Heinrichs*, § 242, Rn. 6; MüKo - *Roth* (4. Aufl.), § 242, Rn. 72. Teilweise wird das Vorliegen einer Sonderverbindung auch für entbehrlich gehalten; Staudinger - *Schmidt*, § 242, Rn. 161.

[599] Palandt - *Heinrichs*, § 242, Rn. 6.

genden Aufklärungs- und Auskunftspflichten[600] zählt auch das Gebot, den Partner unaufgefordert über für ihn entscheidungserhebliche Tatsachen zu informieren.[601]

Wenn der Urheber auf die Mitteilung des Eigentümers hin zum Ausdruck bringt, sein Werk nicht zurücknehmen zu wollen, so kann der Eigentümer es ohne weiteres vernichten. Der Urheber hat mit der Ablehnung der Rücknahme sein fehlendes Interesse an der Erhaltung zum Ausdruck gebracht. Da es dem Urheber obliegt, seine Bereitschaft zur Rücknahme des Werkes dem Eigentümer innerhalb einer angemessenen Frist anzuzeigen, ist die Vermutung für das Bestandsinteresse bereits durch bloßes Schweigen auf die Mitteilung als widerlegt anzusehen. Der Eigentümer ist daher, auch wenn der Urheber auf die Mitteilung nicht reagiert, zur Vernichtung des Werkes berechtigt, ohne dass es einer besonderen Fristsetzung bedarf.[602] Als angemessene Reaktionszeit des Urhebers kann eine Frist von zwei Wochen angesehen werden.

bb. Keine Verwahrungspflicht des Eigentümers

Man könnte erwägen für den Fall, dass eine Mitteilung an den Urheber nicht oder nur mit unzumutbarem Aufwand möglich ist, z.B. bei unbekanntem Aufenthaltsort des Urhebers, dem Eigentümer die Pflicht aufzuerlegen, das Werk bis zum Ablauf der urheberrechtlichen Schutzfrist zu verwahren. [603] Hiergegen spricht aber, dass es eine Obliegenheit des Urhebers darstellt, die Bedingungen zu schaffen, unter denen eine Rückgabe des Werkes möglich ist. Da der Urheber keine Maßnahmen getroffen hat, eine Mitteilung an ihn zu ermöglichen, erscheint es nicht unwahrscheinlich, dass er kein gesteigertes Interesse an der Erhaltung seines Werkes hat. Die Pflicht, das unliebsame Werk verwahren zu müssen, stellt einen so schwerwiegenden Eingriff in das Eigentum dar, dass dieser Eingriff angesichts der Tatsache, dass das Erhaltungsinteresse des Urhebers eher unwahrscheinlich erscheint, und dass er selbst geeignete Maßnahmen zur Ermöglichung der Rückgabe unterlassen hat, als unangemessen angesehen werden muss. Auch eine Verpflichtung des Eigentümers, in diesem Fall das Werkstück an einen Dritten zu veräußern oder es schlicht zu dereliquieren, ist nicht zu begründen. Durch dieses Vorgehen wäre das Werk zwar zunächst vor der Vernichtung bewahrt, jedoch wäre den Urheberinteressen damit kaum gedient. Der

---

600 Allgemein zu den Aufklärungspflichten MüKo - *Roth* (4. Aufl.), § 242, Rn. 260 ff.

601 Palandt - *Heinrichs*, § 242, Rn. 37.

602 Andere Ansicht: Fromm/Nordemann - *Hertin*, § 14 Rn. 18; *Schöfer* (1984), S. 165; *v. Waasen* (1994), S. 172.

603 Zu einer solchen Aufbewahrungspflicht führt im Ergebnis der von *Kohler*, MuW 1917, S. 117/118, und auf diesen bezugnehmend von *Tölke* (1967), S. 93 vertretene Ansatz, bei beweglichen Werken sei von einem Vernichtungsverbot auszugehen, da diese stattdessen ins Magazin verbannt werden können.

Urheber wüsste nicht, wo sich das Werk nach der Veräußerung oder der Dereliktion befindet, er hätte also keine Möglichkeit, sich mit dem fortbestehenden Werk konkret auseinanderzusetzen. Überdies ist auch hier zu beachten, dass es aufgrund der fehlenden Erhaltungsmaßnahmen des Urhebers nicht unwahrscheinlich erscheint, dass der Urheber kein Interesse am Werk mehr hat. Es käme im Ergebnis also zu einer von den Interessen des Urhebers weitgehend unabhängigen Erhaltung des Werkes. Anderen Interessen, wie etwa denen an der Erhaltung wertvoller Kulturgüter, könnte zwar durch die Veräußerung oder die Dereliktion gedient werden. Diese sind aber, wie schon dargelegt wurde, im Rahmen der urheberrechtlichen Interessenabwägung unbeachtlich. Auch spricht gegen die Verpflichtung, das Werkstück zu veräußern oder zu dereliquieren, das mögliche, beachtenswerte Interesse des Eigentümers, das Werkstück nicht in den Händen eines Dritten zu wissen.

Wenn also eine Mitteilung an den Urheber mit zumutbarem Aufwand nicht möglich ist, so setzen sich im Regelfall die Vernichtungsinteressen des Eigentümers durch. Ein anderes Ergebnis kann die Interessenabwägung nur in Ausnahmefällen erbringen, z.B. wenn auf Seiten des Urhebers von einem besonders ausgeprägten Erhaltungsinteresse auszugehen ist, da es sich um ein Werk von besonderer Gestaltungshöhe oder um ein insgesamt besonders richtungsweisendes Werk handelt, und auf Seiten des Eigentümers das Interesse, sich des Werkes zu entledigen, äußerst gering ist, z.B. weil der Eigentümer, wie etwa ein staatliches Museum, über ausreichende Magazinkapazitäten verfügt. Derartige Fälle dürften die Praxis jedoch kaum beschäftigen, da in der beschriebenen Konstellation die Zerstörungsabsicht des Eigentümers nicht eben naheliegend ist.

cc. Erstattung des Materialwertes an den Eigentümer

Es stellt sich die Frage, ob der Eigentümer vom Urheber bei Rückgabe seines Werkes eine Vergütung fordern kann. Für eine unentgeltliche Rückgabe spricht, dass der Eigentümer durch die Vernichtungsabsicht sein mangelndes Interesse an dem im Werk verkörperten Wert zum Ausdruck bringt, da er im Falle der Vernichtung kein Entgelt erhalten würde.[604] Bei näherer Betrachtung zeigt sich jedoch, dass durchaus Fälle denkbar sind, in denen der Eigentümer zwar am geistigen Gehalt des Werkes kein Interesse mehr hat, wohl aber am Materialwert des Werkstücks, so z.B. wenn er ein Schmuckstück oder eine Skulptur aus Edelmetall einschmelzen will. Eine Verpflichtung zur unentgeltlichen Rückgabe würde den Eigentümer in diesen Fällen unangemessen benachteiligen. Man könnte daher erwägen, die Rückgabe des Werkes von der Erstattung des ursprünglichen Kaufpreises abhängig zu machen, um so das ursprüngliche Veräußerungsgeschäft quasi rückabzuwickeln. Gegen diese Idee spricht allerdings,

[604] Für eine Pflicht zur unentgeltlichen Rückgabe *Schack*, GRUR 1983, S. 56/58.

dass ein Werk, zu dessen Zerstörung der Eigentümer bereit ist, in der Regel zu diesem Zeitpunkt so gut wie keinen Wert (abgesehen vom Materialwert) mehr haben dürfte. Der Urheber müsste also die Erhaltung seines Werkes mit der Rückzahlung des ursprünglichen Kaufpreises unter Umständen sehr teuer erkaufen. Daher könnte erwogen werden, den Urheber zu verpflichten, den aktuellen Marktpreis des Werkes zu zahlen. Hier bliebe aber der Gedanke gänzlich unberücksichtigt, dass der Eigentümer durch seine Zerstörungsabsicht zu erkennen gibt, auf den im Werk verkörperten Marktpreis verzichten zu wollen. Außerdem würde dies einem Eigentümer, der sich die Mühe ersparen will, einen Käufer für das Werk zu finden, die Möglichkeit eröffnen, die Zerstörungsabsicht nur vorzutäuschen, um den Urheber zum Rückkauf zu bewegen. Sachgerecht ist es daher, die Rückgabe von der Erstattung des Materialwertes abhängig zu machen.[605]

dd. Ermöglichung der Mitteilung des Eigentümers in der Praxis

Es wird in der Praxis für den Urheber nicht einfach sein, seiner Obliegenheit, dem Eigentümer zu ermöglichen, ihn über die Zerstörungsabsicht mit zumutbarem Aufwand zu informieren, nachzukommen. So wird der Urheber häufig das Werk nicht direkt an den derzeitigen Eigentümer veräußert haben, oder der Urheber hat seit der Veräußerung seinen Wohnort gewechselt. In der Literatur wird daher der Vorschlag geäußert, der Urheber solle auf dem Werkstück seinen Namen und seine Adresse anbringen, so dass ihm über diese Adresse, selbst wenn er inzwischen verzogen ist, die Mitteilung nachgesandt werden kann.[606] Es wird jedoch für den Urheber äußerst problematisch sein, zu gewährleisten, dass ihn auch nach Jahren unter der angegebenen Adresse eine Mitteilung noch erreichen kann. Ein weiterer Vorschlag ist es, bei den Verwertungsgesellschaften ein Register einzurichten, in das jeder Urheber eines beweglichen Werkes, der gewährleisten möchte, von einer geplanten Werkzerstörung informiert werden zu können, eine Mitteilungsadresse eintragen lassen kann. Der Eigentümer müsse sich dann vor der beabsichtigten Zerstörung des Werkes an die entsprechende Verwertungsgesellschaft wenden, um zu erfahren, ob für den entsprechenden Urheber bzw. für das entsprechende Werk eine Mitteilungsadresse eingetragen ist. Sei das nicht der Fall, könne er das Werk bedenkenlos zerstören, da vom fehlenden Erhaltungsinteresse auszugehen sei.[607] Dieser Vorschlag hat die Schwäche, dass der Eigentümer mit dem Problem belastet wird, herauszufinden, an welche Verwertungsgesellschaft er sich im Einzelfall zu wenden und an-

---

605 So auch *Ulmer* (1980), S. 220; *Erdmann*, Fs. Piper (1996), S. 655/674; *v. Waasen* (1994), S. 174; *Schöfer*, (1984), S. 165; Schricker - *Dietz*, § 14 Rn. 39; Fromm/Nordemann - *Hertin*, § 14 Rn. 18.

606 *v. Waasen* (1994), S. 175.

607 Dieser Vorschlag wurde erstmals von *Schöfer* (1984), S. 165 geäußert. Er wurde aufgenommen von Schricker - *Dietz*, § 14 Rn. 39; *v. Waasen* (1994), S. 175.

schließend deren Anschrift zu ermitteln hat. Dies dürfte einen Laien vor nicht ganz unerhebliche Probleme stellen. Des weiteren müsste er versuchen, den exakten Namen und den genauen Titel des Werkes zu ermitteln, womit im Einzelfall das Maß des zumutbaren Aufwandes schon überschritten sein dürfte.

Die praktikabelste Lösung dürfte in einer Kombination beider Vorschläge zu finden sein. Auf dem entsprechenden Werkstück bringt der Urheber in nicht zu entfernender Weise den Namen und die Anschrift der entsprechenden Verwertungsgesellschaft sowie seinen Namen und den Werkstitel bzw. eine Registriernummer, unter der das Werk bei der Verwertungsgesellschaft geführt wird, an. Da es sich bei einem Großteil der Fälle, in denen die Frage der Werkvernichtung relevant wird, um Werke der bildenden Kunst handelt, wäre ein entsprechendes Register im nationalen Bereich vor allem bei der VG Bild-Kunst einzurichten. Um die Einführung des Registers in finanzieller Hinsicht zu ermöglichen, bietet es sich an, für die Eintragung eine Gebühr zu erheben.

c. Werke mit persönlichkeitsrechtlichem Bezug zum Eigentümer

Bei Werken, deren Inhalt in besonderem Maße die Persönlichkeit des Eigentümers berührt, wie etwa persönliche Briefe oder Abbildungen, kann der Eigentümer für die Vernichtungsbefugnis neben seinem Eigentumsrecht auch Persönlichkeitsrechte ins Feld führen. Es stehen sich in diesem Fall also auf beiden Seiten persönlichkeitsrechtliche Interessen gegenüber.

aa. Abbildungen des Eigentümers oder seiner Angehöriger

Ist der Eigentümer eines Werkes, z.B. eines Gemäldes oder einer Fotografie, selbst durch das Werk abgebildet, so ist sein Recht am eigenen Bild nach §§ 22 ff. KUG betroffen. Dieses konkret normierte, besondere Persönlichkeitsrecht gibt dem Abgebildeten das Recht, darüber zu bestimmen, ob die Abbildung verbreitet oder öffentlich zur Schau gestellt werden darf oder nicht. Gemäß §§ 37, 38 KUG steht ihm das Recht zu, die Vernichtung seines Bildnisses zu verlangen, wenn es widerrechtlich veröffentlicht oder verbreitet wurde. Die in den §§ 22 ff. KUG zum Ausdruck kommende Wertung ist auch in der Interessenabwägung bezüglich der Werkvernichtung zu beachten. Daher ist das Interesse des Eigentümers, seine Abbildung nicht verbreitet zu wissen, als schutzwürdiges Interesse anzuerkennen. Man könnte nun daran denken, im Rahmen eines Interessenausgleichs den Eigentümer zu verpflichten, statt der Vernichtung der ungeliebten Abbildung diese dem Urheber mit der Auflage eines Veröffentlichungsverbots zur Rücknahme anzubieten.[608] Ein Veröffentlichungsverbot vermag aber die Interessen des Eigentümers längst nicht so wirkungsvoll zu schützen, wie die Ver-

---

608 Dieser Vorschlag wird von *Tölke* (1967), S. 93 vertreten.

nichtung des Werkes, da nie ausgeschlossen werden kann, dass es nicht doch irgendwann, eventuell erst nach dem Tod des Abgebildeten, zu einer Veröffentlichung kommt. Darüber hinaus ist auch ohne eine Veröffentlichung des Werkes eine Kenntnisnahme durch Dritte möglich. Schon aus diesem Grund kann dem Eigentümer auch ein Aufbewahren der Abbildung an einem für die Öffentlichkeit unzugänglichen Ort nicht zugemutet werden. Die Interessenabwägung muss also ergeben, dass der Eigentümer ein Werk, das ihn abbildet, gestützt auf sein Eigentumsrecht und sein Recht am eigenen Bild vernichten darf.[609]

Stellt das Werk eine Abbildung Angehöriger oder sonst dem Eigentümer nahe stehender Personen dar, so kann der Eigentümer sich zwar nicht auf sein Recht am eigenen Bild berufen. Er kann durch die Veröffentlichung ihm unliebsamer Darstellungen seiner Angehörigen aber in gleicher Weise in seinen persönlichen Interessen verletzt werden wie durch die Veröffentlichung einer Abbildung seiner eigenen Person. Zusätzlich kann ein Werk, das einen nahen Angehörigen darstellt, den Eigentümer auch erheblich in seinen persönlichen Gefühlen zu dem Abgebildeten verletzen. So empfand etwa Lady Churchill ein vom Maler Graham Sutherland gemaltes Porträt ihres Gatten Winston Churchill als derart „shocking“, dass sie sich genötigt sah, dieses im heimischen Herd zu verbrennen.[610] Da sich die Interessenlage hier nicht wesentlich von der unterscheidet, wenn das Werk den Eigentümer selbst abbildet, ist auch hier das Interesse, die Abbildung vernichtet und nicht in den Händen Dritter zu wissen, als schutzwürdig anzuerkennen. Es kann also dem Eigentümer auch hier nicht zugemutet werden, statt der Zerstörung das Werk dem Urheber zur Rücknahme anzubieten, da dadurch eine spätere Veröffentlichung oder die Kenntnisnahme Dritter nicht wirkungsvoll genug ausgeschlossen wäre. Auch in dieser Konstellation kann sich im Regelfall also das Erhaltungsinteresse nicht gegen das Vernichtungsinteresse durchsetzen.[611] So war Lady Churchill, falls sie Eigentümerin des Bildes gewesen sein sollte[612], zu ihrer Vernichtungshandlung berechtigt.

bb. Briefe mit persönlichem Inhalt

Erreicht ein Brief ein ausreichendes Maß an persönlicher geistiger Prägung, so stellt er ein urheberrechtlich geschütztes Werk dar. Mit dem Empfang gelangt der Brief in das Eigentum des Adressaten. Häufig wird ein persönlicher Brief zahlreiche private Details über die Beziehung zwischen dem Verfasser und dem Empfänger oder andere Einzelheiten über die Lebenssituation des Empfängers

[609] *Schack*, GRUR 1983, S. 56/58; *v. Waasen* (1994), S. 169.
[610] Berichtet von *Erdmann*, Fs. Piper (1996), S. 655/673.
[611] *Schack*, GRUR 1983, S. 56/58; *v. Waasen* (1994), S. 169.
[612] Tatsächlich stand das Bild wohl im Eigentum Winston Churchills; vgl. *Erdmann*, Fs. Piper (1996), S. 655/673.

enthalten. Daher berührt der Inhalt eines solchen Briefes den Schutzbereich des aPR des Empfängers.[613] Dabei nimmt der Schutzumfang durch das aPR zu, je stärker der Inhalt des Briefes nicht nur die wenig geschützte Sozialsphäre, sondern auch den Privatbereich oder sogar die absoluten Schutz genießende Intimsphäre berührt. Will nun der Eigentümer solche Briefe vernichten, der Absender als Urheber diese aber erhalten, um sie als Inspirationsquelle für spätere Werke zu nutzen, ist im Rahmen der Interessenabwägung das Interesse des Eigentümers an der Geheimhaltung als berechtigtes schutzwürdiges Interesse anzuerkennen. Auch hier ist die Kenntnisnahme Dritter absolut zuverlässig nur durch die Vernichtung der Briefe ausgeschlossen. Berühren die Briefe die Privat- oder Intimsphäre, wird daher die Interessenabwägung auch hier im Regelfall ergeben, dass dem Eigentümer eine Rückgabe der Briefe an den Absender nicht zugemutet werden kann. Nur wenn die Briefe ausschließlich die Sozialsphäre des Eigentümers, also des Empfängers, berühren, erscheinen die Urheberinteressen an der Erhaltung vorrangig, so dass der Eigentümer vor der Zerstörung die Rückgabe anzubieten hat.

Der von Mentha entwickelte Vorschlag, Briefe in dem hier beschriebenen Konfliktfall bei einem Notar oder einer Sammelstelle für bestimmte erhaltungswürdige Briefe, Tagebücher und Manuskripte zu hinterlegen, um sie erst nach einer bestimmten Zeit post mortem auctoris oder post depositum zugänglich zu machen,[614] erscheint wenig sinnvoll. Das Interesse des Urhebers, die Briefe als Inspirationsquelle zu nutzen, würde nicht befriedigt, wenn die Briefe an einem unzugänglichen Ort verwahrt würden. Allein dem Interesse der Nachwelt an der Erhaltung historisch und literarisch interessanter Briefwechsel bekannter und bedeutender Personen könnte so gedient werden. Dieser Gesichtspunkt ist aber im Rahmen der urheberrechtlichen Interessenabwägung unbeachtlich. Im übrigen ist es mehr als fraglich, ob es mit dem aPR des Empfängers und Eigentümers eines privaten oder intimen Briefes zu vereinbaren ist, den Eigentümer zu Lebzeiten daran zu hindern, den Brief zu vernichten, um den Brief eine bestimmte Zeit nach dem Ableben des Eigentümers, wenn dies mit dem, mit fortschreitendem Zeitablauf abnehmenden postmortalen Persönlichkeitsschutz zu vereinbaren ist, öffentlich zugänglich zu machen. Der Empfänger muss also berechtigt sein, Briefe mit privatem oder intimen Inhalt jederzeit zu vernichten.[615]

d. Mit einem Grundstück des Eigentümers verbundene Werke

In den Bereich der mit einem Grundstück des Eigentümers verbundenen Werke fallen alle Werke, die unmittelbar mit dem Grund und Boden fest verbunden

---

[613] Siehe zum Schutzumfang des aPR 6. Kapitel A.I.2.
[614] *Mentha*, GRUR Int. 1973, S. 295/298.
[615] Im Ergebnis so auch: *v. Waasen* (1994), S. 167; *Schack*, GRUR 1983, S. 56/58.

sind wie Werke der Architektur oder sonstige Werke der bildenden Kunst, wie Statuen oder Denkmäler sowie urheberrechtlich geschützte Gartenanlagen. Daneben gehören in diese Gruppe auch Werke der bildenden Kunst, die untrennbar mit einem Gebäude verbunden sind, wie etwa Wand- oder Deckenfresken oder besonders individuell gestaltete Stuckaturarbeiten. Die Vernichtung solcher mit einem Grundstück oder Gebäude verbundenen Werke ist der Bereich, der in der Praxis am häufigsten die Gerichte beschäftigte.[616] Der Grund hierfür liegt darin, dass sich die Eigentümer derartiger Werke verhältnismäßig oft zur Vernichtung dieser Werke entschließen müssen, da dies häufig die einzige Möglichkeit ist, das betreffende Gebäude oder Grundstück anderweitig nutzen zu können.

aa. Durch den Gebrauchszweck begründete Werkvernichtung

Einige Autoren vertreten, obwohl sie die Werkvernichtung als Eingriff in die Persönlichkeitsrechte des Urhebers werten, die Auffassung, bei fest mit einem Grundstück verbundenen Werken stehe dem Eigentümer ein Vernichtungsrecht zu, ohne dass es einer Interessenabwägung bedürfe.[617] Bei dieser Ansicht wird m.E. nicht beachtet, dass die einzigen Unterschiede zwischen der Vernichtung beweglicher Werke und der Vernichtung eines fest mit einem Grundstück verbundenen Werkes darin liegen, dass dem Eigentümer im Regelfall wenig Ausweichmöglichkeiten zum Erreichen seines Zieles, meist sich des Werkes zu entledigen, zur Verfügung stehen. So scheidet insbesondere eine Rückgabe des Werkes an den Urheber aus. Darüber hinaus bestehen auf Seiten des Eigentümers häufig erhebliche finanzielle Interessen an einer anderweitigen Nutzung des Grundstücks. Diese Unterschiede rechtfertigen jedoch keinen vollständigen Verzicht auf die Interessenabwägung. Diese Unterschiede sind lediglich im Rahmen der Interessenabwägung zugunsten der Eigentümerinteressen zu berücksichtigen. Um jedoch auch atypischen Fällen gerecht werden zu können, ist die konkrete Abwägung der Interessen des Einzelfalls unentbehrlich.

Im Rahmen der Interessenabwägung ist hier der Gebrauchszweck des Gebäudes oder Grundstücks, mit dem das Werk verbunden ist, ein wichtiger zu berücksichtigender Umstand.[618] Zu Lasten des Urhebers ist zu berücksichtigen, dass er, als er sein Werk mit dem Grundstück verband, damit rechnen musste, dass sein Erhaltungsinteresse in Konflikt zu den Nutzungsinteressen des Grund-

---

[616] Vgl. RGZ 79, S. 397 ff. - Felseneiland mit Sirenen; LG München I, FuR 1982, S. 510 ff. - Hajek I (ADAC-Hauptverwaltung I); LG München I, FuR 1982, S. 513 ff. - Hajek II (ADAC-Hauptverwaltung II); OLG München, ZUM 2001, S. 339 ff. - St. Ulrich; LG Bielefeld, Urteil vom 9.2.2001, 4 O 20/01 (unveröffentlicht) - Mindener Keilstück; OLG Hamm Urteil vom 12.7.2001, 4 U 51/01 (unveröffentlicht)- Mindener Keilstück;

[617] *G. Schulze*, Fs. Dietz (2001), S. 178/183.

[618] *Schöfer* (1984), S. 158; *Tölke* (1967), S. 94; *v. Waasen* (1994), S. 162.

stückseigentümers treten könnte. Da es dem Eigentümer nach der allgemein herrschenden Rechts- und Kulturauffassung nicht zuzumuten ist, sein Grundstück zu veräußern, können sich die Erhaltungsinteressen des Urhebers im Regelfall nicht durchsetzen, sofern das Werk einem veränderten Gebrauchszweck des Grundstücks oder des Gebäudes entgegensteht.[619] So darf im Regelfall ein urheberrechtlich geschütztes Gebäude abgerissen werden, wenn es einer anderweitigen Nutzung des Geländes entgegensteht. Auch die Interessen des Schöpfers eines mit einem Gebäude untrennbar verbundenen Werkes der bildenden Kunst können sich im Regelfall nicht gegen die geänderten Nutzungsinteressen des Gebäudeeigentümers durchsetzen.[620] So wird etwa ein Wandfresko weichen müssen, wenn an der betreffenden Wand durch eine vom Eigentümer geplante Nutzungsänderung des Gebäudes ein Mauerdurchbruch unvermeidbar wird.

Eine Ausnahme von diesem Grundsatz kann sich im Rahmen der Interessenabwägung aber im Einzelfall ergeben, wenn die Trennung des Werkes von dem Gebäude technisch möglich erscheint und sich dabei die Beeinträchtigung des Eigentümers, sowohl in zeitlicher wie auch in ideeller Hinsicht in einem zumutbaren Rahmen hält. In diesem Fall hat der Eigentümer den Urheber, sofern dieser mit zumutbarem Aufwand erreichbar ist, über die bevorstehende Vernichtung zu informieren. Der Urheber hat dann die Möglichkeit, sein Interesse an der Rücknahme seines Werkes mitzuteilen. Die Trennung ist dabei entweder vom Eigentümer auf Kosten des Urhebers durchzuführen oder, wenn der Eigentümer dies gestattet, vom Urheber selbst vorzunehmen. Eine erhebliche Verzögerung seines Vorhabens sowie sonstige Unannehmlichkeiten werden für den Eigentümer jedoch nur bei sehr hochstehenden Werken, wie z.B. Wandmalereien von großer Gestaltungshöhe, zumutbar sein. Auch wird der Urheber nur bei Werken der vorbenannten Art bereit sein, den erheblichen finanziellen Aufwand zu tragen.

Ist eine Trennung nicht möglich oder ist der Urheber nicht bereit, diese zu finanzieren, so ist als Möglichkeit des Interessenausgleichs abzuwägen, ob es dem Eigentümer zuzumuten ist, dem Urheber Gelegenheit zur Ausübung seines Zugangsrechts nach § 25 UrhG zu geben. Der Urheber kann dann Nachbildungen oder wenigstens Fotografien bzw. Abbildungen seines Werkes anfertigen.[621]

---

619 Folgende Autoren, die die Werkvernichtung als Eingriff in das UPR qualifizieren, kommen zu demselben Ergebnis: *Altenberg*, JW 1913, S. 76/78; *Tölke* (1967), S. 92; *Schack*, GRUR 1983, S. 56/58; *Schack* (2001), Rn. 360; *Hesse*, BauR 1971, S. 209/220; *Schöfer* (1984), S. 158; *v. Waasen* (1994), S. 162 f.; *Movsessian*, UFITA 95 (1983), S. 77/87; *Nahme*, GRUR 1966, S. 474/478; *G. Schulze*, Fs. Schricker (2001), S. 177/183; Schricker - *Dietz*, § 14 Rn. 40.

620 *Kohler*, MuW 1917, S. 117/118; *Tölke* (1967), S. 92; *Schöfer* (1984), S. 158; *v. Waasen* (1994), S. 162; *Movsessian* UFITA 95 (1983), S. 77/87;

621 *Erdmann*, Fs. Piper (1996), S. 655/675; *Schack*, GRUR 1983, S. 56/57; *v. Waasen* (1994), S. 163; *Schöfer* (1984), S. 164.

Als Möglichkeit des Interessenausgleichs kommt darüber hinaus bei Werken der Baukunst auch die Herausgabe von Kopien der Pläne des Werkes auf Kosten des Urhebers in Betracht.[622]

bb. Geschmacklich motivierte Werkvernichtung

Häufig wird der Entschluss zur Vernichtung eines mit einem Gebäude oder dem Grund und Boden untrennbar verbundenen Werkes nicht durch den Gebrauchszweck des Gebäudes begründet sein, sondern schlicht auf subjektiv ästhetischen Erwägungen, also auf dem Geschmack des Eigentümers beruhen. So waren es z.B. in dem der „Sirenen-Entscheidung" des Reichsgerichtes zugrundeliegenden Fall rein ästhetische Erwägungen, die die Eigentümerin des Wandfreskos dieses zunächst ändern ließen, worauf das Gericht entschied, der Urheber könne sich gegen diese Änderung wehren, die Eigentümerin sei letztlich aber befugt, das Wandfresko zu vernichten.[623]

Der Eigentümer eines mit seinem Grund und Boden bzw. seinem Gebäude fest verbundenen Werkes kann sich dessen nur dadurch entledigen, dass er es zerstört oder das gesamte Grundstück veräußert. Würde man z.B. dem Eigentümer eines Hauses mit einem Wandfresko das Recht absprechen, dieses Fresko aus rein ästhetischen Gründen zu vernichten, so wäre er gezwungen, mit dem Fresko zu leben oder das gesamte Haus zu verkaufen. Dies würde einen unangemessenen Eingriff in die Rechte des Eigentümers bedeuten, da der Eingriff in die Eigentümerinteressen wesentlich schwerer wiegen würde als der Vorteil, den der Urheber durch die Erhaltung des Werkes erlangt. Das Werk ist auf einem fremden Grundstück im Regelfall für den Urheber nicht ohne weiteres zugänglich, so dass es für ihn nur sehr beschränkt von Nutzen ist. Auch wird das Werk nur für eine sehr beschränkte Öffentlichkeit wahrnehmbar sein. Überdies ist zu beachten, dass sich die Annahme eines Zerstörungsverbots in derartigen Fällen allgemein für die Interessen aller Urheber sehr nachteilig auswirken würde. Kaum ein Eigentümer wäre noch bereit, ein urheberrechtlich geschütztes Gebäude oder sonstiges Werk auf seinem Grundstück zu errichten oder an seinem Gebäude anbringen zu lassen, wenn er gezwungen wäre, dieses bis zum Ablauf der Schutzfrist dort zu belassen, sofern er nicht sachliche Gründe für die Vernichtung anführen könnte. Der Eigentümer ist daher im Regelfall berechtigt, ein mit seinem Grundstück bzw. seinem Gebäude untrennbar verbundenes Werk

---

622 So Art. 15 Abs. 3 des Urhebergesetzes der Schweiz.

623 RGZ 79, S. 397 ff. - Felseneiland mit Sirenen; siehe zur Schilderung des Falls 2. Kapitel A.I.1.

auch aus rein geschmacklichen, also rein subjektiven Gründen zu vernichten[624] bzw. ein urheberrechtlich geschütztes Gebäude abzureißen.[625]

Wie auch bei der Vernichtung aus Gründen des Gebrauchszwecks, ist auch hier im Rahmen der Interessenabwägung zu berücksichtigen, dass dem Urheber Gelegenheit zu geben ist, sein Zugangsrecht nach § 25 UrhG auszuüben, um auf seine Kosten Nachbildungen oder wenigstens Skizzen oder Fotografien anzufertigen, soweit dem nicht schwerwiegende Eigentümerinteressen entgegenstehen.[626] Liegt der Ausnahmefall vor, dass eine Trennung von Werk und Gebäude möglich und zumutbar ist, so hat der Eigentümer, wie oben dargestellt, dem Urheber die Rückgabe anzubieten.

Die „Sirenen-Entscheidung" des Reichsgerichts ist also im Ergebnis zutreffend, wenn sie feststellt, die Eigentümerin sei zur Zerstörung des betreffenden Wandfreskos aus rein geschmacklichen Gründen berechtigt. Unzutreffend ist allerdings die Begründung, durch die Vernichtung werde das Persönlichkeitsrecht des Künstlers ebenso wenig berührt wie durch die Veräußerung des Werkes.[627] Richtigerweise hätte das Reichsgericht feststellen müssen, dass auch die Vernichtung einen Eingriff in die durch das UPR geschützten Interessen bedeutet. Das Reichsgericht hätte daher für den konkreten Fall die konträren Interessen des Urhebers und des Eigentümers gegeneinander abwägen müssen.

cc. Teilvernichtung

Häufig wird der Eigentümer bei architektonischen Werken nur einen Teil des Werkes vernichten, den übrigen Teil aber erhalten wollen. Hier ist im Einzelfall abzugrenzen, ob es sich um eine Vernichtung oder um eine Änderung des Werkes handelt. Nach den oben entwickelten Kriterien liegt eine Vernichtung dann vor, wenn der verbleibende Rest keinen urheberrechtlich schutzfähigen Teil des vorherigen Werkes darstellt.[628] Ist die Vernichtung von Werkteilen nicht als Vernichtung des Gesamtwerkes zu qualifizieren, so handelt es sich um eine am

---

624 *Kohler*, MuW 1917, S. 117/118; *Nahme*, GRUR 1966, S. 474/476; *Hauffe* (1955), S. 116; *Movsessian*, UFITA 95 (1983), S. 77/87; *v. Waasen* (1994), S. 164 f.; *Schöfer* (1984), S. 163 f.; *Tölke* (1967), S. 92 f.; a.A. *Meyer* (1937), S. 84, der die Zerstörung eines Wandgemäldes wohl nur zulassen will, wenn diese durch den Gebrauchszweck gerechtfertigt ist.

625 Eine andere Auffassung wird, soweit ersichtlich ist, nur von *Walchshöfer*, Fs. Hubmann (1985), S. 469/475 vertreten. Walchshöfer geht davon aus, eine Erhaltung des Bauwerkes sei dem Eigentümer unter bestimmten Voraussetzungen zumutbar, er geht aber auf diese Vorraussetzungen nicht näher ein.

626 Speziell zum Zugangsrecht vor der Vernichtung aus geschmacklichen Gründen *v. Waasen* (1994), S. 163, Fn. 398.

627 RGZ 79, S. 397/401 - Felseneiland mit Sirenen.

628 Siehe 1. Kapitel B.III.2.a.aa.

Gesamtkomplex der §§ 14, 39, 62, 93 UrhG zu messende Beeinträchtigung oder Änderung des Werkes. Im Rahmen der Interessenabwägung ist hier zu prüfen, inwieweit der Gebrauchszweck des architektonischen Werkes gerade diese Änderung notwendig macht. Dabei kann die Interessenabwägung im jeweiligen Einzelfall durchaus ergeben, dass die vollständige Vernichtung des Werkes die Interessen des Urhebers weniger belastet als die Teilvernichtung. Im Rahmen des Ausweichprinzips hat der Eigentümer dann das Werk vollständig zu vernichten.

Im „Fall Hajek“ stellte das LG München I fest, die durch die Teilzerstörung des Gesamtkunstwerkes eingetretene Beeinträchtigung verletze die Interessen des Urhebers und sei daher unzulässig. Die Beeinträchtigung sei entweder dadurch zu beseitigen, dass das Werk in seiner ursprünglichen Form wiederhergestellt oder dass auch der Rest des Werkes vernichtet werde.[629] Dabei ging das Gericht zu Unrecht davon aus, dass die vollständige Vernichtung die urheberrechtlich geschützten Interessen des Werkschöpfers nicht berühre. Richtigerweise hätte das Gericht ermitteln und abwägen müssen, ob die vorgenommene Teilvernichtung die Urheberinteressen stärker beeinträchtigt als eine vollständige Vernichtung. Nur wenn es dabei zu dem Ergebnis gekommen wäre, dass die Vernichtung weniger stark in die Interessen des Urhebers eingreift, hätte es feststellen dürfen, dass die Vernichtung als Ausweichmittel in Betracht kommt. Über das Ergebnis der Abwägung in diesem konkreten Fall kann ohne Kenntnis aller Einzelheiten keine Aussage getroffen werden.

dd. Werke im Eigentum der öffentlichen Hand

Relativ häufig wird die Frage der Zulässigkeit der Vernichtung bei an öffentlichen Orten aufgestellten Werken, die im Eigentum der öffentlichen Hand stehen, relevant, wie z.B. bei Denkmälern, Werken der bildenden Kunst aber auch Bauwerken.

(1) Sachlich oder durch ideologische Interessen der Allgemeinheit begründete Werkvernichtung

Ist die Vernichtung des Werkes aus sachlichen Gründe geboten, etwa um Passanten vor den vom Werk ausgehenden Gefahren zu schützen, oder weil der Ort, an dem das Werk aufgestellt ist, für andere dringende öffentliche Bauprojekte benötigt wird, so ergeben sich keine Unterschiede zu Werken in Privateigentum.

Neben diesen sachlichen Gründen ist bei Werken im Eigentum der öffentlichen Hand im Rahmen der Interessenabwägung auch das ideologisch motivierte

[629] LG München I, FuR 1982, S. 510 ff. - Hajek I (ADAC-Hauptverwaltung I).

Interesse der Allgemeinheit an einem ihren Wünschen entsprechenden Umgang mit dem Eigentum der öffentlichen Hand zu berücksichtigen. In diesem Zusammenhang ist der schon in der Einleitung angesprochene Fall der Demontage des Lenin-Denkmals in Berlin erwähnenswert. Im Jahr 1991 wurde unter großem öffentlichen Aufsehen eine von dem russischen Monumentalbildhauer Nikolaj Tomskij im Stil der Ehrenmäler des sozialistischen Realismus geschaffene, im Eigentum des Landes Berlin stehende Lenin-Statue im Osten Berlins beseitigt.[630] Gegen diese Beseitigung hatten die Erben des Künstlers geklagt. Das Kammergericht Berlin wertete die Demontage nicht als Vernichtung, sondern als Beeinträchtigung des Werkes und entschied, dass sich die Interessen des Urhebers nicht gegen die Interessen des Landes Berlin durchzusetzen vermögen. Die Interessen des Landes ergäben sich aus dem Interesse der Allgemeinheit, eine Statue Lenins aus dem öffentlichen Straßenbild zu entfernen. Das Interesse der Allgemeinheit begründe sich daraus, dass der wesentliche Grund für die Aufstellung des Denkmals die Verehrung der Person Lenins gewesen sei, die die damalige Staats- und Parteiführung propagiert habe.[631] Ob es sich bei der Demontage der Statue tatsächlich um eine Beeinträchtigung oder um eine Vernichtung gehandelt hat, kann hier nicht weiter erörtert werden, da nicht bekannt ist, ob die Statue nach der Entfernung von ihrem Standort zerstört oder irgendwo gelagert wurde. Entscheidend ist vielmehr, dass bei Werken im Eigentum der öffentlichen Hand nicht nur auf die unmittelbaren Interessen des Eigentümers, also hier des Landes Berlin, abzustellen ist, sondern, wie das Kammergericht zutreffend festgestellt hat, überwiegend die Interessen der Allgemeinheit zu berücksichtigen sind.[632] Im Falle der Lenin-Statue überwog die politische Aussage deutlich gegenüber dem Gehalt an persönlichem und künstlerischem Inhalt, so dass sich die ideellen Interessen des Künstlers eindeutig nicht gegenüber den Interessen der Allgemeinheit, das Denkmal aus dem Straßenbild zu entfernen, durchsetzen konnten.[633]

(2) Rein geschmacklich motivierte Werkvernichtung

Problematischer ist hingegen der Fall, dass ein Werk der öffentlichen Hand aus rein ästhetischen Erwägungen, ohne dass „ideologische Gründe" dafür angeführt werden können, vernichtet wird. Im Vergleich zu einem privaten Eigentümer ergibt sich in diesem Fall die Besonderheit, dass die öffentliche Hand selbst nicht in der Lage ist, einen eigenen Geschmack oder ein ästhetisches Empfinden

---

630 Vgl. *Bullinger* (1997), S. 108; *Dietz*, ZUM 1993, S. 309/310; siehe auch die Berichte in der FAZ vom 7.11.1991, S. 36 und vom 13.11.1991, S. 33.

631 Beschluss des Kammergerichts vom 8.10.1991, Aktenzeichen 5 W 6299/91 (unveröffentlicht).

632 Vgl. *Fechner* (1999), S. 321.

633 So auch *Fechner* (1999), S. 321.

zu entwickeln. Darüber hinaus sind Werke der öffentlichen Hand häufig an öffentlichen Standorten aufgestellt, so dass aufgrund der Zugänglichkeit für die Allgemeinheit die ideellen Interessen des Urhebers an ihrer Erhaltung besonders ausgeprägt sind. Zugunsten des Erhaltungsinteresses des Urhebers ist dabei insbesondere zu beachten, ob der Urheber sein Werk speziell für den öffentlichen Raum geschaffen hat und daher mit einer ständigen öffentlichen Auseinandersetzung und Aufmerksamkeit rechnen durfte. Der persönliche Geschmack einzelner Amtsträger oder der Geschmack der Mehrheit eines Entscheidungsgremiums vermögen den in einer Werkvernichtung liegenden Eingriff in die Urheberinteressen nicht zu rechtfertigen. Dementsprechend sind nach einem Wechsel der politischen Mehrheiten die neuen Amtsinhaber bzw. die neuen Mitglieder der Entscheidungsgremien nicht berechtigt, Werke der öffentlichen Hand zu vernichten, nur um ihren persönlichen Geschmack durchzusetzen.

Ein schützenswertes Vernichtungsinteresse der öffentlichen Hand liegt aber dann vor, wenn sich dieses aus dem Wunsch der Allgemeinheit bzw. der überwiegenden Mehrheit der Bevölkerung herleitet. Es ist in diesem Zusammenhang jedoch zu berücksichtigen, dass der Einzelne durch den erzwungenen Anblick eines im öffentlich Raum aufgestellten Werkes kaum in einem seiner Grundrechte gravierend beeinträchtigt wird. Daher wird sich das Vernichtungsinteresse nur in den Fällen durchsetzen können, in denen die ganz überwiegende Mehrheit der Bevölkerung gegen den Verbleib des Werkes ist. In der Praxis dürfte es sich als äußert schwierig darstellen, dies zu ermitteln. Auch hier sind im Einzelfall, soweit wie möglich, den Urheber weniger stark belastende Mittel zu wählen.

ee. Demontage ortsbezogener Kunst

Die Demontage eines ortsbezogenen Werkes ist, wie oben dargelegt wurde, nicht als Vernichtung, sondern als eine Beeinträchtigung des Werkes einzuordnen.[634] Gleichwohl sind auch hier die oben entwickelten Wertungen anzuwenden. Die Demontage ist danach im Regelfall nicht nur dann zulässig, wenn sie durch eine geänderte Nutzung des Ortes erforderlich wird, sondern auch rein subjektive geschmackliche Gründe des Eigentümers können die Demontage im Regelfall rechtfertigen, da es dem Eigentümer nicht zuzumuten ist, ein standortbezogenes Werk bis zum Ablauf der urheberrechtlichen Schutzfrist gegen seinen Willen auf seinem Grundstück oder in seinem Gebäude am ursprünglichen Standort zu belassen. Genauso wenig ist dem Eigentümer zuzumuten, sein Grundstück zu veräußern, um sich des Werkes zu entledigen.

Häufig werden standortbezogene Werke im Eigentum der öffentlichen Hand stehen und für einen öffentlichen Ort konzipiert worden sein. So hatten z.B. die

---

[634] Vgl. zur Demontage ortsbezogener Werke 1. Kapitel B.III.2.c.

Gerichte im oben schon erwähnten Fall des „Mindener Keilstücks" über die Entfernung eines im Eigentum der Stadt stehenden ortsbezogenen Werkes von seinem öffentlichen Standort zu befinden.[635] Während das LG Bielefeld[636] die Demontage als Zerstörung wertete, ordnete das OLG Hamm[637] als Berufungsgericht diese zutreffend als Beeinträchtigung des Werkes ein. Es entschied, die Interessenabwägung ergäbe, dass die Stadt als Eigentümerin zu einer solchen Beeinträchtigung aus rein geschmacklichen Gründen nicht berechtigt sei. Nur wenn darüber hinaus weitere Eigentumsbeeinträchtigungen für die Entfernung sprächen, wäre diese zulässig. Dem ist nicht uneingeschränkt zuzustimmen. Wie oben dargestellt, kann die Interessenabwägung im Einzelfall ergeben, dass auch die Vernichtung eines Werkes der öffentlichen Hand zulässig sein kann, ohne dass sachliche Gründe diese rechtfertigen, sofern sich das Vernichtungsinteresse der öffentlichen Hand aus dem eindeutigen Wunsch der überwiegenden Bevölkerungsmehrheit, das Werk zu beseitigen, ergibt. Dies muss auch im Falle der Demontage eines ortsbezogenen Werkes gelten. Auch im Falle der Demontage eines „öffentlichen Werkes" ist zugunsten der Urheberinteressen zu beachten, dass die Demontage wegen des damit verbundenen negativen Werturteils und des großen öffentlichen Aufsehens die ideellen Interessen des Urhebers in besonderem Maße beeinträchtigt. Wie die Interessenabwägung unter Berücksichtigung dieser Gesichtspunkte im Fall des „Mindener Keilstücks" ausgefallen wäre, lässt sich ohne Kenntnis aller Einzelheiten nicht abschätzen.

Bei entsprechender Interessenlage kann die Abwägung ergeben, dass die vollständige Vernichtung des Werkes im Vergleich zur Demontage und dem Aufstellen an einem anderen (der Öffentlichkeit zugänglichen) Standort die geringere Verletzung der Interessen des Urhebers darstellt. Ob der Urheber auch gegen seinen Willen die Aufstellung an einem anderen Standort hinnehmen muss, kann nur nach der Interessenabwägung im Einzelfall entschieden werden.

e. Mit beweglichen Sachen des Eigentümers als wesentlicher Bestandteil verbundene Werke

Ist ein urheberrechtlich geschütztes Werk mit einer anderen Sache des Eigentümers als wesentlicher Bestandteil verbunden, so können das Werk und diese Sache nicht voneinander getrennt werden, ohne dass eines von beiden zerstört wird. Ist die Vernichtung des Werkes durch den Gebrauchszwecks der Sache geboten, so können sich die Erhaltungsinteressen des Urhebers aus denselben Gründen, wie bei einem mit einem Gebäude oder Grundstück verbundenen

---

[635] Siehe zu diesem Fall die Ausführungen in der Einleitung unter A. sowie im 2. Kapitel unter A.I.3.

[636] Urteil des LG Bielefeld vom 9. 2. 2001, Aktenzeichen: 4 O 20/01 (unveröffentlicht).

[637] Urteil des OLG Hamm vom 12.7.2001, Aktenzeichen: 4 U 51/01 (unveröffentlicht).

Werk, im Regelfall nicht durchsetzen.[638] Dies gilt insbesondere, wenn der Urheber sein Werk von vornherein als wesentlichen Bestandteil der fremden Sache konzipiert bzw. das Werk selbst mit der Sache verbunden hat, wie z.B. ein Graffiti-Künstler, der sein Werk auf ein fremdes Auto oder einen fremden Eisenbahnwagon sprüht.

Will der Eigentümer das Werk ausschließlich aus geschmacklichen Gründen vernichten, so ist danach zu differenzieren, ob er beabsichtigt, den mit dem Werk verbundenen Gegenstand nach der Vernichtung des Werkes weiter zu nutzen, oder ob er sich des Werkes und des mit diesem verbundenen Gegenstands insgesamt entledigen will. Will der Eigentümer die Sache nach Entfernung des Werkes weiter nutzen, so ist er im Regelfall berechtigt, das Werk zu vernichten. Ihm die Pflicht aufzuerlegen, die Gesamtsache und damit auch das Werk an den Urheber herauszugeben oder von der Zerstörung abzusehen und die Sache einschließlich des Werkes weiter zu nutzen, stellt einen durch die Urheberinteressen nicht zu rechtfertigenden Eingriff in das Eigentum an der Gesamtsache dar, weil die Rechte des Urhebers sich nur auf das Werk, nicht aber auf den mit dem Werk zu einer einheitlichen Sache verbundenen Gegenstand beziehen.[639] Im Einzelfall kann die Interessenabwägung jedoch ein abweichendes Ergebnis erbringen, so z.B., wenn das Werk eine besondere Gestaltungshöhe aufweist, und der Wert des verbundenen Gegenstandes und das Affektionsinteresse des Eigentümers hinter dem künstlerischen und materiellen Wert des Werkes zurücktritt.[640]

Beabsichtigt der Eigentümer, sich durch die Vernichtung sowohl des Werkes als auch des mit diesem verbundenen Gegenstandes zu entledigen, so stellt die Herausgabe der Gesamtsache an den Urheber gegen Erstattung des Materialwertes ein geeignetes Mittel des Interessenausgleichs dar. In diesem Fall hat der Eigentümer durch die Vernichtungsabsicht zu erkennen gegeben, dass er auch an dem mit dem Werk verbundenen Gegenstand kein Interesse mehr hat.

Wenn eine Rückgabe des Werkes ausscheidet, gebietet es auch in diesem Fall das Ausgleichsprinzip, dass dem Urheber, soweit nicht gravierende Eigentümerinteressen entgegenstehen, Gelegenheit gegeben wird, sein Zugangsrecht nach § 25 UrhG auszuüben.

f. Dem Eigentümer rechtswidrig aufgedrängte Werke

Ein dem Eigentümer rechtswidrig aufgedrängtes Werk entsteht, wenn der Urheber gegen den Willen des Eigentümers sein Werk mit einer beweglichen Sache

---

[638] Vgl. hierzu die Ausführungen zur Vernichtung untrennbar mit Gebäuden oder Grundstükken verbundener Werke, 4. Kapitel B.III.3.d.aa.

[639] Zu diesem Ergebnis gelangen auch *Schöfer* (1984), S. 162 und *v. Waasen* (1994), S. 166.

[640] Ähnlich auch *v. Waasen* (1994), S. 166.

oder einem Grundstück des Eigentümers verbindet. In der Praxis relevant werden derartige Fälle vor allem, wenn jemand gegen den Willen des Eigentümers beispielsweise an Gebäuden oder Fahrzeugen Graffiti anbringt, die aufgrund ihrer ausgeprägten Individualität Urheberrechtsschutz genießen. So hat z.B. der „Sprayer von Zürich" Werke von anerkannter künstlerischer Qualität an fremde Hauswände gesprüht.[641] Im Regelfall erlangt der Eigentümer in diesen Fällen nach § 946 BGB, bzw. bei beweglichen Sachen nach § 947 Abs. 2 BGB, Eigentum an der Werkverkörperung.[642]

Die Inanspruchnahme einer fremden Sache zur Herstellung eines Werkes stellt eine rechtswidrige Eigentumsverletzung dar, die sowohl zivil- wie auch strafrechtliche Sanktionen nach sich zieht.[643] Unabhängig davon, dass ein Eingriff in fremde Rechtsgüter vorliegt, erwirbt der Werkschöpfer, sofern die urheberrechtlichen Schutzvoraussetzungen vorliegen, das Urheberrecht an dem Werk. Eine Versagung des Urheberrechts als Sanktion für einen Gesetzes- oder Sittenverstoß ist im geltenden Recht nicht vorgesehen.[644] In diesen Fallkonstellationen kann der Eigentümer nach den Regeln des Deliktrechts, gem. § 823 Abs. 1 BGB und § 823 Abs. 2 BGB i.V.m. § 303 StGB[645] im Wege der Naturalrestitution die Wiederherstellung des früheren Zustandes seiner Sache verlangen. Das Gesetz bringt damit die eindeutige Wertung zum Ausdruck, dass das Interesse des Eigentümers an der Wiederherstellung des früheren Zustands seiner Sache den Urheberinteressen vorgeht. Diese Wertung ist auch im Rahmen der Interessenabwägung bezüglich der Werkvernichtung zu beachten. Das Erhaltungsinteresse des Urhebers vermag sich nach dieser gesetzlichen Wertung gegen die Eigentümerinteressen nicht durchzusetzen, so dass der Eigentümer also ohne weiteres berechtigt ist, das Werk zu zerstören.[646] Dies Ergebnis ist auch mit den Wertungen des Grundgesetzes vereinbar. Die Gewährleistung der Kunstfreiheit erstreckt sich nach Ansicht des BVerfG nämlich „von vornherein nicht auf die eigenmächtige Inanspruchnahme oder Beeinträchtigung fremden Eigentums zum Zwecke der künstlerischen Entfaltung".[647] Die einfachgesetzlichen Regeln bezüglich der widerrechtlichen Inanspruchnahme fremder Sachen stellen einen verhältnismäßigen Ausgleich zwischen der in Art. 5 Abs. 3 GG ga-

---

641 Siehe zum „Sprayer von Zürich" ausführlicher: *Schmieder*, NJW 1982, S. 628/630; *Frank*, SchweizJZ 1979, S. 223 f; vgl. auch BVerfG NJW 1984, S. 1293 ff. - Sprayer von Zürich.

642 Siehe zu den Eigentumsverhältnissen in dieser Frage 4. Kapitel B.III.2.c.bb.

643 So ausdrücklich auch *Schack*, GRUR 1983, S. 56/60.

644 *v. Gamm* (1968), § 2 Rn. 17; *Schack*, (2001), Rn. 360; *Schack*, GRUR 1983, S. 56/60.

645 Vgl. zum Vorliegen einer Sachbeschädigung in dieser Konstellation Schönke/Schröder - *Stree*, § 303 Rn. 8 c.

646 Zu diesem Ergebnis kommen auch: *Schmieder*, NJW 1982, S. 628/630; *Schack* (2001), Rn. 360; *v. Waasen* (1994), S. 169; *Frank*, SchweizJZ 1979, S. 223 f.

647 BVerfG NJW 1984, 1293/1294 - Sprayer von Zürich; zustimmend v. Münch/Kunig - *Wendt*, Art. 5 Rn. 93.

rantierten Kunstfreiheit des Urhebers und den durch Art. 14 Abs. 1 GG geschützten Rechten des Eigentümers dar.[648] Dem Eigentümer ist in diesem Fall auch nicht zuzumuten, vor der Beseitigung des Werkes, das für ihn eine Eigentumsverletzung darstellt, den Urheber zu informieren, damit dieser sein Zugangsrecht ausüben kann. Zu einem abweichenden Ergebnis kann die Interessenabwägung jedoch gelangen, wenn der Urheber von der Zustimmung des Eigentümers ausgehen durfte und deshalb nicht schuldhaft gehandelt hat.[649]

Zu beachten ist, dass der Eigentümer, auch wenn ihm das Werk rechtswidrig aufgedrängt wurde, nur zur Vernichtung, nicht aber zur Änderung berechtigt ist. Nur die Vernichtung ist nötig, um den früheren Zustand wiederherzustellen. Aber auch im Falle der Änderung oder Entstellung ist bei der Interessenabwägung nach § 14 UrhG zu berücksichtigen, dass der Urheber, als er widerrechtlich sein Werk mit einem fremden Gegenstand verbunden hat, nicht mit einer schonenden Berücksichtigung seiner Interessen rechnen konnte.[650]

g. Werkvernichtung mit Schädigungsabsicht

Eine weitere Fallgruppe mit einem eindeutigen Ergebnis stellt die Vernichtung von Werken in der Absicht dar, den Urheber des Werkes zu schädigen. Ein solcher Fall liegt z.B. vor, wenn jemand die Werke eines Künstlers mit der Absicht aufkauft, diese zu vernichten, damit die Werke nicht öffentlich bekannt werden, um den Künstler so um die verdiente Anerkennung zu bringen. Ein weiteres Beispiel für eine Werkvernichtung mit Schädigungsabsicht ist darin zu sehen, dass der Eigentümer, nachdem der Urheber sein Zugangsrecht angemeldet hat, das Werk zerstört, nur aus dem Grunde, dem Urheber die Ausübung des Rechts unmöglich zu machen.

Die Bestimmungen der §§ 242, 226 und 826 BGB machen deutlich, dass eine Rechtsausübung zum Zwecke der Schädigung eines anderen von der Rechtsordnung nicht toleriert wird. So ist die gezielte Vernichtung von Werken, um einen Künstler um die öffentliche Anerkennung zu bringen, nach § 226 BGB unzulässig.[651] Nach § 226 BGB ist auch die Werkvernichtung unzulässig, die nur das Zugangsrecht vereiteln soll.[652] Das Interesse des Eigentümers, dem Urheber durch die Werkvernichtung zu schaden, ist daher auch im Rahmen der Interessenabwägung nicht als schutzwürdiges Interesse zu berücksichtigen. Folglich

---

648 So auch v. Mangoldt/Klein/Starck - *Starck*, Art. 5 Rn. 312.

649 *Schack*, GRUR 1983, S. 56/60.

650 Zur Problematik der Entstellung aufgedrängter Kunst BGH GRUR 1995, 673 ff. - Mauerbilder; ausführlich auch *Bullinger* (1997), S. 112 ff.; wie hier auch: *Schack*, GRUR 1983, S. 56/60; *v. Waasen* (1994), S. 91.

651 So auch *Christen* (1982), S. 107; *Fuchs* (1950), S. 72, diese stützen die Unzulässigkeit der Werkvernichtung jedoch auf den Grundsatz von Treu und Glauben.

652 *Rehbinder* (2002), S. 244; *Grohmann* (1971), S. 130.

müssen sich in diesem Fall die Erhaltungsinteressen des Urhebers in vollem Umfang durchsetzen.

Ebenso bildet auch Hass auf den Urherber sowie die Absicht, den Urheber zu kränken, kein schützenswertes Motiv für die Werkvernichtung.[653]

h. Zusammenfassung

Zusammenfassend lässt sich sagen, dass der Eigentümer eines isolierten Werkes im Regelfall nicht berechtigt ist, das Werk zu zerstören, ohne vorher dem Urheber die Rücknahme des Werkes gegen Erstattung des Materialwertes angeboten zu haben. Ist mit zumutbaren Mitteln keine Klarheit über die Bereitschaft zur Rücknahme des Werkes zu erlangen, oder lehnt der Urheber die Rücknahme ab, so ist der Eigentümer zur Vernichtung des Werkes berechtigt. Untrennbar mit einem Grundstück verbundene Werke darf der Eigentümer zwar im Regelfall vernichten, unabhängig davon, ob dies durch zwingende sachliche Gründe geboten ist oder aus rein geschmacklichen Gründen geschieht. Jedoch hat er vor der Vernichtung, soweit dies mit zumutbarem Aufwand möglich ist, den Urheber zu informieren und ihm die Möglichkeit zu geben, Nachbildungen oder Abbildungen anzufertigen. Bei Werken, die untrennbar mit einem anderen beweglichen Gegenstand des Eigentümers verbunden sind, ist danach zu differenzieren, ob der Eigentümer den Gegenstand nach der Vernichtung des Werkes weiterhin zu nutzen beabsichtigt, oder ob er auch diesen Gegenstand vernichten möchte. Der zweite Fall ist wie die Vernichtung eines isolierten Werkes zu behandeln. Der Eigentümer ist im Regelfall nur dann zur Vernichtung berechtigt, wenn er zuvor dem Urheber die Gesamtsache angeboten hat. Will er den Gegenstand weiter nutzen, so ist er zur Vernichtung berechtigt, muss dem Urheber aber im Regelfall zuvor die Möglichkeit geben, Abbildungen bzw. Nachbildungen anzufertigen. Abweichend von diesen Grundsätzen dürfen Werke der „kleinen Münze“, rechtswidrig aufgedrängte Werke und Werke mit einem persönlichkeitsrechtlichen Bezug zum Eigentümer in aller Regel vernichtet werden, ohne dass dem Urheber die Rückgabe anzubieten oder ihm Gelegenheit zur Ausübung seines Zugangsrechts zu geben ist.

4. Der postmortale Vernichtungsschutz

Gemäß § 28 Abs. 1 UrhG ist das Urheberrecht vererblich. Da nach der monistischen Lehre die Verwertungsrechte und die persönlichkeitsrechtlichen Befu-

---

[653] Dies betont in Bezug auf den Hass gegen den Urheber auch *Christen* (1982), S. 107; für die Kränkungsabsicht so auch *Weber* (1976), S. 89.

gnisse eine untrennbare Einheit bilden, ist damit ist auch das UPR als Teil des einheitlichen Urheberrechts vererblich.[654]

a. Die Urheberinteressen als maßgebliche Interessen

Es stellt sich nun die Frage, wessen Interessen nach dem Tod des Urhebers in der Interessenabwägung maßgeblich sind: der mutmaßliche Wille und die Interessen des Urhebers oder die Eigeninteressen der Erben. Im Gegensatz zum UPR sind andere Persönlichkeitsrechte, insbesondere das aPR, als höchstpersönliche Rechte nicht vererblich, so dass sie mit dem Tode des Persönlichkeitsrechtsinhabers grundsätzlich erlöschen. Nur in beschränktem Umfang besteht in ihrem Schutzbereich ein postmortaler Persönlichkeitsschutz,[655] der jedoch nicht von den Erben, sondern von den nächsten Angehörigen wahrgenommen wird.[656] Diese haben den Schutz im Interesse des Verstorbenen auszuüben.[657] Aus der Vererblichkeit des UPR wird zum Teil gefolgert, dass der Erbe sämtliche urheberrechtlichen Befugnisse im eigenen Interesse ausüben könne. Er rücke in die volle Rechtsstellung des Urhebers ein.[658] Daher könne der Erbe das UPR aus eigener Macht nach Maßgabe seiner eigenen Interessen und im eigenen Ermessen ausüben.[659] Nach dieser Ansicht braucht der Erbe grundsätzlich keine Rücksicht auf den erklärten oder mutmaßlichen Willen des Urhebers zu nehmen.[660] Denkt man diese Überlegung weiter, so folgt aus ihr, dass im Rahmen der Interessenabwägung auf die Interessen der Erben abzustellen wäre.

Dieser Ansatz wird jedoch dem Charakter des postmortalen Persönlichkeitsschutzes nicht gerecht. Der BGH hat in seiner Mephisto-Entscheidung[661] deutlich gemacht, dass ein postmortaler Schutz der Persönlichkeit nötig sei, um dem Einzelnen die von Art. 2 Abs. 1, 1 Abs. 1 GG garantierte freie Persönlichkeitsentfaltung zu Lebzeiten zu ermöglichen. Nur wenn der Mensch nicht befürchten müsse, dass unmittelbar nach seinem Tode das fortbestehende Bild seine Persönlichkeit verzerrt, verstümmelt oder usurpiert werde, könne er seine Persönlichkeit zu Lebzeiten frei entfalten. Der Zweck des postmortalen Persönlich-

---

654 *Schack*, GRUR 1985, S. 352/354 f.; *Bullinger* (1997), S. 196.

655 Allgemein zum postmortalen Persönlichkeitsschutz, *Larenz/Canaris* (1994), S. 531 ff.; MüKo - *Rixeker* (4. Aufl.), § 12 Anh. Rn. 22 ff.; Staudinger - *Hager*, § 823 Rn. C 34 ff.

656 Für viele Staudinger - *Hager*, § 823 Rn. C 40; MüKo - *Rixeker* (4. Aufl.), § 12 Anh. Rn. 26.

657 So ausdrücklich auch *Bullinger* (1997), S. 198; vgl. auch *Larenz/Canaris* (1994), S. 533; Staudinger - *Hager*, § 823 Rn. C 41.

658 *Bullinger* (1997), S. 197 f.; Wandtke/Bullinger - *Bullinger*, Vor §§ 12 ff. Rn. 12.

659 Schricker - *Dietz*, Vor §§ 12 ff Rn. 31; *Dietz*, ZUM 1993, S. 309/317; Wandtke/Bullinger - *Bullinger*, Vor §§ 12 ff. Rn. 12.

660 Wandtke/Bullinger - *Bullinger*, Vor §§ 12 ff. Rn. 12; *Bullinger* (1997), S. 198; *Hunziker* (1983), S. 408; Fromm/Nordemann - *Hertin*, § 30 Rn. 1.

661 BGH GRUR 1968, S. 552 ff. - Mephisto.

keitsschutzes ist es daher, den Vorwirkungen des Todes auf den Lebenden Rechnung zu tragen.[662] Es soll dem Menschen durch ein Minimum an Persönlichkeitsschutz nach dem Tode eine freie, verantwortungsbewusste Lebensgestaltung ermöglicht werden.[663] Hieraus wird deutlich, dass ein postmotaler Persönlichkeitsschutz, der keinen Interessenbezug zum Verstorbenen aufweist, von der Verfassung nicht beabsichtigt ist.[664] Auch das Fortbestehen des UPR über den Tod des Urhebers hinaus dient dem Schutz der Persönlichkeit, wie er in der Verfassung zum Ausdruck kommt. Aus der Tatsache, dass das UPR im Gegensatz zu anderen Persönlichkeitsrechten in vollem Umfang auf die Erben übergeht, ist kein grundsätzlicher Unterschied der Schutzrichtung abzuleiten. Dieser Umstand erklärt sich schlicht aus der untrennbaren Verknüpfung des UPR mit den Verwertungsrechten im monistischen Urheberrecht. Daher gilt der postmortale Werkschutz weder dem Werk als verselbständigtem Persönlichkeitsgut um seiner selbst willen, noch primär den Interessen der Erben, sondern der Persönlichkeit des Urhebers. Ihm soll durch die Gewährung eines über seinen Tod hinausgehenden Werkschutzes zu Lebzeiten ermöglicht werden, frei und selbstbestimmt seine Schaffenskraft auszuleben, ohne sich ängstigen zu müssen, dass im Moment seines Todes seine Werke in einer seinem Willen und seinem künstlerischen Verständnis zuwiderlaufenden Weise verändert oder benutzt werden. Daher sind auch nach dem Tode des Urhebers dessen Interessen die allein maßgeblichen.[665] Die Erben haben diese in quasi treuhänderischer Stellung wahrzunehmen.

Dies lässt sich auch am Wortlaut des § 14 UrhG verdeutlichen. Dieser schützt den Urheber in „*seine(n)* berechtigten geistigen und persönlichen Interessen am Werk". In dieser Form geht die Befugnis auf den Erben über.[666] Könnten die Erben gestützt auf die auf sie übergegangenen persönlichkeitsrechtlichen Befugnisse ihre eigenen Interessen an die Stelle derjenigen des Urhebers setzen, so bestünde kein effektiver postmortaler Schutz des Urhebers. Es ist daher im Rahmen der Interessenabwägung auf die Interessen des Urhebers abzustellen. Diese sind anhand seines zu Lebzeiten geäußerten bzw. seines mutmaßlichen Willens zu ermitteln.[667]

---

662 So ausdrücklich auch BGH GRUR 1968, S. 552/554 - Mephisto.
663 *Schack*, GRUR 1985, S. 352/355.
664 Vgl. *Schack*, GRUR 1985, S. 352/356.
665 Zu diesem Ergebnis kommen auch *v. Gamm* (1968), § 11 Rn. 7, § 30 Rn. 4; *Schack*, GRUR 1985, S. 352/356; *Schilcher* (1989), S. 43 f.
666 Vgl. *Schilcher* (1989), S. 44; *Schack*, GRUR 1985, S. 352/356.
667 BGH GRUR 1989, S. 106/107 - Oberammergauer Passionsspiele II.

b. Erlöschen die geistigen Interessen mit dem Tod des Urhebers?

Durch die Vernichtung des Werkes werden nur die Interessen, die der Urheber an der Erhaltung des Werkes um seiner selbst willen hat, die geistigen Interessen, berührt, während die auf sein Ansehen und seinen Ruf gerichteten persönlichen Interessen am konkreten Werk unberührt bleiben. Man könnte die Ansicht vertreten, dass die geistigen Interessen mit dem Tode des Urhebers erlöschen, da das geistige Band zwischen Urheber und Werk mit dem Tode des Urhebers durchtrennt wird. Hierbei würde aber verkannt werden, dass der postmortale Urheberpersönlichkeitsschutz dem Urheber zu Lebzeiten dienen soll. Zu seinen Lebzeiten ist es für den Urheber von Bedeutung, die Gewissheit zu haben, dass sein Werk eine bestimmte Zeit über seinen Tod hinaus Bestand hat und nicht unmittelbar der Vernichtung durch den Eigentümer preisgegeben ist. Gemäß § 64 UrhG erlischt das Urheberrecht und damit auch das UPR 70 Jahre nach dem Tode des Urhebers. Damit hat das UPR im Gegensatz zum aPR einen festen zeitlichen Rahmen erhalten. Je länger der Urheber nicht mehr lebt, umso stärker verblasst die Erinnerung an seine Person. Daher kann mit zunehmendem zeitlichen Abstand der Eingriff in ein Werk immer weniger stark das Bild der Persönlichkeit des Urhebers beeinträchtigen. Ebenso wie die persönlichen Interessen verlieren mit zunehmendem Zeitablauf auch die geistigen Interessen des Urhebers an Gewicht. Daher nimmt schon vor Ablauf der Schutzfrist mit zunehmendem zeitlichen Abstand von seinem Tode das Gewicht der ideellen Interessen des Urhebers insgesamt ab.[668] Im Rahmen der Interessenabwägung ist damit ein großer zeitlicher Abstand vom Tod des Urhebers als Kriterium zugunsten der Zulässigkeit der Werkvernichtung durchaus von Bedeutung.

Im Ergebnis verläuft die Interessenabwägung nach dem Tode des Urhebers also nach den gleichen Kriterien wie zu seinen Lebzeiten, mit dem einzigen Unterschied, dass das Gewicht der Urheberinteressen mit zunehmendem Zeitablauf abnimmt. Es sind also die oben entwickelten Grundgedanken und Fallgruppen auch auf die Werkvernichtung nach dem Tode des Urhebers anzuwenden. Dabei kommt als Mittel des Interessenausgleichs statt der Rückgabe des Werkes an den Urheber eine Rückgabe des Werkes an den Erben gegen Erstattung des Materialwertes in Betracht und ist in der Interessenabwägung entsprechend zu berücksichtigen.

---

[668] BGH GRUR 1989, S. 106/107 - Oberammergauer Passionsspiele II; *v. Gamm* (1968), § 30 Rn. 4; auch Schricker- *Dietz*, Vor §§ 12 ff Rn. 31 betont, dass die Interessen des Urhebers mit zunehmendem Zeitablauf an Gewicht verlieren und zurücktreten müssen. Damit setzt er sich in einen gewissen Widerspruch zu seiner Ansicht, dass der Erbe das UPR nach Maßgabe seiner eigenen Interessen ausüben könne.
Für ein gleichbleibendes Gewicht der Urheberinteressen Wandtke/Bullinger - *Bullinger*, Vor §§ 12 ff. Rn. 10.
Bullinger (1997), S. 206 f. dagegen lehnt eine Abschwächung des Gewichts der Interessen durch Zeitablauf ab.

C. Folgen der rechtswidrigen Werkvernichtung

I. Anwendbarkeit des § 97 UrhG auf die rechtswidrige Werkvernichtung

Nach § 97 Abs. 1 UrhG steht dem Urheber im Falle der widerrechtlichen Verletzung des Urheberrechts das Recht zu, die Beseitigung der Beeinträchtigung, bei Wiederholungsgefahr die Unterlassung, zu verlangen. Im Falle des schuldhaften Handelns des Verletzenden ist der Urheber berechtigt, Schadensersatz zu verlangen. Die vorliegende Untersuchung hat gezeigt, dass der Eigentümer, wenn er ein Werk vernichtet, ohne nach den hier ausgeführten Gesichtspunkten dazu berechtigt zu sein, das UPR verletzt. § 97 UrhG findet seinem Wortlaut nach auf das gesamte Urheberrecht Anwendung, so dass sich aufgrund der monistischen Ausgestaltung sein Schutzumfang damit sowohl auf die vermögensrechtliche Seite wie auch auf die persönlichkeitsrechtliche Seite des Urheberrechts, also auch auf das UPR erstreckt.[669] Da § 97 UrhG die Folgen einer Verletzung des Urheberrechts normiert und nicht auf einen Eingriff in eine der konkret normierten Einzelbefugnisse abstellt, gehören im persönlichkeitsrechtlichen Bereich neben den gesetzlichen normierten Einzelbefugnissen - wie etwa §§ 12-14 UrhG - auch die aus der Generalklausel des § 11 S. 1 UrhG abgeleiteten Ansprüche zum geschützten Bereich.[670] § 97 UrhG ist daher auch im Falle der rechtwidrigen Werkvernichtung einschlägig.

II. Der Beseitigungs- und Unterlassungsanspruch nach § 97 Abs. 1 UrhG

Der in § 97 Abs. 1 UrhG geregelte verschuldensunabhängige Anspruch auf Unterlassung und Beseitigung einer Beeinträchtigung geht im Fall der Werkvernichtung ins Leere. Der Unterlassungsanspruch setzt neben der Rechtsverletzung eine Wiederholungsgefahr voraus.[671] Diese ist ausgeschlossen, da ein Werk nur einmal vernichtet werden kann. Der Beseitigungsanspruch setzt voraus, dass durch einen rechtswidrigen Eingriff ein fortdauernder störender Zustand geschaffen wurde.[672] Im Gegensatz zum Schadensersatzanspruch dient der Beseitigungsanspruch nicht dem Ausgleich bereits entstandener Schäden, sondern soll den Eintritt künftiger Schäden verhüten.[673] Im Falle der bereits erfolgten Vernichtung des Werkes ist aber weder ein fortdauernd störender Zustand geschaffen worden noch drohen weitere Schäden. Es ist vielmehr durch einen einmaligen Eingriff eine abgeschlossene Schädigung des Urhebers eingetreten. Selbst wenn nach erfolgter Zerstörung im Einzelfall eine Wiederherstellung des Wer-

---

669 Möhring/Nicolini - *Lütje*, § 97 Rn. 45; Schricker - *Wild*, § 97 Rn. 1.

670 So auch Schricker - *Wild*, § 97 Rn. 2; Möhring/Nicolini - *Lütje*, § 97 Rn. 46.

671 Möhring/Nicolini - *Lütje*, § 97 Rn. 112.

672 Schricker - *Wild*, § 97 Rn. 45.

673 *Grohmann* (1971), S. 224 f.; Fromm/Nordemann - *Nordemann*, § 97 Rn. 30; Möhring/Nicolini - *Lütje*, § 97 Rn. 112.

kes möglich sein sollte, wäre diese nicht als Beseitigung der Störung zu qualifizieren, sondern als Schadensersatz in Form der Naturalrestitution.

III. Der Schadensersatzanspruch nach § 97 Abs. 2 UrhG

1. Ersatz des materiellen Schadens

Von Bedeutung ist daher nur der verschuldensabhängige Anspruch auf Schadensersatz. Nach § 97 Abs. 1 UrhG ist der materielle Schaden zu ersetzen. Gemäß § 97 Abs. 1 UrhG i.V.m. § 249 Abs. 1 BGB steht dem Urheber ein Anspruch auf Naturalrestitution zu. Der Urheber hat also, sofern dies technisch möglich ist und keine unverhältnismäßigen Aufwendungen i.S.d. § 251 Abs. 2 BGB erforderlich sind, einen Anspruch auf Wiederherstellung seines Werkes. Im Regelfall dürfte aber die Wiederherstellung eines zerstörten Werkes entweder aus praktischen Gründen ausgeschlossen sein oder aber, sofern sie möglich ist, einen völlig unverhältnismäßigen Aufwand erfordern. Daher wird sich der Schadensersatzanspruch in der Praxis vor allem auf Ersatz der durch die Zerstörung erlittenen Vermögenseinbußen richten. Diese können z.B. daraus resultieren, dass es dem Urheber durch die Zerstörung unmöglich geworden ist, Vervielfältigungen oder Bearbeitungen seines Werkes anzufertigen und so sein Werk wirtschaftlich zu verwerten.[674]

2. Ersatz der immateriellen Schäden

Dem Urheber steht nach § 97 Abs. 2 UrhG auch ein Anspruch auf Ersatz seiner immateriellen Schäden, die er durch die Verletzung seiner geistigen Beziehungen zum Werk erleidet, zu.[675] Der Urheber soll für seine Einbußen im emotionalen und seelischen Bereich entschädigt werden. Da § 97 Abs. 2 UrhG ein Nebeneinander der Ansprüche auf Ersatz des materiellen und des ideellen Schadens normiert, kommen beide Anspruchsgrundlagen kumulativ zur Anwendung.[676] Dies stellt einen gravierenden Unterschied zum aPR dar. Zwar hat die Rechtsprechung in Durchbrechung des in § 253 Abs. 1 BGB normierten Grundsatzes, dass ein immaterieller Schaden nur im Falle einer ausdrücklichen gesetzlichen Regelung zu ersetzen ist, einen Anspruch auf Ersatz des immateriellen Schadens auch für die Verletzung des aPR im Rahmen des Deliktsrechts anerkannt.[677]

---

[674] *v. Waasen* (1994), S. 176.

[675] *v. Waasen* (1994), S. 177.

[676] *Wandtke*, GRUR 2000, S. 942/944.

[677] BGH GRUR 1958, S. 408 - Herrenreiter; BGH GRUR 1959, S. 430/434 - Caterina Valente.
Zunächst leitete der BGH diesen Anspruch mittels einer Analogie zu § 847 BGB her und stellte ihn damit in die Nähe des Schmerzensgeldes, (vgl. BGH GRUR 1958, S. 408/409 - Herrenreiter; BGH GRUR 1959, S. 430/434 - Catarina Valente; BGH GRUR 1962,

Dieser ist aber gegenüber den übrigen Rechtsfolgen subsidiär.[678] Er kommt nur ausnahmsweise als zusätzlicher Rechtsbehelf in Betracht, wenn sich die bei Persönlichkeitsrechtsverletzungen üblichen Rechtsbehelfe wie Gegendarstellung, Widerruf oder Unterlassung nicht als ausreichend erweisen.

Der für die Verletzung des aPR vom BGH entwickelte Grundsatz, dass ein Ersatz des immateriellen Schadens nur in Betracht kommt, wenn eine besondere Schwere des Eingriffs oder des Verschuldens vorliegt,[679] hat aber auch im UrhG seinen Niederschlag gefunden. So ist nach § 97 Abs. 2 UrhG bei der Verletzung des UPR der immaterielle Schaden nur zu ersetzen, wenn dies nach dem Umständen des Falls der Billigkeit entspricht, so dass auch hier ein Ersatz für immaterielle Schäden nur bei schwerwiegenden Eingriffen in die ideellen Interessen des Urhebers in Betracht kommt.[680] Ob eine Zuerkennung des Ausgleichs immaterieller Schäden im Einzelfall nach der rechtswidrigen Vernichtung eines Werkes als billig anzusehen ist, hängt vor allem vom Grad des Verschuldens auf Seiten des Schädigers sowie von der Gestaltungshöhe des Werkes und der Intensität der Urheber-Werk-Beziehung ab.[681] Bei der Bemessung der Höhe des immateriellen Schadensersatzes ist insbesondere auf die Genugtuungsfunktion dieser Art des Schadensersatzes abzustellen.[682] Daneben kommt dem Ausgleich für immaterielle Schäden auch eine Präventivfunktion zu. Die Höhe der Ausgleichszahlung ist so anzusetzen, dass dem Schädiger sowie der Allgemeinheit deutlich wird, dass sich ein rechtswidriger Eingriff in das UPR wirtschaftlich nicht lohnt, und es sich hierbei keineswegs um ein Bagatelldelikt handelt.[683] Der Eigentümer darf nicht den Eindruck haben, er könne sich zu einem wirtschaft-

---

S. 211/213 - Hochzeitsbild) später leitete er ihn direkt aus Art. 2 Abs. 1, 1 Abs. 1 GG ab (BGH GRUR 1995, S. 224 - Caroline von Monaco I).

678 *Wandtke*, GRUR 2000, S. 942/948; MüKo - *Schwerdtner* (3. Aufl.), § 12 Rn. 294; BGH GRUR 1962, S. 105/107 - Ginsengwurzel; BGH GRUR 1963, S. 490/493 - Fernsehansagerin.

679 BGH GRUR 1958, S. 408/410 f. - Herrenreiter; vgl. auch MüKo - *Rixecker* (4. Aufl.), § 12 Anh. Rn. 214.

680 Für eine Verletzung des UPR vor Geltung des UrhG so schon BGH GRUR 1971, S. 525/526 - Petite Jacqueline; für das geltende Recht: Fromm/Nordemann - *Nordemann*, § 97 Rn. 46; Schricker - *Wild*, § 97 Rn. 76; Möhring/Nicolini - *Lütje*, § 97 Rn. 241; *Grohmann* (1971), S. 229.

681 Eine ausführliche Übersicht über die bei § 97 Abs. 2 UrhG grundsätzlich im Rahmen der Billigkeitsprüfung zu berücksichtigenden Gesichtspunkte findet sich bei Fromm/Nordemann - *Nordemann*, § 97 Rn. 47-54; Schricker - *Wild*, § 97 Rn. 78; vgl. allgemein zur Bemessung der Höhe des immateriellen Schadensersatzes BGH GRUR 1966, S. 570 ff. - Eisrevue III; BGH GRUR 1995, S. 224/229 f. - Caroline von Monaco I. Für die Frage der Werkvernichtung sind jedoch nur wenige dieser Punkte anwendbar.

682 So auch: *Wandtke*, GRUR 2000, S. 942/948; Schricker - *Wild*, § 97 Rn. 78.

683 BGH GRUR 1995, S. 224/229 f. - Caroline von Monaco I; *Wandtke*, GRUR 2000, S. 942/944; *Schack* (2001), Rn. 694.

lich vertretbaren Preis von seinen Rechtspflichten gegenüber dem Urheber freikaufen.

IV. Weitergehende Ansprüche

Nach § 97 Abs. 3 UrhG bleiben Ansprüche aus anderen gesetzlichen Vorschriften von den Regelungen des § 97 Abs. 1 und Abs. 2 UrhG unberührt. Das Urheberrecht ist ein absolutes Recht i.S.d. § 823 BGB.[684] Der Urheber kann daher Schadensersatz nach den Regeln des Deliktsrechts verlangen. Unter Zugrundelegung der BGH-Rechtsprechung zum Ausgleich der immateriellen Schäden bei Verletzung des aPR kann der Urheber nicht nur Ersatz seiner materiellen Schäden, sondern auch seiner ideellen Beeinträchtigungen nach den Regeln des Deliktsrechts verlangen.[685] Diesen Ansprüchen kommt wegen des identischen Umfangs, sowie der identischen Verjährungsfristen (§ 102 UrhG verweist hinsichtlich der Verjährung der urheberrechtlichen Ansprüche auf die einschlägigen Normen des BGB) keine eigenständige Bedeutung zu. Grundsätzlich steht dem Urheber auch ein Beseitigungs- und Unterlassungsanspruch nach § 1004 BGB zu. Dieser läuft aber ebenso wie der urheberrechtliche Beseitigungs- und Unterlassungsanspruch aus den oben genannten Gründen im Falle der Werkvernichtung leer. Bedeutung kann allein der vorbeugende Unterlassungsanspruch nach § 1004 BGB erlangen.

---

684 Für viele Schricker - *Schricker*, Einleitung Rn. 31.

685 Fromm/Nordemann - *Nordemann*, § 97 Rn. 56; a.A. Schricker - *Schricker*, Einleitung Rn. 31, der von einem Spezialitätsverhältnis ausgeht, so dass die Anwendbarkeit der §§ 823 ff. ausgeschlossen ist, soweit die Regelungen des UrhG reichen.

5. Kapitel: Rechtsnatur und Wirkung von Vereinbarungen über die Werkvernichtung

A. Notwendigkeit rechtsgeschäftlicher Dispositionsmöglichkeiten über die Befugnis, die Werkvernichtung zu verbieten

Die Tatsache, dass der Eigentümer eines urheberrechtlich geschützten Werkstücks nicht uneingeschränkt das Recht hat, das Werkstück und damit das Werk zu vernichten, sondern über die Zulässigkeit der Vernichtung für den jeweiligen Einzelfall im Rahmen einer Interessenabwägung entschieden werden muss, bringt für den Erwerber des Werkstücks eine gewisse Rechtsunsicherheit mit sich. Diese Unsicherheit kann sich nachteilig auf den Preis auswirken, den der Urheber bei der Veräußerung seines Werkes erzielt. So wird ein Architekt für die Errichtung eines urheberrechtlich geschützten Bauwerkes einen erheblich geringeren Preis erzielen können, wenn der Grundstückseigentümer sich der Gefahr ausgesetzt sieht, das Bauwerk entweder gar nicht oder nur nach einer langwierigen Prozedur abreißen zu dürfen. Demgegenüber wird der Preis, den der Architekt erzielen kann, höher ausfallen, wenn er dem Bauherrn ein frei von den Beschränkungen des Urheberrechts wieder abreißbares Gebäude anbieten kann.[686] Es werden sich daher beispielsweise speziell Kunstwerke von erheblicher räumlicher Dimension weitaus besser und einträglicher veräußern lassen, wenn der Erwerber die Gewissheit hat, sich des Werkes durch die Vernichtung jederzeit entledigen zu können, ohne den Urheber vorher informieren oder das Ergebnis einer gerichtlichen Interessenabwägung abwarten zu müssen. Es besteht daher ein Bedürfnis des Urhebers, rechtsverbindliche Vereinbarungen über die Vernichtungsbefugnis mit dem Eigentümer bzw. dem Erwerber seines Werkes treffen zu können. Speziell die Frage der Möglichkeit und der Rechtsnatur einer Disposition des Urhebers über sein Recht, die Vernichtung des Werkes zu verbieten, ist bisher weder von der Literatur noch der Rechtsprechung thematisiert worden.

Diese Frage ist aber eng verknüpft mit einem Komplex rechtlicher Probleme, die, obgleich sie im Schrifttum seit einiger Zeit Gegenstand kontroverser Diskussionen sind, nach wie vor nicht abschließend geklärt werden konnten: Sind Dispositionen über das UPR bzw. über Persönlichkeitsrechte im allgemeinen überhaupt zulässig? In welchem Umfang können derartige Dispositionen zugelassen werden? Wie sind die Dispositionsmöglichkeiten des Urhebers rechtlich

---

686 Siehe allgemein zur ähnlich gelagerten Problematik der Zulässigkeit von Vereinbarungen über die Vornahme von Änderungen an urheberrechtlich geschützten Bauwerken: *Wedemeyer*, Fs. Piper (1996), S. 787 ff.; *Heath*, Fs. Schricker (1995); S. 459/466 ff.; *Schricker*, Fs. Hubmann (1985), S. 409 ff.; vgl. auch BGH GRUR 1999, 230/232 - Treppenhausgestaltung; OLG Celle, Schulze OLGZ 295 - Architektenvertrag.

zu konstruieren und einzuordnen?[687] Die große Uneinigkeit in diesem Problembereich beruht vor allem auf der Zurückhaltung des Gesetzgebers. Weder für das UPR noch für andere Persönlichkeitsrechte existiert eine eindeutige gesetzliche Regelung der Dispositionsmöglichkeiten. Auch die höchstrichterliche Rechtsprechung, die sonst durch bahnbrechende und richtungsweisende Entscheidungen, wie etwa durch die Entwicklung des zivilrechtlichen aPR,[688] die mangelnde Initiative des Gesetzgebers im Bereich des Persönlichkeitsschutzes ausgeglichen hat, hält sich bisher in der Frage der Dispositionsmöglichkeiten über Persönlichkeitsrechte bedeckt.[689]

Mit der Reform des Urhebervertragsrechts werden in § 29 Abs. 2 UrhG erstmals Rechtsgeschäfte über Urheberpersönlichkeitsrechte im UrhG erwähnt. Inwieweit diese Regelung eine inhaltliche Klärung der strittigen Fragen bedeutet, wird an den entsprechenden Stellen zu klären sein.

Im Rahmen der vorliegenden Arbeit kann der Fragenkomplex der Dispositionsmöglichkeiten über Urheberpersönlichkeitsrechte wegen seines Umfangs nicht umfassend behandelt werden,[690] sondern soll nur insoweit thematisiert werden, als es zur Klärung der Zulässig von Vereinbarungen über die Werkvernichtung zwischen Urheber und Eigentümer nötig ist.

B. Grundsätzliche Möglichkeit einer Disposition über das UPR

I. Unübertragbarkeit und Unverzichtbarkeit

Bei der Untersuchung der Möglichkeit des Urhebers, über seine persönlichkeitsrechtlichen Befugnisse zu disponieren - sei es durch Vereinbarungen mit Dritten oder Verzichtserklärungen an die Allgemeinheit - ist zu beachten, dass eine solche Disposition immer in Konflikt mit dem Grundsatz der *Unverzichtbarkeit der Persönlichkeitsrechte* tritt. Ebenso wie auf die übrigen Persönlichkeitsrechte, kann auch auf das UPR nach allgemeiner Ansicht nicht vollständig verzichtet werden.[691] Diese Unverzichtbarkeit wird teilweise aus der in § 29 Abs. 1 UrhG

---

687 Ausführlich werden der jüngste Stand dieser Diskussion und die einzelnen Standpunkte bei *Metzger* (2002), S. 37 ff. und bei *v. Welser* (2000), S. 51 ff. dargelegt.

688 Das zivilrechtliche aPR wurde vom BGH 1954 anerkannt (BGH GRUR 1955, S. 197 - Leserbriefe). Diese Entscheidung wurde 1973 durch das BVerfG bestätigt (BVerfGE 34, S. 269/281 - Soraya). Siehe hierzu ausführlicher 6. Kapitel A.I.1.

689 Siehe zum Stand der Rechtsprechung in der Frage der Disposition über Persönlichkeitsrechte insbesondere über das UPR *Metzger* (2002), S. 37 ff.

690 Siehe zur umfassenden Behandlung dieses Problems in jüngster Zeit die Arbeiten von *Metzger* (2002), und *v. Welser* (2000).

691 Schricker - *Dietz*, Vor §§ 12 ff Rn. 28; Möhring/Nicolini - *Kroitzsch*, § 11 Rn. 14; Fromm/Nordemann - *Hertin*, Vor § 12 Rn. 5; *Osenberg* (1985), S. 43; *Schricker*, Fs. Hubmann (1985), S. 409/411 ff.; *Dieselhorst* (1995), S. 139; *v. Welser* (2000), S. 70; *Schilcher* (1989), S.155 f.; *Bullinger* (1997), S. 82.

normierten Unübertragbarkeit des Urheberrechts abgeleitet.[692] Genauso wenig, wie der Urheber sein Urheberrecht auf eine andere Person übertragen könne, habe er die Möglichkeit, auf dieses oder Teile von diesem, wie etwa das UPR, zu verzichten. Dieser Schluss von der Unübertragbarkeit des Urheberrechts auf die Unverzichtbarkeit ist aber keineswegs zwingend.[693] So existieren im Bereich des Bürgerlichen Rechts verschiedene Rechte, deren Übertragbarkeit gesetzlich ausgeschlossen ist, die aber gleichwohl verzichtbar sind. So ist die Mitgliedschaft in einer Personengesellschaft nach § 717 S. 1 BGB nicht übertragbar, nach § 736 BGB aber verzichtbar, ebenso nach §§ 38, 39 BGB die Mitgliedschaft in einem Verein.[694]

II. Das UPR ist nur in seinem Kern unverzichtbar

Die Unverzichtbarkeit des UPR ergibt sich vielmehr aus seiner Rechtsnatur als Persönlichkeitsrecht. Das UPR findet, wie oben dargestellt, seine verfassungsrechtlichen Wurzeln ebenso wie jedes andere Persönlichkeitsrecht unter anderem in der in Art. 1 Abs. 1 GG verankerten Menschenwürde. Da der Schutz der Menschenwürde ein unveräußerliches und unverzichtbares Recht darstellt, sind auch die in ihrem Kern auf dieses Recht fußenden zivilrechtlichen Persönlichkeitsrechte in gewissem Umfang der Disposition des Rechtsinhabers entzogen.[695]

Wollte man dem Rechtsträger jedoch aufgrund dieser Überlegung jede Möglichkeit einer Einschränkung bzw. einer Disposition über seine persönlichkeitsrechtlichen Befugnisse verwehren,[696] so würde man die Augen verschließen vor den praktischen Bedürfnissen des Urhebers. Gerade das oben dargestellte Interesse des Urhebers an der Möglichkeit der Einwilligung in die Vernichtung seines Werkes zeigt, dass in der Praxis ein unabweisbares Bedürfnis nach einer gewissen Dispositionsmöglichkeit im Bereich des UPR besteht.[697] Ein striktes Festhalten am Grundsatz der Unverzichtbarkeit der Persönlichkeitsrechte nützt der geschützten Person nicht, sondern greift im Gegenteil über Gebühr in das

---

[692] So etwa *Schilcher* (1989), S. 155; *Schricker*, Fs. Hubmann (1995), S. 409/413; *v. Gamm* (1968), § 29 Rn. 5; *Rehbinder* (2002), Rn. 301.

[693] Dies betonen auch *Osenberg* (1985), S. 9; *v. Welser* (2000), S. 58; *v. Gamm* (1968), § 29 Rn. 5.

[694] Siehe zu diesen Beispielen *v. Welser* (2000), S. 58.

[695] So auch *Bullinger* (1997), S. 82.

[696] Möhring/Nicolini - *Kroitzsch*, § 11 Rn. 14 ist, soweit ersichtlich, der einzige Vertreter der Ansicht, dass urheberpersönlichkeitsrechtliche Befugnisse insgesamt vertraglich nicht einschränkbar seien. Als Begründung führt er an, dass, wenn Gegenstand des UPR das geistige und persönliche Band des Urhebers zu seinem Werk sei, es schlechthin undenkbar sei, dass diese Verbindung beeinträchtigt oder gar verlorengehen könne.

[697] *v. Welser* (2000), S. 57.

Grundrecht auf freie Persönlichkeitsentfaltung (Art. 2 Abs. 1 GG) ein. Das Persönlichkeitsrecht würde so leicht zur Fessel der Persönlichkeit.[698] Die grundsätzliche Zulässigkeit von Dispositionen über urheberpersönlichkeitsrechtliche Befugnisse zeigt sich überdies schon am Wortlaut des UrhG. So werden nach der Reform des Urhebervertragsrechts in § 29 Abs. 2 UrhG ausdrücklich bestimmte, in § 39 UrhG näher geregelte Rechtsgeschäfte über Urheberpersönlichkeitsrechte für zulässig erklärt. § 39 UrhG erwähnt ausdrücklich Vereinbarungen zwischen dem Urheber und dem Inhaber eines Nutzungsrechts über die Änderung des Werkes, seines Titels oder der Urheberbezeichnung. Die urheberpersönlichkeitsrechtlichen Befugnisse stehen also durchaus in gewissem Umfang zur Disposition des Urhebers.[699]

III. Auswirkung der Einführung des § 29 Abs. 2 UrhG auf die Zulässigkeit von Dispositionen über das UPR

Die Erwähnung der Zulässigkeit der in § 39 UrhG geregelten Rechtsgeschäfte über Urheberpersönlichkeitsrechte in dem durch die Reform des Urhebervertragsrechts eingefügten § 29 Abs. 2 UrhG stellt keine grundlegende Änderung der bisherigen Rechtslage dar, weil § 39 UrhG selbst nicht geändert wurde. So waren auch vor der Reform schon nach § 39 UrhG Vereinbarungen über die in den §§ 13 und 14 UrhG normierten persönlichkeitsrechtlichen Befugnisse mit dem Inhaber eines Nutzungsrechts möglich. § 39 UrhG wurde über seinen Wortlaut hinaus auch auf den Eigentümer eines Werkstücks angewandt, der nicht Inhaber eines Nutzungsrechts ist, so dass mit diesem auch bisher schon die in § 39 UrhG genannten Vereinbarungen getroffen werden konnten.[700]

Man könnte § 29 Abs. 2 UrhG jedoch einen über die bloße Klarstellung hinausgehenden Regelungsgehalt beimessen, wenn man die Norm als abschließende Aufzählung der zulässigen Rechtsgeschäfte über das Urheberrecht begreift. Dann wären andere als die in § 39 UrhG geregelten Rechtsgeschäfte über urheberpersönlichkeitsrechtliche Befugnisse unzulässig. Gegen eine solche Auslegung sprechen zunächst praktische Gesichtspunkte. Diese Auslegung hätte nämlich zur Folge, dass es dem Urheber beispielsweise nicht mehr möglich wäre, vertragliche Vereinbarungen mit einem Werknutzer über das Erstveröffentlichungsrecht zu treffen. So wäre eine Vereinbarung, in der der Urheber einem Werkverwerter das Recht einräumt, über den Zeitpunkt und die Umstände der

---

698 *Dieselhorst* (1995), S. 143.

699 Dieses Ergebnis wird heute nahezu einhellig vom Schrifttum und der Rechtsprechung geteilt. Für die allgemeine Meinung Schricker - *Dietz*, Vor §§ 12 ff. Rn. 26 ff.; Fromm/Nordemann - *Hertin*, Vor § 12 Rn. 3 ff.; BGHZ GRUR 1955, S. 201/204 - Cosima Wagner; BGH GRUR 1971, S: 269/271 - Das zweite Mal.

700 Schricker - *Dietz*, § 39 Rn. 25; Möhring/Nicolini - *Spautz*, § 39 Rn. 16; vgl. auch die Ausführungen zu dieser Problematik 2. Kapitel B.I.1.b.cc.(4).

Inhaltsmitteilung vor der Veröffentlichung zu entscheiden, unwirksam. Solche Vereinbarungen sind aber insbesondere bei Sprach- oder Filmwerken üblich, um dem Verleger bzw. Filmhersteller eine optimale Gestaltung der Werbung für das Werk zu ermöglichen. Diese Vereinbarungen werden bisher allgemein für zulässig erachtet.[701] Da es das Ziel der Gesetzesänderung ist, die Urheber an dem wirtschaftlichen Nutzen ihrer Arbeit angemessen zu beteiligen,[702] wäre es widersinnig, ihm durch die Einschränkung bisher anerkannter Dispositionsmöglichkeiten über Persönlichkeitsrechte die wirtschaftliche Verwertung zu erschweren. Desweiteren würde diese Auslegung des § 29 Abs. 2 UrhG zu systematischen Widersprüchen mit anderen Bestimmungen des UrhG führen. Nach § 41 Abs. 4 UrhG kann der Urheber auf sein in § 41 Abs. 1 UrhG geregeltes Rückrufsrecht wegen Nichtausübung eines Nutzungsrechts nicht im voraus verzichten und die Ausübung nicht für mehr als fünf Jahre im voraus ausschließen. Auf sein Rückrufsrecht wegen gewandelter Überzeugung kann er nach § 42 Abs. 2 UrhG weder verzichten noch seine Ausübung im voraus ausschließen. Beide Rückrufsrechte werden allgemein den überwiegend persönlichkeitsschützenden Befugnissen zugeordnet.[703] Die Normierung der Unverzichtbarkeit und der Unzulässigkeit des Verzichts auf die Ausübung wäre überflüssig, wenn der Urheber ohnehin außerhalb des Rahmens des § 39 UrhG über persönlichkeitsschützende Regelungen in keiner Weise disponieren könnte.[704]

Der Gesetzgeber ist mit der Erwähnung der in § 39 UrhG geregelten Dispositionsmöglichkeiten in § 29 Abs. 2 UrhG über die Normierung einer (überflüssigen) „Klarstellung" nicht hinausgegangen. Weitere Dispositionen im persönlichkeitsrechtlichen Bereich werden durch die Regelung nicht ausgeschlossen. Da mit dieser „Klarstellung" nicht alle denkbaren Dispositionsmöglichkeiten über das UPR erwähnt werden, führt die Regelung insgesamt nicht zur Klärung der uneindeutigen Rechtslage in diesem Gebiet, sondern ist eher dazu geeignet, noch mehr Unsicherheiten zu schaffen.[705] Der Gesetzgeber hat eine Chance

---

701 Für viele Schricker - *Dietz*, § 13 Rn. 28.

702 Amtliche Begründung des Regierungsentwurfs zur ursprünglichen Fassung des Urheberrechtsänderungsgesetzes, BT-Drucks. 14/6433, S. 1; vgl. auch *Wandtke*, K&R 2001, S. 601.

703 *Schack* (2001), Rn. 318; Schricker - *Dietz*, Vor §§ 12 ff. Rn. 9; Schricker - *Schricker*, § 41 Rn. 4; § 42 Rn. 1; Fromm/Nordemann - *Hertin*, Vor § 12 Rn. 2.

704 Auch *Dieselhorst* (1995), S. 138 betont, dass von den §§ 41 Abs. 4 und 42 Abs. 2 UrhG auf die grundsätzliche Zulässigkeit von Dispositionen über persönlichkeitsrechtliche Befugnisse geschlossen werden kann.

705 Ursprünglich war geplant, im Zuge der Reform des Urhebervertragsrechts, auch den § 39 UrhG neu zu gestalten. Der geänderte § 39 UrhG sollte den Titel „Rechtsgeschäfte über Urheberpersönlichkeitsrechte" tragen; siehe zu der am 26. Juni 2001 zunächst in erster Lesung verabschiedeten Fassung BT-Drucks. 14/6433, S. 4 f. Dieses Vorhaben wurde aufgegeben, so dass § 39 UrhG in seiner ursprünglichen Fassung fortbesteht; vgl. *Grunert* (2002), S: 39 f.

vertan, in diesem dringend klärungsbedürftigen Gebiet durch eindeutige gesetzliche Regelungen für Rechtssicherheit zu sorgen.

C. Berührt die Zustimmung zur Werkvernichtung den unverzichtbaren Kern des UPR?

Wie oben dargestellt wurde, steht das UPR wie jedes Persönlichkeitsrecht nicht in vollem Umfang zur Disposition des Rechtsinhabers, so dass der Zulässigkeit von Rechtsgeschäften über das UPR gewisse Grenzen gesetzt sind. Es fragt sich nun, ob durch die Erteilung der Zustimmung zur Werkvernichtung bereits der der Disposition des Urhebers entzogene unverzichtbare Bereich des UPR berührt wird. Wie die Grenzen der Zulässigkeit von Rechtsgeschäften über das UPR zu ermitteln sind, wird unterschiedlich beurteilt.

I. Ansätze zur Ermittlung der Grenze der Zulässigkeit von Dispositionen über das UPR

1. Kernbereichstheorie

Nach der herrschenden Meinung in Rechtsprechung und Literatur sind Dispositionen über das UPR grundsätzlich zulässig, solange durch sie nicht der unverzichtbare Kernbereich des UPR berührt werde.[706] Sehr uneinheitlich wird aber beurteilt, wie dieser „Kern des UPR" zu definieren ist. In einer Entscheidung des Reichsgerichts wird das gesamte Persönlichkeitsrecht als unveräußerlicher Teil des Urheberrechts bezeichnet.[707] Später geht der BGH davon aus, dass nur ein Teil des UPR als unverzichtbar anzusehen sei. Der „unverzichtbare Restbestand des Urheberpersönlichkeitsrechts" bestehe in der Berechtigung, gegen schwerwiegende Beeinträchtigungen der „geschützten Persönlichkeitssphäre" vorgehen zu können.[708] In weiteren Entscheidungen beschränkt der BGH sich darauf, einzelne persönlichkeitsrechtliche Befugnisse dem unverzichtbaren Kernbereich zuzurechen, ohne diesen genauer zu definieren.[709] Anknüpfend an diese durch

---

Siehe zu den ursprünglich geplanten Änderungen *Wandtke*, K&R 2001, S. 601/606.

706 RGZ 123, S: 312/320 - Wilhelm Busch; BGH GRUR 1955, S. 201/204 - Cosima Wagner; BGH GRUR 1971, S. 69/271 - Das zweite Mal; BGH GRUR 1986, S. 458/459 - Oberammergauer Passionsspiele; BGH GRUR 1999, S. 230/232 - Treppenhausgestaltung; Schricker - *Dietz*, Vor §§ 12 ff. Rn. 28; Möhring/Nicolini - *Kroitzsch*, § 11 Rn. 14; Fromm/Nordemann - *Hertin*, Vor § 12 Rn. 5; *Osenberg* (1985), S. 43; *Schricker*, Fs. Hubmann (1985), S. 409/411 ff.; *Dieselhorst* (1995), S. 139; *v. Welser* (2000), S. 70; *Schilcher* (1989), S.155 f.; *Bullinger* (1997), S. 82.

707 RGZ 123, S. 312/320 - Wilhelm Busch.

708 BGH GRUR 1955, S. 201/204 - Cosima Wagner.

709 Für die Verbotsrechte des § 14 UrhG BGH GRUR 1971, S. 69/271 - Das zweite Mal; BGH GRUR 1986, S. 458/459 - Oberammergauer Passionsspiele; BGH GRUR 1999, S. 230/232 - Treppenhausgestaltung; für das Namensnennungsrecht aus § 13 S. 1 UrhG

den BGH vorgegebenen Definitionsansätze geht auch ein Teil des Schrifttums davon aus, der Kern des UPR werde bei einem schwerwiegenden Eingriff in die geistigen und persönlichen Beziehungen des Urhebers zu seinem Werk berührt.[710] Der Umfang des unverzichtbaren Kernbereiches des UPR stehe daher nicht absolut fest, sondern sei „jeweils durch eine Abwägung der Interessen der Beteiligten zu ermitteln, wobei es auf den konkreten Zusammenhang und die mit dem Rechtsgeschäft verfolgten Zwecke ankomme.[711] Dabei sei der Entstellungsschutz nach § 14 UrhG im Regelfall zum Kernbereich zu zählen,[712] ebenso das Recht auf Anerkennung der Urheberschaft nach § 13 S. 1 UrhG[713] und das Rückrufsrecht aus § 42 UrhG.[714]

Nach einer anderen Strömung in der Literatur ist der unverzichtbare Kernbereich des UPR das „unaufhebbare geistige Band“, das den Urheber mit seinem Werk verbinde.[715] Der Urheber könne daher nicht auf das jeweilige Stammrecht als solches verzichten.[716]

Daneben wird vorgeschlagen, es sei zur Ermittlung des unverzichtbaren Kernbereichs strikt nach den geistigen und persönlichen Interessen des Urhebers zu unterscheiden. Die dem Schutz der persönlichen Interessen des Urhebers dienenden Befugnisse seien nur aus Gründen der Zweckmäßigkeit im UrhG geregelte Anwendungsfälle des zivilrechtlichen aPR. Sie seien als höchstpersönliche, direkt auf die Person des Urhebers bezogene Regelungen unverzichtbar. Dagegen seien die dem Schutz der geistigen Interessen dienenden Befugnisse wegen ihres Werkbezugs nicht zum absolut geschützten Kernbereich des UPR zu rechnen und damit verzichtbar. [717] Diese Argumentation enthält die zutreffende Überlegung, dass der Selbstbestimmung des Urhebers dort mehr Raum zu geben ist, wo nicht die Existenz und die Unversehrtheit seiner Person betroffen sind, sondern die persönliche Beziehung zu einer Emanation seiner Person, also zu dem geschaffenen Werk, das zur Person eine gewisse objektivierende Distanz

BGH GRUR 1963, S. 40/42 - Straßen gestern und morgen; gegen eine Einordnung des gesamten Namensnennungsrechts zum Kernbereich aber BGH GRUR 1995, S. 671/672 f. - Namensnennungsrecht des Architekten.

710 *Osenberg* (1979), S. 41; *Forkel* (1977), S. 193; ähnlich *Grohmann* (1971), S. 159 f.; *Federle* (1998), S. 70.

711 *Forkel* (1977), S. 193; *Dieselhorst* (1995), S. 145.

712 *Forkel* (1977), S. 193 f., 210; *Osenberg* (1979), 178, 201; *v. Gamm* (1968), § 11 Rn. 7; *Ulmer* (1980), S. 381; *Grohmann* (1971), S. 160. Gegen die Einbeziehung des Entstellungsschutzes *Dieselhorst* (1995), S. 158, 161.

713 *Forkel* (1977), S. 210; *Osenberg* (1979), S. 89; *v. Gamm* (1968), § 13 Rn. 3.

714 *Grohmann* (1971), S. 162; *Forkel* (1977), S. 193; *v. Gamm* (1968), § 11 Rn. 7.

715 Fromm/Nordemann - *Hertin*, Vor § 12 Rn. 3; Schricker - *Dietz*, Vor §§ 12 ff Rn. 27.

716 Schricker - *Dietz*, Vor §§ 12 ff Rn. 28.

717 Dieser Ansatz wurde von *Peter*, UFITA 36 (1962), 257/270 ff. begründet und von *Seetzen* (1969), S. 49 ff. aufgenommen und weitergeführt.

aufweist.[718] Jedoch kann zwischen den persönlichen und den geistigen Interessen keine eindeutige Trennung gezogen werden, sondern beide Interessenrichtungen sind in aller Regel in einer untrennbaren Gemengelage miteinander verwoben. Entsprechend dienen auch die persönlichkeitsrechtlichen Befugnisse nicht entweder den geistigen oder den persönlichen Interessen, sondern immer beiden Interessenrichtungen. Abgesehen davon geht die Annahme, jede Befugnis, die persönliche Interessen schütze, sei unverzichtbar, zu weit. Denn auch im persönlichkeitsrechtlichen Bereich muss es gewisse Dispositionsfreiheiten des Rechtsträgers geben. Daher ist allgemein anerkannt, dass auch das zivilrechtliche aPR nicht vollständig, sondern nur der Kernbereich dieses Rechts unverzichtbar ist.[719]

2. Vorhersehbarkeitslehre

In der jüngeren Urheberrechtsliteratur zeigt sich zunehmend die Tendenz, auch Dispositionen über persönlichkeitsrechtliche Befugnisse für zulässig zu halten, die von der herrschenden Lehre bisher zum Kernbereich des UPR gerechnet wurden, sofern es sich um einzelne, in der zugrundeliegenden rechtsgeschäftlichen Vereinbarung hinreichend konkret bezeichnete Eingriffe handelt, die für den Urheber in ihrem Umfang und ihren Folgen überschaubar sind. Unzulässig sei dagegen lediglich ein „Pauschalverzicht".[720]

3. Stellungnahme

Die immer vage bleibenden Definitionsansätze, die für den unverzichtbaren Kernbereich gefunden werden, zeigen, dass die Anwendung der Kernbereichstheorie immer zu erheblichen Rechtsunsicherheiten führt.[721] Darüber hinaus trägt die Kernbereichstheorie den Interessen der Beteiligten, insbesondere denen des Urhebers, nur in unzureichendem Maße Rechnung, da sie generell jede Möglichkeit der (für den Urheber eventuell finanziell interessanten) Disposition über bestimmte Bereiche des UPR unterbindet.[722]

---

718 So auch *Schricker*, Fs. Hubmann (1985), S. 409/419; auf diesen bezugnehmend auch *Schilcher* (1998), S. 146; *Dieselhorst* (1995), S. 144.

719 So auch *Dieselhorst* (1995), S. 145.

720 *Schricker*, Fs. Hubmann (1985), S. 409/419; *Dreier/Katzenberger/Lewinski/Schricker*, in: Informationsgesellschaft (1997), S. 93 f.; *Pfeifer*, GRUR Int. 1995, S. 41 f.; *Wedemeyer*, Fs. Piper (1996), S. 787/792; *v. Welser* (2000), S. 72 ff.; ähnlich auch *Metzger* (2002), S. 200 ff.

721 So auch *Dreier/Katzenberger/Lewinski/Schricker*, in: Informationsgesellschaft (1997), S. 93.

722 Dies Argument wird auch von *Schricker* Fs. Hubmann (1985), S. 409/413 angeführt.

Das entscheidende Argument gegen die Kernbereichstheorie dürfte aber sein, dass sie dem Schutzzweck des UPR, der in der Sicherung der freien Selbstbestimmung des Urhebers über seine ideellen Werkinteressen liegt, zu wenig Rechnung trägt. Aus mehreren persönlichkeitsschützenden Normen des UrhG wird deutlich, dass mit dem UPR insgesamt in besonderem Maße der Wahrung der freien Selbstbestimmung des Urhebers Rechnung getragen werden soll.[723] So schützt etwa § 12 Abs. 1 UrhG die Freiheit des Urhebers, selbst darüber zu bestimmen, ob und wie sein Werk veröffentlicht wird. § 13 S. 2 UrhG sichert das Selbstbestimmungsrecht des Urhebers hinsichtlich der Anbringung einer Urheberbezeichnung an seinem Werk. Da es im Falle des Verzichts auf urheberpersönlichkeitsrechtliche Befugnisse nicht um die Existenz der Person oder ihrer körperlichen Unversehrtheit, sondern um ihre Beziehung zu einem außerpersönlichem Gut, dem Werk, geht, ist hier der freien Selbstbestimmung des Urhebers größere Bedeutung einzuräumen als bei anderen Persönlichkeitsrechten.[724] Es ist nicht ersichtlich, aus welchem Grund dem Urheber eine Einwilligung in schwerwiegende Beeinträchtigungen, wie etwa Entstellungen seines Werkes, versagt werden sollen. Der Urheber ist als Schöpfer des Werkes durchaus in der Lage zu beurteilen, welche Eingriffe in sein Werk er bereit ist, zu tolerieren und welche nicht. Auch ein schwerwiegender Eingriff in das UPR verletzt das Selbstbestimmungsrecht des Urhebers dann nicht, wenn er in diesen ganz konkreten Eingriff eingewilligt hat. Da mit dem UPR das Selbstbestimmungsrecht des Urhebers geschützt wird, stellt selbst ein so schwerwiegender Eingriff wie die Entstellung keine Verletzung des UPR dar, wenn der Urheber sie konkret gebilligt hat.[725]

Das UPR gewährleistet nicht nur Schutz in negativer Hinsicht vor dem Entzug der Selbstbestimmung, sondern sichert auch in positiver Hinsicht den Vollzug des Selbstbestimmungsrechts. Es sichert dem Urheber die Freiheit, in Ausübung seiner Privatautonomie über seinen persönlichkeitsrechtlichen Schutz zu disponieren.[726] Bei Beachtung der Bedeutung des Selbstbestimmungsrechts zeigt sich, dass das entscheidende Kriterium für die Zulässigkeit eines Verzichts auf urheberpersönlichkeitsrechtliche Befugnisse die konkrete Bezeichnung der Eingriffe ist.[727] Ist der Eingriff, in den der Urheber einwilligt, genau bezeichnet, so sind für den Urheber Umfang und Folgen der Persönlichkeitsbeeinträchtigung in

---

723 So auch v. *Welser* (2000), S. 74.

724 *Schricker*, Fs. Hubmann (1985), S. 409/419.

725 Dies betont auch *v. Welser* (2000), S. 71.
Daher ist die pauschale Feststellung, eine Einwilligung in eine Werkentstellung berühre immer den unverzichtbaren Bereich des UPR (so *Rehbinder*, ZUM 1996, S. 613/617; ähnlich auch BGH GRUR 1971, S. 269/271 - Das zweite Mal) in dieser Form nicht haltbar.

726 Ähnlich in Bezug auf das Recht am eigenen Bild *Götting* (1995), S. 39.

727 Vgl. *v. Welser* (2000), S. 72.

der Regel auch vorhersehbar. Daher stellen in diesem Falle die Einwilligung bzw. der Verzicht auf die entsprechende Abwehrbefugnis eine Ausübung des geschützten Selbstbestimmungsrechts dar. Verzichtet der Urheber hingegen pauschal und unabhängig von konkret bezeichneten Eingriffshandlungen auf seine persönlichkeitsrechtlichen Befugnisse, so liegt keine selbstbestimmte Entscheidung hinsichtlich der konkret berührten persönlichkeitsrechtlichen Befugnisse vor. Es ist daher nicht ein absoluter, festumrissener unverzichtbarer Kernbereich des UPR auszumachen, sondern es ist allein danach zu differenzieren, ob der Eingriff, zu dem der Urheber seine Zustimmung gibt, so konkret bezeichnet ist, dass er in Umfang und Folgen für ihn vorhersehbar ist. Solange diese Voraussetzungen erfüllt sind, kann der Urheber seine Zustimmung selbst zu schwersten Eingriffen in sein UPR wirksam erteilen.[728]

II. Rechtsfolgen eines Eingriffs in den unverzichtbaren Kernbereich

Uneinigkeit besteht nicht nur darüber, in welchem Umfang Dispositionen über urheberpersönlichkeitsrechtliche Befugnisse unwirksam sind, sondern auch darüber, wie die Unwirksamkeit entsprechender Dispositionen rechtlich zu konstruieren ist. Zum Teil wird die Disposition über den Kernbereich des UPR als sittenwidrig i.S.d. § 138 BGB betrachtet.[729] Nach anderer Ansicht ist die Unwirksamkeit aus der Natur des UPR als solchem abzuleiten[730] oder als „Eigenart“[731] des UPR anzusehen. Die Rechtsprechung stellt in der Regel nur die Unverzichtbarkeit des Kernbereichs des UPR fest, ohne die Nichtigkeit eines entsprechenden Rechtsgeschäfts näher zu begründen.[732]

Während bei der Einwilligung in Eingriffe in die körperliche Bewegungsfreiheit, die Körperintegrität oder das Leben verhältnismäßig eindeutig zu ermitteln ist, was nach der herrschenden Rechts- und Sozialmoral bzw. nach dem Anstandsgefühl aller billig und gerecht Denkenden die Grenze der Vertretbarkeit bildet, ist dies bei der hier zu behandelnden Frage nach Eingriffen in schöpferische Werke kaum zu ermitteln. Die Einwilligung in einen Werkeingriff, und

---

[728] So auch *Schricker*, Fs. Hubmann (1985), S. 409/419; *Dreier/Katzenberger/Lewinski/Schricker*, in: Informationsgesellschaft (1997), S. 93 f.; *Pfeifer*, GRUR Int. 1995, S. 41 f.; *Wedemeyer*, Fs. Piper (1996), S. 787/792; *v. Welser* (2000), S. 72 ff.; ähnlich auch *Metzger* (2002), S. 200 ff.

[729] *Dieselhorst* (1995), S. 142 ff.; *Osenberg* (1979), S. 23, 41; *Rehbinder* (2002), Rn. 319; *Federle* (1999), S. 69 ff.; wohl auch *v. Welser* (2000), S. 70 ff.

[730] *Schack* (2001), Rn. 563; *Grohmann* (1971), S. 159 f.; *Forkel* (1977), S. 190.

[731] Fromm/Nordemann - *Hertin*, Vor § 12 Rn. 3.

[732] BGH GRUR 1955, S. 201/204 - Cosima Wagner; BGH GRUR 1995, S. 671/672 - Namensnennungsrecht des Architekten; BGH GRUR 1986, S. 458/459 - Oberammergauer Passionsspiele; BGH GRUR 1999, S. 232 - Treppenhausgestaltung. Derartige Stellungnahmen finden sich teilweise auch im Schrifttum; Schricker - *Dietz*, Vor §§ 12 ff Rn. 27; *Ulmer* (1980), S. 379.

sei dieser auch noch so gravierend, kann in keinem Falle einen ähnlich gravierenden Verstoß gegen die allgemeine Rechts- und Kulturauffassung darstellen wie etwa die Einwilligung in eine erhebliche Körperverletzung.[733] Gerade das zur Frage der Zulässigkeit einer Werkvernichtung durch den Eigentümer vertretene breite Meinungsspektrum zeigt, dass in dieser Frage keine allgemeine Kulturauffassung, nach der ein Sittenverstoß bestimmt werden könnte, existiert. Es würde daher eine Überdehnung des Sittenwidrigkeitsbegriffs bedeuten, wenn man die Überschreitung des zulässigen Dispositionsspektrums für Eingriffe in das UPR unter den § 138 BGB subsumieren wollte.

Die Unwirksamkeit einer in ihrem Umfang und ihren Folgen für den Urheber nicht vorhersehbaren Disposition ergibt sich vielmehr aus der Anwendung des Rechtsgedankens der „allgemeinen Zweckübertragungstheorie" und damit direkt aus dem Urheberrecht selbst. Nach der allgemeinen Zweckübertragungstheorie ist bei Zweifeln über den Umfang einer Rechtseinräumung auf den Vertragszweck abzustellen. Der Urheber hat im Zweifel nur in dem Umfang über seine Rechte disponiert, als dies zur Erreichung des angestrebten Zwecks nötig und sinnvoll ist. Über ihre gesetzliche Grundlage in § 31 Abs. 4 und Abs. 5 UrhG hinaus[734] findet die Zweckübertragungstheorie als Rechtsgedanke im gesamten Urheberrecht und den verwandten Schutzrechten sowie im Verlagsrecht Anwendung,[735] so dass sie auch zur Beurteilung von Dispositionen im urheberpersönlichkeitsrechtlichen Bereich herangezogen werden kann.[736] Dabei ist die Zweckübertragungslehre im Grenzbereich zwischen Auslegung und Korrektur anzusiedeln.[737] Sie beinhaltet im Ergebnis eine Spezifizierungslast für den Rechtserwerber.[738] Auch wenn eine vertragliche Regelung keinen Raum für Zweifel lässt, bestimmt sich der Umfang der Rechtseinräumung nicht am eindeutigen Wortlaut des Vertrags, sondern am Vertragszweck. Eine pauschale Rechtseinräumung ist also nach der „allgemeinen Zweckübertragungslehre" in-

---

733 Dies betont auch *Schricker*, Fs. Hubmann (1985), S. 409/418.

734 Vgl. Schricker - *Schricker*, §§ 31/32 Rn. 36.

735 Möhring/Nicolini - *Spautz*, § 31 Rn. 50; Schricker - *Schricker*, §§ 31/32 Rn. 31, 36; *Schweyer* (1982), S. 4 ff., 100 ff.

736 BGH GRUR 1955, S. 201/203 - Cosima Wagner; BGH GRUR 1977, S. 551/554 - Textdichtersammlung; OLG Hamburg, Schulze OLGZ 174, S. 7 - Zugangsrecht des Architekten; *Forkel* (1977), S. 195 (Fn. 365); Fromm/Nordemann - *Hertin*, §§ 31/32 Rn. 41; Schricker - *Schricker*, §§ 31/32 Rn. 37.

737 *Ulmer* GRUR 1957, S. 613; *Schweyer* (1981), S. 38; Fromm/Nordemann - *Hertin*, §§ 31/32 Rn. 19; auch Schricker - *Schricker*, §§ 31/32 Rn. 32 betont, dass die Bedeutung des Zweckübertragungslehre über die einer Auslegungsmaxime hinausgeht. *Hilty*, Fs. Rehbinder (2002), S. 259/272 ff. äußert Zweifel bezüglich der Legitimation der Zweckübertragungstheorie, da es sich bei ihr um einen Auslegungsgrundsatz, der in keinem anderen Rechtsbereich als dem Urheberrecht und den verwandten Schutzrechten Anwendung findet, handele.

738 Zu diesem Begriff siehe Schricker - *Schricker*, §§ 31/32 Rn. 34.

soweit unwirksam, als die Rechtsübertragung nicht durch den Vertragszweck gedeckt ist.[739] Für Rechtsgeschäfte über das UPR ist aus diesem Gedanken die Unwirksamkeit pauschaler und daher in ihrem Umfang und ihren Folgen nicht vorhersehbarer Dispositionen herzuleiten.[740]

Es könnte eingewandt werden, dass bei konsequenter Anwendung des Zweckübertragungsgrundsatzes auf Rechtsgeschäfte über persönlichkeitsrechtliche Befugnisse durch eine Kumulation von einzeln umschriebenen Eingriffen das UPR faktisch soweit ausgehöhlt werden könnte, dass sich ein Widerspruch zu der aus § 29 Abs. 1 UrhG folgenden Unübertragbarkeit des UPR ergibt.[741] Dem ist entgegenzuhalten, dass aufgrund der großen Vielzahl möglicher Anwendungsfälle das UPR durch die Summe konkret umschriebener Einzeleingriffe nie voll ausgeschöpft wird, so dass das UPR als solches stets beim Urheber verbleibt.[742]

III. Anwendung auf die Werkvernichtung

Steht die Vernichtung des Werkes unmittelbar bevor, und sind dem Urheber sowohl die genauen Umstände, wie die Art der Vernichtungshandlung, die Gründe für die Vernichtung sowie der Zeitpunkt der Vernichtung bekannt, so ist eine Zustimmung unzweifelhaft zulässig. Es liegt ein konkret umrissener, für den Urheber in Ausmaß und Folgen überschaubarer Eingriff in das UPR vor, so dass es sich um eine zulässige Einzelfalleinwilligung handelt.

Wie oben dargestellt wurde, besteht in der Praxis aber ein Interesse des Urhebers daran, dem Erwerber eines Werkstücks generell die Vernichtung gestatten zu können, so dass der Erwerber nach freiem Belieben darüber entscheiden kann, ob, wann, warum und wie er das Werk vernichtet. In einer solchen generellen Zustimmung könnte ein unzulässiger Pauschalverzicht liegen, da der Urheber keinen Einfluss mehr darauf hat, ob und wie sein Werk vernichtet wird. Er kann also nicht mehr selbstbestimmt über den Fortbestand seines Werkes disponieren, sondern ein Dritter ist berechtigt, nach freiem Belieben darüber zu entscheiden. Es ist in diesem Zusammenhang aber zu beachten, dass Art und Intensität des in der Vernichtung des Werkes liegenden Eingriffs in die ideellen Interessen des Urhebers nicht davon abhängen, ob der Eingriff sofort nach der Zustimmung oder erst zu einem späteren Zeitpunkt erfolgt. Die Folgen einer generellen Zustimmung zur Vernichtung sind für den Urheber relativ deutlich abzusehen. Anders als bei einer pauschalen Einwilligung in jedwede Änderung oder Entstellung des Werkes weiß der Urheber im voraus, zu welcher konkreten Be-

---

[739] BGH GRUR 1996, S. 121/122 - Pauschale Rechtseinräumung

[740] So auch *Schricker* , Fs. Hubmann (1985), S. 409/419.

[741] So *v. Welser* (1999), S. 73.

[742] Vgl. *Dreier/Katzenberger/Lewinski/Schricker*, in: Informationsgesellschaft (1997), S. 94.

einträchtigung seiner Interessen er seine Zustimmung erteilt hat. Da die Vernichtung überwiegend die geistigen Urheberinteressen berührt, sind anders als bei pauschalen Änderungseinwilligungen keine unabsehbaren Eingriffe in die persönlichen Interessen des Urhebers zu gewärtigen. Auch die Art der Vernichtungshandlung ist für den Urheber gleichgültig, solange diese nicht eine Beeinträchtigung des Werkes darstellt. Eine beeinträchtigende Vernichtungshandlung wäre aber von der Zustimmung zur reinen Vernichtung ohnehin nicht umfasst. Der Umfang und die Folgen des Eingriffs in das UPR bleiben also auch bei der generellen Einwilligung in die Werkvernichtung für den Urheber vorhersehbar. Es handelt sich dabei nicht um einen unzulässigen Pauschalverzicht.

D. Rechtsnatur und Wirkung der Zustimmung zur Werkvernichtung

Nun ist zu klären, welche Rechtsnatur der Disposition des Urhebers über sein Recht, die Vernichtung seines Werkes zu verbieten, zukommt. Da in aller Regel der Urheber mit dem Erwerber bzw. Eigentümer des Werkstücks nur vereinbaren wird, dass dieser zur Vernichtung berechtigt sein soll, ohne ausdrücklich eine rechtliche Konstruktion hierfür zu benennen, ist durch Auslegung nach den allgemeinen Auslegungsregeln, §§ 133, 157 BGB, zu ermitteln, was genau von den Parteien gewollt ist und mittels welcher rechtlichen Konstruktion dieses Ziel zu erreichen ist.

I. Absolut wirkender Verzicht

Es könnte erwogen werden, die Zustimmung zur Werkvernichtung als absolut wirkende, also dingliche Verzichtserklärung aufzufassen. Der Urheber würde dadurch jedermann gegenüber auf das Recht verzichten, die Vernichtung seines Werkes zu verbieten. Die urheberpersönlichkeitsrechtliche Befugnis, die Zerstörung des Werkes zu verbieten, wäre damit also erloschen. Aus urheberrechtlicher Sicht wäre jedermann berechtigt, das Werk zu zerstören. In der Praxis stünde dem jedoch noch das absolute Recht des jeweiligen Werkstückeigentümers entgegen.

Zutreffenderweise wird nach ganz herrschender Meinung ein dinglicher Verzicht auf eine einzelne persönlichkeitsrechtliche Befugnis genauso wenig für möglich gehalten wie ein Verzicht auf das UPR im ganzen.[743] Durch den Verzicht auf eine persönlichkeitsrechtliche Befugnis würde der Urheber in dem je-

---

[743] *Dieselhorst* (1995), S. 139; *Bullinger* (1997), S. 84 f.; *v. Welser* (2000), S. 57 f.; Fromm/Nordemann - *Hertin*, Vor § 12 Rn. 5; *Rehbinder* (2002), Rn. 301; *Schack* (2001), Rn. 312; KG UFITA 80 (1971), 368/374 - Manfred Köhnlechner; OLG München GRUR 1986, S. 460/463 - Die unendliche Geschichte; für die Möglichkeit eines dinglichen Verzichts dagegen *Seetzen* (1969), S. 54 f.

weiligen Bereich jede Einwirkungsmöglichkeit auf sein Werk verlieren. Der Urheber würde also in dem betreffenden Bereich jedwedes Selbstbestimmungsrecht verlieren, da jeder Dritte uneingeschränkt zu dem jeweiligen Eingriff in das Werk berechtigt wäre. Der dingliche Verzicht auf einzelne persönlichkeitsrechtliche Befugnisse ist mit der Unantastbarkeit des Kernbereichs des UPR unvereinbar. Ermächtigt der Urheber dagegen nur eine bestimmte Person zur Vernichtung, kann er weiterhin allen übrigen Personen die Vernichtung verbieten. Selbst wenn er das Vernichtungsverbotsrecht mit dinglicher Wirkung auf eine andere Person „überträgt" (sofern das möglich ist), kann er durch die Auswahl der betreffenden Person Einfluss auf das Schicksal seines Werkes nehmen.

II. Schuldrechtlicher Gestattungsvertrag

Man könnte die Zustimmung des Urhebers zu einem Eingriff in sein Persönlichkeitsrecht, und somit auch die Zustimmung zur Werkvernichtung, als schuldrechtlichen Gestattungsvertrag auslegen, der seine Wirkung allein auf die aus der Zerstörung resultierenden Ansprüche entfaltet,[744] die Rechtswidrigkeit des Eingriffs aber unberührt lässt. Hierbei sind grundsätzlich zwei unterschiedliche Konstruktionen denkbar. Die Zustimmung könnte einen antizipierten Erlassvertrag darstellen, der die Entstehung etwaiger künftiger Ansprüche des Urhebers ausschließt.[745] Es könnte sich aber auch um eine Vereinbarung handeln, künftige Ansprüche nicht geltend zu machen (pactum de non petendo).[746]

1. Erlassvertrag

Es soll zunächst die Möglichkeit untersucht werden, inwieweit die Zustimmung zu einem Eingriff in das UPR als Erlassvertrag nach § 397 Abs. 1 BGB angesehen werden kann.[747] Da ein Erlassvertrag nur über Forderungen geschlossen werden kann, kann er sich nicht auf das UPR selbst, sondern nur auf eine konkrete aus der Verletzung des UPR erwachsene Forderung beziehen.[748] Relativ unproblematisch ist der Fall, wenn der Urheber nachträglich einen bereits erfolgten rechtswidrigen Eingriff in sein UPR, wie etwa die rechtswidrige Zerstörung seines Werkes, billigt und dem Eingreifenden seine Verpflichtung, nach § 97 Abs. 2 UrhG Schadensersatz zu leisten, erlässt. Hier kann problemlos ein Erlassvertrag nach § 397 Abs. 1 BGB angenommen werden.

---

744 Für die Zustimmung zu einem Eingriff in das Recht am eigenen Bild so auch *Dasch* (1990), S. 28.

745 *v. Gamm* (1968), Einf. Rn. 109; für das Recht am eigenen Bild *Dasch* (1990), S. 28.

746 *v. Gamm* (1968), Einf. Rn. 109; für das Recht am eigenen Bild *Dasch* (1990), S. 28.

747 Siehe hierzu Fromm/Nordemann - *Hertin*, Vor § 12 Rn. 5; OLG München GRUR 1986, S. 460/463 - Die unendliche Geschichte.

748 *Dieselhorst* (1995), S. 140.

In der Regel werden jedoch der Urheber und der Eigentümer *vor* der Zerstörung des Werkes eine Vereinbarung über die Zustimmung des Urhebers treffen. In diesem Fall kommt ein solcher nachträglicher Erlassvertrag nicht in Betracht. Daher ist, wie oben angedeutet, an einen antizipierten Erlassvertrag zu denken. Ob es möglich ist, einen solchen antizipierten Erlassvertrag zu schließen, wird uneinheitlich beurteilt.[749] Für die Zulässigkeit des Erlasses künftiger Forderungen könnte angeführt werden, dass auch die Abtretung künftiger Forderungen möglich ist, soweit diese hinreichend bestimmt sind.[750] Gegen die Zulässigkeit eines antizipierten Erlasses von aufgrund der Verletzung des UPR entstandenen Forderungen lässt sich § 276 Abs. 3 BGB anführen, wonach die Haftung wegen Vorsatzes nicht im voraus erlassen werden kann. Diese Norm ist auch auf deliktische Ansprüche anwendbar.[751] Da der antizipierte Erlass die Rechtswidrigkeit des Eingriffs in das UPR unberührt lässt, liefe er auf eine Haftungsbefreiung für ein vorsätzliches rechtswidriges Verhalten hinaus. Eine derartige Haftungsbefreiung ist aber nach § 276 Abs. 3 BGB ausgeschlossen. Ein antizipierter Erlassvertrag ist daher zumindest in Bezug auf Eingriffe in das UPR nicht zulässig.[752]

2. Pactum de non petendo

Die Auslegung der Zustimmung des Urhebers zur Vernichtung des Werkes als pactum de non petendo,[753] also als schuldrechtliche Abrede, die aus der Vernichtung resultierenden Ansprüche nicht geltend zu machen, vermag insofern nicht zu überzeugen, als auch diese Abrede die Rechtswidrigkeit der Vernichtungshandlung nicht entfallen ließe. Der Eigentümer würde durch die Vernichtung des Werkes unabhängig vom Vorliegen der Zustimmung eine rechtswidrige Handlung begehen. Er müsste darauf vertrauen, dass der Urheber sich an seine vertragliche Verpflichtung hält und keine Schritte gegen die Vernichtung ein-

---

749 Für die Zulässigkeit des antizipierten Erlasses RG JW 1921, S. 824; RG JW 1924, S. 164/165; BGHZ 40, S: 326, 330; BGH BB 1956, S.1086; Soergel - *Zeiss*, § 397 Rn. 5; *Larenz* (1987), S. 267.
Überwiegend wird der antizipierte Erlassvertrag dagegen für unzulässig erachtet RGZ 148, S. 257/262; OLG München GRUR 1986, S. 460/463; Palandt - *Heinrichs*, § 397 Rn. 2; *Götting* (1995), S. 146; *v. Welser* (2000), S. 59 f.; *Dasch* (1990), S. 30; *Dieselhorst* (1995), S. 140 f; *v. Gamm* (1968), Einf. Rn. 109, § 14 Rn. 7.

750 Soergel - *Zeiss*, § 397 Rn. 5.

751 *Götting* (1995), S. 146; *Helle*, AfP 1985, S. 93/94; *v. Welser* (2000), S. 59.

752 So auch *v. Welser* (2000), S. 59 f.; *Götting* (1995), S. 146.

753 Als pactum de non petendo wird die Zustimmung des Urhebers zu Eingriffen ins UPR von *Dieselorst* (1995), S. 140 f.; *Osenberg* (1979), S. 44; OLG München GRUR 1986, S. 460/463 - Die unendliche Geschichte - gewertet. Siehe allgemein zur Auslegung der Zustimmung in Rechtseingriffe als pactum de non petendo BGH GRUR 1966, S. 375/376 - Messmer Tee II; BGH GRUR 1970, S. 528/531 - Migrol; BGH GRUR 1985, S. 567/568 - Hydair.

leitet. Dies würde eine erhebliche Rechtsunsicherheit für den Eigentümer bedeuten. Daher entspricht diese Konstruktion regelmäßig nicht der Interessenlage beider Beteiligten.[754]

Die Zustimmung zur Werkvernichtung ist also im Regelfall weder als Erlassvertrag, noch als pactum de non petendo auszulegen, da diese Auslegungsmöglichkeiten den Interessen der Beteiligten nicht gerecht werden. Insbesondere werden der Wille des Eigentümers und des Urhebers regelmäßig dahingehen, dass die Werkvernichtung durch den Eigentümer eine rechtmäßige Handlung darstellt.[755]

III. Die Zustimmung zur Werkvernichtung als Einwilligung

Während die bisher angesprochenen Konstruktionsmöglichkeiten bezüglich der Zustimmung des Urhebers die Rechtswidrigkeit der Vernichtungshandlung unberührt lassen, könnte demgegenüber die Bewertung der Zustimmung des Urhebers in die Werkvernichtung in rechtlicher Hinsicht als Einwilligung zu einer sachgerechten Lösung des Problems führen, da die Einwilligung die Widerrechtlichkeit entfallen ließe, bzw. sogar tatbestandsausschließende Wirkung hätte.

1. Tatbestandsausschließende oder rechtfertigende Wirkung der Einwilligung

Die Frage, nach welchen Kriterien die Abgrenzung vorzunehmen ist, ob der Zustimmung zu einem Eingriff in ein geschütztes Rechtsgut im Einzelfall rechtfertigende oder tatbestandsausschließende[756] Wirkung zukommt, wird in der Literatur sehr uneinheitlich beurteilt. Diese Frage kann nicht abstrakt, sondern nur in Bezug auf konkrete Tatbestände beantwortet werden.[757] In der Literatur ist bisher zur Rechtsnatur der Einwilligung in Eingriffe in das UPR nur sehr vereinzelt Stellung bezogen worden. Dagegen ist das Schrifttum zur Einwilligung in Eingriffe in das Recht am eigenen Bild i.S.d. § 22 KUG umfangreicher. Wegen der Parallelen zwischen dem UPR und dem Recht am eigenen Bild sollen hier die zu

---

[754] So auch allgemein zur rechtlichen Konstruktion von Einschränkungen persönlichkeitsrechtlicher Befugnisse *v. Welser* (2000), S. 60.

[755] Für das Recht am eigenen Bild so auch *Dasch* (1990), S. 31.

[756] In der Literatur wird die Einwilligung mit tatbestandsausschließender Wirkung teilweise als „tatbestandsausschließendes Einverständnis" bezeichnet, ohne dass hieraus eine inhaltlich andere Bewertung abgeleitet würde. So z.B. *Schenke* (1965), S. 2 und *v. Welser* (2000), S. 60 f.

[757] Auch *Schenke* (1965), S. 123, betont, dass die Einordnung als rechtfertigende Einwilligung oder als tatbestandsausschließendes Einverständnis abhängig vom jeweiligen Tatbestand ist, und daher nicht abstrakt beantwortet werden kann.

diesem Bereich entwickelten Überlegungen darauf untersucht werden, inwieweit sie sich auf die Einwilligung in Eingriffe in das UPR übertragen lassen.[758]

Überwiegend weisen Haftungsnormen einen festumrissenen Tatbestand auf. Dieser Tatbestand enthält eine Typisierung des Unrechts, so dass die Verwirklichung des Tatbestandes die Rechtswidrigkeit indiziert. Die Einwilligung stellt hier, wie alle Rechtfertigungsgründe, eine Ausnahme dar, deren Vorliegen die grundsätzliche Rechtswidrigkeitsvermutung negiert.[759] Daher wird der Einwilligung im Deliktsrecht teilweise pauschal rechtfertigende Wirkung zugesprochen.[760] In Bezug auf das Recht am eigenen Bild ist zu beachten, dass in besonderem Maße das Selbstbestimmungsrecht des Rechtsinhabers in seiner Beziehung zu einem außerpersönlichen Gut geschützt werden soll. Stimmt der Rechtsinhaber hier einem üblichen und verbreiteten Eingriff zu, so verzichtet er nicht auf den ihm an sich zustehenden Rechtsschutz, sondern macht von seinem geschützten Selbstbestimmungsrecht Gebrauch. Hat aber jemand sein geschütztes Selbstbestimmungsrecht durch die Erteilung seiner Einwilligung selbst ausgeübt, so kann das Selbstbestimmungsrecht nicht gleichzeitig unrechtsindizierend verletzt sein.[761] Dementsprechend sind die Einwilligung bzw. das Fehlen der Einwilligung beim Recht am eigenen Bild schon auf der Tatbestandsebene zu berücksichtigen. Ihnen kommt hier tatbestandsausschließende Wirkung zu.[762]

Überdies sind Einwilligungen in weiten Bereichen des Persönlichkeitsschutzes keineswegs selten und stellen daher keine Ausnahmefälle dar. So sind z.B. Einwilligungen zur Veröffentlichung von Fotografien, zur Publikation von Tagebüchern oder Briefwechseln oder zur Verarbeitung des Lebensbildes in einer Biographie durchaus gängig und üblich. Es wäre geradezu systemwidrig, in diesen Fällen, in denen jemand in verkehrsüblicher Weise sein geschütztes Selbstbestimmungsrecht ausübt, das Vorliegen eines Rechtfertigungsgrundes festzustellen. Rechtfertigungsgründe bilden Ausnahmen, die nur in besonders gelagerten Fallkonstellationen heranzuziehen sind.[763]

Auch das UPR schützt, wie oben dargelegt wurde, vorrangig das Selbstbestimmungsrecht des Urhebers in Bezug auf seine ideelle Werkbeziehung. Die rechtliche Interessenlage bei der Einwilligung in einen Eingriff in das UPR ist

---

[758] Bei beiden handelt es sich um Rechte zum Schutz der ideellen Beziehung der Persönlichkeit zu einem außerpersönlichen, in gewissem Umfang marktfähigen Gut.

[759] Vgl. *Deutsch* (1996), S. 118, 210 f.

[760] Palandt - *Thomas*, § 823 Rn. 36, 42; Erman - *Schiemann*, § 823 Rn. 146 bezeichnet die Einwilligung als wichtigsten Rechtfertigungsgrund.

[761] So auch *Dasch* (1990), S. 33; ähnlich auch *Wenzel* (1994), Rn. 7.35; *Helle*, AfP 1985, S. 93/96.

[762] Zu diesem Ergebnis kommen auch *Helle* (1991), S. 102; *Helle* AfP 1985, 93/96; MüKo - *Rixecker* (4. Aufl.), § 12 Anh. Rn. 38; *Götting* (1995), S. 146; allgemein zur Einwilligung in Eingriffe in Persönlichkeitsrechte *Hubmann* (1967), S. 150, 170 f.

[763] Vgl. *Helle*, AfP 1985, S. 93/95.

also die gleiche wie beim Recht am eigenen Bild. Daher ist es durchaus angezeigt, die für das Recht am eigenen Bild dargelegten Grundsätze auf das UPR zu übertragen. Auch hier stellt die Einwilligung in einen verkehrsüblichen Eingriff die Ausübung des geschützten Selbstbestimmungsrechts dar. Dementsprechend kommt der Einwilligung auch hier tatbestandsausschließende Wirkung zu.[764] So liegt schon tatbestandlich keine Verletzung des Veröffentlichungsrechts aus § 12 UrhG vor, wenn ein Dritter mit Zustimmung des Urhebers ein Werk veröffentlicht, ebenso schließt die Zustimmung zu einer Beeinträchtigung oder Änderung des Werkes die tatbestandliche Verwirklichung des § 14 UrhG aus. Eine Beeinträchtigung des Werkes, zu der der Urheber seine Einwilligung gegeben hat, ist von vornherein nicht geeignet, seine Interessen zu gefährden.[765]

Auch mit der Gestattung der Vernichtung des Werkes durch einen Dritten macht der Urheber in verkehrsüblicher Weise von seinem Selbstbestimmungsrecht Gebrauch. So ist es gängige Praxis, dass z.B. urheberrechtlich geschützte Bauwerke durch ihren Eigentümer mit Billigung des Urhebers abgerissen werden, oder die mit einem Gebäude verbundenen Kunstwerke, wie etwa Wand- oder Deckengemälde, entfernt werden. Die Zustimmung hat also auch hier tatbestandsausschließende Wirkung.

2. Das Verhältnis der Einwilligung zum zugrundeliegenden Vertrag

In der Praxis wird sich der Urheber im Rahmen eines Vertrags, z.B. im Kaufvertrag oder im Architektenvertrag, mit dem Erwerber des Werkstücks, eventuell gegen Zahlung eines entsprechend höheren Erwerbspreises, zur Abgabe der Einverständniserklärung hinsichtlich der Vernichtung des Werkes verpflichten bzw. diese sogleich erteilen. Es fragt sich nun, in welchem Verhältnis die Einwilligung zu dem ihr zugrundeliegenden Vertrag steht.[766]

Man könnte die Einverständniserklärung und den zugrundeliegenden Vertrag als untrennbare gedankliche Einheit begreifen.[767] So wird für die Einwilligung in einen Eingriff in das Recht am eigenen Bild ausgeführt, sie gehe, soweit sie Ge-

---

[764] So in Bezug auf die Zustimmung zu Eingriffen in die Rechte aus §§ 12 und 14 UrhG auch *v. Welser* (2000), S. 61. Auch *Grohmann* (1971), S. 157 ordnet einer Einwilligung in eine Änderung nach § 39 Abs. 1 UrhG tatbestandsbegrenzende Wirkung zu, da der Urheber sein Recht „in einer in unserem Verkehrsleben üblichen Weise ausübt".

[765] *v. Welser* (2000), S. 71.

[766] Auch zu dieser Frage ist bezogen auf die Einverständniserklärung zur Werkvernichtung in Literatur und Rechtsprechung bisher noch nicht Stellung bezogen worden. Zur vergleichbaren Problematik des Verhältnisses der Einwilligung zu einem Eingriff in das Recht am eigenen Bild und dem zugrundeliegenden Vertrag gibt es verschiedene Stimmen in Literatur und Rechtsprechung. Ein umfassender Überblick hierzu findet sich bei *Dasch* (1990), S. 58 ff.

[767] So allgemein zur Einwilligung *Larenz* (1981), S. 594.

genstand eines Vertrags sei, ohne weiteres in diesem Rechtsgeschäft auf.[768] Dagegen wird im älteren Schrifttum eine grundsätzlich selbständige und abstrakte Beurteilung von Einwilligung und zugrundeliegendem Vertrag propagiert, wobei aber in bestimmten Fällen die Ungültigkeit des Vertrags auch die der Einwilligung erfassen könne.[769]

Der zugrundeliegende schuldrechtliche Vertrag und die Erteilung der Zustimmung stehen in einem ähnlichen Verhältnis zueinander wie der typische schuldrechtliche Verpflichtungs- und dingliche Erfüllungsvertrag. Ebenso wie der typische Erfüllungsvertrag stellt auch die Erteilung der Einwilligungserklärung einen Vollzugsakt dar, durch den dem Empfänger rechtliche Befugnisse eingeräumt werden. Der Vollzugsakt ist von der zugrundeliegenden vertraglichen Vereinbarung, aufgrund derer er erteilt wird, gedanklich durchaus trennbar.[770] Daher liegt es nahe, die für das Verpflichtungs- und das dingliche Erfüllungsgeschäft geltenden Prinzipien, nämlich das Trennungs- und Abstraktionsprinzip, heranzuziehen.[771]

a. Trennungsprinzip

Nach dem Trennungsprinzip sind das Verpflichtungsgeschäft und das unmittelbar rechtsändernde dingliche Erfüllungsgeschäft systematisch zu trennen.[772] Die Zustimmung zu einem Eingriff in ein Persönlichkeitsrecht wie die Werkvernichtung muss keineswegs in jedem Fall in dem zugrundeliegenden Vertrag aufgehen oder mit diesem in einem Akt zusammenfallen. Der Urheber kann sich auch zunächst nur zur Abgabe dieser Erklärung verpflichten und kann sie erst später erteilen. Es ist daher weder sinnvoll noch logisch zwingend, beide Akte als rechtliche Einheit zu begreifen. Vielmehr sind beide getrennt zu betrachten.[773]

b. Abstraktionsprinzip

Aus der Anwendung des Trennungsprinzips folgt nicht zwangsläufig auch die Unabhängigkeit der Wirksamkeit beider Rechtsgeschäfte voneinander.[774] Erst

---

[768] *Helle*, AfP 1985, S. 93/99.

[769] *Zitelmann*, AcP 99, (1906), S. 1/61; *Specker* (1911), S. 199 f.; *Fischer* (1911), S. 279; *v. Thur* (1918), S. 468.

[770] *Götting* (1995), S. 159.

[771] Vgl. *Dasch* (1990), S. 61.

[772] *Westermann* (1998), S. 26.

[773] Vgl. *Götting* (1995), S. 159; für die rechtfertigende Einwilligung so auch *Kothe*, AcP 185 (1985), S. 105/136; für die Einwilligung zu einem Eingriff in das Recht am eigenen Bild *Dasch* (1990), S. 61.

[774] *Dasch* (1990), S. 61.

aus dem Abstraktionsprinzip folgt, dass das Verpflichtungs- und das Verfügungsgeschäft sich nicht gegenseitig bedingen und daher in ihrer Wirksamkeit voneinander unabhängig sind.[775] Vorliegend würde dieses bedeuten, dass trotz Nichtigkeit des zugrundeliegenden Vertrags die Einwilligung wirksam bliebe.

Dem Abstraktionsprinzip liegt der Gedanke des Verkehrsschutzes zugrunde. Ein Dritterwerber soll unabhängig von Mängeln des dem Erwerbsgeschäft seines Rechtsvorgängers zugrundeliegenden Verpflichtungsgeschäfts auf dessen Rechtsstellung vertrauen können.[776] Der Anwendung dieses Grundsatzes steht hier aber der den Persönlichkeitsrechten insgesamt innewohnende Gedanke des Schutzes der persönlichen Selbstbestimmung entgegen. Würde der Urheber trotz Nichtigkeit des zugrundeliegenden Kausalgeschäfts an seiner Einwilligung zu einem Eingriff in sein Persönlichkeitsrecht festgehalten, so hätte er eventuell einen Eingriff hinzunehmen, dem er ohne das zugrundeliegende Kausalgeschäft nie zugestimmt hätte. Dies würde eine gravierende Einschränkung seiner freien Selbstbestimmung bedeuten. Daher ist für den Bereich des Urheberpersönlichkeitsrechts in Anwendung der „allgemeinen Zweckübertragungstheorie"[777] jede Rechtseinräumung, also auch die Einwilligung in die Werkvernichtung, nicht - wie es für die Anwendbarkeit des Abstraktionsprinzips Voraussetzung wäre - als zweckfrei, sondern als zweckgebunden anzusehen.[778] Damit ist im Zweifel anzunehmen, dass ohne wirksame Verpflichtung auch keine wirksame Einwilligung erteilt sein soll.[779] Die Geltung des Abstraktionsprinzips für die Erteilung des Einverständnisses in Eingriffe ins UPR ist daher abzulehnen.[780] Die Einwilligung ist in ihrem Bestand also von der Wirksamkeit der zugrundliegenden schuldrechtlichen Verpflichtung abhängig. Dieses Ergebnis steht im Einklang mit einer vor allem im urheberrechtlichen Schrifttum verbreiteten Meinung, wonach die Geltung des Abstraktionsprinzips für den Bereich des Urhebervertrags-

---

775 *Westermann* (1998), S. 26 f.

776 *Westermann* (1998), S. 30.

777 Siehe zur „allgemeinen Zweckübertragungstheorie" 5. Kapitel C.II.

778 *Götting* (1995), S. 160.

779 Für eine kausale Abhängigkeit von Nutzungsrechtseinräumung und zugrundeliegendem Vertrag auch Schricker - *Schricker*, Vor §§ 28 ff. Rn. 61; im Ergebnis so auch *Dasch* (1990), S. 65.

780 Allgemein in Bezug auf die Einwilligung in Persönlichkeitsrechte so auch *Götting* (1995), S. 160; für die Einwilligung in Eingriffe in das Recht am eigenen Bild kritisiert auch *Dasch* (1990), S. 62 die Anwendung des Abstraktionsprinzips, lehnt sie aber nicht grundsätzlich ab.
Für die Anwendbarkeit des Abstraktionsprinzips allgemein bei der Einwilligung in Rechtsverletzungen aber: *Schenke* (1965), S. 111 Fn. 9; *Specker* (1911), S. 199; *Zitelmann*, AcP 99 (1906), S. 1/61; OLG Köln ArchPr 1969, S. 118/119 - pop-art; OLG Karlsruhe Fam RZ 1983, S. 742/744

rechts insgesamt abzulehnen ist.[781] Die Nichtigkeit der Einwilligung bei Nichtigkeit des zugrundeliegenden Vertrags lässt sich auch auf den Rechtsgedanken des § 139 BGB stützen, nach dem zum Schutz der Privatautonomie im Falle der Unwirksamkeit eines Teils eines Rechtsgeschäfts die Beteiligten nicht an dem in dieser Form nicht gewollten Rechtsgeschäft festgehalten werden sollen.[782]

3. Rechtsnatur der Einwilligung

Die Bestimmung der Rechtsnatur der Einwilligung wird vor allem für die Frage relevant, ob die Einwilligung frei widerruflich ist. Handelt es sich um ein Rechtsgeschäft, so finden die Regelungen über Willenserklärungen, die §§ 130 ff. BGB, Anwendung, so dass die Einwilligung eine entsprechende Bindungswirkung entfaltet und damit grundsätzlich unwiderruflich ist. Weiterhin ist die Rechtsnatur entscheidend für die Frage der Wirksamkeit der Einwilligung eines Minderjährigen.

a. Meinungsstand

Die Rechtsnatur der Einwilligung zu Eingriffen in Persönlichkeitsrechte ist in hohem Maße umstritten.[783] Speziell für die Einwilligung in die Werkvernichtung ist hierzu bisher nicht Stellung genommen worden. Teilweise wird die Einwilligung in der Literatur als Willenserklärung und damit als rechtsgeschäftliche Handlung,[784] teilweise als geschäftsähnliche Handlung[785] und teilweise sogar als bloßer Realakt[786] eingeordnet. Auch die Rechtsprechung ist uneinheitlich, so ordnet der BGH, soweit er in dieser Frage überhaupt eindeutig Stellung bezieht,

---

781 So *Wandtke*, EWiR 2001, S: 643/644; Schricker - *Schricker*, Vor §§ 28 ff. Rn. 61 mit weiteren Nachweisen; Möhring/Nicolini - *Spautz*, § 31 Rn. 14; Fromm/Nordemann - *Hertin*, Vor § 31 Rn. 10; *Haberstumpf* (2000), Rn. 385; einschränkend so auch *Rehbinder* (2002), Rn. 322; so ausdrücklich auch eine jüngere Entscheidung der Rechtsprechung OLG Hamburg, GRUR 2002, S. 335 - Kinderfernsehen.
Für die grundsätzliche Geltung des Abstraktionsprinzips wohl aber *Schack* (2001) Rn. 525 ff.

782 Vgl. *Dasch*, 1990, S. 63 ff.; *Kothe*, AcP 85 (1985), S. 105/136.

783 Siehe ausführlich zum Streitstand *Dasch* (1990), S. 38 ff.; *Helle*, AfP 1985, S. 93/97; *Kothe*, AcP 185 (1985), 105/110.

784 *Wenzel* (1994), Rn. 7.37 f.; *Helle* (1991), S. 102; *v. Welser* (2000), S. 63; im Ergebnis, wenn auch nicht ausdrücklich, so auch Schricker - *Gerstenberg/Götting*, § 60/§ 22 KUG Rn. 14.

785 Palandt - *Heinrichs*, Überbl v § 104 Rn. 8; *Larenz* (1981), S. 594.

786 Staudinger - *Dilcher*, 12. Aufl., Einl. zu §§ 104-185 Rn. 18; *Deutsch* (1996), Rn. 282; auch der BGH in BGH NJW 1980, S. 1903/1904 wertet die Einwilligung in einen ärztlichen Eingriff als Realakt, allerdings mit der Besonderheit, dass die Regelungen über Willenserklärungen entsprechend gelten sollen.

die Einwilligung teilweise als Rechtsgeschäft ein,[787] teilweise spricht er ihr den rechtsgeschäftlichen Charakter ab.[788]

b. Eigene Einordnung

aa. Bedeutung des neueingeführten § 29 Abs. 2 UrhG

Aus der Formulierung des durch die Neufassung des Urhebervertragsrechts eingefügten § 29 Abs. 2 UrhG könnte gefolgert werden, dass der Gesetzgeber generell vom rechtsgeschäftlichen Charakter der Dispositionen im Bereich des Urheberpersönlichkeitsrechts ausgeht. So erklärt der Gesetzgeber in § 29 Abs. 2 UrhG die in § 39 UrhG geregelten *Rechtsgeschäfte* über Urheberpersönlichkeitsrechte für zulässig. § 39 UrhG seinerseits normiert die Zulässigkeit von Vereinbarungen über die Änderung des Werkes und dessen Titel, ferner lässt § 39 UrhG eine Vereinbarung zwischen dem Urheber und dem Inhaber eines Nutzungsrechts über die Urheberbezeichnung zu. Diese Formulierung ist aber insofern nicht eindeutig, als man den Begriff *Vereinbarungen* in § 39 Abs. 1 UrhG auch auf die der Einwilligung in die betreffenden Persönlichkeitsrechtseingriffe zugrundeliegende Verpflichtungsgeschäfte beziehen könnte. Weiter könnte man dann den in § 29 Abs. 2 UrhG verwandten Begriff *Rechtsgeschäfte* ausschließlich auf diese der Einwilligung zugrundeliegenden Verpflichtungsgeschäfte beziehen. Auch der Text der Begründung zum Regierungsentwurf der Gesetzesänderung ist uneindeutig. So heißt es einerseits, es werde in § 29 Abs. 2 UrhG keine Aussage über die Rechtsnatur gemacht, in demselben Satz wird jedoch wieder der Begriff *Rechtsgeschäft* verwendet.[789]

Deutlicher wird die Tendenz des Gesetzgebers, Dispositionen über das UPR generell als Rechtsgeschäfte anzusehen in der Begründung zu § 39 UrhG. Dort heißt es, § 39 UrhG konnte auch bisher schon als Beleg für die Zulässigkeit *rechtsgeschäftlicher* Verfügungen über das Persönlichkeitsrecht herangezogen werden.[790] Auch hier wird jedoch nicht zweifelsfrei deutlich, ob der Gesetzgeber jede oder nur bestimmte Dispositionsmöglichkeiten für rechtsgeschäftlich hält. Es lassen sich aus der Formulierung von §§ 29 Abs. 2 und 39 UrhG also allen-

---

787 BGHZ 2, S. 159/162; BGHZ 7, S. 198/207; BGHZ 90, S. 96/101 f.

788 BGHZ 29, S. 33/34; BGH NJW 1988, S. 2946/2947.

789 Amtliche Begründung des Regierungsentwurfs zur ursprünglichen Fassung des Urheberrechtsänderungsgesetzes, BT-Drucks. 14/6433, S. 14. Hier heißt es wörtlich: „Darüber hinaus werden die in § 39 geregelten Rechtsgeschäfte über das Persönlichkeitsrecht vorbehalten, ohne dass über deren Rechtsnatur eine Aussage gemacht wird." § 29 Abs. 2 UrhG ist in der endgültigen Fassung der Reform gegenüber dem Regierungsentwurf unverändert geblieben, so dass die Begründung zum ursprünglichen Entwurf zu seiner Auslegung herangezogen werden kann.

790 Amtliche Begründung des Regierungsentwurfs zur ursprünglichen Fassung des Urheberrechtsänderungsgesetzes, BT-Drucks. 14/6433, S. 18.

falls Indizien für den rechtsgeschäftlichen Charakter von Dispositionen über urheberpersönlichkeitsrechtliche Befugnisse ableiten.

bb. Die Funktion der Einwilligung als entscheidendes Argument

Zur Bestimmung der Rechtsnatur der Einwilligung ist es hilfreich, die Funktion der Einwilligung mit den Funktionen des Rechtsgeschäfts, der geschäftsähnlichen Handlung und des Realaktes in Beziehung zu setzen.

Ein Rechtsgeschäft ist eine Willenserklärung oder eine Willensbetätigung, deren Zweck es ist, eine privatrechtliche Rechtsfolge herbeizuführen. Dabei wird die Rechtsfolge zwar vom Gesetz angeordnet, aber vom Willen des Erklärenden abhängig gemacht.[791] Dagegen liegt eine geschäftsähnliche Handlung vor, wenn das Gesetz den Eintritt einer bestimmten Rechtsfolge von der Vornahme einer bestimmten Handlung abhängig macht, die Rechtsfolge aber unabhängig von einem darauf gerichteten Willen des Handelnden eintritt. Im Gegensatz zum Realakt enthalten auch die geschäftsähnlichen Handlungen in der Regel Willensäußerungen.[792] Realakte sind Handlungen ohne jeden Mitteilungs- oder Kundgabezweck, an die das Gesetz eine bestimmte Rechtsfolge ohne Rücksicht auf das Gewollte knüpft.[793]

Teilweise wird angeführt, die Einwilligung könne schon deshalb nicht als Rechtsgeschäft angesehen werden, weil sie zur Vornahme einer tatsächlichen und nicht einer rechtsgeschäftlichen Handlung berechtige.[794] Die Tatsache, dass die Handlung, zu der der Eingreifende ermächtigt wird, kein Rechtsgeschäft, sondern einen Realakt darstellt, besagt jedoch nichts über die Rechtsnatur des Einverständnisses.

Deutlich für den rechtsgeschäftlichen Charakter spricht die Funktion der Einwilligung. So erfüllt die Einwilligung die Aufgabe einer Willenserklärung, da „sie das Mittel darstellt, in Verwirklichung und Ausübung der Privatautonomie die rechtliche Beziehung zu anderen in Bezug auf ein bestimmtes Rechtsgut zu gestalten".[795] Sie ist auch auf einen rechtlichen Erfolg, nämlich die Legalisierung des Eingriffs gerichtet, wobei dieser Erfolg gerade deswegen eintritt, weil er gewollt ist.[796] Da die Rechtswirkung der Einwilligung nicht allein von der Vornahme einer tatsächlichen Handlung abhängt, sondern aufgrund eines ihr zugrundeliegenden zielgerichteten Willens des Rechtsinhabers, kann es sich nicht um einen schlichten Realakt handeln.

---

791 *Larenz/Wolf* (1997), § 22 Rn. 3.
792 *Larenz/Wolf* (1997), § 22 Rn. 23.
793 *Larenz/Wolf* (1997), § 22 Rn. 31.
794 *Hubmann* (1967), S. 171; BGHZ 29, S. 33/36; BGH NJW 64, S. 1177.
795 *Götting* (1995), S. 147.
796 *Götting* (1995), S. 147.

Würde die Zustimmungserklärung eine geschäftsähnliche Handlung darstellen, so könnte der Urheber seine Zustimmungserklärung jederzeit frei widerrufen. Damit wäre die Erklärung für den Erwerber praktisch nutzlos. Dies spricht gegen die Einordnung der Einwilligung als geschätsähnliche Handlung und für die Einordnung als Willenserklärung. Als Willenserklärung wäre die Einwilligung nämlich grundsätzlich unwiderruflich. Dieses käme zwar dem schutzwürdigen Interesse des Erklärungsempfängers an einer Bindungswirkung der Einwilligung entgegen, könnte sich aber mit dem höchstpersönlichen Charakter des UPR als unvereinbar erweisen, da dem Urheber bei strikter Anwendung der Regeln über Willenserklärungen nicht einmal in Härtefällen die Möglichkeit offen stünde, seine Einwilligung zu widerrufen.[797] Dem Urheber muss daher also in gewissem Umfang die Möglichkeit eingeräumt werden, seine Einwilligung zu widerrufen.[798]

Bei strikter Anwendung der Regeln über Willenserklärungen könnte überdies ein Minderjähriger nach §§ 104 ff. BGB keine wirksame Einwilligung erteilen, dagegen könnte aber sein gesetzlicher Vertreter diese auch gegen seinen Willen erteilen.[799] Auch dies Ergebnis ist mit dem höchstpersönlichen Charakter der Persönlichkeitsrechte nicht vereinbar. Um dem besonderen Charakter des Persönlichkeitsrechts in stärkerem Maße Rechnung zu tragen, wird vorgeschlagen, in Abweichung zu §§ 104 ff. BGB die Entscheidungsbefugnis über Eingriffe in sein Persönlichkeitsrecht dem Minderjährigen selbst zuzusprechen, sofern dieser die nötige Einsichtsfähigkeit besitzt, um die Tragweite seiner Entscheidung überblicken zu können.[800] Hierbei wird an die Theorie der Grundrechtsmündigkeit angeknüpft. Sachgerechter erscheint es demgegenüber aber doch, von einer „Doppelzuständigkeit" auszugehen. Danach verbleibt es bei den in §§ 104 ff. BGB vorgesehenen Entscheidungsbefugnissen des gesetzlichen Vertreters, daneben erhält aber der beschränkt geschäftsfähige und einsichtsfähige Minderjährige ein Mitspracherecht, so dass im Ergebnis der Minderjährige nicht ohne Zustimmung seines gesetzlichen Vertreters seine Einwilligung erteilen, andererseits aber auch der gesetzliche Vertreter nicht gegen den Willen des Minderjährigen Eingriffe in die Persönlichkeitssphäre des Minderjährigen lega-

---

[797] Die Notwendigkeit einer Widerrufsmöglichkeit der Einverständniserklärung wird unten ausführlicher begründet, siehe 5. Kapitel D.III.4.b.

[798] Vgl. allgemein zum Widerruf der Einwilligung 5. Kapitel D.III.4.

[799] Vgl. *v. Gamm* (1968), Einf. Rn. 108; *Helle*, AfP 1985, 93/97; OLG Hamburg Schulze OLGZ 122, S. 5 - Heidi; OLG München AfP 1982, S. 230 - Amerikanische Liebesschulen; OLG Düsseldorf AfP, 1984, S. 229/230 - Rückenakt.

[800] So etwa Palandt - *Heinrichs*, Überbl. Vor § 104, Rn. 8; vgl. auch OLG Hamm NJW 1983, S. 2095.

lisieren kann.[801] Auf diese Weise wird der Minderjährige wirksam vor Einwilligungserklärungen, die er in ihren Folgen nicht voll überblickt, geschützt. Anderseits ist seinem Recht auf Selbstbestimmung, das durch den Persönlichkeitsschutz gewährleistet wird, in vollem Umfang Rechnung getragen.

Es zeigt sich, dass die Regelungen über Willenserklärungen aufgrund der Besonderheiten des persönlichkeitsrechtlichen Charakters des UPR nur in eingeschränktem Umfang zur Anwendung gebracht werden können. Die vorzunehmenden Modifikationen in den gesetzlichen Regelungen sind aber nicht so groß, dass der Funktionsrahmen der Willenserklärung bzw. des Rechtsgeschäfts institutionell gesprengt oder in seinem Wesensgehalt angetastet würde. Die Einwilligung erfüllt im persönlichkeitsrechtlichen Bereich die Funktion eines Rechtsgeschäfts, nämlich in Umsetzung des Selbstbestimmungsrechts das rechtliche Umfeld privatautonom zu gestalten. Es ist angebracht, den Begriff des Rechtsgeschäfts hier zweckorientiert und funktional aufzufassen, um ihn so neuen und bislang unbekannten Erfordernissen anzupassen. Daher ist die Einwilligung in Persönlichkeitseingriffe als Rechtsgeschäft einzustufen.[802]

Da die Einverständniserklärung nicht nur die Verhältnisse des Urhebers regelt, sondern dem Eingreifenden, hier also dem werkvernichtenden Eigentümer, die Möglichkeit zum rechtmäßigen Eingriff vermittelt und so auch dessen Rechtsverhältnisse gestaltet, handelt es sich bei der Einverständniserklärung um eine empfangsbedürftige Willenserklärung.[803] Daraus ergibt sich, dass das Einverständnis des Urhebers zumindest konkludent gegenüber dem Eingreifenden, hier also gegenüber dem Eigentümer des Werkstücks, erklärt werden muss. Der bloße innere Wille ist nicht ausreichend.[804]

4. Widerruf der Einwilligung

a. Allgemeines

Aus der Einordnung der Einverständniserklärung als rechtsgeschäftliche Willenserklärung folgt grundsätzlich, dass der Erklärende gemäß § 130 ff. BGB an diese gebunden ist, da eine Willenserklärung nicht frei widerruflich ist. Ist die

---

[801] Soergel - *Hefermehl*, § 107 Rn. 19; MüKo - *Gitter* (3. Aufl.), Vor § 104 Rn. 89; Schricker - *Gerstenberg/Götting*, § 60/§ 22 KUG Rn. 14; *Götting* (1995), S. 154; *Kothe* AcP, 185 (1985), S. 105/144 f.; *Dasch* (1990), S. 103 ff.

[802] So auch *Götting* (1995), S. 166.

[803] Vgl. *Dasch* (1990), S. 62 f. (Fn. 237), für die Einwilligung zu einem Eingriff in das Recht am eigenen Bild; im Ergebnis so auch *Helle* (1991), S. 102 f.

[804] Ähnlich *Kothe*, AcP 185 (1985), S. 105/122, dieser führt bezogen auf die rechtfertigende Einwilligung aus, diese bedürfe eines Erklärungsaktes, da sie als Disposition über ein Rechtsgut auf menschliche Kommunikation angelegt sei. Dagegen hält *Schenke* (1965), S. 47 f. zumindest bezüglich der rechtfertigenden Einwilligung den bloßen inneren Willen des Rechtsinhabers für ausreichend. Uneindeutig dagegen *Wenzel* (1994), Rn. 6.91.

Einverständniserklärung aufgrund eines entsprechenden Vertrags erteilt worden, so ergibt sich die Unwiderruflichkeit darüber hinaus auch aus dem Grundsatz „pacta sunt servanda". Mit dieser Bindungswirkung der Einverständniserklärung wird dem Bedürfnis des Erklärungsempfängers nach Rechtssicherheit Rechnung getragen. Eine solche absolute Unwiderruflichkeit des Einverständnisses in Eingriffe in das UPR könnte aber mit dem höchstpersönlichen Charakter und dem Grundsatz der „Unverzichtbarkeit der Persönlichkeitsrechte" in Widerspruch stehen. In Literatur und Rechtsprechung wird die Möglichkeit eines Widerrufs daher teilweise für ohne weiteres zulässig gehalten[805], teilweise von einer Interessenabwägung abhängig gemacht,[806] zum Teil wird die Möglichkeit des Widerrufs aber auch strikt ablehnt.[807] In einem Teil der Literatur wird der Widerruf auch nur in den Fällen zugelassen, in denen die Eigenart und die Bedeutung des Persönlichkeitsrechts dies unbedingt erfordern.[808]

b. Notwendigkeit einer Widerrufsmöglichkeit

Auch bei der Frage der Widerrufsmöglichkeit ist der allen Persönlichkeitsrechten immanente Schutz der freien selbstbestimmten Persönlichkeitsentfaltung vorrangig Rechnung zu tragen. Dem Persönlichkeitsrechtsinhaber muss stets die Möglichkeit erhalten bleiben, über seine persönlichkeitsrechtlichen Belange in gewissem Umfang selbst zu entscheiden. Durch eine unwiderruflich erteilte Zustimmung zu einem Eingriff in sein Persönlichkeitsrecht kann ihm diese Möglichkeit entzogen werden. So kann etwa die Jahre nach einer entsprechenden Einwilligung erfolgte Veröffentlichung von Fotografien oder Tagebucheintragungen, von denen sich der Abgebildete bzw. der Verfasser inzwischen innerlich distanziert hat, einen schweren Eingriff in sein Recht auf Selbstbestimmung im persönlichen Bereich bedeuten. Ohne die Möglichkeit des Widerrufs seiner Einwilligung ist dem Persönlichkeitsrechtsinhaber jede Möglichkeit der Einflussnahme auf die seine persönlichen Interessen erheblich beeinträchtigende

[805] OLG München, AfP 1982, S. 230/232 - Amerikanische Liebesschulen; hier steht die Ansicht der freien Widerruflichkeit in einem Widerspruch zur Einordnung der Einwilligung als Vertrag.
Hubmann (1967), S. 171 geht entsprechend seiner Einordnung als geschäftsähnliche Handlung von der unbeschränkten Zulässigkeit eines Widerrufs aus, sofern die Einwilligung nicht in Verbindung mit einem Vertrag erteilt wird; für eine freie Widerrufsmöglichkeit auch *Specker* (1911), S. 2000.

[806] OLG Hamburg, Schulze OLGZ 153, S. 7 ff. - Kyldex I; LG Oldenburg, GRUR 1988, S. 694/695 ff. - Grillfest.

[807] OLG Freiburg GRUR 1953, S. 404/405; OLG Hamburg, Schulze OLGZ 122, S. 6 - Heidi; *v. Gamm* (1968), Einl. Rn. 109 und MüKo - *Schwerdner* (3. Aufl.) § 12 Rn. 176 lehnen entsprechend ihrer Auffassung von der Einwilligung als obligatorischem Verpflichtungsvertrag die Widerrufsmöglichkeit ab.

[808] *v. Welser* (2000), S. 79 ff.; *Helle* (1991), S. 117 ff; *Wenzel* (1994), Rn. 7.45.

Veröffentlichung genommen. Zu den entscheidenden Aspekten der menschlichen Persönlichkeit gehören das Bestreben und die Tendenz, sich persönlich zu entfalten und weiterzuentwickeln. Dieser Entwicklungstendenz hat auch der Persönlichkeitsschutz Rechnung zu tragen, indem er die Persönlichkeit nicht allein als statische Größe schützt.[809] Würde man dem einzelnen jede Möglichkeit absprechen, die einmal erteilte Zustimmung zu einem Eingriff in eine persönlichkeitsrechtliche Befugnis zu widerrufen, so würde man ihn in dem jeweils betroffenen Bereich unzumutbar stark in seiner Selbstentfaltungs- und Entwicklungsfreiheit einschränken.

c. Analoge Anwendung des § 42 UrhG

Im Urheberrecht stellt der § 42 UrhG eine Ausprägung dieses Schutzes der Entwicklungstendenzen des Urhebers im persönlichkeitsrechtlichen Bereich dar. § 42 UrhG gibt dem Urheber das Recht, die Erteilung eines Nutzungsrechts zu widerrufen, wenn das Werk seiner Überzeugung nicht mehr entspricht. Obgleich § 42 UrhG die Einräumung von Nutzungsrechten betrifft, dient diese Norm ganz überwiegend dem Schutz der ideellen Interessen des Urhebers und stellt deshalb eine Ausprägung des UPR dar.[810] Um einen umfassenden Schutz der Persönlichkeit im Hinblick auf ihre Selbstentfaltung und ihre Möglichkeit zur Weiterentwicklung zu gewährleisten, ist es geboten, diese Norm über ihren Wortlaut hinaus auch auf die Zustimmung zu Eingriffen in persönlichkeitsrechtliche Befugnisse auszudehnen. Dem Urheber muss die Möglichkeit eingeräumt werden, sein Einverständnis zu einem Eingriff dann zu widerrufen, wenn sich seine Überzeugung derart gewandelt hat, dass ein Festhalten an der erteilten Zustimmung nicht mehr zumutbar erscheint.[811] Ein Überzeugungswandel kann dabei nicht nur im politischen, religiösen, wissenschaftlichen oder ideologischen Bereich, sondern auch im künstlerisch - ästhetischen Bereich liegen.[812] Ob dem Urheber ein Festhalten an seinem Einverständnis zumutbar ist, ist mittels einer Abwägung seiner Interessen gegen die des Erklärungsempfängers zu ermitteln.[813]

Bei der Beurteilung der Zulässigkeit des Widerrufs der Zustimmung zur Werkvernichtung ist zu beachten, dass die *persönlichen* Interessen des Urhebers durch die Werkvernichtung nicht berührt werden. Es kommt als anzuerkennender Überzeugungswandel daher nur eine begründete, nachvollziehbare Ände-

---

809 Ähnlich auch *Helle* (1991), S. 119 f.

810 Schricker - *Dietz*, § 42 Rn. 1.

811 So nur *v. Welser* (2000), S. 80 f.

812 Schricker - *Dietz*, § 42 Rn. 23; *v. Welser* (2000), S. 80; Fromm/Nordemann - *Nordemann*, § 42 Rn. 4.

813 *v. Welser* (2000), S. 81; Schricker - *Dietz*, § 42 Rn. 25; für die Einwilligung zu Eingriffen in das Recht am eigenen Bild auch *Helle* (1991), S. 120; *Dasch* (1990), S. 86.

rung der *geistigen* Interessen des Urhebers an der Erhaltung des Werkes in Betracht. So kann sich der Widerruf z.B. als zulässig erweisen, wenn ein Werk sich nachträglich als stilprägend für das gesamte weitere Schaffen des Urhebers erweist. Im Falle des bloßen Wandels der persönlichen Vorlieben des Urhebers für ein bestimmtes Werk erweist sich der Vertrauensschutz des Erklärungsempfängers als vorrangig, so dass der Widerruf nicht zulässig ist. Unproblematisch ist der Fall, wenn der Urheber bei Erteilung seiner Einwilligung sich den Widerruf vorbehalten hat. Da der Urheber in Ausübung seiner Privatautonomie die Konditionen seiner Zustimmung zu einem Eingriff frei bestimmen kann, hat er somit auch die Freiheit, sich den Widerruf vorzubehalten. Der Erklärungsempfänger ist in diesem Fall nicht als schutzwürdig anzusehen.[814]

Ist der Widerruf zulässig, so ist dem Erklärungsempfänger nach dem Rechtsgedanken des § 42 Abs. 3 UrhG der erlittene Vertrauensschaden zu ersetzen. Gemäß § 42 Abs. 3 S. 3 UrhG wird auch hier der Widerruf erst wirksam, nachdem der Urheber den Schaden ersetzt bzw. Sicherheit für den Schadensersatz geleistet hat.[815] Unabhängig von der Widerrufsmöglichkeit ist die Einverständniserklärung wie jede Willenserklärung bei Vorlage eines entsprechenden Anfechtungsgrundes nach §§ 119 ff. BGB anfechtbar.

5. Die *dingliche bzw. absolute* Wirkung der Einwilligung

a. Die Natur dinglicher bzw. absoluter Rechte

Die Frage, ob der Einwilligung des Urhebers in Eingriffe in sein UPR nur relative Wirkung zukommt oder ob der Urheber seine Einwilligung auch mit dinglicher Wirkung erteilen kann, ist entscheidend für die rechtliche Position des Einwilligungsempfängers gegenüber Dritten und dem Urheber selbst. Ein dingliches Recht ist durch die unmittelbare Zuordnung eines bestimmten Gutes zu einer Person gekennzeichnet. Der Inhaber eines dinglichen bzw. absoluten Rechts ist berechtigt, jedem Dritten unabhängig von einer schuldrechtlichen Sonderbeziehung die Einwirkung auf den Gegenstand des Rechts zu verbieten. Dabei kann auch die Verbindung zu unkörperlichen Gütern wie Immaterialgütern als dingliches Recht bezeichnet werden. Im Gegensatz dazu entfaltet ein relatives Recht nur Wirkung zwischen den an dem Rechtsgeschäft beteiligten Vertragsparteien.[816]

---

[814] Ähnlich auch MüKo - *Schwerdtner* (3. Aufl.), § 12 Rn. 176; *Helle* (1991), S. 117.
[815] So auch *v. Welser* (2000), S. 81; ähnlich auch *Helle* (1991), S. 120.
[816] *Kraßer*, GRUR Int. 1983, S. 537/538.

b. Die dingliche Einwilligung als Übertragung einer persönlichkeitsrechtlichen Befugnis

Kommt der Einwilligung nur schuldrechtliche oder relative Wirkung zu, so entfaltet sie nur im Verhältnis zwischen dem Urheber und dem Erklärungsempfänger Wirkung. Der Erklärungsempfänger ist zwar zu dem entsprechenden Eingriff dem Urheber gegenüber berechtigt. Ihm steht aber mangels absoluter Wirkung seiner Rechtsposition nicht das Recht zu, unberechtigten Dritten diesen Eingriff zu untersagen bzw. Ersatzansprüche gegen Dritte wegen unberechtigter Vornahme des Eingriffs geltend zu machen. So ist eine Person, der der Urheber mit relativer Wirkung die Einwilligung in die Werkvernichtung erteilt hat, dem Urheber gegenüber berechtigt, das Werk zu vernichten, kann aber nicht gegen die Vernichtung durch Dritte oder den Urheber selbst vorgehen. Allenfalls stehen der Person, soweit der Urheber gegen eine vertragliche Verpflichtung verstoßen hat, Schadensersatzansprüche gegen diesen zu. Würde die Einwilligung zur Werkvernichtung dagegen mit dinglicher Wirkung erteilt, so wäre der Erklärungsempfänger nicht nur zu dem entsprechenden Eingriff berechtigt, sondern er wäre darüber hinaus aufgrund der ihm erteilten Einwilligung auch berechtigt, jedem Dritten und sogar dem Urheber selbst die Werkvernichtung zu verbieten. Darüber hinaus hätte der Erklärungsempfänger die rechtliche Möglichkeit, nach seinem Belieben Dritten die Werkvernichtung zu gestatten. Kann der Urheber mit dinglicher bzw. absoluter Wirkung über urheberpersönlichkeitsrechtliche Befugnisse disponieren, so hat er damit die Möglichkeit, diese Befugnisse faktisch auf eine andere Person zu übertragen.

c. Grundsätzliche Zulässigkeit der quasi-dinglichen Dispostion

aa. Meinungsstand

In der Literatur wird die Möglichkeit, mit dinglicher Wirkung über persönlichkeitsrechtliche Befugnisse disponieren zu können, teilweise befürwortet. Insbesondere Forkel spricht sich für die Möglichkeit aus, mit dinglicher Wirkung über urheberpersönlichkeitsrechtliche Befugnisse in Form der „gebundenen Übertragung“ zu verfügen. Nach Forkel solle nicht das UPR als solches translativ übertragen werden, sondern das UPR als Mutterrecht verbleibe beim Urheber, auf den Erwerber würden nur konstitutiv einzelne persönlichkeitsrechtliche Befugnisse übertragen. Diese abgespaltenen Tochterrechte stünden aber weiterhin im Banne des Mutterrechts, so dass der Urheber eine gewisse Kontrolle ausübe und der Erwerber zur Rücksichtnahme verpflichtet bleibe. So gebe der Urheber auch keine seiner persönlichkeitsrechtlichen Befugnisse völlig aus der Hand. Im Falle des Erlöschens des abgeleiteten Rechts falle sein Inhalt automatisch, ohne dass es eines Rückübertragungsaktes bedürfe, an das Mutterrecht zurück. Diese Form der „gebundenen Übertragung“ verstoße nicht gegen die in § 29 Abs. 1 UrhG normierte Unübertragbarkeit des UPR, da sie nur die unbeschränkte translative Übertragung erfasse.[817] Andere Autoren teilen die Ansicht, es könne über persönlichkeitsrechtliche Befugnisse mit dinglicher bzw. mit „quasi-dinglicher" Wirkung verfügt werden, befürworten aber abweichende Konstruktionen.[818] Von einer Vielzahl der Autoren wird dagegen die Möglichkeit, mit dinglicher Wirkung über persönlichkeitsrechtliche Befugnisse zu verfügen, abgelehnt.[819] Die Instanzrechtsprechung lehnt ganz überwiegend eine dingliche Wirkung der Einwilligung in Eingriffe in Persönlichkeitsrechte ab.[820] Die höchstrichterliche Rechtsprechung hat die Frage nach der dinglichen Wirkung der Einwilligung bisher nicht eindeutig beantwortet.[821]

bb. Stellungnahme

Im Gegensatz zum unzulässigen dinglichen Verzicht[822] wird bei der dinglichen Einwilligung eine Rechtsposition nicht vollständig aufgegeben. Die jeweilige Rechtsposition wird auf eine andere Person übertragen. Der Urheber ist also nicht dem Eingriff jedes Dritten in diese Rechtsposition schutzlos ausgeliefert, sondern der Einwilligungsempfänger übt die auf ihn übergegangene Rechtsposition anstelle des Urhebers aus. Durch die Auswahl der Person des Einwilligungsempfängers kann der Urheber den Schutz seiner Interessen jedenfalls in gewissem Umfang sicherstellen.

Für die Möglichkeit, mit dinglicher Wirkung in Eingriffe in das UPR einwilligen zu können und so mit konstitutiver Wirkung einzelne persönlichkeitsrechtliche Befugnisse zu übertragen, spricht das praktische Bedürfnis des Urhebers, seinem Vertragspartner eine gesicherte Rechtsposition einräumen zu kön-

---

817 *Forkel* (1977), S. 168 ff.; *Forkel*, GRUR 1988, 491/493 ff.; zustimmend *Hubmann* (1987), S. 222; Rehbinder (2002), Rn. 320; *Grohmann* (1971), S. 145 ff.

818 *Wenzel* (1994), Rn. 736; *Brandl*, AfP 81, 349/351; *Seemann*, UFITA 131 (1996), S. 1/40; *Magold* (1994), S. 511 ff.; *Federle* (1998), S. 81 f.

819 *Götting* (1995), S. 143; *Helle*, RabelsZ 60 (1996), S. 448/466; *Helle* (1991), S. 111 ff.; Fromm/Nordemann - *Hertin*, Vor § 12 Rn. 4; *v. Welser* (2000), S. 65; Schricker, EWiR 1987, S. 79/80.

820 OLG München ZUM 1985, S. 448/450 - Sammelbilder; LG Nürnberg, BB 1971, S. 284 - Pele.

821 In BGH GRUR 1987, S. 128 - NENA spricht der BGH einem Merchandising-Unternehmen, dem die Sängerin NENA sämtliche kommerzielle verwertbaren Rechte „übertragen" hat, einen Anspruch gegen ein anderes Unternehmen zu, das ohne Erlaubnis des ersten Unternehmens Merchandising-Artikel vertrieben hat. Der BGH lässt dabei aber offen, ob er der Rechtseinräumung zwischen der Künstlerin NENA und dem Merchandising-Unternehmen dingliche Wirkung einräumt, oder ob er entgegen der herrschenden Lehre auch relativen Rechten einen Zuweisungsgehalt im Sinne der Eingriffskondiktion zubilligt; vgl. hierzu *Götting* (1995), S. 62 f.; *v. Welser* (2000), S. 65.

822 Vgl. hierzu 5. Kapitel D.I..

nen, denn nur so kann er sein Werk optimal verwerten.[823] Es ist in der Praxis unumgänglich, dass persönlichkeitsrechtliche Befugnisse durch Dritte wahrgenommen werden. So muss etwa ein Verlagsunternehmen, dem der Urheber die Befugnis zur Veröffentlichung eines Werkes unter einem Verlagspseudonym eingeräumt hat, die Möglichkeit haben, Dritten die Offenlegung der wahren Identität des Autors zu untersagen. Andernfalls wird kein Unternehmen bereit sein, für diese Befugnis ein entsprechendes Entgelt zu entrichten. Stünde dem Urheber keine Möglichkeit zur Verfügung, mit dinglicher Wirkung über persönlichkeitsrechtliche Befugnisse zu verfügen, so wäre nur mit umständlichen juristischen Konstruktionen diese in der Praxis unumgängliche Ausübung persönlichkeitsrechtlicher Befugnisse durch Dritte zu begründen.[824] Auch die monistische Struktur des Urheberrechts spricht für die Möglichkeit, mit quasidinglicher Wirkung über persönlichkeitsrechtliche Befugnisse disponieren zu können. Hat der Urheber gemäß § 31 Abs. 1 - Abs. 3 UrhG die Möglichkeit, sowohl mit relativer Wirkung einfache Nutzungsrechte als auch mit quasidinglicher Wirkung ausschließliche Nutzungsrecht einzuräumen, so liegt es nahe, ihm diese Möglichkeit auch für die aus demselben einheitlichen Recht folgenden persönlichkeitsrechtlichen Befugnisse zu gewähren.

Dem Urheber ist daher die Möglichkeit zuzugestehen, sowohl mit rein schuldrechtlicher Wirkung eine „einfache" Einwilligung zu einem bestimmten Eingriff zu erteilen als auch mit dinglicher Wirkung einzuwilligen, wodurch mit konstitutiver Wirkung eine persönlichkeitsrechtliche Befugnis auf den Erklärungsempfänger übergeht. Diese übertragene Befugnis ist dabei ebenso wie ein Nutzungsrecht an das Mutterrecht gebunden. Die in § 29 Abs. 1 UrhG normierte Unübertragbarkeit des Urheberrechts steht daher dieser konstitutiven Übertragung ebenso wenig entgegen wie der Einräumung eines ausschließlichen Nutzungsrechts. Der Schutz des Urhebers, insbesondere die weitestmögliche Wahrung des Selbstbestimmungsrechts in diesem besonders sensiblen Bereich, ist durch die strenge Anwendung des Zweckübertragungsgrundsatzes wie auch durch das oben entwickelte Widerrufsrecht[825] zu gewährleisten.

d. Auslegung nach der Zweckübertragungstheorie

Dem Urheber steht es also frei, ob er nur eine relativ wirkende Einwilligung erteilen oder durch eine dinglich wirkende Erklärung persönlichkeitsrechtliche Befugnisse übertragen will. Dabei ist seine Erklärung nach dem Zweckübertra-

---

823 Dies betont auch *Federle* (1998), S. 82.

824 Siehe ausführlich zu diesen Konstruktionsmöglichkeiten der „Übertragung" urheberpersönlichkeitsrechtlicher Befugnisse auf Dritte bei nur relativer Wirkung der Position des Vertragspartners des Urhebers *v. Welser* (1999), S. 87 ff.

825 Siehe zum Widerrufsrecht 5. Kapitel D.III.4.

gungsgrundsatz so auszulegen, dass im Zweifel keine weitergehenden Rechte übertragen sind als zur Erreichung des Vertragszwecks nötig ist. Bei der dem Eigentümer erteilten Zustimmung zur Werkvernichtung ist zu berücksichtigen, dass der Eigentümer schon aufgrund seines dinglichen Eigentumsrechts berechtigt ist, die Vernichtung seines Werkstücks jedem Dritten und sogar dem Urheber selbst zu verbieten. Der Eigentümer hat lediglich ein Interesse daran, die Gewissheit zu haben, bei der Vernichtung des Werkes nicht rechtswidrig zu handeln. Es besteht daher kein Bedürfnis dafür, das urheberrechtliche Vernichtungsverbotsrecht auf ihn zu übertragen. Da zu diesem Zweck eine rein schuldrechtlich bzw. relativ wirkende Erklärung ausreichend ist, ist nach dem Zweckübertragungsgrundsatz anzunehmen, dass eine absolute oder dingliche Wirkung der Einwilligung nicht gewollt ist. Von einer dinglichen Wirkung der Einwilligung ist in diesem Zusammenhang nur auszugehen, wenn die Parteien ausdrücklich die Übertragung des Vernichtungsverbotsrechts vereinbart haben.

6. Verfügungswirkung der schuldrechtlichen Einwilligungserklärung

Entgegen einer weit verbreiteten Annahme sind die Verfügungswirkung und die dingliche Wirkung eines Rechtsgeschäfts nicht identisch. Auch ist die dingliche Wirkung keineswegs zwingende Voraussetzung der Verfügungswirkung.[826] Entscheidend für die Einordnung eines Rechtsgeschäfts als Verfügung ist, dass es unmittelbar aufhebend, übertragend, belastend oder ändernd auf ein Recht einwirkt, nicht hingegen, ob es sich bei dem betreffenden Recht um ein dingliches handelt. So ist etwa auch die Übertragung einer Forderung nach § 398 BGB eine Verfügung, obwohl es sich bei der Forderung nicht um ein dingliches Recht handelt. Der Zessionar erhält keine dingliche Rechtsstellung, da auch der Zedent keine solche innehatte.[827] Charakteristisch für die Verfügung ist der Verbrauch der Verfügungsmacht des Rechtsinhabers.[828] Nach erfolgter Verfügung sind nachfolgende Dispositionen über dasselbe Recht, abgesehen von der Möglichkeit eines gutgläubigen Erwerbs, im Umfang der durch das Rechtsgeschäft bewirkten Änderung der Rechtszuständigkeit unwirksam.[829]

Während in einer dinglich wirkenden Einwilligungserklärung immer auch eine Verfügung über die entsprechende Befugnis liegt, fehlt es bei der schuldrechtlichen Einwilligung am Verbrauch der Verfügungsmacht. Anders als nach einer dinglich wirkenden Übertragung scheidet das betroffenen Recht nicht aus der Sphäre des Urhebers aus, um auf den Erwerber überzugehen. Der Urheber

---

826 *Kraßer*, GRUR Int. 1983, S. 537/538; *Kraßer* GRUR Int. 1973, S. 230/232; *Götting* (1995), S. 144; vgl. auch *v. Thur* (1914), S. 256.

827 *v. Thur* (1914), S. 256; *v. Welser* (2000), S. 66; *Kraßer*, GRUR Int. 1983, S. 537/538 f.

828 *Kraßer*, GRUR Int. 1983, S. 537/538.

829 *Götting* (1995), S. 144.

kann auch weiterhin eine Einwilligung mit gleichem Inhalt an einen Dritten erteilen.[830]

7. Übertragbarkeit der Rechtsposition des Einwilligungsempfängers

Es besteht ein praktisches Bedürfnis des Einwilligungsempfängers daran, die durch die Einwilligung in die Werkvernichtung erlangte Rechtsposition auf einen Rechtsnachfolger übertragen zu können. So wird etwa der Eigentümer eines urheberrechtlich geschützten Gebäudes, dem der Architekt die Einwilligung zur Vernichtung erteilt hat, ein Interesse daran haben, diese Einwilligung bei Veräußerung des Grundstücks auf den Erwerber übertragen zu können.

Hier ist an eine Übertragung gemäß §§ 413, 398 ff. BGB zu denken. Nach § 413 BGB sind auch andere Rechte als Forderungen nach §§ 398 ff. BGB zu übertragen, soweit deren Übertragung nicht anderweitig spezieller geregelt ist.[831] Damit ist grundsätzlich jedes Recht unabhängig von einer speziellen gesetzlichen Regelung verkehrsfähig.[832] § 413 BGB wirkt dabei für die Verkehrsfähigkeit nicht konstitutiv, sondern ist nur Ausdruck des allgemeinen Grundsatzes der Privatautonomie, wonach die Privatrechtssubjekte ihre Angelegenheiten innerhalb der Grenzen der Rechtsordnung autonom regeln können.[833] Die unter § 413 BGB fallenden Rechte unterscheiden sich von Forderungen dadurch, dass sie entweder keinen Leistungsanspruch zum Inhalt haben oder aus einem nicht schuldrechtlichen Entstehungsgrund hervorgegangen sind.[834] Die Einwilligung ist nicht auf eine Leistung des Urhebers gerichtet, sie begründet aber eine subjektive Rechtsposition des Erklärungsempfängers.[835] Damit stellt sie ein Recht im Sinne des § 413 BGB dar. Die Übertragung der Rechtsposition des Einwilligungsempfängers ist nicht anderweitig geregelt. Für die Anwendbarkeit der §§ 413, 398 ff. BGB spricht überdies, dass nach allgemeiner Ansicht auch die urheberrechtlichen Nutzungsrechte nach diesen Normen übertragen werden, wobei aber die §§ 34, 35 UrhG zu berücksichtigen sind.[836]

Der Verkehrsfähigkeit der Rechtsposition des Einwilligungsempfängers könnte ihr persönlichkeitsrechtlicher Charakter entgegenstehen. Man könnte erwägen, zum Schutz des Selbstbestimmungsrechts im persönlichkeitsrechtlichen Bereich die Einwilligung grundsätzlich für unübertragbar zu halten, da der Ur-

---

[830] *Götting* (1995), S. 145; zu diesem Ergebnis gelangt auch *v. Welser* (2000), S. 66 f. Dagegen hält *Helle* (1991), S. 109 die Einwilligung für ein schuldrechtliches Verfügungsgeschäft.
[831] MüKo - *Roth* (4. Aufl.), § 413 Rn. 1.
[832] Staudinger - *Busche*, § 413 Rn. 1.
[833] Staudinger - *Busche*, § 413 Rn. 2; MüKo - *Roth* (4. Aufl.) § 413 Rn. 1.
[834] MüKo - *Roth* (4. Aufl.), § 413 Rn. 2; Palandt - *Heinrichs*, § 413 Rn. 1.
[835] *v. Welser* (2000), S. 86; *Zitelmann*, AcP 99 (1906), 1/56.
[836] Staudinger - *Busche*, § 413 Rn. 19; MüKo - *Roth* (4. Aufl.), § 413 Rn. 6.

heber mit ihr nur einer ganz bestimmten Person den Eingriff in seine persönlichkeitsrechtlichen Befugnisse gestatten wollte. Dem Schutz der Selbstbestimmung im persönlichkeitsrechtlichen Bereich ist aber dadurch Genüge getan, dass man in entsprechender Anwendung der §§ 34 Abs. 1, 35 UrhG die Wirksamkeit der Übertragung der Einwilligung von der Zustimmung des Urhebers abhängig macht.[837] Darüber hinaus hat der Urheber nach § 399 BGB die Möglichkeit, schon bei Erteilung der Einwilligung deren Übertragbarkeit durch eine entsprechende Vereinbarung mit dem Einwilligungsempfänger auszuschließen. Der Verkehrsfähigkeit der Einwilligung in die Werkvernichtung steht auch nicht entgegen, dass sie im Regelfall nur mit relativer Wirkung erteilt wird, da durch §§ 398 ff. BGB gerade die Übertragbarkeit von Forderungen, bei denen es sich ebenfalls um relative Rechte handelt, geregelt wird.[838] Die Rechtsposition des Einwilligungsempfängers ist also durch einen Abtretungsvertrag zwischen dem Einwilligungsempfänger und dem Dritten übertragbar.[839]

Auch die Rechtsposition des Empfängers einer quasi-dinglichen Einwilligung ist nach §§ 413, 398 ff. BGB übertragbar, da die Regelungen grundsätzlich auch auf die Übertragung dinglicher Rechte Anwendung finden kann, soweit für diese keine spezielleren Übertragungstatbestände bestehen. So werden auch die quasi-dinglich wirkenden ausschließlichen Nutzungsrechte nach §§ 413, 398 ff. BGB unter Anwendung von §§ 34, 35 UrhG übertragen.[840]

8. Konkludente Erteilung der Einwilligung

Die Einwilligung in die Werkvernichtung kann, ebenso wie die Einwilligung zu anderen Eingriffen in das Urheberpersönlichkeitsrecht, nicht nur durch eine ausdrückliche Erklärung, sondern auch konkludent erfolgen.[841] Gelegentlich wird ein Nutzungsvertrag neben der Einräumung der entsprechenden Verwertungsrechte konkludent auch die Einwilligung zu entsprechenden persönlichkeits-

---

[837] Auch Schricker - *Schricker*, § 34 Rn. 5 will den § 34 Abs. 1 UrhG auch auf die Übertragung urheberpersönlichkeitsrechtlicher Befugnisse anwenden. Andererseits hält er aber § 34 UrhG in Bezug auf die Übertragung schuldrechtlicher Ansprüche für nicht anwendbar.

[838] Dagegen hält Fromm/Nordemann - *Hertin*, § 34 Rn. 1 i.V.m. § 31/32 Rn. 2, der einfache Nutzungsrechte als relative Rechte einordnet, diese gerade aufgrund ihrer nur schuldrechtlichen Wirkung für nicht übertragbar. Diese Ansicht vermag aber aus dem oben genannten Grund nicht zu überzeugen. Die §§ 398 ff. BGB regeln mit der Übertragung von Forderungen gerade die Übertragung schuldrechtlicher Positionen.

[839] So auch *v. Welser* (2000), S. 86.

[840] Siehe oben; vgl. Staudinger - *Busche*, § 413 Rn. 19; MüKo - *Roth* (4. Aufl.), § 413 Rn. 6; zur dinglichen Wirkung der ausschließlichen Nutzungsrechte für die allgemeine Meinung Schricker - *Schricker*, Vor §§ 28 ff Rn. 47 f.

[841] Für die grundsätzliche Möglichkeit der konkludenten Einwilligungserteilung *Federle* (1998), S. 84 f.

rechtlichen Eingriffen enthalten.[842] Häufig wird aber zwischen dem Urheber und dem Eigentümer des Werkstücks kein Nutzungsvertrag bestehen. Die Annahme einer konkludenten Einwilligung in die Werkvernichtung setzt das Vorliegen konkreter Anhaltspunkte voraus. Es kann nicht angenommen werden, dass in der Übereignung des Werkstücks im Regelfall auch eine konkludente Einwilligung in die Zerstörung zu sehen ist. Es müssen hier weitere Faktoren, die eindeutig auf das Einverständnis des Urhebers mit der Vernichtung hindeuten, hinzutreten.

D. Ergebnis

Der Urherber kann der Vernichtung seines Werkes durch den Eigentümer wirksam zustimmen. Eine vor der Werkvernichtung erteilte Zustimmung kann sowohl ein pactum de non petendo als auch eine tatbestandsausschließende Einwilligung darstellen. Was im Einzelfall von den Parteien gewollt ist, ist durch Auslegung zu ermitteln. Mit der Auslegung der Zustimmung als Einwilligung kann sowohl den Interessen des Urhebers als auch denen des Eigentümers in befriedigender Weise Rechnung getragen werden. Daher ist im Regelfall davon auszugehen, dass die Partein diese Alternative wählen wollten. Sofern die Parteien nicht ausdrücklich das Vernichtungsverbotsrecht auf den Eigentümer übertragen wollen, ist von einer rein schuldrechtlichen Wirkung der Einwilligung auszugehen.

E. Vereinbarung zwischen Urheber und Eigentümer, das Werk nicht zu zerstören

Der Urheber und der Eigentümer des Werkstücks können auch vereinbaren, dass der Eigentümer generell oder vor Ablauf einer bestimmten Frist nicht berechtigt sein soll, das Werkstück zu vernichten. Eine solche Vereinbarung ist aufgrund der Vertragsfreiheit zulässig. Aufgrund des Typenzwangs im Sachenrecht kommt ihr, sofern es sich bei dem Werkstück um eine bewegliche Sache handelt, keine dingliche Wirkung zu, so dass sie als rein schuldrechtliches Rechtsgeschäft daher nur relative Wirkung entfaltet. Sie bindet also nur den Eigentümer als Vertragspartei, nicht aber einen Dritten, an den der Eigentümer das Werkstück weiterveräußert. Bei entsprechender Vertragsgestaltung kann der ursprüngliche Eigentümer im Falle der Vernichtung des Werkes durch einen Dritten aber dem Urheber zum Schadensersatz verpflichtet sein.

Ist hingegen das Werkstück fest mit einem Grundstück verbunden, so kommt eine beschränkte persönliche Dienstbarkeit in Betracht. Nach § 1090 i.V.m. § 1018 BGB können Gegenstand einer beschränkten persönlichen Dienstbarkeit auch bestimmte Verbote, wie z.B. Baubeschränkungen sein. Dabei ist anerkannt,

[842] *Federle* (1998), S. 84 f.

dass diese auch zum Inhalt haben können, dass ein Bauwerk im ganzen oder bestimmte Teile erhalten bleiben.[843] Der Urheber eines Werkes der Baukunst oder eines mit einem Gebäude bzw. einem Grundstück fest verbundenen Werkes der bildenden Kunst kann sich also zu seinen Gunsten eine beschränkte persönliche Dienstbarkeit mit dem Inhalt einräumen lassen, dass der Grundstückseigentümer zur Erhaltung des Gebäudes oder des sonstigen Werkes verpflichtet ist. Als beschränktes dingliches Recht bindet die Dienstbarkeit auch jeden späteren Erwerber des Grundstücks.

[843] MüKo - *Falckenberg* (3. Aufl.), § 1018 Rn. 35; BGH NJW 1964, S. 2296/2297.

6. Kapitel: Allgemeines Persönlichkeitsrecht und Kulturgutschutzrecht

Nachdem das Urheberrecht eingehend darauf untersucht worden ist, ob und unter welchen Bedingungen es dem Urheber ein Recht gewährt, die Zerstörung seines Werkes zu verbieten, soll nun erörtert werden, inwieweit sich aus dem aPR des Urhebers und dem Kulturgutschutzrecht ein Recht des Urhebers, die Werkvernichtung zu verbieten, ableiten lässt.

A. Das allgemeine Persönlichkeitsrecht

I. Grundstrukturen des aPR

1. Anerkennung des aPR als Akt richterlicher Rechtsfortbildung

Bei der Konzipierung des BGB hat der Gesetzgeber noch bewusst von einer gesetzlichen Normierung eines umfassenden allgemeinen Schutzes der Persönlichkeit abgesehen,[844] obwohl schon damals ein solcher in der Literatur, vor allem von Kohler[845] und v. Gierke[846] gefordert wurde.[847] Auch das Reichsgericht hat unter Berufung auf die geltende Rechtslage keinen allgemeinen Persönlichkeitsschutz anerkannt,[848] obgleich es zur selben Zeit schon das ebenfalls noch nicht gesetzlich geregelte UPR anerkannt hatte.[849] Erst nach Erlass des GG erkannte der BGH in einer Entscheidung aus dem Jahr 1954 das aPR an.[850] Mit der durch Art. 2 Abs. 1 GG gesicherten freien Entfaltung der Persönlichkeit und der durch Art. 1 Abs. 1 GG gewährleisteten Menschenwürde komme der Schutz der „menschlichen Personenhaftigkeit" als „übergesetzlicher Grundwert der Rechtsordnung" zum Ausdruck.[851] Nach Ansicht des BGH wirke das in diesen Grundrechtsnormen normierte verfassungsmäßige Grundrecht des aPR auch ins Zivilrecht als „gegenüber jedermann" geltendes Recht hinein. Dies ergäbe sich nach damaliger Ansicht des BGH aus dem in Art. 1 Abs. 1 S. 2 GG normierten Schutzauftrag an die Staatsgewalt und der in Art. 1 Abs. 3 GG statuierten Bin-

[844] MüKo - *Schwerdtner* (3. Aufl.), § 12, Rn. 155; *Funkel* (2001) S. 16.
[845] *Kohler*, Archiv für Bürgerliches Recht 7 (1893), S. 94/101.
[846] *v. Gierke* (1895), S. 707.
[847] Vgl. *Gottwald* (1996), S. 11 ff.
[848] RGZ 79, S. 397/398 - Felseneiland mit Sirenen; RGZ 113, S. 413/414; *Funkel* (2001) S. 16; ausführlich zur Rechtsprechung des Reichsgerichts zum Persönlichkeitsschutz *Gottwald* (1996), S. 15 ff.
[849] RGZ 79, S. 397/399 - Felseneiland mit Sirenen.
[850] BGH GRUR 1955, S. 197 - Leserbrief; ausführlich hierzu *Gottwald* (1996), S. 172 ff.
[851] BGH GRUR 1958, S. 408/409 - Herrenreiter.

dung der Grundrechte.[852] Der BGH lehnte dementsprechend das zivilrechtliche aPR in seiner Reichweite direkt an das verfassungsrechtliche aPR an und konzipierte es als eine die Persönlichkeit umfassend schützende Generalklausel.

Diese Ableitung des aPR für den Bereich des Zivilrechts erscheint insofern zweifelhaft, da sie eine unmittelbare Bindungswirkung der Grundrechte auch für Privatrechtssubjekte untereinander voraussetzen würde.[853] Wie oben dargelegt wurde, ist eine unmittelbare Wirkung der Grundrechte im Privatrecht jedoch abzulehnen.[854] Die Grundrechte entfalten lediglich eine mittelbare Wirkung zwischen Privatrechtssubjekten, indem sie die Staatsgewalt zur Schaffung einer, den Wertaussagen des GG entsprechenden Ordnung verpflichten.[855] Der Gesetzgeber und die Rechtsprechung sind aufgrund dieses grundrechtlichen Schutzauftrages verpflichtet, das Verhältnis der Privatrechtssubjekte untereinander der Wertordnung des GG entsprechend zu beurteilen und zu regeln. Im Bereich des Schutzes der Persönlichkeit verpflichtet das GG durch seine in Art. 1 Abs. 1, 2 Abs. 1 GG zum Ausdruck kommende objektiv-rechtliche Wertentscheidung lediglich zu einer generellen Umsetzung dieser Schutzaussage.[856] Bei der Wahl des Mittels lässt das GG dem Gesetzgeber bzw. dem BGH aber freie Wahl, solange sich die getroffene Regelung nur als effektiv darstellt. Es hätte also nicht zwingend der Schaffung eines einfachgesetzlichen Persönlichkeitsrechts in Form einer umfassenden Generalklausel bedurft, sondern der Schutzaussage hätte auch auf andere Weise, etwa durch die Schaffung einer Vielzahl von bereichsspezifischen Einzelregelungen, genügt werden können.[857] Es ist daher wichtig, deutlich zwischen dem einfachgesetzlichen aPR als unmittelbar zwischen Privatrechtssubjekten geltendem Recht und dem aPR als Grundrecht, das im Privatrecht keine unmittelbare Wirkung entfaltet, zu differenzieren.[858]

Der BGH unterstellt das aPR als „sonstiges Recht" i.S.d. § 823 BGB dem Schutz des Deliktsrechts.[859] Um den Persönlichkeitsschutz zu vervollkommnen,

---

852 BGH GRUR 1955, S. 197/198 - Leserbrief; BGH NJW 1957, S. 1146/1147 - Krankenpapiere; vgl. hierzu auch *Funkel* (2001), S. 16.

853 So auch *Larenz/Canaris* (1994), S. 492 f.; MüKo - *Rixecker* (4. Aufl.), § 12 Anh. Rn. 2.

854 Siehe zur Problematik der unmittelbaren oder mittelbaren Drittwirkung der Grundrechte im Zivilrecht ausführlich 3. Kapitel A.II.

855 So auch v. Mangold/Klein/Stark - *Stark*, Art. 1 Rn. 99 ff.; Maunz/Dürig - *Dürig*, Art. 1 Rn. 131 ff.; *Schnapp*, Jus, 1989, S. 1/7; *Canaris*, JuS 1989, S. 161/162; *Funkel* (2001) S. 17; 129; sowie von BVerfGE 7, S. 198/204 ff.; BVerfGE 73, S. 261/269; BVerfG AfP 1999, S. 57/59.

856 Zu diesem Ergebnis kommt in späteren Entscheidungen auch der BGH; BGH GRUR 1962, S. 105/106 f. - Ginsengwurzel; BGH GRUR 1963, S. 490/492 - Fernsehansagerin.

857 So auch *Jarass*, NJW 1989, S. 857/958; *Larenz/Canaris* (1994), S. 493; *Funkel* (2001), S. 17.

858 Siehe zu dieser Unterscheidung auch 3. Kapitel B.VI.1.

859 Erstmals explizit erwähnt in BGH NJW 1957, S. 1146/1147 - Krankenpapiere; kritisch zur Einordnung des aPR als „sonstiges Recht" i.S.d. § 823 Abs. 1 BGB *Larenz*, NJW 1955,

gewährt der BGH in Durchbrechung des in § 253 Abs. 1 BGB aufgestellten Grundsatzes, dass immaterielle Schäden nur auszugleichen sind, soweit das Gesetz dies ausdrücklich vorzieht, auch im Falle der Verletzung des aPR Ersatz für immaterielle Schäden.[860] Anfängliche Zweifel darüber, ob die vom BGH mit der Schaffung des zivilrechtlichen aPR betriebene Rechtsfortbildung mit dem GG vereinbar, oder ob eine so bedeutende und weitreichende Regelung der Schaffung durch den Gesetzgeber vorbehalten sei, hat das BVerfG in seiner „Soraya-Entscheidung" zerstreut.[861]

2. Schutzbereich des aPR

Das aPR schützt den Einzelnen umfassend in seinem Interesse auf immaterielle Integrität und Selbstbestimmung. Neben dem Schutz seiner ideellen Interessen, also allgemein seines Schutz- und Achtungsanspruchs, wird der Schutz der wirtschaftlich verwertbaren Aspekte der Persönlichkeit wie des Bildnisses, des Namens, der Stimme oder der Lebensgeschichte zunehmend wichtiger.[862] Ebenso wie die Grenzen der Persönlichkeit sich nicht klar festlegen lassen, da es gerade der Ausdruck der freien Persönlichkeitsentfaltung ist, über ihre Grenzen hinauszustreben,[863] weist auch das aPR keinen fest umrissenen Tatbestand auf. Daneben trägt die Weite des Tatbestandes auch dem Ziel Rechnung, möglichst jede, auch heute noch unbekannte, in Zukunft aber mögliche Eingriffsart in den schutzwürdigen Eigenbereich einer Person erfassen zu können.[864] Das aPR wird daher als „Rahmenrecht" bezeichnet.[865]

Aufgrund der ausgedehnten Reichweite und der wenig scharfen Grenzen des aPR als Rahmenrecht kann nicht jeder Eingriff rechtswidrig sein und damit ein Abwehrrecht des Persönlichkeitsrechtsinhabers auslösen.[866] Die Möglichkeit der Persönlichkeitsentfaltung des Einzelnen wird begrenzt durch die entgegenstehenden Rechte Dritter. Entsprechend ist die Rechtswidrigkeit bei einem Eingriff in ein solches Rahmenrecht aufgrund einer umfassenden Abwägung der betrof-

---

S. 521; dieser führt an, die Unterstellung des aPR unter § 823 Abs. 1 BGB sprenge das System des Deliktsrechts, da in § 823 Abs. 1 BGB ausschließlich genau umrissene Rechte geschützt seien, während es sich bei dem aPR um eine Generalklausel handle.

860 Ständige Rechtsprechung seit: BGH GRUR 1958, S. 408 - Herrenreiter.

861 BVerfGE 34, S. 269 - Soraya; das BVerfG stellte fest, die Rechtsprechung des BGH sei sowohl, soweit sie das aPR als solches betreffe, als auch bei der Zuerkennung eines immateriellen Schadensersatzes verfassungsgemäß.

862 MüKo - *Rixecker* (4. Aufl.), § 12 Anh. Rn. 3.

863 *Funkel* (2001), S. 18; *Larenz*, NJW 1955, S. 521/522; BGH NJW 1957, S. 1146/1147 - Krankenpapiere.

864 *Müssse* (1999), S. 48.

865 *Fikentscher* (1197) Rn. 1225; MüKo - *Schwerdtner* (3. Aufl.), § 12 Rn. 203; *Medicus* (2000) Rn. 814.

866 *Larenz* NJW 1955, 521/522.

fenen Rechtsgüter und Interessen auf Seiten des Eingreifers und des Betroffenen festzustellen. Es ist hierbei insbesondere auf die Schwere des Eingriffs, auf die Wahrnehmung von Grundrechten auf Seiten des Eingreifenden sowie auf das Vorliegen besonderer Rechtfertigungsgründe abzustellen. Des weiteren ist der Rechtskreis, in den der Eingriff erfolgt, zu berücksichtigen.[867] Um die Interessenabwägung nach bestimmten Kriterien systematisieren zu können, wird zum Teil danach unterschieden, in welche Sphäre des Persönlichkeitsrechtsinhabers eingegriffen wird.[868] So unterscheidet man zwischen der Sozial-, der Privat- und der Intimsphäre. Der Schutzumfang nimmt dabei von der nur verhältnismäßig gering geschützten Sozialsphäre bis zur Intimsphäre zu. Während Eingriffe in die Sozial- und die Privatsphäre noch durch die Interessen des Eingreifenden gerechtfertigt sein können, genießt die Intimsphäre grundsätzlich absoluten Schutz, so dass hier Eingriffe nicht mehr zu rechtfertigen sind.[869]

In der jüngeren Literatur wird dagegen m. E. zurecht diese Sphärentheorie als ungeeignet zur Konkretisierung des aPR kritisiert.[870] Da eine trennscharfe Abgrenzung der einzelnen Sphären nicht möglich ist, kann aus der Sphärentheorie im Ergebnis nur die wenig überraschende Erkenntnis gewonnen werden, dass die Anforderungen zur Rechtfertigung eines Angriffs in den persönlichen Bereich umso höher sind, je tiefer der Eingriff reicht.[871] Gegen die Sphärentheorie spricht überdies auch, dass das Schutzbedürfnis des Persönlichkeitsträgers je nach Art und Umständen des Eingriffs auch bei Eingriffen in dieselbe Persönlichkeitssphäre stark variieren kann.[872] Daher ist es vorzugswürdig, eine Systematisierung des Schutzbereichs des aPR anhand von Fallgruppen vorzunehmen, wobei der Umfang der vorzunehmenden Interessenabwägung je nach Fallgruppe

---

867 MüKo - *Schwerdtner* (3. Aufl.), § 12 Rn. 203.

868 Kritisch zu einer derartigen Einteilung: MüKo - *Rixecker* (4. Aufl.), § 12 Anh. Rn. 8.

869 Grundlegend zur Sphärentheorie *Hubmann* (1967), S. 268 ff.
Der Schutzbereich der Persönlichkeitssphären im Einzelnen:
Die Sozialsphäre schützt das Selbstbestimmungsrecht und bewahrt so die persönlichen Eigenarten des Persönlichkeitsrechtsträgers in seiner Beziehung zur Umwelt und in seinem öffentlichen und beruflichen Bereich; BGH NJW 1981, S. 1366/1367; LG Berlin NJW 1997, S. 1155/1156; Palandt - *Thomas*, § 823, Rn. 178.
Die Privatsphäre umfasst das gesamte Privatleben, unabhängig ob im häuslichen Bereich, im Familienkreis oder außerhalb; BGHZ 73, S. 120/122 f.; BGH NJW 1987, S. 2667/2668; Palandt - *Thomas*, § 823, Rn. 178.
Zur Intimsphäre ist die gesamte innere Gedanken- und Gefühlswelt mit ihren äußeren Erscheinungsformen, wie etwa Briefen oder Tagebuchaufzeichnungen zu rechnen, außerdem die Angelegenheiten, für die ihrer Natur nach ein Geheimhaltungsanspruch besteht, wie der Gesundheitszustand oder das Sexualleben; BGH NJW 1988, S. 1984/1985; BVerfGE 89, S. 69/82 f.; Palandt - *Thomas*, § 823, Rn. 178.

870 *Ehmann*, JuS 1997, S. 197; *Funkel* (2001), S. 37 f.; *Helle* (1991), S. 9; MüKo - *Rixecker* (4. Aufl.), § 12 Anh. Rn. 9.

871 So ausdrücklich auch *Ehmann*, JuS 1997, S. 197.

872 Vgl. MüKo - *Rixecker* (4. Aufl.), § 12 Anh. Rn. 8.

variiert.[873] Grob lassen sich so die folgenden Komplexe unterscheiden: a) der Schutz der Identität und sozialen Geltung der Person, b) der Schutz vor unbefugter Erlangung und Verbreitung von Persönlichkeitsäußerungen und Daten (Recht auf informationelle Selbstbestimmung) und schließlich c) der Schutz vor ungenehmigter kommerzieller Nutzung von Elementen der Persönlichkeit.[874] Während das aPR in diesen Bereichen ausschließlich als Abwehrrecht fungiert, wird daneben in positiver Hinsicht ein Recht des Einzelnen auf die selbstbestimmte Entfaltung seiner Persönlichkeit abgeleitet.[875] Es ist zu betonen, dass diese bisher in der Literatur benannten Schutzbereiche nicht als abschließende Aufzählung zu verstehen sind, sondern neben ihnen Raum für eine weitere Konkretisierung des aPR bleibt.[876] Nur so kann auch in Zukunft auf neuartige, heute noch nicht absehbare Gefährdungen reagiert werden.

3. Die besonderen Persönlichkeitsrechte

Von den unterschiedlichen Schutzbereichen des aPR sind die gesetzlich normierten, besonderen Persönlichkeitsrechte, wie das in § 12 BGB geregelte Recht am eigenen Namen, das in § 22 KUG normierte Recht am eigenen Bild oder das im BDSchG ausgestaltete Recht auf informationelle Selbstbestimmung zu unterscheiden. Diese stellen persönlichkeitsrechtliche Positionen, mithin also Ausschnitte aus dem Schutzbereich des aPR, dar, die zu eigenständigen subjektiven Rechten ausgestaltet sind.[877] Da der positiv normierte und festumrissene Tatbestand das Ergebnis einer durch den Gesetzgeber vorweggenommenen Interessengewichtung darstellt, bedürfen die besonderen Persönlichkeitsrechte überwiegend nicht der Konkretisierung mittels einer Interessenabwägung durch den Rechtsanwender.[878] Die Tatbestandsverwirklichung indiziert hier die Rechtswidrigkeit. Da mit dem aPR ein umfassender Schutz der Persönlichkeit bezweckt

---

[873] Ausführlich zur Einteilung und Inhalt dieser Fallgruppen: *Ehmann*, JuS 1997, 193; Staudinger - *Hager*, § 823 Rn. C 16, C 63 - C 246; MüKo - *Rixecker* (4. Aufl.), § 12 Anh. Rn. 30-123; auch *Funkel* (2001) S. 19 ff.; *Larenz/Canaris* (1994) S. 498 ff.; nimmt sogar an, dass der tatbestandsmäßige Eingriff in bestimmte Schutzbereiche die Rechtwidrigkeit indiziere, so dass es in diesen Fällen keiner Interessenabwägung bedürfe.

[874] *Larenz/Canaris* (1994), S. 517.

[875] Staudinger - *Hager*, § 823 Rn. C 240 ff.; *Funkel* (1991) S. 35 ff.; kritisch hierzu MüKo - *Rixecker* (4. Aufl.), § 12 Anh. Rn. 122, 123.

[876] *Funkel* (2001), S. 19

[877] Ausführlich zu den besonderen Persönlichkeitsrechten im einzelnen und dem umstrittenen Verhältnis zwischen dem aPR und den besonderen Persönlichkeitsrechten *Helle* (1991), S. 27 ff.

[878] *Helle* (1991), S. 20; *Müsse* (1999), S. 50. Nur in Ausnahmefällen, soweit dies vom Gesetz ausdrücklich vorgesehen ist, ist auch bei den besonderen Persönlichkeitsrechten eine Interessenabwägung vorzunehmen. So z.B. bei § 23 Abs. 2 KUG; siehe hierzu auch *Helle* (1999), S. 38; *Funkel* (2001), S. 40.

ist, umfasst der Schutzbereich des aPR auch den der besonderen Persönlichkeitsrechte. Die tatbestandliche Verletzung eines besonderen Persönlichkeitsrechts bedeutet daher zugleich, dass auch das aPR verletzt ist, ohne dass dies noch durch eine gesonderte Interessenabwägung festzustellen wäre. Wird durch eine in den Regelungsbereich eines besonderen Persönlichkeitsrechts fallende Handlung das jeweilige besondere Persönlichkeitsrecht tatbestandlich nicht verletzt, so bedeutet dies, dass nach der Wertung des Gesetzgebers keine Persönlichkeitsrechtsverletzung vorliegt. Entsprechend braucht auch in diesem Fall keine gesonderte Prüfung des aPR mehr vorgenommen zu werden. Der Tatbestand der besonderen Persönlichkeitsrechte entfaltet also für den jeweiligen Regelungsbereich insoweit auch negative Wirkung, als er abschließend normiert, welche Handlungen einen rechtswidrigen Eingriff darstellen und welche nicht.[879] Die Problematik für den Rechtsanwender liegt darin, wertend zu ermitteln, wie weit der Regelungs- bzw. Schutzbereich des besonderen Persönlichkeitsrechts reicht.[880]

II. Das Verhältnis des UPR zum aPR

Wenn das UPR wie die übrigen besonderen Persönlichkeitsrechte lediglich einen gesetzlich geregelten Ausschnitt des aPR darstellen würde, bestünde zwingend ein Spezialitätsverhältnis zwischen beiden Rechtsinstituten, so dass für den Regelungsbereich des UPR ein Rückgriff auf das aPR ausgeschlossen wäre. Falls es sich beim UPR dagegen um ein selbständiges Recht handelt, wäre die Anwendbarkeit des aPR neben dem UPR nicht von vornherein ausgeschlossen, sondern es wäre durch Auslegung wertend zu ermitteln, inwieweit beide Rechte in Anspruchskonkurrenz nebeneinander treten können. Das Verhältnis beider Rechte zueinander wird uneinheitlich beurteilt.

1. Das UPR als Ausschnitt des aPR oder als selbständiges Recht

a. Meinungsstand

Zum Teil wird das UPR als spezielle Ausprägung des aPR angesehen und als besonderes Persönlichkeitsrecht bezeichnet. Dies bringt z.B. der BGH zum Ausdruck, wenn er das UPR als „besondere Erscheinungsform“[881] oder als „Aus-

---

[879] So auch *Helle* (1991), S. 39.

[880] Da die Regelungen der besonderen Persönlichkeitsrechte auf der Rechtsfolgenseite teilweise unvollständig sind, ist auf der Rechtsfolgenseite auf das aPR zurückzugreifen; so auch *Funkel* (2001), S. 41; *Helle* (1991), S. 41, der dies Verhältnis als „limitierte und indizierte Spezialität“ bezeichnet.

[881] BGH GRUR 1955, S. 197/198 - Leserbrief; BGH GRUR 71, S. 525/526 - Petit Jacqueline.

schnitt“[882] des aPR bezeichnet. Dieses Verständnis des UPR wird auch in der amtlichen Begründung zum UrhG deutlich, in der es heißt, das UPR „ist im Verhältnis zum allgemeinen Persönlichkeitsrecht in ähnlicher Weise als ein ‚besonderes‘ Persönlichkeitsrecht zu sehen wie etwa das Namensrecht nach § 12 des Bürgerlichen Gesetzbuchs oder das Recht am eigenen Bild nach § 22 KUG.“[883] Auch in der Literatur findet die Auffassung, das UPR als bloßen Ausschnitt des aPR zu sehen, teilweise Zustimmung.[884]

Andererseits ordnet eine starke Strömung in der Literatur das UPR im Verhältnis zum aPR als selbständiges, aber wesensverwandtes Recht ein.[885] Als Begründung wird angeführt, das aPR und das UPR wiesen grundsätzlich unterschiedliche Schutzobjekte auf. Während das aPR die Person des Urhebers als solche schütze, sei Schutzgegenstand des UPR ausschließlich die Beziehung des Urhebers zu einem außerpersönlichen Gut, nämlich dem Werk. Daher handele es sich beim UPR seinem Wesen nach nicht um ein wirkliches Persönlichkeitsrecht.[886] Schack führt gegen die Einordnung des UPR als bloßen Ausschnitt des aPR an, das aPR könne schon aus historischen Gründen nicht das Quellrecht des UPR sein, da das UPR ebenso wie die übrigen besonderen Persönlichkeitsrechte *vor* dem aPR durch das Reichsgericht bzw. den BGH anerkannt wurden. Das aPR sei daher lediglich ein ergänzendes Recht zu den besonderen Persönlichkeitsrechten.[887]

---

882 BGH GRUR 71, S. 525/526 - Petit Jacqueline.

883 Amtliche Begründung des Regierungsentwurfs, UFITA 45 (1965), S. 240/258.

884 *v. Gamm* (1968), Einf. Rn. 93; *Runge*, UFITA 23 (1957), S. 16; *Dieselhorst* (1995), S. 107, *Walchshöfer*, Fs. Hubmann (1985), S. 469 f, MüKo - *Schwerdtner* (3. Aufl.), § 12 Rn. 160; *Latka* (2000), S. 88 f.; wohl auch *Kellerhals* (2000), S. 75 f.

885 *de Boor*, UFITA 18 (1954), S. 260/ 262 f.; *Peter*, UFITA 36 (1962), S. 257/267 ff.; *Troller*, UFITA 28 (1959), S. 257/297 f; *Troller*, UFITA Bd. 29 (1959), S. 141/145; *Troller* (1985), S. 94 ff.; *Schilcher* (1989), S. 12; *Schack* (2001), Rn. 44; Schricker - *Dietz*, Vor §§ 12 ff Rn. 14; *Dietz* (1968), S. 29 f.; *Müsse* (1999), S. 55; Fromm/ Nordemann - *Hertin*, Vor § 12 Rn. 9, *Osenberg* (1979), S. 14; *Neumann-Duesberg*, NJW 1971, S. 1640/1641; *Neumann-Duesberg*, UFITA 50 (1967), S. 464; *v. Gamm* (1968), § 11 Rn.3; *Runge*, UFITA 54 (1969), S. 1/14; *Schiefler*, GRUR 1960, S. 156/158 f.; *Schöfer* (1984) S. 146 f.

886 *de Boor*, UFITA 18 (1954), S. 260/262 f.; *Troller*, UFITA 28 (1959), S. 257/297 f.; *Troller*, UFITA Bd. 29 (1959), S. 141/145; *Peter*, UFITA 36 (1962), S. 257/267 ff.
Zum Teil wird aus dieser Überlegung gefolgert, die Verwendung des Begriffs „Urheberpersönlichkeitsrecht“ sei insgesamt verfehlt; *Troller*, UFITA 28 (1959), S. 257/297 f.; *Neumann-Duesberg*, NJW 71, S. 1640/1642.

887 *Schack* (2001), Rn. 44.
Ähnlich äußert sich auch *Roeber*, FuR 1965, S. 102/103; er bezeichnet es als „verfänglich, ein eingewachsenes Recht wie das droit moral des Urhebers nachträglich zu einer Rechtsfigur umzudeuten, die es positivrechtlich zuvor noch gar nicht gegeben hat“.

b. Eigene Stellungnahme

Diese auf die historische Reihenfolge der Anerkennung gestützte Begründung für die Eigenständigkeit des UPR vermag m.E. nicht zu überzeugen. Die Reihenfolge der höchstrichterlichen Anerkennung einzelner Rechte ergibt sich aus dem Erkenntnisprozess, ist aber nicht für das logische Verhältnis maßgebend. Ob zunächst bestimmte Einzelbefugnisse und erst später das zugrundeliegende Mutterrecht anerkannt werden, oder umgekehrt zuerst das Mutterrecht und aus diesem im weiteren Verlauf Einzelbefugnisse abgeleitet werden, spielt für die dogmatische Einordnung keine Rolle.

Weitaus entscheidender für das Verhältnis der beiden Rechtsinstitute zueinander ist der Umfang der jeweiligen Schutzbereiche. Wie oben[888] schon dargelegt wurde, weist das UPR eine zweifache Schutzrichtung auf, da es sowohl die persönlichen als auch die geistigen Interessen der Urhebers an seinem Werk erfasst. Mit den persönlichen Interessen schützt das UPR die direkt personenbezogenen Aspekte der Urheber-Werk-Beziehung, das öffentliches Ansehen des Urhebers sowie dessen Ruf und seine Ehre in Bezug auf das konkrete Werk. Der Urheber wird davor geschützt, dass das Werk in anderer als von ihm vorgesehener Form an die Öffentlichkeit gelangt, damit kein verfälschtes Bild seiner Persönlichkeit und seiner im Werk wiedergespiegelten inneren Vorgänge entsteht. Da die Ehre, der Ruf sowie das Bild einer Person in der Öffentlichkeit zu den zentralen Elementen des Schutzbereichs des aPR zählen, unterfällt dieser Aspekt des UPR auch dem Schutzbereich des aPR.

Dem steht auch das Argument, es werde durch das UPR nicht die Person selbst, sondern nur ihre ideellen Interessen am Werk, also an einem außerpersönlichen Gut, geschützt, nicht entgegen. So ist anerkannt, dass auch das aPR die Persönlichkeit in Bezug auf bestimmte, von dieser trennbare Güter, wie z.B. Briefe[889] oder Tagebücher,[890] schützt.[891] Auch das in § 22 KUG normierte besondere Persönlichkeitsrecht am eigenen Bild schützt das Interesse an einem außerhalb der Persönlichkeit liegenden Gut, nämlich der eigenen Abbildung, die ebenso wie auch das Werk rechtlich und wirtschaftlich ein Eigenleben führt.[892] Der Grund für den persönlichkeitsrechtlichen Schutz von Tagebüchern, Briefen, Abbildungen usw. liegt darin, dass es sich bei diesen Gegenständen um die Verkörperung bzw. Abbildung eines bestimmten Teilaspektes der Person des Ver-

---

888 Siehe 1. Kapitel A. IV.1.

889 Für den Schutz von Briefen durch das aPR BGH GRUR 1955, S. 197 - Leserbrief; MüKo - *Rixecker* (4. Aufl.), § 12 Anh. Rn. 85; *Dieselhorst* (1995), S.105.

890 Für den Schutz von Tagebuchaufzeichnungen durch das aPR MüKo - *Rixecker* (4. Aufl.), § 12 Anh. Rn. 86.

891 Für dieses Argument für die Einteilung des UPR als Persönlichkeitsrecht schon *Schiefler*, GRUR 1960, S. 156/159.

892 *Dieselhorst* (1995) S. 105 f.

fassers bzw. des Abgebildeten handelt, und der Mensch in Hinblick auf die in diesen Gegenständen zum Ausdruck kommenden Verkörperungen seiner Persönlichkeit in besonderem Maße verletzlich ist. Die unbefugte Verwendung dieser Güter, wie etwa die Veröffentlichung, stellt einen gravierenden Eingriff in die immaterielle Integrität und Selbstbestimmung des Betroffenen dar. Vor einer solchen Verletzung wird der Verfasser bzw. Abgebildete durch das aPR geschützt. Obgleich auch hier die Beziehung zu einem außerpersönlichen Gut geschützt ist, wird in Literatur und Rechtsprechung nicht in Zweifel gezogen, das dieses Schutzrecht ein echtes Persönlichkeitsrecht darstellt.[893]

Auch das urheberrechtlich geschützte Werk stellt ein solches Abbild eines Teils der Persönlichkeit des Urhebers dar. Stellt man zunächst ausschließlich auf den Schutz der persönlichen Aspekte der Urheber-Werk-Beziehung ab, so zeigt sich, dass auch hier die Person des Urhebers vor der Verletzung ihrer immateriellen Integrität und Selbstbestimmung durch bestimmte Werkeingriffe geschützt wird. Würde das UPR nicht bestehen, würde dieser Schutz der persönlichen Urheber-Werk-Beziehung genauso wie die Beziehung einer Person zu Briefen, Tagebüchern oder Abbildungen aus dem aPR abgeleitet werden. Das UPR stellt, soweit es die persönlichen Interessen schützt, ein echtes Persönlichkeitsrecht dar.[894] Sein Schutzbereich ist insoweit ein Ausschnitt aus dem umfassenden Persönlichkeitsschutz des aPR.

Dagegen ist der Schutzbereich des UPR, soweit er sich auf die geistigen Interessen des Urhebers bezieht, nicht auf den Schutz der immateriellen Integrität der Person des Urhebers, sondern direkt auf die Integrität des Werkes selbst gerichtet. Die geistigen Interessen weisen also nur einen mittelbaren Bezug zur Persönlichkeit des Urhebers auf. Da der Schutzbereich des aPR sich aber nur auf einen direkt personenbezogenen „autonomen Bereich eigener Lebensgestaltung“[895] erstreckt, fallen diese werkbezogenen Interessen nicht in den Schutzbereich des aPR.[896]

---

893 Palandt - *Thomas*, § 823 Rn. 179; *Roeber*, FuR 1965, S. 102/106; *Neumann-Duesberg*, UFITA 50 (1967), S. 464/467; BGH GRUR 1956, S. 427 f. - Paul Dahlke; BGH GRUR 1958, S. 408/409 f. - Herrenreiter; BGH GRUR 1962, 324/325 - Doppelmörder.

894 In der Literatur wird das UPR vielfach insgesamt, ohne zwischen den Schutzrichtungen der geistigen und persönlichen Schutzrichtung zu differenzieren, als echtes Persönlichkeitsrecht bezeichnet: *Schiefler*, GRUR 1960, S. 156/159; *Dieselhorst* (1965), S. 105; *Ulmer* (1980), S. 34; *v. Gamm* (1968) Einf. Rn. 93; Schricker - *Schricker*, Einleitung Rn. 21; Möhring/Nicolini - *Ahlberg*, Einleitung Rn. 14; *Schöfer* (1984), S. 147; auch aus der amtlichen Begründung des Regierungsentwurfs UFITA 45 (1965), S. 240/257 f. geht nur eine undifferenzierte Einordnung des UPR als Persönlichkeitsrecht hervor.

895 BGHZ 131, S. 332/337 - Paparazzifotos; MüKo - *Rixecker* (4. Aufl.), § 12 Anh. Rn. 3.

896 Zu dem Ergebnis, dass die geistigen Interessen nicht vom Schutzbereich des aPR erfasst werden, kommen auch: *Federle* (1998), S. 25; ohne nähere Begründung auch *Schack* (2001), Rn. 46.

Die geistigen und die persönlichen Urheberinteressen lassen sich nicht deutlich voneinander abgrenzen, sondern gehen ineinander über.[897] Dieser Tatsache trägt das UrhG dadurch Rechnung, dass beide Aspekte durch das UPR in einem einheitlichen Recht geschützt werden.[898] Da aber nur ein Teil des Schutzbereiches dieses einheitlichen Rechts auch vom Schutzbereich des aPR umfasst wird, kann unmöglich das UPR insgesamt als bloßer Ausschnitt des aPR angesehen werden. Das UPR stellt also, anders als die sonstigen besonderen Persönlichkeitsrechte, nicht nur eine gesonderte gesetzliche Ausformulierung eines Teilbereiches des aPR dar, sondern geht aufgrund seines Werkbezugs über das aPR hinaus. Im Ergebnis ist also den Vertretern der Literatur zuzustimmen, die das UPR als im Verhältnis zum aPR selbständiges Recht betrachten.

c. Dogmatische Unterschiede zwischen UPR und aPR

Das Ergebnis, dass es sich beim UPR um ein im Verhältnis zum aPR selbständiges Recht handelt, wird auch durch eine Vielzahl konstruktiver Unterschiede bestätigt. So entsteht das UPR erst durch die Schaffung eines geistigen Werkes, während das aPR jeder natürlichen Person ab ihrer Geburt zusteht.[899] Während das UPR nach dem Tode des Urhebers als Teil des einheitlichen Urheberrechts gemäß § 28 Abs. 1 UrhG in vollem Umfang auf die Erben übergeht,[900] besteht das aPR nach dem Tode des Rechtsinhabers nur noch in sehr eingeschränktem Umfang als postmortales Persönlichkeitsrecht fort.[901] Es ist als höchstpersönliches Recht nicht vererblich, sondern wird nur von den nächsten Angehörigen des Verstorbenen zum Schutz seiner über den Tod fortbestehenden Interessen wahrgenommen. Das postmortale Persönlichkeitsrecht hat keinen festen zeitlichen Rahmen, sondern schwächt sich in dem Maße ab, wie das Bild des Ver-

---

[897] *Schack* (2001), Rn. 315; Schricker - *Dietz*, Vor §§ 12 ff Rn. 8; *Federle* (1998), S. 28 geht soweit, die Verknüpfung der beiden Interessengruppen als Gemengelage zu bezeichnen. *Peter*, UFITA 36 (1962), S. 257/270 ff. geht dagegen von einer strikten Trennung der geistigen und persönlichen Interessen aus; er hält daher auch eine Zusammenfassung beider Interessen in einem einheitlichen Recht für nicht gerechtfertigt. Vielmehr seien die geistigen und materiellen Interessen als werkbezogene Interessen den persönlichen Interessen gegenüberzustellen. Der Gesetzgeber hat sich aber zu Recht bei Erlass des heutigen UrhG für eine Zusammenfassung des Schutzes geistiger und persönlicher Interessen in einem einheitlichen Recht entschieden.

[898] *Federle* (1998), S. 29 sieht in der Verknüpfung von geistigen und persönlichen Interessen im UPR eine weitere monistische Konstruktion des Urheberrechts. Er stellt daher fest, der Monismus im Urheberrecht sei ein doppelter.

[899] MüKo - *Schwerdtner* (3. Aufl.), § 12, Rn. 192.

[900] *Schack*, GRUR 1985, S. 352/354; Schricker - *Schricker*, § 28 Rn. 5; Schricker - *Dietz*, Vor § 12 ff Rn. 29.

[901] BGH GRUR 1955, S. 201/204 - Cosima Wagner; BGH GRUR 74, S. 797 - Fiete Schulze. Auf diese Unterschiede nach dem Tod weist auch *Dieselhorst* (1994) S. 104 hin.

storbenen verblasst, und die Erinnerung an ihn schwindet.[902] Das UPR dagegen erlischt gemäß § 64 UrhG 70 Jahre nach dem Tod des Urhebers.

Ein gravierender dogmatischer Unterschied zwischen dem UPR und den sonstigen besonderen Persönlichkeitsrechten liegt darin, dass das UPR aufgrund der monistischen Konstruktion des Urheberrechts einen unselbständigen Teil des einheitlichen Urheberrechts darstellt.[903] Dieser Unterschied wirkt sich auch auf die der Durchsetzung der Rechte dienenden flankierenden Ansprüche aus. Während beim aPR und, wie oben dargestellt, bei sonstigen besonderen Persönlichkeitsrechten als selbständigen Rechten die Unterlassungs-, Beseitigungs- und Schadensersatzansprüche aus den allgemeinen Normen der §§ 1004 und 823 ff. BGB abgeleitet werden, folgen diese Ansprüche beim UPR als Teil des einheitlichen Urheberrechts aus §§ 97 ff UrhG.

2. Das Konkurrenzverhältnis zwischen UPR und aPR

Die Vertreter der Literatur, die, wie auch der BGH, das UPR als Ausschnitt des aPR sehen, kommen, soweit sie sich hierzu explizit äußern, logischerweise zu dem Ergebnis, das UPR gehe als Spezialregelung dem aPR vor.[904] Der BGH selbst äußert sich nicht näher zu dieser Frage. Doch auch innerhalb der Literatur, die zu dem Ergebnis kommt, das UPR stelle ein selbständiges Recht dar, wird überwiegend ein Spezialitätsverhältnis angenommen.[905]

Dies ist keineswegs inkonsequent, da mit der Charakterisierung des UPR als selbständiges Recht keine zwingende logische Entscheidung hinsichtlich des Konkurrenzverhältnisses vorgegeben ist. Auch zwei selbständige Rechte können im Verhältnis der Spezialität zueinander stehen.[906] Entscheidend für das Konkurrenzverhältnis ist das Verhältnis der Anwendungsbereiche beider Normen zu-

902 BGH GRUR 1968, S. 552/555 - Mephisto; BVerfGE 30, S. 173/196 - Mephisto. Das führt dazu, dass zum Beispiel bei bekannten Künstlern wie Emil Nolde (vgl. BGH GRUR, 1995, S. 668 - Emil Nolde) oder Berthold Brecht(vgl. OLG München ZUM 1998, S. 417/ 421 - Germania 3) 30 oder sogar 40 Jahre nach ihrem Tod noch ein Persönlichkeitsschutz besteht, während es bei der Allgemeinheit unbekannten Personen nach diesem Zeitraum bereits erloschen sein kann.

903 Diesen Unterschied hebt auch *Müsse* (1999), S. 56 hervor.

904 *Kellerhals* (2000), S. 76; *Dieselhorst* (1995), S. 107 f.; *Samson* (1973), S. 62 f.

905 Schricker - *Dietz*, Vor §§ 12 ff Rn. 15; *Schack* (2001), Rn. 45; Fromm/Nordemann - *Hertin*, Vor § 12 Rn. 9.

906 Dies verkennt *Müsse* (1999), S. 57 ff., wenn er schon die Einteilung von UPR und aPR in zwei selbständige Rechte bei gleichzeitiger Annahme eines Spezialitätsverhältnisses als inkonsequent bezeichnet. Seiner Ansicht zufolge wiesen die beiden Rechte so gravierende konstruktive Unterschiede auf, dass nicht von einem Spezialitätsverhältnis ausgegangen werden könne. Er verkennt dabei aber, dass für das Konkurrenzverhältnis nicht die dogmatische Konstruktion der Rechte, sondern allein das Verhältnis der Schutzbereiche zueinander entscheidend ist.

einander. Ein Spezialitätsverhältnis ist immer dann gegeben, wenn eine Norm alle Tatbestandsvoraussetzungen einer anderen Norm enthält und diesen mindestens noch ein weiteres Merkmal hinzufügt.[907] Daher wird der Anwendungsbereich der spezielleren Norm zwingend vollständig von dem der allgemeineren Norm umfasst.[908] Entsprechend erfüllt eine Handlung, die den Tatbestand des lex specialis verwirklicht, notwendigerweise immer auch die Voraussetzungen des lex generalis.[909] Da der Schutzbereich des UPR nicht in dem des aPR aufgeht, sondern mit dem Schutz der geistigen Interessen Aspekte enthält, die außerhalb des Tatbestandes des UPR liegen, scheidet die Annahme eines Spezialitätsverhältnisses aus.[910]

Im Falle der wie hier vorliegenden teilweisen Überschneidung der Anwendungsbereiche zweier Rechtsinstitute ist durch Auslegung des Sinn und Zwecks der Regelungen und der hinter ihnen stehenden Wertungen zu ermitteln, ob die Rechtsfolgen nebeneinander zur Anwendung kommen sollen, oder ob die Anwendbarkeit der einen Norm die andere verdrängt.[911] Ergibt sich, dass eine Norm nur hilfsweise für den Fall Anwendung finden soll, dass ein Sachverhalt nicht von einer vorrangig anzuwendenden anderen Norm erfasst wird, so stehen die Normen im Verhältnis der Subsidiarität zueinander.[912] Während im Falle der Spezialität das logische Verhältnis der Normen zueinander die Subordination ist, liegt im Falle der Subsidiarität eine Interferenz vor. Ergibt die Auslegung kein derartiges Subsidiaritätsverhältnis und schließen sich die Rechtsfolgen beider Regelungen nicht aus, so können die Regelungen nebeneinander in einer echten Anspruchskonkurrenz stehen.[913] Da die Rechtsfolgen von aPR und UPR sich nicht gegenseitig ausschließen, ist durch wertende Auslegung zu ermitteln, inwieweit das UPR und das aPR nebeneinander zur Anwendung gelangen können.[914]

Aus dem Wortlaut der amtlichen Begründung zum Regierungsentwurf des UrhG wird der Wille des Gesetzgebers, die ideellen Interessen des Urhebers an

---

907 Zu dieser Definition der Spezialität kommen auch *Larenz* (1991), S. 267 f.; *Jescheck/Weigend* (1996), S. 733.

908 *Larenz* (1991), S. 267.

909 *Jescheck/Weigend* (1996), S. 733.

910 Daher ist m.E. die Ansicht *Schacks* inkonsequent, wenn er einerseits treffend betont, das Verhältnis des UPR zum aPR sei nicht das eines Teils zum Ganzen, sondern beide Rechte stünden wie zwei sich nur teilweise überschneidende Kreise nebeneinander, (*Schack* (2001), Rn. 44) andererseits aber das UPR als „spezialgesetzliche Regelung" zum aPR einordnet (*Schack* (2001), Rn. 45).

911 *Larenz* (1991), S. 268.

912 *Jescheck/Weigend* (1996), S. 734.

913 *Larenz*, (1991), S. 269.

914 Auch MüKo - *Rixecker* (4. Aufl.), § 12 Anh. Rn. 5 betont, dass durch wertende Auslegung zu ermitteln sei, ob durch eine besondere persönlichkeitsrechtliche Regelung ein weitergehender Schutz ausgeschlossen sein soll.

seinem Werk abschließend durch das UPR regeln zu wollen, deutlich. Darin heißt es: „Für den Fall, daß das allgemeine Persönlichkeitsrecht (...) umfassend gesetzlich geregelt werden sollte, würde daher das Urheberpersönlichkeitsrecht von einer solchen Regelung auszunehmen sein."[915] Wäre der Gesetzgeber von einer Anspruchskonkurrenz ausgegangen, so wäre es unnötig, darauf hinzuweisen, dass der Bereich des Urheberpersönlichkeitsrechts von der Normierung des aPR auszunehmen ist, da eine Einbeziehung unschädlich wäre. Der Gesetzgeber macht also deutlich, dass er mit der Anerkennung des UPR einen Rückgriff auf das aPR für den Regelungsbereich des UPR ausschließt. Soweit es zu Überschneidungen der Anwendungsbereiche beider Rechte kommt, tritt das aPR also als subsidiäre Regelung hinter dem UPR zurück.[916]

Es besteht aber insoweit Einigkeit, dass die Anwendbarkeit des UPR die Anwendbarkeit des aPR nur in seinem Regelungsbereich ausschließt. Das aPR kommt insoweit neben dem UPR zur Anwendung, als es Interessen des Urhebers schützt, die nicht durch das UPR erfasst werden. Dem aPR kommt insoweit eine gewisse Auffangfunktion zu.[917]

Das Kriterium, mittels dessen beide Rechte voneinander abzugrenzen sind, ist der dem gesamten Urheberrecht zugrunde liegende Werkbezug. Ein Rückgriff auf das aPR ist für den vom UPR erfassten Bereich des Schutzes der ideellen Interessen des Urhebers zu seinem konkreten Werk ausgeschlossen. In diesem Bereich stellt das UPR eine abschließende Regelung dar. Daher sind etwaige systemwidrige Schutzlücken, wie oben schon erwähnt wurde, ausschließlich durch eine entsprechende Auslegung des UPR zu schließen.[918] Für den Schutzbereich des UPR ist ein Rückgriff auf das aPR auch dann ausgeschlossen, wenn

---

915 Amtliche Begründung des Regierungsentwurfs, UFITA 45 (1965), S.240/258.

916 Zu diesem Ergebnis der Subsidiarität im Bereich der Anwendbarkeit beider Rechtsinstitute kommt auch *Müsse* (1999), S. 59.

917 Schricker - *Dietz*, Vor §§ 12 ff Rn. 15; *Schack* (2001), Rn. 45 f.; Fromm/ Nordemann - *Hertin*, Vor § 12 Rn. 9; *Krüger - Nieland*, Fs. Hauß (1978), S. 215/ 221 ff.; *Müsse* (1999), S. 59 f.; auch die Vertreter der Literatur, die das UPR als Teil des aPR begreifen, kommen überwiegend zu dem Ergebnis, dass beide Rechte in gewissem Umfang nebeneinander zur Anwendung kommen können; *Latka* (2000), S. 89; *Walchshöfer*, Fs. Hubmann (1985), S. 469/475 f.; dagegen geht *v. Welser* (2000), S. 20 von einem Nebeneinander von UPR und aPR aus, er charakterisiert das Verhältnis als gleichzeitige Spezialität und Subsidiarität.

918 Vgl. zur grundsätzlichen Möglichkeit, aus dem UPR über die konkreten Einzelbefugnisse hinausgehende Rechte des Urhebers abzuleiten 2. Kapitel B.III.1.c.
Die entgegengesetzte Auffassung, wonach weitergehende persönlichkeitsrechtliche Befugnisse ausschließlich aus dem aPR abzuleiten sind, vertritt *Krüger - Nieland*, Fs. Hauß (1978), S. 215/221. Für die Anwendbarkeit des aPR neben dem UPR, soweit urheberpersönlichkeitsrechtliche Einzelbefugnisse nicht einschlägig sind: *v. Gamm* (1968), Einf. Rn. 93.

das UPR im Einzelfall keinen Schutz gewährt, da insoweit die negative Tatbestandswirkung des UPR zu beachten ist.

3. Anwendbarkeit des aPR neben dem UPR

Die Auffangfunktion des aPR kommt dann zum Tragen, wenn das UPR mangels eines konkreten Werkbezugs des Eingriffs nicht tangiert ist. So werden etwa die Interessen des Urhebers, die sich nicht auf ein konkretes Werk, sondern auf sein gesamtes Werkschaffen, sein Oeuvre, beziehen, mangels konkreten Werkbezugs nicht durch das UPR geschützt, so dass bezüglich dieser Interessen das aPR anwendbar ist. So wird unten die Frage zu klären sein, ob der Urheber die Zerstörung eines Werkstücks mit der Begründung verhindern kann, er sei in seinem aPR verletzt, da sein Oeuvre dadurch entstellt werde, dass ein besonders wichtiges Werk nicht mehr vorhanden sei.[919] Genauso kann ein Recht des Urhebers, sich gegen herabsetzende und beleidigende „Schmähkritik" an seinem gesamten Werkschaffen zu wehren, nur das aPR, nicht das UPR liefern, da es auch hier am Bezug zu einem konkreten Werk fehlt. Doch selbst wenn sich die „Schmähkritik" auf ein ganz bestimmtes Werk bezieht, ist zweifelhaft, ob das UPR Schutz liefert oder ob auch hier auf das aPR zurückzugreifen ist.[920] Ebenso ist zum Schutz der ideellen Interessen des Schöpfers eines geistigen Produkts auf das aPR zurückzugreifen, wenn das UrhG nicht einschlägig ist, etwa weil die Schwelle zur Schutzfähigkeit nicht überschritten wurde, oder weil aus kollisionsrechtlichen Gründen kein Urheberrechtsschutz gewährt wird.[921]

III. Vernichtungsverbot aus dem aPR

1. Schöpfungen unterhalb der urheberrechtlichen Schutzschwelle

Soweit eine persönlich-geistige Schöpfung das zum Schutz durch das Urheberrecht notwendige Maß an Individualität bzw. Gestaltungshöhe nicht aufweist und daher nicht urheberrechtlich geschützt ist, entsteht kein Urheberrecht. Damit besteht nach der monistischen Gestaltung des Urheberrechts auch kein Schutz durch das UPR. In diesen Fällen wird die persönlich-geistige Beziehung, die den Schöpfer mit seinem geistigen Produkt verbindet, durch das aPR geschützt.[922] Bezüglich des Vernichtungsrechts des Eigentümers kann hier auf das bereits oben zu Werken der sog. kleinen Münze Gesagte verwiesen werden. Da die Gestaltungshöhe eines urheberrechtlich nicht geschützten Werkes noch geringer ist

---

[919] Siehe zu dieser Frage 6. Kapitel A.III.3.

[920] *Schack* (2001), Rn. 46, 346 sieht auch hier nur einen Eingriff in das aPR, da das Werk nicht i.S.d. § 14 UrhG beeinträchtigt wird.

[921] So auch *v. Welser* (2000), S. 21; *Schack* (2001), Rn. 45.

[922] Auch *Bullinger* (1997), S. 149 betont die Anwendbarkeit des aPR zum Schutz der ideellen Interessen des Werkschöpfers bei Werken unterhalb der Schutzschwelle des UrhG.

als die eines Werkes, das die urheberrechtliche Schutzschwelle knapp überschritten hat, ist im Regelfall auch die Beziehung des Schöpfers zu diesen Werken nur sehr gering ausgeprägt. Daher kann sich auch das Erhaltungsinteresse des Schöpfers in der Regel nicht gegen das Vernichtungsinteresse des Eigentümers durchsetzen. Darüber hinaus ist zu beachten, dass das aPR im Gegensatz zum UPR nur die persönlichen Interessen des Werkschöpfers umfasst.

2. Vor dem Inkrafttreten des UrhG geschaffene Werke

Man könnte erwägen, auch zum Schutz der ideellen Interessen des Urhebers an Werken, die zwar die urheberrechtliche Schutzschwelle überschreiten, auf die das UrhG aber deshalb nicht zur Anwendung kommt, weil das Werk vor seinem Inkrafttreten, also vor dem 9. September 1965, geschaffen wurde, auf das aPR zurückzugreifen. Da aber bereits vor dem Inkrafttreten des UrhG das UPR von der Rechtsprechung anerkannt war,[923] kommt hier eine Anwendung des aPR nicht in Betracht. Diese Werke unterfallen dem Schutz durch das UPR.

3. Schutz des Gesamtoeuvres des Urhebers

a. Eingriff in den Schutz der sozialen Geltung und Identität des Urhebers durch Beeinträchtigung des Gesamtoeuvres

Oben wurde festgestellt, dass die Vernichtung eines Werkes nicht nur die geistigen Interessen des Urhebers an seinem konkreten Werk beeinträchtigt, sondern darüber hinaus auch die persönlichen Interessen des Urhebers an der Erhaltung seines Gesamtoeuvres.[924] Bisher wurde nur festgestellt, dass diese Interessen nicht durch das UPR geschützt sind und die Anwendbarkeit des aPR daher nicht ausgeschlossen ist. Nun ist zu erörtern, ob der in der Werkvernichtung liegende Eingriff in das Gesamtschaffen des Urhebers tatsächlich vom Schutzbereich des aPR umfasst wird. Wie oben dargestellt, wird der weite und offene Tatbestand des aPR zur Konkretisierung in einzelne, durch Fallgruppen gebildete Schutzbereiche unterteilt. Der Schutz des Gesamtoeuvres des Werkschöpfers könnte zum Schutz der Identität und sozialen Geltung des Urhebers erforderlich sein, so dass aus diesem Teilbereich des aPR ein Recht des Werkschöpfers, die Vernichtung seines Werkes zu verbieten, abgeleitet werden könnte.

aa. Schutz der sozialen Geltung der Person

Durch Anerkennung der sozialen Geltung im aPR wird der Einzelne vor Herabwürdigungen seiner Person geschützt. Dadurch wird auch seine Ehre geschützt.

---

923 Vgl. RGZ 79, S. 397 ff. - Felseneiland mit Sirenen.
924 Vgl. 2. Kapitel B.III.2.b.

Der Ehrschutz zählt zu den klassischen Aufgaben des Persönlichkeitsschutzes.[925] Die Ehre wird neben dem aPR auch durch § 823 Abs. 2 BGB i.V.m. den §§ 185 ff. StGB geschützt. Diese Normen sind als konkret normiertes besonderes Persönlichkeitsrecht vorrangig zu prüfen.[926] Eine ehrverletzende Herabwürdigung kann in der Äußerung eines Werturteils ebenso wie in einer Tatsachenbehauptung liegen.[927] Durch die schlichte Vernichtung eines Werkes wird jedoch kein negatives Werturteil über das Gesamtoeuvre des Urhebers gefällt. Daher stellt die reine Werkvernichtung keine Beeinträchtigung der Ehre des Urhebers dar. Nur dann, wenn über die reine Vernichtungshandlung hinaus durch die Umstände oder entsprechende Äußerungen mit der Werkvernichtung ein abfälliges Urteil über das Gesamtschaffen des Urhebers oder über seine Person zum Ausdruck gebracht wird, stellt die Vernichtung eine Herabwürdigung der Person des Urhebers dar und greift daher in den Schutzbereich des aPR ein. Ein solches Werturteil wird zum Beispiel durch die öffentliche Vernichtung von Werken mit der Begründung, die Werke des betroffenen Urhebers seien nicht wert gelesen oder betrachtet zu werden, bzw. andere müssten vor ihrer schädlichen Wirkung geschützt werden, zum Ausdruck gebracht.

bb. Schutz der Persönlichkeit vor Entstellung ihrer Identität

Neben dem Ehrschutz gewährt das aPR nach nahezu einhelliger Ansicht der Persönlichkeit auch Schutz vor einer Entstellung ihrer Identität durch unwahre Tatsachenbehauptungen und sonstige verfälschende Darstellungen des Persönlichkeitsbildes.[928] Durch diesen Identitätsschutz wird der Persönlichkeitsrechtsinhaber vor Verhaltensweisen geschützt, die zwar nicht seinen sozialen Geltungsanspruch missachten, die aber geeignet sind, ihn „ins falsche Licht zu rükken".[929] So hat der BGH etwa in seiner „Leserbrief"-Entscheidung eine Verletzung der „persönlichkeitsrechtlichen Eigensphäre" durch den ungenehmigten Abdruck von Auszügen eines Anwaltsschriftsatzes als Leserbrief in einer Zeitung anerkannt.[930] Hier liegt die Entstellung der Identität des Verfassers des Anwaltsschriftsatzes darin, dass in der Öffentlichkeit der unzutreffende Eindruck erweckt wird, er habe sich als interessierter Leser mit einem Brief an die

---

925 *Ehmann*, JuS 1997, S. 193/197 f.

926 *Funkel* (2001), S. 19.

927 *Funkel* (2001), S. 21 ff.; *Ehmann*, JuS 1997, S. 193/197 f.; Staudinger - *Hager*, § 823 Rn. C 64; Erman - *Ehmann*, Anh § 12 Rn. 241.

928 *Larenz/Canaris* (1994), S. 499 f.; *Funkel* (2001), S. 24 ff.; *Ehmann*, Jus 1997, S. 198 f.; MüKo - *Rixecker* (4. Aufl.), § 12 Anh. Rn. 73 ff.; Erman - *Ehmann*, Anh § 12 Rn. 421 ff.; Staudinger - *Hager*, § 823 Rn. C 63 ff., der jedoch den Identitätsschutz und den Schutz der Ehre nicht deutlich voneinander trennt, sondern in einem Abschnitt behandelt.

929 BGH NJW 1965, S. 2395/2396 - Mörder unter uns; MüKo - *Rixecker* (4. Aufl.), § 12 Anh. Rn. 73; Erman - *Ehmann*, Anh § 12 Rn. 421.

930 BGH GRUR 1955 S. 197/198 - Leserbrief.

Zeitung gewandt, während er tatsächlich mit diesem Brief als Anwalt die Interessen seines Mandanten wahrnahm. Der BGH entschied weiter, dass auch die ungenehmigte Veröffentlichung einer Abbildung des Persönlichkeitsrechtsinhabers in einer Werbeanzeige für ein Potenzmittel eine Verletzung des aPR darstelle.[931] In diesem Fall liegt die Verfälschung der Persönlichkeit darin, dass der Eindruck erweckt wird, der Abgebildete habe freiwillig seine Abbildung zu Werbezwecken für das betreffende Produkt zur Verfügung gestellt. Ob darin zugleich auch eine Verletzung der Ehre des Betroffenen liegt, ist unerheblich.[932] Nach der höchstrichterlichen Rechtsprechung wird das Persönlichkeitsbild auch dadurch in unzulässiger Weise entstellt, dass dem Betroffenen eine in Wahrheit nicht von ihm getätigte Aussage in den Mund gelegt oder sogar ein komplett erfundenes Interview veröffentlicht wird.[933] Zusammenfassend lässt sich sagen, dass ein Eingriff in diesen Schutzbereich des aPR immer dann gegeben ist, wenn unwahre, eine bestimmte Person betreffende Umstände vorgespiegelt bzw. Gegebenheiten verfälscht oder unterdrückt werden und so ein Bild der Person erzeugt wird, das mit ihrer tatsächlichen Persönlichkeit oder ihrem tatsächlichen Lebensbild nicht übereinstimmt.[934] Der Identitätsschutz gewährleistet das Recht des Einzelnen, selbst zu bestimmen, wie er sich in der Öffentlichkeit darstellt.[935]

Ein solches Vorspiegeln unwahrer Umstände ist gegeben, wenn einer Person die Urheberschaft an einem Werk unterstellt wird, obgleich das Werk in Wahrheit nicht von dieser Person stammt. Ein derartiges Unterschieben fremder Werke stellt einen gravierenden Eingriff in das Recht auf Individualität des Menschen dar, weil in der Öffentlichkeit durch das in Wahrheit von jemand anderem stammende Werk ein falscher Eindruck der kreativen Ideen und gestalterischen Fähigkeiten der jeweiligen Person erweckt wird. Daher steht nach allgemeiner Ansicht jedermann das Recht zu, sich gegen die unzutreffende Unterstellung der

---

[931] BGH GRUR 1958, S. 408 - Herrenreiter; ebenso BGH GRUR 1972, S. 97 - Liebestropfen; hier war die ungenehmigte Abbildung einer Schauspielerin in einer Werbeanzeige für ein Aphrodisiakum zu beurteilen.
Auch die ungenehmigte Erwähnung des Namens in einer Werbeanzeige stellt einen Eingriff in den Identitätsschutz dar; BGH GRUR 1959, S. 430 - Caterina Valente; BGH GRUR 1962, S. 105 - Ginsengwurzel.

[932] *Larenz/Canaris* (1994), S. 499.

[933] BVerfGE NJW 1980, S. 2070 - Eppler; hier lag die Verletzung des aPR darin, dass dem Spitzenkandidaten der SPD im Landtagswahlkampf in Baden-Württemberg, Eppler, die Behauptung in den Mund gelegt wurde, man wolle die Belastbarkeit der deutschen Wirtschaft testen; BGH GRUR 1965, 254 - Soraya; BGH GRUR 1995, S. 224 - Caroline von Monaco I, beide Entscheidungen hatten die Veröffentlichung eines frei erfundenen Interviews zum Gegenstand.

[934] MüKo - *Rixecker* (4. Aufl.), § 12 Anh. Rn. 73.

[935] So auch *Funkel* (2001), S. 25.

Urheberschaft an einem Werk zu wehren.[936] Dieses „Recht der Nichturheberschaft“ (*droit de non paternité*) kann nicht als Umkehrschluss aus dem dem UPR zuzurechnenden Recht auf Anerkennung der Urheberschaft aus § 13 UrhG (*droit de paternité*) abgeleitet werden, da nicht die Beziehung des Urhebers zu einem konkreten Werk betroffen ist, sondern das Recht auf selbstbestimmte Entfaltung der Persönlichkeit. Daher findet hier das aPR Anwendung.[937] Das Recht auf Individualität schützt also auch das Recht des Menschen, selbst bestimmen zu dürfen, welche Dinge er als von ihm stammend bezeichnet und welche nicht.[938] Dabei gewährt das aPR einem Künstler aber nicht das Recht zu verbieten, dass von anderen Personen Werke in seinem typischen, individuellen Stil angefertigt werden, solange die Werke nicht konkret als von ihm stammend bezeichnet werden. Der typische Stil bleibt gemeinfrei.[939]

Durch die Vernichtung eines einzelnen Werkes dagegen werden dem Urheber aber nicht fremde Werke „untergeschoben“, sondern es werden vielmehr seinem Gesamtschaffen Werke „entzogen“. Dabei ist zu beachten, dass die schöpferische und kreative Tätigkeit des Einzelnen nicht nur ein punktuelles Ereignis ist, sondern sich in der Gesamtheit der Werke eines Menschen seine künstlerische bzw. schöpferische Entwicklung als Spiegel seines Lebens und Wirkens zeigt. Durch die Vernichtung eines oder mehrerer seiner Werke wird eine Lücke in dies Abbild der persönlichen und künstlerischen Entwicklung gerissen. Die im Gesamtwerk liegende Dokumentation des schöpferischen Entwicklungsprozesses wird dadurch unvollständig. Werden für das Gesamtschaffen oder für eine bestimmte Schaffensperiode maßgebliche Werke zerstört, kann das Gesamtwerk unzusammenhängend und unverständlich werden. Der Urheber wird in den Augen der Öffentlichkeit nicht mehr als der Schöpfer des tatsächlich von ihm geschaffenen Gesamtoeuvres wahrgenommen, sondern nur noch als Schöpfer der verbleibenden Restwerke, also als Schöpfer des durch das Fehlen einzelner Werke entstellten Gesamtwerkes. Ihm wird dadurch gewissermaßen ein in dieser Form nicht von ihm stammendes Gesamtoeuvre untergeschoben.

Weil es sich auch bei dem Gesamtwerk um eine Persönlichkeitsäußerung handelt, wird der Urheber dadurch in seinem durch das aPR geschützten Recht,

---

[936] Als in diesem Bereich grundlegende Entscheidung sei BGH GRUR 1995, S. 668 - Emil Nolde, hervorgehoben. Im Schrifttum für viele Schricker - *Dietz*, § 13 Rn. 11; *Bullinger* (1997), S. 161; ausführlich zu dieser Problematik *Neuman-Duesberg*, UFITA 50 (1967), S. 464 ff; *Neuman-Duesberg*, JR 1967 S. 441 ff..

[937] BGH GRUR 1995, S. 668 - Emil Nolde; *Neuman-Duesberg*, UFITA 50 (1967), S. 464/467; *Neuman-Duesberg*, JR 1967 S. 441/442; *Bullinger* (1997), S. 161.

[938] *Bullinger* (1997), S. 160; bezeichnet diesen Aspekt als Recht auf Identität.

[939] BGH GRUR 1995, S. 668 - Emil Nolde; der BGH entschied, dass die Nachfahren Emil Noldes nicht die Nachahmung des Stils Noldes verhindern können, da der Stil grundsätzlich gemeinfrei sei, aber verlangen können, dass eine nachgeahmte Signatur unter einem im Stil Noldes gemalten Werk entfernt werde.

selbst zu bestimmen, mit welchen Äußerungen er sich gegenüber Dritten präsentiert, beschränkt. Da das Bild Dritter über seine Persönlichkeit und seine Schaffenskraft verfälscht wird, stellt die Vernichtung eines Werkes einen Eingriff in den die persönliche Identität umfassenden Schutzbereich des aPR dar.

b. Indiziert ein Eingriff in den Schutzbereich der Identität der Persönlichkeit die Rechtswidrigkeit?

Im Schrifttum wird zum Teil vertreten, ein Eingriff in den Schutzbereich der Identität der Persönlichkeit indiziere anders als sonstige Eingriffe in den Schutzbereich des aPR, die Rechtswidrigkeit der Handlung, da kein schutzwürdiges Interesse des Verletzers an der Entstellung des Lebensbildes des Persönlichkeitsrechtsinhabers denkbar sei.[940] Während dies für die Beeinträchtigung der Identität einer Person durch die Verbreitung entstellter oder schlicht falscher Tatsachen noch zutreffen mag, kann dies für die Verfälschung des Gesamtschaffens durch Vernichtung einzelner Werke nicht gelten. Hier sind sehr wohl schutzwürdige Interessen des Eigentümers, sich des Werkes durch dessen Vernichtung zu entledigen, denkbar. Folglich ist in diesen Fällen die Rechtswidrigkeit des Eingriffs durch eine Interessenabwägung zu ermitteln. Auch im Rahmen des aPR kann eine Entscheidung über die Zulässigkeit der Werkvernichtung nur nach einer umfassenden Abwägung aller Aspekte des jeweiligen Einzelfalls getroffen werden. Im Rahmen dieser Arbeit können nur einige generelle und abstrakte Überlegungen angestellt werden.

c. Interessenabwägung

Bezüglich der Grundsätze der Interessenabwägung kann auf das oben zur Interessenabwägung hinsichtlich des UPR Ausgeführte verwiesen werden.[941]

aa. Grundsätzliche Unterschiede zur Interessenabwägung im Rahmen des UPR

Hinsichtlich der Erhaltungsinteressen des Urhebers ergibt sich gegenüber der Interessenabwägung im UPR der Unterschied, dass alle auf das konkrete Werk bezogenen Gesichtspunkte, wie etwa die Intensität der Bindung des Urhebers zu dem konkreten Werk, nicht zu berücksichtigen sind. Die auf das konkrete Werk bezogenen Erhaltungsinteressen sind abschließend durch das UPR geschützt. Statt dessen ist auf die Bedeutung, die das Werk für das Gesamtoeuvre des Urhebers hat, abzustellen. Darüber hinaus ist zu beachten, dass im Rahmen der In-

---

[940] MüKo - *Rixecker* (4. Aufl.), § 12 Anh. Rn. 73.
[941] Vgl. 4. Kapitel B.III.1. und 2.

teressenabwägung hinsichtlich des aPR nur die persönlichen Interessen, nicht aber die geistigen Interessen zu berücksichtigen sind. Sonst ergeben sich keine Unterschiede hinsichtlich der zu berücksichtigenden Einzelheiten, so dass auf die oben gemachten Ausführungen verwiesen werden kann.

bb. Bedeutung des Werkes für das Gesamtoeuvre

Für die Gewichtung der Interessen des Urhebers ist die Bedeutung des Werkes für sein Gesamtoeuvre das entscheidende Kriterium. Dabei ist darauf abzustellen, ob ein Werk prägend und richtungsweisend für das Schaffen des Künstlers ist. Ein Werk, dass den Höhepunkt einer bestimmten Schaffensperiode oder des Oeuvres insgesamt darstellt, ist für das Ansehen und die Achtung in der interessierten Öffentlichkeit bedeutender als ein einzelnes Werk von mehreren relativ ähnlichen.[942] Auch ein Werk, das eine Brückenstellung zwischen zwei durch die Verwendung unterschiedlicher Stile gekennzeichneten Schaffensperioden darstellt, wird regelmäßig für das Verständnis der künstlerischen Entwicklung und damit für das Gesamtoeuvre eine hohe Bedeutung haben. Wenn ein Werk einen prägenden, richtungsweisenden Charakter für das gesamte Schaffen eines Urhebers hat, so ist die Erhaltung für das Verständnis des Gesamtwerkes ungleich höher, als wenn das Werk eines von vielen relativ ähnlichen Werken ist.

Während durch die Zuschreibung fremder Werke das Gesamtoeuvre eines Künstlers ganz unmittelbar verzerrt oder verwässert zu werden droht,[943] ist die Gefahr für Ruf und Ansehen bei der Vernichtung eines Werkes wesentlich weniger konkret. Wird dem Künstler ein fremdes Werk als von ihm stammend untergeschoben, so wird dieses Werk sogleich von der Fachöffentlichkeit seinem Gesamtschaffen hinzugerechnet. Das Bild vom Schaffen des Künstlers und damit auch das Bild von seiner Person wird dadurch unmittelbar berührt. So kann z.B. das Urteil der Fachöffentlichkeit über das Gesamtwerk und die Person des Künstlers dadurch ganz erheblich beeinträchtigt werden, dass Werke von minderer künstlerischer und handwerklicher Qualität oder Werke mit bestimmten tendenziösen Inhalten, die in dem tatsächlich von ihm stammenden Schaffen nicht zu finden sind, dem Künstler zugerechnet werden. Dagegen wird aber das Fehlen eines Werkes nie eine konkrete Reaktion der Fachöffentlichkeit auslösen. In der Regel wird nämlich ein Urheber, wenn er nicht Eigentümer all seiner Werke ist, keine Möglichkeit haben, sein Gesamtschaffen zusammenhängend zu präsentieren, da er gegen die Eigentümer der einzelnen Werke keinen Anspruch auf Mitwirkung an einer öffentlichen Präsentation hat. Für die persönlichen Interes-

---

[942] So betont auch *Weber* (1976), S. 88, dass mit der Vernichtung des letzten vorhandenen Werkes einer bestimmten Schaffensperiode das öffentliche Ansehen eines Künstlers für sein Gesamtwerk gravierend beeinträchtigt wird.

[943] *Fechner* (1999), S. 282.

sen des Urhebers ist es unerheblich, ob ein Eigentümer ein bestimmtes Werk den Augen der Öffentlichkeit dauerhaft entzieht, z.B. dadurch, dass er es in ein Magazin verbannt oder es vernichtet. In beiden Fällen kann es die Achtung und das Ansehen des Künstlers für sein Gesamtoeuvre nicht mehren. Aufgrund dieser geringen Auswirkung, die das Fehlen einzelner Werke auf die persönlichen Interessen des Urhebers bezüglich seines Gesamtschaffens hat, kommt auch seinem Erhaltungsinteresse in der Interessenabwägung ein nur vergleichsweise geringes Gewicht zu. Es werden sich daher im konkreten Einzelfall seine Interessen nur dann durchsetzen können, wenn es sich bei dem betreffenden Werk um ein für sein Gesamtschaffen besonders bedeutendes Werk handelt.

cc. Interessen der Eigentümers

Hinsichtlich der auf Seiten des Eigentümers zu berücksichtigenden Interessen ergeben sich keine Unterschiede zu den im Rahmen des UPR zu berücksichtigenden Gesichtspunkten. Daher kann auch hier auf die oben gemachten Ausführungen verwiesen werden.

dd. Interessenausgleich

Im Ergebnis wird daher auch das aPR dem Urheber in aller Regel nicht das Recht geben, dem Eigentümer die Vernichtung des Werkes zu verbieten, sondern auch aus dem aPR kann allenfalls eine Pflicht des Eigentümers abgeleitet werden, den Urheber von der bevorstehenden Vernichtung eines für das Gesamtschaffen des Urhebers bedeutenden Werkes zu informieren und ihm die Rückgabe des Werkes gegen Erstattung des Materialwertes anzubieten. Dies gilt jedoch nur, wenn sich die Anschrift des Urhebers mit geringem Aufwand ermitteln lässt. Bei fest mit dem Grund und Boden verbundenen Werken, bei denen die Rückgabe ausscheidet, hat der Eigentümer dem Urheber die Anfertigung von Abbildungen zu ermöglichen.

Ist ein Werk für das Gesamtschaffen des Urhebers von so großer Bedeutung, dass dem Urheber nach der Interessenabwägung die oben genannten Rechte zustehen, so wird das Werk in der Regel eine so große Gestaltungshöhe aufweisen, dass dem Urheber auch aus dem UPR dieselben Befugnisse zustehen. Die praktische Bedeutung des aPR für die Frage der Zulässigkeit der Werkvernichtung ist daher gering.

B. Kulturgutschutz

Ein urheberrechtlich geschütztes Werkstück stellt immer auch ein Kulturgut dar, so dass ein Teil der urheberrechtlich geschützten Werkstücke gleichzeitig auch dem gesetzlichen Kulturgüterschutz unterliegt. Auch aus dem Kulturgüterschutzrecht ergeben sich gewisse Einschränkungen der Befugnisse des Eigentümers. Es sollen an dieser Stelle die kulturgüterschützenden Gesetze darauf untersucht werden, inwieweit sich aus ihnen ein subjektives Recht des Urhebers ableitet, die Zerstörung seines Werkes durch den Eigentümer zu verbieten.

Der Kulturgutschutz stellt grundsätzlich einen speziellen Bereich staatlicher Daseinsvorsorge dar, weil dem Staat auch die Sicherung der geistigen Lebensbedürfnisse seiner Bürger obliegt. Dazu zählt auch die Erhaltung des unersetzlichen kulturellen Erbes, da dessen Bestand und Verfügbarkeit eine entscheidende Wurzel alles neu zu Schaffenden bildet.[944] Das deutsche Recht kommt dieser Aufgabe durch ein System nach, das sich grob in zwei Bereiche untergliedern lässt. Auf der einen Seite existiert mit dem Gesetz zum Schutz deutschen Kulturgutes gegen Abwanderung (KgSchG)[945] eine bundesrechtliche Regelung, auf der anderen Seite bestehen mit den jeweiligen Denkmalschutzgesetzen[946] landesrechtliche Regelungen.

I. Das Gesetz zum Schutz deutschen Kulturgutes gegen Abwanderung

Bis zur Novellierung des Grundgesetzes vom 27. Oktober 1994 war der Schutz deutschen Kulturgutes gegen die Abwanderung ins Ausland gemäß Art. 74 Nr. 5 GG a.F. Gegenstand der konkurrierenden Gesetzgebung. Mit der Novellierung wurde der „Kulturhoheit" der Länder Rechnung getragen[947] und in Art. 75 Nr. 6 GG die Kompetenz des Bundesgesetzgebers auf eine Rahmenkompetenz beschränkt. Das KgSchG von 1955, mit dem der Bundesgesetzgeber seiner Zeit von seiner Vollkompetenz Gebrauch gemacht hat, besteht aber gemäß Art. 125 a Abs. 2 GG fort.[948]

1. Schutzgegenstand

Nach § 1 Abs. 1 schützt das KgSchG Kunstwerke und anderes Kulturgut sowie Bibliotheksgut. Der Begriff Kunstwerke umfasst Werke jeder Art - damit auch

---

944 Ähnlich *Ruzicka* (1979), S. 92 f.

945 In der ursprünglichen Fassung am 9. August 1955 verkündet, am 8. Juli 1999 in der seit dem 22. Oktober 1998 geltenden Fassung neu bekannt gemacht. Abgedruckt im Sartorius I, Nr. 520.

946 Eine Aufstellung der Denkmalschutzgesetze der Länder findet sich in der vom Deutschen Nationalkomitee für Denkmalschutz herausgegebenen Textausgabe „Denkmalschutzgesetze", Schriftenreihe des Nationalkomitees Band 54.

947 v. Mangoldt/Klein/Starck - *Rozek*, Art. 75 Abs. 1 Rn. 54.

948 v. Mangoldt/Klein/Starck - *Rozek*, Art. 75 Abs. 1 Rn. 56; *Schmidt-Bleibtreu/Klein*, Art. 75 Rn. 110.

Werke der Literatur und der Musik[949] - und aus jeder Zeitepoche, [950] also auch zeitgenössische Werke.[951] Als anderes Kulturgut sind z.B. archäologische Zeugnisse, technische Kulturdenkmäler, Sammelstücke von geschichtlichem oder naturwissenschaftlichem Wert, Münzen, sonstige Antiquitäten und religiöse Gegenstände einzustufen.[952] Neben Einzelstücken sind auch Sammlungen von Kunst- und Kulturgütern in ihrer Gesamtheit schutzfähig.[953] Nach § 10 Abs. 1 KgSchG ist Archivgut schutzfähig. Als solches sind Archive jeder Art, archivarische Sammlungen, Nachlässe und Briefsammlungen anzusehen. Vom Anwendungsbereich ausgenommen sind nach §§ 18 und 19 KgSchG bestimmte, im öffentlichen Eigentum und im Eigentum der Kirchen oder sonstiger anerkannter Religionsgesellschaften stehende Kulturgüter.

2. Schutzvoraussetzungen

Voraussetzung für den Schutz des oben genannten Kulturgutes ist es nach § 1 Abs. 1 KgSchG, dass seine Abwanderung aus der Bundesrepublik Deutschland einen wesentlichen Verlust für den deutschen Kulturbesitz bedeuten würde. Zum deutschen Kulturbesitz zählen alle Güter, die „nach ihrer künstlerischen Eigenart, nach ihrem kulturellen Wert oder durch ihre Bedeutung für die kulturelle Entwicklung in Deutschland" maßgebend sind.[954] Es können danach auch ausländische Kulturgüter zum deutschen Kulturbesitz zählen, wenn sie einen besonderen Bezug zur deutschen Kultur aufweisen.[955] Nicht mehr zum deutschen Kulturbesitz zählen bereits ins Ausland abgewanderte Güter deutscher Herkunft.[956] Ob in der Abwanderung ein *wesentlicher* Verlust für den deutschen Kulturbesitz liegt, bestimmt sich nach zwei Faktoren, der Bedeutung und der Unentbehrlichkeit. Allein aufgrund ihrer Bedeutung schutzfähig sind Güter von großem nationalen Wert.[957] Hierbei ist darauf abzustellen, wie prägend und beispielhaft ein Werk für seine Zeit, sein Herkunftsgebiet oder das Schaffen seines

---

[949] anders dagegen *Kleeberg/Eberl* (2001), Rn. 307, die Werke der Literatur und der Musik zum sonstigen Kulturgut zählen.

[950] Siehe ausführlich zum Begriff Kunstwerke *Bernsdorff/Kleine-Tebbe* (1996), Teil A § 1 Rn. 12 ff.

[951] *Kleeberg/Eberl* (2001), Rn. 307.

[952] Ausführlich hierzu *Bernsdorff/Kleine-Tebbe* (1996), Teil A § 1 Rn. 34 ff.

[953] *Kleeberg/Eberl* (2001), Rn. 307; *Bernsdorff/Kleine-Tebbe* (1996), Teil A § 1 Rn. 34 ff.

[954] Amtliche Begründung des Regierungsentwurfs zum KgSchG, BT-Drucks. 2/76, Anl. 1, S. 7.

[955] Ähnlich auch *Bernsdorff/Kleine-Tebbe* (1996), Teil A § 1 Rn. 50, 54; vgl. auch amtliche Begründung des Regierungsentwurfs zum KgSchG, BT-Drucks. 2/76, Anl. 1, S. 7.

[956] So auch *Bernsdorff/Kleine-Tebbe* (1996), Teil A § 1 Rn. 51.

[957] Vgl. *Bernsdorff/Kleine-Tebbe* (1996), Teil A § 1 Rn. 61 ff.

Urhebers ist.[958] Je geringer der nationale Wert eines Gutes ist, umso stärker ist auf die Unentbehrlichkeit für den deutschen Kulturbesitz abzustellen. Unentbehrlich ist ein Werk, wenn der deutschen Kultur nicht ausreichend vergleichbare Exemplare in maßgeblichen, der Öffentlichkeit zugänglichen Museen oder Sammlungen zur Verfügung stehen.[959]

Eine weitere Voraussetzung für den Schutz durch das KgSchG ist die konstitutiv wirkende Eintragung in das *Verzeichnis national wertvollen Kulturgutes* oder das *Verzeichnis national wertvoller Archive.* Die Eintragung kann nach §§ 3 Abs. 1, 11 Abs. 2 KgSchG von Amts wegen oder auf Antrag erfolgen. Antragsberechtigt ist „zur Wahrung eines gemeindeutschen Interesses" gemäß §§ 3 Abs. 2, 11 Abs. 2 KgSchG der Beauftragte der Bundesregierung für Angelegenheiten der Kultur und der Medien (BKM)[960]. Durch landesrechtliche Verordnungen können weitere Antragsberechtigte wie etwa die Eigentümer oder die Besitzer der Kulturgüter bestimmt werden.[961] Für die Eintragung ist gemäß dem Grundsatz der Verwaltungszuständigkeit der Länder nach Art. 83, 84 Abs. 1 GG jeweils die oberste Landesbehörde zuständig. Diese hat vor ihrer Entscheidung einen von ihr berufenen Sachverständigenausschuss zu hören, ist an dessen Urteil aber nicht gebunden.[962] Die Eintragung stellt einen Verwaltungsakt „mit dinglicher Kraft" dar, weil sie nicht nur dem Adressaten gegenüber Wirkung entfaltet, sondern ein absolutes Recht mit latenten Ansprüchen gegenüber beliebigen Personen begründet.[963] Da nach dem Wortlaut des Gesetzes bei Vorliegen der genanten Voraussetzungen eine Eintragungspflicht besteht, dürfte der Gesetzgeber von einer Eintragung sämtlicher schutzfähiger Kulturgüter ausgegangen sein. In der Verwaltungspraxis sind jedoch nur relativ wenige Kulturgüter in die Verzeichnisse aufgenommen worden,[964] da eine Eintragung tatsächlich nur im Falle einer konkreten Abwanderungsgefahr erfolgt.[965]

---

958 Das Werk ist in Beziehung zu setzen zu vergleichbaren Objekten, um seinen Rang und seine Qualität zu bestimmen; vgl. *Bernsdorff/Kleine-Tebbe* (1996), Teil A § 1 Rn. 63.

959 Amtliche Begründung zum Regierungsentwurf des KgSchG, BT.Drucks. 2/76, Anl. 1, S. 7.

960 Nach dem KgSchG liegt diese Kompetenz beim Bundesminister des Inneren; nach Abschnitt IV Ziff. 1a des Organisationserlasses des Bundeskanzlers vom 27. 10. 1998, BGBl 3288 i.V.m. Art. 56 Abs. 1 des Zuständigkeitsanpassungsgesetzes, BGBl 705 ist die Zuständigkeit auf den BKM verlagert worden.

961 Entsprechende Verordnungen haben Hamburg, Niedersachsen, Rheinland-Pfalz, Saarland und Schleswig-Holstein erlassen; vgl. *Kleeberg/Eberl* (2001), Rn. 310.

962 *Kleeberg/Eberl* (2001), Rn. 311.

963 *Bernsdorff/Kleine-Tebbe* (1996), Teil A § 1 Rn.71.

964 So sind in dem mit Stand vom 19. 4. 1999 im Bundesanzeiger Nr. 97 a veröffentlichten Gesamtverzeichnissen nur 471 Nummern Kulturgut und 240 Nummern Archivgut enthalten.

965 *Bernsdorff/Kleine-Tebbe* (1996), Teil A § 1 Rn.68.

3. Umfang des Schutzes des KgSchG

Die wichtigste Folge der Eintragung eines Kultur- oder Archivgutes ist, dass jede, auch eine nur befristete Ausfuhr etwa für eine Ausstellung oder zur Restaurierung der Genehmigung (§§ 1 Abs. 3, 10 Abs. 1 KgSchG) des BKM (§§ 5 Abs. 1, 12 Abs. 1 KgSchG) bedarf. Die Genehmigung ist zu versagen, wenn bei der Abwägung der Umstände des Einzelfalls wesentliche Belange des deutschen Kultur- oder Archivbesitzes überwiegen (§§ 1 Abs. 4, 10 Abs. 3 KgSchG). Im Inland kann eingetragenes Kultur- und Archivgut auch ohne Genehmigung an einen anderen Ort verbracht werden. Es kann also im Inland uneingeschränkt veräußert werden, wobei aber die Eintragung ihre Wirkung behält (§§ 1 Abs. 2, 10 Abs. 3 KgSchG).[966] Der Besitzer und der Eigentümer haben der zuständigen obersten Landesbehörde lediglich jede Ortsveränderung unverzüglich mitzuteilen (§§ 9 Abs. 1, 14 Abs. 2 KgSchG).

Nach §§ 9 Abs. 1, 14 Abs. 2 KgSchG haben der Eigentümer und der Besitzer auch über einen Verlust oder eine Beschädigung des Kultur- bzw. Archivgutes der zuständigen Behörde unverzüglich Mitteilung zu machen. Eine Mitteilungspflicht besteht auch für den im Rahmen dieser Arbeit relevanten Fall der Zerstörung des Kultur- oder Archivgutes.[967]

Der Zweck des KgSchG ist es, die für die deutsche Kultur wertvollen Güter lediglich vor der Abwanderung ins Ausland zu schützen. Die Mitteilungspflichten über Abhandenkommen, Beschädigung oder Zerstörung dienen ausschließlich der Information der Behörde über den Verbleib und den Fortbestand der Schutzfähigkeit, um so ein Abwandern ins Ausland zu verhindern. Das KgSchG sichert nicht die Erhaltung kulturell wertvoller Gegenstände schlechthin. Daher enthält das KgSchG weder eine Pflicht des Eigentümers, das Kulturgut zu erhalten noch ein Verbot, es zu zerstören. Das KgSchG ist daher für die im Rahmen dieser Arbeit behandelten Frage nach einem Recht des Urhebers, dem Eigentümer die Zerstörung seines Werkes zu verbieten, unergiebig.

II. Das Denkmalschutzrecht

Der Schutz des öffentlichen Interesses an der Erhaltung der Substanz, der Unverfälschtheit und der Authentizität von Geisteswerken im Sinne nationaler Kulturgüter wird durch die Vorschriften des Denkmalsschutzrechts gewährleistet.[968] Da in diesem Bereich keine Gesetzgebungskompetenz des Bundes besteht, existiert keine bundeseinheitliche Regelung, sondern jedes Land hat ein eigenes Denkmalschutzgesetz erlassen. Die Aussagen dieser Gesetze laufen in

---

[966] *Kleeberg/Eberl* (2001), Rn. 316.

[967] So auch *Bernsdorff/Kleine-Tebbe* (1996), Teil A § 9 Rn. 5.

[968] Vgl. Schricker - *Dietz*, Vor §§ 12 ff Rn. 35.

weiten Bereichen parallel, unterscheiden sich aber in Einzelheiten hinsichtlich der geschützten Objekte und des Schutzumfangs. Hier soll der Gegenstand und der Umfang des Denkmalschutzes am Beispiel des Denkmalschutzgesetzes des Landes Berlin (DSchG Bln) vom 24. April 1995 erläutert werden.

1. Schutzgegenstand des Denkmalschutzrechts nach dem DSchG Bln

Der Schutzgegenstand des DSchG Bln wird durch die in § 2 DSchG Bln abschließend aufgezählten Denkmalkategorien bestimmt.

Nach § 2 Abs. 2 DSchG Bln sind als *Baudenkmäler* bauliche Anlagen oder Teile baulicher Anlagen schutzfähig. Als solche kommen Wohn- bzw. Geschäftshäuser, Kirchen, Fabriken, Brücken, Bahnhofsgebäude, aber auch einzelne Fassaden, Fabrikschornsteine, Kellergewölbe, Einfriedungen etc. in Betracht.[969] Zusammen mit dem Baudenkmal sind auch sein Zubehör und seine Ausstattung schutzfähig, sofern sie wegen eines historischen oder funktionalen Zusammenhanges mit dem Bauwerk eine Einheit mit Denkmalwert bilden.[970] Daneben sind als *Denkmalbereich* gemäß § 2 Abs. 3 DSchG Bln eine Mehrheit baulicher Anlagen oder Grünanlagen im Sinne eines Ensembles oder einer Gesamtanlage schutzfähig.[971] Ein Ensemble i.S.d. § 2 Abs. 3 DSchG Bln stellt eine historisch oder städtebaulich-gestalterisch gewachsene Einheit von baulichen Anlagen dar mit einem sich daraus ergebenen gesteigerten Zeugniswert für bestimmte geschichtliche Entwicklungen des Ortes. So kommen als Ensemble etwa historisch gewachsene Dorfanlagen, ein Ortszentrum oder ein Stadtviertel in Betracht.[972] Eine Gesamtanlage ist eine Mehrheit baulicher Anlagen, die durch einen inneren Funktionszusammenhang gekennzeichnet und meist in einem Zug geplant und errichtet worden ist.[973] Nach § 2 Abs. 4 DSchG Bln sind Grünanlagen, Garten- oder Parkanlagen, Friedhöfe, Alleen sowie sonstige Zeugnisse der Garten- und Landschaftsgestaltung als *Gartendenkmäler* schutzfähig.[974] Bewegliche oder unbewegliche Gegenstände und sonstige Spuren und Überreste aus vergangenen Epochen, wie Mauerreste, Brunnenanlagen, Münzen, Werkzeuge, Waffen, Skelette etc., die sich im Boden oder in Gewässern befinden oder befunden haben, sind als *Bodendenkmäler* i.S.d. § 2 Abs. 5 DSchG Bln schutzfähig.[975]

---

[969] Siehe ausführlich zum Begriff des Baudenkmals *Martin/Schmidt* (2000), S. 27 f.
[970] *Bernsdorff/Kleine-Tebbe* (1996), Teil C Rn. 3; *Martin/Schmidt* (2000), S. 27 f.
[971] Siehe zum Begriff des Denkmalbereichs *Martin/Schmidt* (2000), S. 28 f.
[972] Ständige Rechtsprechung des OVG Berlin, z.B. OVG Berlin, DWW 1998, S. 284; OVG Berlin, NVwZ - RR 2000, S. 138.
[973] Vgl. OVG Berlin, DWW 1998, S. 284; OVG Berlin, NVwZ - RR 2000, S. 138.
[974] Vgl. zu den Einzelheiten *Martin/Schmidt* (2000), S. 30 f.
[975] *Martin/Schmidt* (2000), S. 31.

Im Gegensatz zu den Denkmalschutzgesetzen aller anderen Bundesländer sieht das DSchG Bln keine Schutzmöglichkeit für bewegliche Denkmäler vor.[976] Als bewegliche Denkmäler sind in den übrigen Bundesländern bewegliche Gegenstände geschützt, die die unten noch zu nennenden qualitativen Denkmaleigenschaften erfüllen und nicht Zubehör bzw. Ausstattungsstück eines unbeweglichen Denkmals oder ein Bodendenkmal sind.[977] So kommen als bewegliche Denkmäler z.B. mobile Kunstwerke, Gegenstände des Kunsthandwerks und des Kunstgewerbes, sowohl profane wie auch religiöse Gegenstände, Bücher, Archivarien, Münzen, aber auch technische Gegenstände wie Maschinen, Lokomotiven oder Schiffe in Betracht.[978]

2. Voraussetzungen des Denkmalschutzes

Der Zweck des Denkmalschutzrechts ist die Sicherung jener kulturellen geistigen Werte, die für die Allgemeinheit von herausragender Bedeutung sind und daher besonderen staatlichen Schutzes bedürfen.[979] Daher kommt ein Schutz durch das Denkmalrecht nur für Gegenstände von besonderer kunst- oder wissenschaftsgeschichtlicher Wertschätzung in Betracht. So knüpft § 2 Abs. 2 S. 1 DSchG Bln den denkmalrechtlichen Schutz eines Objekts, das einem der oben genannten Denkmalbereiche unterfällt, an zwei Vorraussetzungen: das Objekt muss einer der gesetzlich aufgezählten Bedeutungskategorien unterfallen und darüber hinaus muss ein Erhaltungsinteresse der Allgemeinheit bestehen.

a. Die Bedeutungskategorien

§ 2 Abs. 2 S. 1 DSchG Bln zählt als Bedeutungskategorien die geschichtliche, künstlerische, wissenschaftlich und städtebauliche Bedeutung abschließend auf.

Geschichtliche Bedeutung kommt einem Objekt zu, wenn es in einer bestimmten Weise konkrete historische Entwicklungen oder Ereignisse anschaulich macht.[980] Dabei ist der Geschichtsbegriff weit auszulegen, so dass sowohl die Orts-, Siedlungs-, Heimat-, Architektur-, als auch die Bau-, Sozial-, Technik- und Stadtentwicklungsgeschichte erfasst werden.[981] *Künstlerische Bedeutung*

---

[976] Die Denkmalschutzgesetze aller anderen Bundesländer sehen, wenn nicht ein Schutz kraft Gesetzes für bestimmte bewegliche Kulturdenkmäler besteht, zumindest die Möglichkeit vor, diese durch einen behördlichen Akt unter Schutz zu stellen; *Bernsdorff/Kleine-Tebbe* (1996), Teil C Rn. 4, Rn. 8 (Tabelle).

[977] *Bernsdorff/Kleine-Tebbe* (1996), Teil C Rn. 4; ausführlich zum Begriff des beweglichen Denkmals *Kleeberg/Eberl* (2001), Rn. 237 ff.

[978] *Kleeberg/Eberl* (2001), Rn. 237.

[979] Ähnlich auch *Ruzicka* (1979), S. 91.

[980] OVG Berlin, OVG E 22, S. 121/123.

[981] *Martin/Schmidt* (2000), S. 31.

weist ein Objekt dann auf, wenn es das ästhetische Empfinden in besonderem Maße anspricht oder zumindest den Eindruck vermittelt, dass es etwas nicht Alltägliches darstellt.[982] Maßgeblich zur Ermittlung der künstlerischen Bedeutung ist die gestalterische Qualität des Objekts.[983] Die *wissenschaftliche Bedeutung* eines Objekts ist abhängig von dem dokumentarischen Wert, der ihm für einen Wissenschaftszweig zukommt. Dieser kann sich daraus ergeben, dass durch das Objekt ein bestimmter Wissensstand einer geschichtlichen Epoche bezeugt wird oder aber daraus, dass das Objekt als Gegenstand wissenschaftlicher Forschungen in Betracht kommt.[984] Von *städtebaulicher Bedeutung* ist ein Objekt, wenn es eine stadtbildprägende Außenwirkung und damit eine bestimmte optische Dominanz aufweist.[985]

b. Erhaltungsinteresse der Allgemeinheit

Das Erhaltungsinteresse der Allgemeinheit bildet, neben der Zugehörigkeit des Objekts zu einer der genannten Denkmal- und Bedeutungskategorien, ein weiteres eigenständiges Tatbestandsmerkmal. Das Erhaltungsinteresse der Allgemeinheit ist dann anzunehmen, wenn eine allgemeine Überzeugung von der Notwendigkeit der Erhaltung und der Denkmalwürdigkeit des Objekts im Bewusstsein der Bevölkerung, oder zumindest in einem breiten Kreis von Sachverständigen, besteht.[986] Das subjektive Empfinden Einzelner, wie etwa des Eigentümers, ist nicht maßgeblich.[987] Hat sich eine solche allgemeine Überzeugung noch nicht gebildet, so ist es ausreichend, dass sich die Denkmalwürdigkeit des Objekts und die Notwendigkeit seiner Erhaltung einem aufgeschlossenen und sachkundigen Beobachter oder Betrachter offenkundig erschließen.[988] Zusätzlich zu dieser Evidenz sind bei der Bestimmung des Erhaltungsinteresses der dokumentarische und exemplarische Wert des Objekts,[989] sein Alter, sein Maß an Originalität und Integrität[990] und auch sein Seltenheitswert[991] zu berücksichtigen. Im Bereich der künstlerischen Bedeutungskategorien ist die Bedeutung des Kor-

---

Besonders bedeutsam sind in diesem Bereich immer Gegenstände, die nicht nur punktuell ein einzelnes historisches Ereignis oder einen historischen Zustand, wie z.B. die frühere Nutzung eines Ortes bzw. den Stand der Technik einer Zeit dokumentieren, sondern die einen Entwicklungsverlauf mit seinen charakteristischen Veränderungen sichtbar machen.

982 BVerwGE 11, S. 32/35; OVG Berlin, NJW 1990, S. 2019.

983 *Martin/Schmidt* (2000), S. 32.

984 *Martin/Schmidt* (2000), S. 33.

985 *Martin/Schmidt* (2000), S. 33.

986 BVerwGE 11, S. 32/35; vgl. auch *Kleeberg/Eberl* (2001), Rn. 44.

987 *Kleeberg/Eberl* (2001), Rn. 44.

988 OVG Berlin, OVG E 22, S. 180; *Martin/Schmidt* (2000), S. 35.

989 OVG Berlin, OVG E 18, S. 203/207.

990 *Martin/Schmidt* (2000), S. 36.

991 OVG Berlin, OVG E 22, S. 180.

rektivs des Merkmals *Erhaltungsinteresse der Allgemeinheit* im Vergleich zu den übrigen Bedeutungskategorien gering, da in der Regel bereits die Feststellung der künstlerischen Bedeutung eines Objekts dessen Erhaltungswürdigkeit indiziert.[992]

Im Gegensatz zu den Gesetzen zahlreicher anderer Länder[993] stellt das DSchG Bln keine Zeitgrenze auf, so dass der Denkmalschutz nicht beschränkt ist auf Gegenstände aus vergangener Zeit. Es können in Berlin also auch zeitgenössische Gegenstände dem Denkmalsschutz unterfallen. So wurde etwa die 1956/57 an der Spree errichtete Kongresshalle - die „Schwangere Auster" - bereits ein Jahr nach ihrer Fertigstellung in das Verzeichnis der Kulturdenkmäler aufgenommen.[994]

3. Eintragung in die Denkmalliste

Um eine Rechtsunsicherheit in der Frage, welche Objekte konkret als Denkmal anzusehen sind und daher dem Schutz des Denkmalrechts unterfallen, zu vermeiden, sehen sämtliche deutschen Denkmalschutzgesetze die Erstellung eines Denkmalverzeichnisses vor.[995] Dieses gibt allen Betroffnen, wie den Eigentümern oder Kaufinteressenten, aber auch den Planungs- und Genehmigungsbehörden, die Möglichkeit, sich über die Denkmaleigenschaft eines bestimmten Objekts Kenntnis zu verschaffen und ermöglicht darüber hinaus den jeweiligen Denkmalschutzbehörden den Vollzug des Gesetzes.

Es sind bei den Regelungsmodellen der einzelnen Länder zwei grundsätzlich unterschiedliche Eintragungssysteme zu unterscheiden. Nach dem ersten System kommt der Eintragung konstitutive, also rechtsbegründende Wirkung zu. Die Eintragung in das Denkmalverzeichnis begründet hier also erst die Denkmaleigenschaft.[996] Im Gegensatz dazu sind nach dem in Berlin geltenden „deklaratorischen oder normativen System" sämtliche Schutzbestimmungen unmittelbar oh-

[992] *Martin/Schmidt* (2000), S. 36.

[993] Die Denkmalschutzgesetze aus Bayern, Rheinland-Pfalz und Schleswig-Holstein enthalten eine ausdrückliche Beschränkung auf Sachen aus vergangener Zeit, also aus einer abgeschlossenen Epoche. Aber auch die Gesetze Brandenburgs, Hessens, Mecklenburg-Vorpommerns, Nordrhein-Westfalens, des Saarlandes, Sachsen-Anhalts und Thüringens schließen Objekte der Gegenwart vom Denkmalbegriff aus; vgl. *Kleeberg/Eberl* (2001), Rn. 41.

[994] *Martin/Schmidt* (2000), S. 36.

[995] Vgl. *Kleeberg/Eberl* (2001), Rn. 64.

[996] Ein solches „konstitutives System" besteht für Baudenkmäler in den Ländern Brandenburg, Bremen, Hamburg, Nordrhein-Westfalen, Rheinland-Pfalz und Schleswig-Holstein; vgl. *Kleeberg/Eberl* (2001), Rn. 65. Für den Schutz beweglicher Denkmäler haben darüber hinaus auch die Länder Baden-Württemberg, Bayern, Hessen und Thüringen ein „konstitutives System" eingeführt; vgl. *Kleeberg/Eberl* (2001), Rn. 240.

ne Eintragung auf alle Objekte, die die gesetzlichen Voraussetzungen erfüllen, anwendbar, so dass die Eintragung hier nur deklaratorischen Charakter hat.[997] Die Eintragung in das Denkmalverzeichnis erfolgt von Amts wegen oder auf Anregung des Verfügungsberechtigten (§ 4 Abs. 2 DSchG Bln). Als sachverständige Behörde ist für die Feststellung, welche Objekte mit Inkrafttreten des DSchG Bln Denkmaleigenschaft erlangt haben, sowie für die Eintragung ausschließlich das Landesdenkmalamt Berlin zuständig. Die Entscheidung des Landesdenkmalamts ist auch für andere Berliner Behörden verbindlich.[998]

4. Folgen der Denkmaleigenschaft für die Zerstörungsbefugnis des Eigentümers

Die Folgen der denkmalrechtlichen Unterschutzstellung eines Objekts sind in den §§ 8 - 18 DSchG Bln normiert.[999] Relevant für die Frage der Zerstörungsbefugnis des Eigentümers eines Kulturdenkmals sind allein die §§ 8 und 11 DSchG Bln.

Gemäß § 8 Abs. 1 DSchG Bln ist der Verfügungsberechtigte verpflichtet, ein Denkmal im Rahmen des Zumutbaren instandzusetzen, es sachgemäß zu behandeln und vor Gefährdungen (auch vor der Einwirkung Dritter[1000]) zu schützen. Mängel, die die Erhaltung des Denkmals gefährden, hat der Verfügungsberechtigte der zuständigen Denkmalbehörde unverzüglich anzuzeigen.[1001] Zur Bestimmung des Verfügungsberechtigten ist auf die Regelungen des Bürgerlichen Rechts abzustellen. Danach ist der dinglich Berechtigte, also der Eigentümer, der Erbbauberechtigte oder der Inhaber eines dinglichen Nutzungsrechts verfügungsberechtigt. Nicht verfügungsberechtigt sind dagegen der bloße Besitzer wie der Mieter, Pächter oder Entleiher.[1002] Durch das Tatbestandsmerkmal der *Zumutbarkeit* wird eine Interessenabwägung im Einzelfall ermöglicht und so

---

997 Daneben besteht für Baudenkmäler auch in Bayern, Hessen, Mecklenburg-Vorpommern, Niedersachsen, das Saarland, Sachsen, Sachsen-Anhalt, und Thüringen ein „deklaratorisches System" ; in Baden-Württemberg gilt ein Mischsystem, vgl. *Kleeberg/Eberl* (2001), Rn. 65. In den Ländern Sachsen, Sachsen-Anhalt und dem Saarland gilt auch für bewegliche Denkmäler das „deklaratorische System"; in Mecklenburg-Vorpommern und Niedersachsen gilt für bewegliche Denkmäler ein Mischsystem; vgl. *Kleeberg/Eberl* (2001), Rn. 240.

998 *Martin/Schmidt* (2000), S. 41.

999 Siehe zu den Rechtsfolgen der Unterschutzstellung durch das DSchG Bln die umfassende Darstellung bei *Martin/Schmidt* (2000), S. 65 - 178.

1000 *Martin/Schmidt* (2000), S. 92.

1001 § 8 Abs. 2 S. 1 DSchG Bln enthält die Rechtsgrundlage für Verwaltungsakte zur Erzwingung der Pflichten aus § 8 Abs. 1. Nach § 8 Abs. 2 S. 2 ist die Behörde zu direkten eigenen Maßnahmen ermächtigt. § 8 Abs. 2 S. 3 enthält Kostentragungs- und Duldungspflichten.

1002 *Martin/Schmidt* (2000), S. 79.

dem Grundsatz der Verhältnismäßigkeit Rechnung getragen.[1003] § 11 Abs. 1 DSchG Bln normiert eine Genehmigungspflicht für alle Maßnahmen, die das Erscheinungsbild des Denkmals verändern, das Denkmal ganz oder teilweise beseitigen oder das Denkmal von seinem Aufbewahrungsort entfernen. Auch die Instandsetzung, Wiederherstellung oder Nutzungsänderung bedürfen der Genehmigung. Nach § 11 Abs. 2 DSchG Bln bedürfen auch bestimmte Änderungen in der Umgebung des Denkmals, wenn sie sich auf das Denkmal auswirken, der Genehmigung.[1004] Der Eigentümer eines Denkmals ist also gemäß §§ 8 Abs. 1, 11 Abs. 1 Nr. 1 DSchG Bln nicht berechtigt, dieses ohne entsprechende Genehmigung der zuständigen Behörde zu zerstören.

Nach § 13 Abs. 1 DSchG Bln kann die zuständige Denkmalbehörde, wenn ein Denkmal ohne Genehmigung in einer Weise verändert wurde, die seinen Denkmalwert beeinträchtigt, oder wenn das Denkmal beseitigt oder zerstört wurde, anordnen, dass derjenige, der die Veränderung oder Zerstörung zu vertreten hat, den früheren Zustand wiederherstellt bzw. die Arbeiten auf Kosten des Verantwortlichen durchführen lassen, wenn andernfalls die denkmalgerechte Wiederherstellung nicht gesichert erscheint.[1005]

5. Denkmalschutz und die Befugnisse des Urhebers

Da nach dem Denkmalschutzrecht, abweichend vom allgemeinen Sprachgebrauch, durchaus nicht nur Objekte, die Zeugnis vergangener Zeiten sind, sondern auch zeitgenössische Objekte Schutz genießen können, sind Überschneidungen zwischen dem Denkmalschutzrecht und dem Urheberrecht möglich.[1006] So kann etwa ein Gebäude sowohl als Werk der Baukunst urheberrechtlichen Schutz genießen als auch als Baudenkmal geschützt sein. In einem Bundesland, in dem Denkmalschutz auch für bewegliche Sachen vorgesehen ist, kann etwa ein Gemälde sowohl als Werk der bildenden Kunst urheberrechtlich geschützt sein als auch als Kulturdenkmal durch das Denkmalschutzrecht. Zwischen den beiden Rechtsbereichen bestehen jedoch entscheidende Unterschiede, die sich auch in der Beschränkung der Vernichtungsbefugnis des Eigentümers auswirken.

Die Auflistung der Denkmalkategorien zeigt, dass denkmalrechtlichen Schutz, im Gegensatz zum urheberrechtlichen Schutz, nicht ein geistiges Werk

1003 Zu den Grundsätzen des Zumutbarkeitsbegriffs i.S.d. DSchG Bln und den Gesichtspunkten der Interessenabwägung siehe ausführlich *Martin/Schmidt* (2000), S. 67 ff.

1004 Zu den Einzelheiten der Genehmigungspflicht und dem Genehmigungsverfahren siehe *Martin/Schmidt* (2000), S. 123 ff.

1005 *Martin/Schmidt* (2000), S. 102.

1006 Insbesondere nach dem Berliner Denkmalschutzrecht, das keine zeitliche Begrenzung im Sinne eines Mindestalters für Denkmäler vorsieht, ist eine Überschneidung von Denkmalschutz und Urheberschutz möglich.

als unkörperliches Gut, sondern nur das gegenständliche Substrat, die Sache, in der sich die Schaffensleistung des Urhebers manifestiert, genießt.[1007] Da aber auch die Zerstörung eines Werkes durch den Eigentümer die Existenz eines Werkstücks, also eines körperlichen Substrats des geistigen Werkes, voraussetzt, wird die im Rahmen dieser Arbeit behandelte Frage ohnehin nur für die Werke relevant, die eine körperliche Manifestation in einem Werkstück gefunden haben.

Der wohl gravierendste Unterschied zwischen dem denkmalrechtlichen und dem urheberrechtlichen Schutzsystem liegt jedoch darin, dass urheberrechtlicher Schutz für jedes Werk gewährt wird, das eine geistige Schöpfung darstellt und ein ausreichendes Maß an Individualität bzw. die erforderliche Gestaltungshöhe aufweist, unabhängig davon, ob ihm ästhetische oder sonstige gestalterische Qualität zukommt, der denkmalrechtliche Schutz dagegen aber gerade die Erfüllung bestimmter qualitativer Kriterien voraussetzt. Am deutlichsten wird dies an den Objekten, die der künstlerischen Bedeutungskategorie, innerhalb der sich auch die größte Überschneidung zum urheberrechtlichen Schutz ergibt, unterfallen. Der Schutz durch das Denkmalrecht ist in dieser Bedeutungskategorie insbesondere davon abhängig, dass das Objekt eine besondere gestalterische oder ästhetische Qualität aufweist. Ein weiteres qualitatives Kriterium kommt durch das Erfordernis des *Erhaltungsinteresses der Allgemeinheit* hinzu. Bei künstlerischen Werken wird dies nur dann gegeben sein, wenn das Werk wegen seiner Originalität und Kreativität, seiner handwerklichen Perfektion und seiner künstlerischen Bedeutung objektiv aus der Masse vergleichbarer Werke herausragt. Die Bestimmung dieser qualitativen Merkmale zwingt im Bereich des Denkmalschutzes aufgrund der künstlerischen Bedeutung zu einer behördlichen bzw. richterlichen Beurteilung der künstlerischen Qualität eines Objekts. Die Werke sind einzuteilen in schutz- und erhaltungswürdige und in nicht besonders zu schützende Kunstwerke. Ein solches behördliches oder richterliches Qualitätsurteil wird im Bereich des urheberrechtlichen Werkschutzes strikt vermieden.[1008]

Dieser grundsätzliche Unterschied in der Art der Beurteilung der Schutzwürdigkeit erklärt sich aus der unterschiedlichen Schutzrichtung der beiden Rechtsbereiche. Mit dem Urheberrecht soll in erster Linie die Person des Urhebers in ihren werkbezogenen materiellen und ideellen Interessen geschützt werden. Daher werden zur Ermittlung der Schutzfähigkeit eines Werkes in diesem Bereich auch ausschließlich auf die Person des Urhebers bezogenene Kriterien herangezogen. So ist z.B. zur Bestimmung des Grades der Individualität bzw. der Gestaltungshöhe darauf abzustellen, in welchem Maß der Schöpfer Teile seiner eigenen Persönlichkeit mit dem Werk preisgibt, wie stark das Werk also die Per-

---

1007 So auch *Ruzicka* (1979), S. 91.

1008 Vgl. 1. Kapitel B.I.4.

sönlichkeit seines Schöpfers widerspiegelt. Das Denkmalschutzrecht dagegen dient ausschließlich dem Schutz der Allgemeinheit an der Erhaltung des unersetzlichen kulturellen Erbes.[1009] Der Schutz der Interessen des Schöpfers des jeweiligen Gegenstandes ist durch das Denkmalschutzrecht nicht bezweckt. Daher wird in diesem Bereich der gesetzliche Schutz ausschließlich von objektiven, auf die Allgemeinheit abzielenden Schutzvoraussetzungen abhängig gemacht. Die rein subjektive persönliche Bindung des Schöpfers zu seinem Werk ist in diesem Bereich unerheblich.

Diese differierende Schutzrichtung spiegelt sich auch in den unterschiedlichen rechtlichen Konsequenzen des urheberrechtlichen und des denkmalrechtlichen Schutzes wieder. Das Urheberrecht normiert subjektive Rechte des Schöpfers des Werkes und legt dadurch den Schutz und die optimale Verwertung des Werkes in die Hände des Urhebers. Das Denkmalschutzrecht macht dagegen die Zulässigkeit der Veränderung oder der Zerstörung eines Werkes von einer behördlichen Genehmigung abhängig. Dadurch greift das Denkmalschutzrecht nicht nur in die Befugnisse des Eigentümers am Werkstück, sondern auch in die Befugnisse des Urhebers am Werk ein. Wenn im Einzelfall der Urheber von den Wirkungen des Denkmalschutzes profitiert, so handelt es sich hierbei lediglich um eine mittelbare Wirkung.[1010] Die öffentlichen Interessen, das Werk zu erhalten, können mit den Urheberinteressen übereinstimmen, können diesen aber auch entgegengesetzt sein. Daher stellt das Denkmalschutzrecht gerade kein subjektives Recht des Urhebers dar. Aus dem Denkmalschutzrecht lässt sich also auch, wenn es die Zerstörung eines Denkmals durch den Eigentümer untersagt, keine subjektivrechtliche Befugnis des Urhebers, die Zerstörung zu untersagen, ableiten.

Darin, dass das Denkmalschutzrecht auch die Befugnisse des Urhebers an seinem Werk beschränkt, liegt ein nicht unerhebliches Problem des Denkmalschutzes für zeitgenössische Objekte. An sich ist der Urheber, sofern er zugleich Eigentümer des Werkstücks ist, berechtigt, sein Werk umzugestalten und weiterzuentwickeln. Will er sich von seinem Werk und den darin verkörperten Ideen distanzieren, so ist der Urheber berechtigt, das Werk zu zerstören. Nach der Einstufung seines Werkes als Kulturdenkmal benötigt der Urheber für diese Handlungen eine behördliche Genehmigung. Dadurch wird erheblich in die persönlichen und geistigen Interessen des Urhebers eingegriffen, so dass der Einstufung eines urheberrechtlich geschützten Werkes als Kulturdenkmal an sich eine Abwägung der Interessen des Urhebers mit den öffentlichen Erhaltungsinteressen vorausgehen müsste, was aber im DSchG Bln nicht vorgesehen ist. Es

---

[1009] Auch *Fechner* (1999), S. 437 betont, dass das Denkmalschutzrecht ausschließlich dem öffentlichen Interesse diene.

[1010] Dass der Urheber durch die Regelungen des Denkmalschutzrechts allenfalls mittelbar geschützt wird, betont auch *Fechner* (1999), S. 437.

ist daher in diesen Fällen über eine Einschränkung der Anwendung der denkmalschutzrechtlichen Regelungen zugunsten des Persönlichkeitsschutzes der Urhebers nachzudenken.[1011] Darüber hinaus droht durch die Einstufung zeitgenössischer Objekte als Kulturdenkmal auch eine vorzeitige Konservierung der Kulturlandschaft, die die zur Fortentwicklung der Kunstszene notwendigen dynamischen Veränderungen hemmt und dadurch der Kunst- und Kulturszene insgesamt abträgliche ist. So droht das Gemeinwesen bei einer ausgeprägten Unterschutzstellung zeitgenössischer Werke die Züge eines „musealen Kulturstaates" anzunehmen.[1012] Für die Unterschutzstellung zeitgenössischer Werke spricht aber, dass herausragende Leistungen der Gegenwart durchaus für spätere kulturelle Epochen von besonderem Informationswert sein können und es daher wert sind, entgegen dem Trend unserer heutigen schnelllebigen Kultur bewahrt zu werden.

1011 *Fechner* (1999), S. 437 spricht sich in den Fällen einer Kollision der persönlichkeitsrechtlichen Interessen des Urhebers mit den kulturellen Belangen der Allgemeinheit für eine Beschränkung der denkmalschutzrechtlichen Regelungen aus.

1012 So auch *Ruzicka* (1979), S. 92; siehe auch *Schack*, GRUR 1983, S. 56/59.

7. Kapitel: Ausdrückliche gesetzliche Lösungen in ausländischen Urheberrechtssystemen

Die Mehrzahl der ausländischen Rechtsordnungen regelt ebenso wie das deutsche Urheberrecht die Befugnis des Urhebers, dem Eigentümer die Vernichtung des Werkes zu verbieten, nicht ausdrücklich. In einigen Rechtsordnungen finden sich aber aus deutscher Sicht teilweise überraschende gesetzliche Regelungen in dieser Frage. So offenbart insbesondere die vom amerikanischen Recht gewählten Lösung eine vom deutschen bzw. kontinentaleuropäischen Urheberrechtsverständnis in grundlegenden Punkten abweichende Sicht der Aufgaben des Urheberrechts. Schon aus Platzgründen sollen hier nur Rechtsordnungen Erwähnung finden, die eine ausdrückliche legislatorische Lösung getroffen haben.

A. Ausdrückliche Normierung des Rechts des Eigentümers, das Werk zu vernichten

Nur ganz vereinzelt ist in ausländischen Gesetzen ein Recht des Eigentümers, das ihm gehörende Werkstück zu vernichten, ausdrücklich normiert worden.

I. Bulgarien

Das am 1. August 1993 in Kraft getretene Urheberrechtsgesetz Bulgariens[1013] (URG-Bulgarien) gesteht in Art. 15 Abs. 1 Nr. 5 zwar dem Urheber einerseits das Recht zu, die Unversehrtheit seines Werkes zu verlangen und sich jeder Handlung, die seine Interessen oder seine Würde verletzt, zu widersetzen. Andererseits wird aber in Art. 15 Abs. 2 ausdrücklich dem Eigentümer das Recht zugestanden, das Werk zu zerstören, wenn dies in Übereinstimmung mit den geltenden Vorschriften erfolgt.[1014] Der Gesetzeswortlaut ist also nicht ganz eindeu-

---

1013 Die vollständige deutsche Übersetzung der englischen Fassung des Urheberrechtgesetzes Bulgariens durch *Wandtke*, ist abgedruckt bei Wandtke, Urheberrecht Mittel- und Osteuropa I (1997), S. 191 ff.

1014 Die einschlägigen Passagen von Art. 15 URG-Bulgarien lauten in deutscher Übersetzung:
"(1) Der Urheber hat das Recht:
(...)
5. die Achtung der Unversehrtheit des Werkes zu verlangen und sich jeder Änderung wie auch jeder anderen Handlung zu widersetzen, die geeignet ist, seine gesetzlich geschützten Interessen oder seine persönliche Würde zu verletzen"
(...)
(2) Der Urheber hat nicht das Recht, sich dem Wunsche des Eigentümers zu widersetzen, das Werk zu zerstören, umzugestalten, zu überbauen oder daran anzubauen, wenn dies in Übereinstimmung mit den geltenden Vorschriften erfolgt."

tig. Man könnte ihn dahingehend auslegen, dass auch der Eigentümer nur das Recht haben soll, das Werk zu zerstören, wenn dies im Einzelfall keine Verletzung der Interessen oder der Würde des Urhebers darstellt. Dann wäre aber die Erwähnung des Zerstörungsrechts des Eigentümers in Art. 15 Abs. 2 URG-Bulgarien überflüssig, denn dies würde sich schon aus Art. 15 Abs. 1 Nr. 5 ergeben. Sinnvoller erscheint die Auslegung, dass durch Art. 15 Abs. 2 deutlich gemacht werden soll, dass in Abweichung zu dem in Art. 15 Abs. 1 Nr. 5 normierten Recht des Urhebers auf Unversehrtheit seines Werkes dem Eigentümer die Befugnis zur Zerstörung zusteht.[1015] Daher ist diese Regelung als ausdrückliche Normierung der Vernichtungsbefugnis des Eigentümers zu interpretieren.

II. Tschechische Republik

Das Urheberrechtsgesetz der Tschechischen Republik (URG-Tschechien) vom 7. April 2000[1016] enthält keine ausdrückliche Befugnis des Eigentümers, das Werkstück zu vernichten, jedoch ist nach § 9 Abs. 4 URG-Tschechien[1017] der Eigentümer einer Werkverkörperung ebenso wie auch ein anderer Nutzer einer Werkverkörperung nicht zu deren Erhaltung oder zu deren Schutz vor der Vernichtung verpflichtet. Diese Regelung könnte dahingehend verstanden werden, dass nach dem Willen des Gesetzgebers auch ein Recht des Urhebers ausgeschlossen werden soll, gegen die aktive Vernichtung durch den Eigentümer vorzugehen. Bemerkenswert ist, dass hier im tschechischen Urheberrechtsgesetz die Frage der Vernichtungsbefugnis nicht im Rahmen der urheberpersönlichkeitsrechtlichen Befugnisse, sondern im Zusammenhang mit der Entstehung des Urheberrechts und dem Verhältnis zwischen Urheberrecht und Sacheigentum geregelt wird.[1018]

1015 Auch *Wandtke*, in: Wandtke, Urheberrecht Mittel- und Osteuropa I (1997), S. 47 sieht in der Regelung kein Zerstörungsverbot.

1016 Eine vollständige deutsche Übersetzung des URG-Tschechiens durch *Dietz* ist abgedruckt bei Wandtke, Urheberrecht Mittel- und Osteuropa II (2002), S. 414 ff. Siehe zur historischen Entwicklung des Urheberrechts in Tschechien *Wandtke*, GRUR Int. 1995, S. 564/567.

1017 Die einschlägige Passage von § 9 URG-Tschechien lautet in deutscher Übersetzung: „(4) Der Eigentümer oder ein anderer Nutzer der Sache, mittels derer das Werk ausgedrückt ist, ist nicht verpflichtet, diese Sache zu erhalten oder vor der Vernichtung zu schützen, wenn nichts anderes vereinbart ist oder sich aus einer besonderen Rechtsvorschrift oder aus diesem Gesetz ergibt."

1018 Vgl. *Dietz*, in: Wandtke, Urheberrecht Mittel- und Osteuropa II (2002), S. 126.

B. Staaten mit einer eingeschränkten Vernichtungsbefugnis des Eigentümers

I. Schweiz

Als Ergebnis der bis in das Jahr 1971 zurückgehenden Reformbestrebungen[1019] ist in der Schweiz am 1. Juli 1993 eine umfassende Urheberrechtsreform in Kraft getreten. Mit dieser Gesetzesreform wurde in Art. 15 auch eine ausdrückliche Regelung der Zerstörungsbefugnis des Eigentümers in das Urheberrechtsgesetz der Schweiz (URG-Schweiz) aufgenommen.[1020] Nach dieser Regelung muss der Eigentümer vor der Vernichtung das Werk dem Urheber zur Rücknahme anbieten oder ihm die Nachbildung ermöglichen. Diese Pflicht trifft ihn nur, wenn er annehmen muss, dass ein berechtigtes Interesse des Urhebers an der Werkerhaltung besteht. Von einem solchen Interesse muss er nach der Literatur nur dann ausgehen, wenn sich der Urheber nach der Veräußerung weiter um das Werk gekümmert hat, beispielsweise indem er das ihm nach Art. 14 URG-Schweiz zustehende Zugangsrecht geltendgemacht hat, sich für die konkrete Aufstellung interessiert oder sich in seinem weiteren künstlerischen Schaffen oder in seinen sonstigen Äußerungen auf das fragliche Werk bezogen hat. Ein berechtigtes Interesse sei ferner auch dann zu vermuten, wenn das Werk in der Kunstkritik oder der Fachliteratur beachtet wurde oder wenn das Werk für den Urheber einen hohen Nutzwert habe.[1021] Ein solches Interesse liege in der Regel dagegen nicht vor, wenn es sich um ein Serienprodukt handelt oder wenn die Veräußerung anonym wie bei einem beliebigen Gebrauchsgegenstand erfolgte.[1022] Das Zerstörungsverbot bzw. die Anbietungspflicht ist dabei beschränkt auf Originale, zu denen keine weiteren Vervielfältigungsstücke bestehen. Das bedeutet also, dass Werkstücke, die keine Originale darstellen, auch dann zerstört werden dürfen, wenn es sich bei ihnen um die einzige Werkverkörperung handelt. Originale dürfen nach dem Wortlaut des Gesetzes dann ohne weiteres zerstört werden, wenn von dem Werk weitere Exemplare vorhanden sind, unabhängig davon, ob es sich bei diesen ebenfalls um Originale handelt.

1019 *Rehbinder*, UFITA 122 (1993), S. 93 spricht von einem „über dreißigjährigen Krieg um ein modernes schweizerisches Urheberrecht".

1020 Art. 15 URG-Schweiz lautet:
„(1) Müssen Eigentümer und Eigentümerinnen von Originalwerken, zu denen keine weiteren Werkexemplare bestehen, ein berechtigtes Interesse des Urhebers oder der Urheberin an der Werkerhaltung annehmen, so dürfen sie solche Werke nicht zerstören, ohne dem Urheber oder der Urheberin vorher die Rücknahme anzubieten. Sie dürfen dafür nicht mehr als den Materialwert verlangen.
(2) Sie müssen dem Urheber oder der Urheberin die Nachbildung des Originalexemplars in angemessener Weise ermöglichen, wenn die Rücknahme nicht möglich ist.
(3) Bei Werken der Baukunst hat der Urheber oder die Urheberin nur das Recht, das Werk zu fotografieren und auf eigene Kosten Kopien der Pläne herauszuverlangen."

1021 *Barrelt/Egloff* (2001), Art. 15 Rn. 2.

1022 *Barrelt/Egloff* (2001), Art. 15 Rn. 2.

Der in Art. 2 URG-Schweiz geregelte Werkbegriff ist weitgehend mit dem des deutschen Urheberrechts identisch. Nicht ausdrücklich definiert ist der Begriff des Originals.

Aus Art. 15 URG-Schweiz wird keine Pflicht zur Erhaltung des Werkes abgeleitet, da die Vorschrift nur die absichtliche Zerstörung des Werkes betrifft. Der Urheber kann nichts dagegen unternehmen, wenn sein Werk auf Grund mangelnden Unterhalts dem Verfall preisgegeben wird.[1023] Die Zerstörung des Werkes, ohne dieses vorher dem Eigentümer zur Rücknahme angeboten zu haben, stellt eine widerrechtliche Handlung dar, die eine Schadensersatzpflicht begründen kann.[1024]

Nach Art. 15 Abs. 3 URG-Schweiz hat der Architekt eines Werkes der Baukunst zwar nicht das Recht, die Vernichtung des Bauwerkes zu verhindern, ihm ist aber vor der geplanten Werkvernichtung Gelegenheit zu geben, das Werk zu fotografieren, außerdem kann er die Pläne des Werkes herausverlangen. Aus Art. 15 Abs. 3 URG-Schweiz ergibt sich damit die Pflicht, in jedem Fall vor der Vernichtung des Werkes den Architekten zu informieren, damit dieser seine Rechte wahrnehmen kann.[1025]

II. An die schweizerische Lösung angelehnte Regelungen in Slowenien, Rumänien, Litauen und der Ukraine

Die Regelung der Frage der Vernichtungsbefugnis im schweizerischem Urheberrecht ist von den Gesetzgebern einiger Staaten Mittel- und Osteuropas zum Vorbild genommen worden für die Neugestaltung der jeweiligen Urheberrechtssysteme. So sind die folgenden, relativ jungen Regelungen der Zerstörungsbefugnis in ihrem Wortlaut eng an die schweizerische Regelung angelehnt:

- Art. 45 des am 30. März 1995 in Kraft getretenen Urheberrechtsgesetzes Sloweniens (URG-Slowenien),[1026]

1023 *Barrelt/Egloff* (2001), Art. 15 Rn. 5.

1024 *Barrelt/Egloff* (2001), Art. 15 Rn. 7.

1025 *Barrelt/Egloff* (2001), Art. 15 Rn. 8.

1026 Die vollständige deutsche Übersetzung des URG-Slowenien durch *Trampuz* ist abgedruckt bei Wandtke, Urheberrecht Mittel- und Osteuropa I (1997), S. 376 ff.; sowie in GRUR Int. 1995, S. 783 ff; nähere Ausführungen zum slowenischen Urheberrecht finden sich bei *Trampuz*, GRUR Int. 1995, S. 766/777.
Art. 45 URG-Slowenien lautet in deutscher Übersetzung:
„Schutz des Originalwerkes
Artikel 45
(1) Müßte der Eigentümer des Originalwerkes nach den Umständen des Einzelfalls ein berechtigtes Interesse des Urhebers an der Werkerhaltung annehmen, so darf er ein solches Original nicht zerstören, ohne dem Urheber vorher seine Rücknahme gegen eine Zahlung für den Materialwert des Originals anzubieten.

- Art. 23 des Urheberrechtsgesetzes Rumäniens (URG-Rumänien) vom 14. März 1996,[1027]

- Art. 18 Abs. 2 und Abs. 3 des Urheberrechtsgesetzes Litauens (URG-Litauen) vom 18. März 1999,[1028]

- Art. 12 Abs. 2 des Urheberrechtsgesetzes der Ukraine (URG-Ukraine);[1029] die Normierung der Vernichtungsbefugnis wurde durch eine Gesetzesänderung am 11. Juli 2001 eingefügt.

---

(2) Ist die Rücknahme nicht möglich, muß der Eigentümer es dem Urheber in angemessener Weise ermöglichen, ein Vervielfältigungsstück des Originals anzufertigen.
(3) Bei einem Architekturbau hat der Urheber nur das Recht, das Werk zu fotografieren und auf eigene Kosten die Kopien der Pläne zu verlangen."

1027 Eine vollständige deutsche Übersetzung des URG-Rumänien durch *Dietz* ist abgedruckt bei Wandtke, Urheberrecht Mittel- und Osteuropa I (1997), S. 275 ff.; sowie in GRUR Int. 1997, S. 988 ff.
Die deutsche Übersetzung von Art. 23 URG-Rumänien lautet:
„(1) Der Eigentümer des Originals eines Werkes ist nicht berechtigt, es zu zerstören, bevor er es nicht dem Urheber zum Preis der Materialkosten angeboten hat.
(2) Ist die Rückgabe des Originals nicht möglich, so hat der Eigentümer dem Urheber zu erlauben, ein Vervielfältigungsstück des Werkes in einem entsprechenden Verfahren herzustellen.
(3) Im Falle einer architektonischen Struktur hat der Urheber nur das Recht, eine Photographie des Werkes herzustellen und die Aushändigung von Vervielfältigungen der Entwürfe zu fordern."

1028 Eine vollständige englische Übersetzung des URG-Litauen findet sich bei Wandtke, Urheberrecht Mittel- und Osteuropa II (2002), S. 374 ff.; außerdem findet sich eine vollständige englische und französische Übersetzung in der Zeitschrift „Intellectual Property Laws and Treaties/Lois et Traités de Propriéte Intellectuelle" in der Januar/Februar Ausgabe 2001; siehe allgemein zum litauischen Urheberrecht auch *Mizaraz*, GRUR 2002, S. 303/307.
Die einschlägigen Passagen der englischen Übersetzung von Art. 18 URG-Litauen lauten:
„(2) The owner of the original work of visual art shall not have the right to destroy it before having offered it to the author at the cost price of the material. Where the return of the original is not possible, the owner shall allow the author to make a copy of the work in appropriate manner.
(3) In the case of an architectural work, the author shall have the right only to take photographs of the architectural structure before its destruction and to request return of reproductions of the project.

1029 Eine vollständige englische Übersetzung des URG-Ukraine findet sich bei Wandtke, Urheberrecht Mittel- und Osteuropa II (2002), S. 480 ff; siehe allgemein zum Urheberrecht der Ukraine *Wandtke*, GRUR Int. 2002, S. 206 ff.
Art. 12 Abs. 2 des URG-Ukraine lautet in der englischen Übersetzung:
"The owner of the material object, in which the original of a work of art or architecture is embodied, shall not be allowed to destroy the object without first offering it to the author at a price which shall not exceed the value of the materials used for the creation thereof. If it is impossible to preserve the object in which the original of a work is em-

Im Unterschied zum schweizerischen Urheberrecht besteht nach jeder dieser vier Regelungen die Anbietungspflicht des Eigentümers für Originale unabhängig davon, ob noch weitere Vervielfältigungsstücke des Werkes existieren. Nur nach dem slowenischen Urheberrecht wird die Beschränkung der Zerstörungsbefugnis des Eigentümers wie im schweizerischen Recht davon abhängig gemacht, ob der Eigentümer ein berechtigtes Erhaltungsinteresse des Urhebers annehmen muss. Nach den Regelungen Rumäniens, Litauens und der Ukraine besteht die Anbietungspflicht ohne dieses Korrektiv. Hierin liegt zwar eine gewisse Verstärkung des Urheberrechtsschutzes, in der Praxis wird die konsequente Umsetzung der Norm aber zu unpraktikablen Ergebnissen führen, da der Eigentümer danach auch in Fällen, in denen erkennbar kein Interesse des Urhebers an der Rücknahme des Werkes besteht, dieses anbieten muss. Bemerkenswert ist, dass im slowenischen Urheberrecht dem Verhältnis von Urheberrecht zum Eigentumsrecht ein eigener Abschnitt gewidmet wurde, in den auch die hier besprochene Regelung eingeordnet wurde.

Das slowenische und das rumänische Urheberrecht enthalten daneben als weitere bemerkenswerte Regelung ein Zerstörungsverbot für audiovisuelle Werke.[1030] Danach gilt ein absolutes, von jeder Interessenabwägung unabhängiges Zerstörungsverbot für die Matrize der ersten Kopie eines audiovisuellen Werkes. Dies Verbot gilt seinem Wortlaut nach sogar für den bzw. die Urheber des audiovisuellen Werkes selbst.

III. Polen

In Polen wurde am 4. Februar 1994 ein neues Urheberrechtsgesetz (URG-Polen) verabschiedet.[1031] Auch in diesem hat die Vernichtungsbefugnis des Eigentü-

---

bodied, the owner of the material object in which the original of the work is embodied shall allow the author to make a copy of the work in the relevant form, and with the respect to an architectural structure - to take a photographic picture thereof."

1030 Die Regelung findet sich in Art. 109 Abs. 2 URG-Slowenien und in Art. 67 Abs. 3 URG-Rumänien.
Art. 109 Abs. 2 URG-Slowenien lautet in deutscher Übersetzung:
„(1) Ein audiovisuelles Werk wird als vollendet angesehen, wenn gemäß einer Vereinbarung zwischen dem Hauptregisseur und dem Filmhersteller die erste Standardkopie des Werkes, die Vertragsgegenstand ist, fertiggestellt worden ist.
(2) Die Matrize der Kopie gemäß Abs. (1) dieses Artikels darf nicht zerstört werden."
Die rumänische Regelung weist hierzu inhaltlich keine Unterschiede auf.

1031 Die vollständige deutsche Übersetzung des URG-Polen durch *Dietz*, ist abgedruckt bei Wandtke, Urheberrecht Mittel- und Osteuropa I (1997), S. 229 ff.; sowie in GRUR Int. 1994, S. 479 ff.
Siehe zur historischen Entwicklung des Urheberrechts in Polen *Wandtke*, GRUR Int. 1995, S. 564/565 ff.

mers in Art. 34 eine ausdrückliche Regelung erfahren.[1032] Der Anwendungsbereich der hier getroffenen Regelung des Vernichtungsrechts ist sehr beschränkt, da er sich nur auf Originale von Werken der bildenden Kunst, die sich an einem öffentlich zugänglichen Ort befinden, erstreckt. Diese Werkexemplare dürfen nur vernichtet werden, wenn der Eigentümer vorher dem Urheber den Rückkauf höchstens zum Materialwert angeboten oder, falls dies nicht möglich ist, ihm die Anfertigung einer Kopie oder einer vergleichbaren Dokumentation ermöglicht hat. Diese Regelung ist im Zusammenhang mit der Befugnis des Eigentümers zur Ausstellung des Werkes zu nicht kommerziellen Zwecken geregelt. Daher steht sie nicht im Kontext der sonstigen urheberpersönlichkeitsrechtlichen Befugnisse im Abschnitt „Urheberpersönlichkeitsrechte" des URG-Polen, sondern ist in dem mit „Zulässiger Gebrauch geschützter Werke" betitelten Abschnitt über die Schrankenbestimmungen angesiedelt.

IV. Das US-amerikanische Bundesrecht

Sowohl in der amerikanischen Bundesgesetzgebung, als auch in den Gesetzen einzelner amerikanischer Bundesstaaten finden sich Regelungen über ein Vernichtungsverbotsrecht des Urhebers. Das überrascht insofern, als Amerika sich in der Vergangenheit immer wieder sehr ablehnend gegenüber der Anerkennung persönlichkeitsrechtlicher Befugnisse des Urhebers gezeigt und bis heute nur sehr zögerlich einzelne Urheberpersönlichkeitsrechte anerkannt hat.[1033]

1032 Die deutsche Übersetzung des Art. 34 URG-Polen lautet:
„1. Der Eigentümer des Exemplars eines Werkes der bildenden Kunst kann es öffentlich ausstellen, wenn damit nicht die Erlangung eines Vermögensvorteils verbunden ist.
2. Wird die Entscheidung über die Vernichtung des an einem öffentlich zugänglichen Ort befindlichen Originalexemplars eines Werkes der bildenden Kunst getroffen, so ist der Eigentümer verpflichtet, dem Urheber des Werkes oder seinen Angehörigen ein Angebot zum Verkauf zu unterbreiten, wenn eine Verständigung mit ihm mit dem Ziel der Unterbreitung eines Angebots möglich ist. Die Obergrenze des Preises bildet der Wert der Materialien. Wenn der Verkauf nicht möglich ist, ist der Eigentümer verpflichtet, dem Urheber die Herstellung einer Kopie oder - abhängig von der Art des Werkes - einer entsprechenden Dokumentation zu ermöglichen."

1033 Einen detaillierten Überblick über die historische Entwicklung des Urheberpersönlichkeitsschutzes in Amerika durch Gesetzgebung und Beitritt der USA zu internationalen Abkommen geben *Federle* (1998), S. 89 ff. und *Dieselhorst* (1995), S. 26 ff.

1. Die Anerkennung urheberpersönlichkeitsrechtlicher Befugnisse im Bundesrecht der USA

Am 1. Dezember 1990 wurde der Visual Artists Right Act (VARA) verabschiedet.[1034] Mit diesem wurde der Copyright Act um eine sec. 106A ergänzt. Damit wurde erstmals in den USA ein grundsätzliches Recht auf Anerkennung der Urheberschaft sowie auf Werkintegrität anerkannt, wenn auch nur für bestimmte Werke der darstellenden Kunst (*works of visual art*). Die in sec. 106A Copyright Act gewährten Persönlichkeitsrechte sind nicht übertragbar, es kann aber auf sie verzichtet werden.[1035] Der Verzicht muss schriftlich und mit der Unterschrift des Urhebers erklärt werden. Es muss das Werk und die Nutzungsart, auf die sich der Verzicht beziehen soll, bezeichnet werden. Der Verabschiedung des VARA war eine kontroverse Diskussion vorausgegangen. Auslöser war die zunehmende Unzufriedenheit unter amerikanischen Künstlern über ihre Rechte, die unter anderem durch eine in den Medien öffentlich ausgetragene Debatte über die Zulässigkeit der nachträglichen Kolorierung von Schwarz-Weiß-Filmen[1036] ausgelöst worden war. Darüber hinaus hatten mehrere Einzelstaaten[1037] eigene Moral-Rights-Gesetze verabschiedet, was zu einer für die Rechtspraxis verwirrenden Situation geführt hatte.[1038] Man hoffte, durch die Einführung von Persönlichkeitsrechten in einem Bereich, in dem diese Regelungen nur auf vergleichsweise geringen Widerstand stoßen würden, nämlich bei bestimmten Werken der bildenden Kunst, durch positive praktische Erfahrungen mit diesen persönlichkeitsrechtlichen Regelungen, die Ablehnung der Unterhaltungsindustrie gegenüber Urheberpersönlichkeitsrechten insgesamt mildern zu können.[1039]

2. Das Zerstörungsverbot

In sec. 106A (a) (3) Copyright Act wurde mit dem VARA der im Rahmen dieser Arbeit interessierende Schutz der Werkintegrität eingeführt. Nach sec. 106A (a) (3) (A) Copyright Act steht dem Urheber eines Werkes aus bestimmten Berei-

---

1034 Das Gesetz trat am 1. Junl 1991 in Kraft. Die Normen sind in deutscher Übersetzung wiedergegeben bei *Baucks*, ZUM 1992, S. 72/76 ff.

1035 Sec. 106A (e) (1):
"The rights conferred by subsection (a) may not be transferred, but those rights may be waived if the author expressly agrees to such waiver in a written instrument signed by the author. Such instrument shall specifically identify the work, and uses of that work, to which the waiver applies, and the waiver shall apply only to the work and uses so identified."

1036 Zu den Einzelheiten dieser Diskussion siehe *v. Lewinski/Dreier*, GRUR Int. 1989, S. 635 ff.; *Dieselhorst*, GRUR Int. 1992, S. 902/904 f.

1037 Auf diese einzelstaatlichen Regelungen soll unten näher eingegangen werden, siehe 7. Kapitel B.V.

1038 *Dieselhorst* (1995), S. 41.

1039 So auch *Ginsburg*, GRUR Int. 1991, S. 593/598; *Dieselhorst* (1995), S. 41.

chen der bildenden Kunst (*work of visual art*) das Recht zu, die vorsätzliche Entstellung, Verstümmelung oder sonstige Änderung zu verhindern, sofern diese ruf- oder ehrschädigend sind.[1040] Das Zerstörungsverbot ist in sec. 106A (a) (3) (B) Copyright Act normiert.[1041] Dem Urheber steht nach dieser Vorschrift das Recht zu, die Zerstörung eines Werkes der oben genannten Kategorie (*work of visual art)* zu verhindern. Jede vorsätzliche oder grob fahrlässige Zerstörung stellt eine Verletzung dieses Rechts dar. Anders als im Fall einer Änderung oder Entstellung kann der Urheber also auch bei einer grob fahrlässigen Zerstörung des Werkes Schadensersatz fordern. Bemerkenswert ist darüber hinaus, dass das Zerstörungsverbot im Gegensatz zum sonstigen Werkintegritätsschutz nicht davon abhängig gemacht wird, dass ein Schaden für das Ansehen des Künstlers droht. Als *works of visual art* sind nach der Definition in sec. 101 Copyright Act zum einen Gemälde, Zeichnungen, Drucke und Skulpturen als Unikate oder in einer auf nicht mehr als 200 Exemplare limitierten Auflage, sofern sie durch den Urheber signiert und nummeriert sind. Zum anderen gelten auch Photographien in einer auf nicht mehr als 200 Exemplare limitierten Auflage als *works of visual art*, wenn sie nur zu Ausstellungszwecken hergestellt sind. Ausgenommen sind allerdings alle Poster, Karten, technischen Zeichnungen, Diagramme, gewerbliche Kunst, Bücher, Magazine, Zeitungen, Werbematerial etc. Darüber hinaus ist auch jedes Werk, das im Rahmen eines Anstellungsverhältnisses hergestellt wurde (*work made for hire*), ausgenommen.[1042] Damit ist der gesamte Bereich der kommerziellen Urheberproduktion vom Persönlichkeitsschutz und damit vom Zerstörungsverbot ausgenommen.[1043] Darüber hinaus ist das Zerstörungsverbot im Gegensatz zum Verbot der Änderung oder Entstellung auf Werke von anerkannter Bedeutung (*recognized stature*) beschränkt. Dies war im Gesetzge-

---

1040 Sec. 106A (a) (3) (A) lautet:
„Subject to section 107 and independent of the exclusive rights provided in section 106, the author of a work of visual art -
(...)
(3) subject to the limitations set forth in section 113 (d), shall have the right -
(A) to prevent any intentional distortion, mutilation, or other modification of that work which would be prejudicial to his or her honour or reputation, and any intentional distortion, mutilation, or modification of that work is a violation of that right, and
(...)"

1041 Sec. 106a (a) (3) (B) Copyright Act lautet:
„Subject to section 107 and independent of the exclusive rights provided in section 106, the author of a work of visual art -
(...)
(3) subject to the limitations set forth in section 113 (d), shall have the right -
(...)
(B) to prevent any destruction of a work of recognized stature, and any intentional or grossly negligent destruction of that work is a violation of that right."

1042 Vgl. *Ginsburg*, GRUR Int. 1991, S. 593/598.

1043 *Dieselhorst*, 1995, S. 43.

bungsverfahren beschlossen worden, um den Bedenken Rechnung zu tragen, das Zerstörungsverbot könne bei Werken von geringer Leistungshöhe zu untragbaren Ergebnissen führen.[1044] Das Kriterium ist aber insofern nicht unproblematisch, da es zu einer Benachteiligung noch unbekannter und neuartiger Künstler, die aufgrund ihrer fehlenden Bekanntheit und Anerkennung eigentlich einen besonderen rechtlichen Schutz verdienen würden, führen kann. Darüber hinaus zwingt es die Gerichte, die Qualität eines Werkes zu beurteilen.[1045] Widersprüchlich erscheint es überdies, dass der ursprüngliche Gesetzesvorschlag, der auch das Änderungsverbot nur für Werke von anerkannter Bedeutung vorsah, gerade aufgrund der oben genannten Argumente geändert wurde.[1046] Im Gegensatz zum amerikanischen Recht besteht nach deutschem Recht urheberrechtlicher Schutz unabhängig von der Qualität des Werkes.[1047] Eine richterliche Entscheidung über die Qualität des Werkes soll vermieden werden, da diese praktisch nicht mit objektiven Kriterien messbar ist.

Überaus bemerkenswert ist, dass der sonst im Bereich des Urheberpersönlichkeitsrechts sehr zurückhaltende amerikanische Gesetzgeber mit dieser Normierung eines Zerstörungsverbots über die von Art. 6bis RBÜ ausdrücklich geforderten Mindeststandards hinausgeht und eine Regelung einführt, die in den wenigsten Urheberrechtsgesetzen enthalten ist. Dies begründet sich aus dem vom europäischen abweichenden amerikanischen Urheberrechtsverständnis. Die Beschränkung des Rechts auf Werkintegrität insgesamt, auf bestimmte Werke der bildenden Kunst, und besonders die Beschränkung des Zerstörungsverbots auf Werke von anerkannter Bedeutung zeigen, dass die Einführung der entsprechenden Bestimmungen durch den VARA nicht ausschließlich den ideellen Interessen des Urhebers, sondern auch den Interessen der Allgemeinheit an der Erhaltung wertvoller Kulturgüter dient. So begründet auch der *House Report* die Einführung des Vernichtungsverbots damit, dass die Werkzerstörung nicht nur einen nachteiligen Effekt auf das Ansehen des Künstlers haben könne, sondern darüber hinaus einen großen Verlust für die Gesellschaft darstelle.[1048] Die Nor-

1044 *v. Waasen* (1994), S. 237. Man befürchtet, dass z.B. eine Mutter die Kindergärtnerin ihres Kindes verklagen könne, weil diese eine Zeichnung des Kindes weggeworfen habe. Anders als bei einer Entstellung der Zeichnung, bei der regelmäßig die Klage unbegründet wäre, da es an einer Gefährdung des Ansehens oder des Rufs des Kindes mangelt, wäre bei der Zerstörung ohne ein Korrektiv wie das *recognized stature*-Merkmal eine solche Klage möglich; *Dieselhorst* (1995), S. 74 Fn. 89; vgl. auch *Ginsburg*, GRUR Int. 1991, S. 593/598 Fn. 34.

1045 *Dieselhorst* (1995), S. 74 mit weiteren Nachweisen aus der amerikanischen Literatur.

1046 So ist im House Report, Nr. 101-514, S. 15 ausgeführt, das Kriterium der *recognized stature* sei schwerlich justiziabel, und es sollen auch Urheber geschützt werden, deren Werk bislang noch keine allgemeine Anerkennung gefunden hätten; zitiert nach *Dieselhorst* (1995), S. 72.

1047 Siehe oben 1. Kapitel B.I.4.

1048 House Report Nr. 101-514, S. 15; zitiert nach *Dieselhorst* (1995), S. 73.

mierung urheberpersönlichkeitsrechtlicher Schutzrechte war nur deshalb mit der verfassungsrechtlichen Zielsetzung des Urheberrechts vereinbar, weil sich der Schutz auf Werke beschränkt, an deren Erhaltung ein öffentliches Interesse besteht.[1049] Dass nicht ausschließlich der Erhalt bedeutender Kulturgüter im Interesse der Allgemeinheit bezweckt ist, sondern daneben auch der Schutz der ideellen Urheberinteressen, zeigt sich daran, dass die Bestimmungen teilweise einem effektiven Kulturgutschutz zuwider laufen. So bleibt etwa der Künstler selbst berechtigt, sogar ein Werk von anerkannter Bedeutung zu zerstören. Ferner ist er auch berechtigt, auf sein Recht, die Änderung oder Vernichtung zu verhindern, vollständig zu verzichten. Auch die Regelung, wonach die werkintegritätsschützenden Bestimmungen nur bis zum Tode des Künstlers bestehen, [1050] ist dem öffentlichen Erhaltungsinteresse nicht dienlich. Die amerikanischen Regelungen weisen also eine zweifache Schutzrichtung auf. Auf der einen Seite schützen sie die Interessen der Allgemeinheit an der Erhaltung wertvoller Kulturgüter und stellen so eine Art individuelles, in die Hände des Urhebers gelegtes Denkmalschutzrecht dar. Auf der anderen Seite schützen sie die ideellen Interessen des Urhebers. Im deutschen Recht sind diese Interessen streng getrennt. So dient, wie dargestellt wurde, das UPR ausschließlich dem Schutz der Urheberinteressen, während das Denkmalschutzrecht nur das öffentliche Interesse an der Erhaltung wertvoller Kulturgüter schützt.

3. Besondere Bestimmungen für fest mit einem Gebäude verbundene Werke

In sec. 113 (d) Copyright Act sind besondere Bestimmungen für fest mit einem Gebäude verbundene Werke normiert.[1051] Diese Regelungen begründen ein

---

1049 *Dieselhorst* (1995), S. 46; bezogen auf die schon vor dem VARA erlassene Normierung eines ähnlich lautenden Zerstörungsverbots im Staat Kalifornien betont schon *Schack*, GRUR 1983, S. 56/58 f. die Zielsetzung des Gesetzgebers kulturell und künstlerisch wertvolle Kunstwerke im öffentlichen Interesse zu erhalten.

1050 Die Beschränkung der in sec. 106A gewährten Rechte auf die Lebenszeit des Urhebers ergibt sich aus sec. 106A (d) (1).

1051 Sec. 113 (d) Copyright Act lautet:
"(d) (1) In case in which -
(A) a work of visual art has been incorporated in or made part of a building in such way that removing the work from the building will cause destruction, distortion, mutilation, or other modification of the work as described in section 106A (a) (3), and
(B) the author consented to the installation of the work in the building either before the effective date set forth in section 610(a) of the Visual Artists Rights Act of 1990, or in a written instrument executed on or after such effective date that is signed by the owner of the building and the author and that specifies that installation of the work may subject the work to destruction, distortion, mutilation, or other modification, by reason of its removal,
then the rights conferred by paragraphs (2) and (3) of section 106A shall not apply.

zweigleisiges System. Es wird danach differenziert, ob ein Kunstwerk ohne Beschädigung von dem Gebäude getrennt werden kann, oder ob die Entfernung des Werkes von seinem Standort im oder am Gebäude zwangsläufig die Zerstörung, eine Beeinträchtigung, die Verstümmelung oder eine andere Veränderung des Werkes bedeutet. Gehört ein Werk zur zweiten Kategorie und hat der Urheber dem Einbau des Werkes in das Gebäude schriftlich zugestimmt, so kann der Eigentümer das Werk ohne weiteres zerstören, ohne dass der Urheber Rechte einwenden könnte. Der Eigentümer braucht den Urheber nicht einmal über die bevorstehende Vernichtung zu informieren.[1052] Ist jedoch die Entfernung des Werkes möglich, so muss der Eigentümer des Gebäudes den Urheber vor der Entfernung des Werkes informieren. Der Urheber kann dann in einer Frist von 90 Tagen selbst das Werk entfernen oder die Kosten für die Entfernung zahlen. Zahlt der Urheber für die Werkentfernung, so wird er gesetzlicher Eigentümer des körperlichen Werkgegenstandes.[1053] Hat der Eigentümer den Urheber informiert, der Urheber versäumt es aber innerhalb der Frist, das Werk zu entfernen oder die Kosten der Entfernung zu tragen, ist der Eigentümer berechtigt, das Werk zu vernichten. Dasselbe gilt, wenn der Eigentümer den Urheber trotz hinreichender Anstrengungen nicht über die bevorstehende Vernichtung des Werkes informieren konnte. Es wird vermutet, dass der Eigentümer eine hinreichende Anstrengung unternommen hat, den Urheber zu informieren, wenn er versucht hat, einen entsprechenden eingeschriebenen Brief an die letzte, in einem besonderen Copyright-Register gespeicherte Adresse des Urhebers zu senden. Sec. 113 (3) Copyright Act[1054] bestimmt, dass beim Copyright-Register ein System einzurichten

---

(2) If the owner of a building wishes to remove a work of visual art which is part of such building and which can be removed from the building without the destruction, distortion, mutilation, or other modification of the work as described in section 106A (a) (3), the author's rights under paragraphs (2) and (3) of section 106A (a) shall apply unless -
(A) the owner has made a diligent, good faith attempt without success to notify the author of the owner's intended action affecting the work of visual art,
or
(B) the owner did provide such notice in writing and the person so notified failed, within 90 days after receiving such notice, either to remove the work or to pay for the its removal.
For purposes of subparagraph (A), an owner shall be presumed to have made a diligent, good faith attempt to send notice if the owner sent such notice by registered mail to the author at the most recent address of the author that was recorded with the Register of Copyrights pursuant to paragraph (3). If the work is removed at the expense of the author, title to that copy of the work shall be deemed to be in the author."

1052 Vgl. *Ginsburg*, GRUR Int. 1991, S. 593/598 f.; *Dieselhorst* (1995), S. 75.

1053 *Ginsburg*, GRUR Int. 1991, S. 593/598 f.

1054 Sec. 113 (3) Copyright Act lautet:
"(3) The Register of Copyrights shall establish a system of records whereby any author of a work of visual art that has been incorporated in or made part of a building, may record his or her identity and adress with the Copyright Office. The Register shall also es-

ist, in dem Urheber von fest mit Gebäuden verbundenen Werken ihre jeweils aktuellen Adressen und die Eigentümer Beweise für ihre Informationsversuche hinterlegen können. Obgleich das Gesetz ausdrücklich nur die Entfernung erwähnt,[1055] ist die Norm auch anzuwenden, wenn der Eigentümer beabsichtigt, das gesamte Gebäude abzureißen, ohne zuvor das Werk zu entfernen.[1056]

V. Zerstörungsverbote im Recht einzelner US-amerikanischer Bundesstaaten

1. Kalifornien

a. Inhalt der Regelung

Schon vor der Einführung urheberpersönlichkeitsrechtlicher Bestimmungen in den bundesrechtlichen Copyright Act durch den VARA hatten einige amerikanische Bundesstaaten die mangelnde Aktivität des Bundesgesetzgebers zum Anlass genommen, eigene Regelungen über urheberpersönlichkeitsrechtliche Befugnisse zu treffen.[1057] Für die Frage nach der Normierung eines Zerstörungsverbots ist die Regelung des Staates Kalifornien von besonderem Interesse. Mit dem am 1. Januar 1980 als sec. 987 California Civil Code (Cal. Civ. Code) in Kraft getretenen California Art Preservation Act erkannte Kalifornien als erster amerikanischer Bundesstaat die wichtigsten urheberpersönlichkeitsrechtlichen Befugnisse an. Zu diesen Befugnissen zählt auch ein Zerstörungsverbot. Zahlreiche Bundesstaaten folgten dem kalifornischen Beispiel und erkannten urhe-

---

tablish procedures under which any such author may update the information so recorded, and procedures under which owners of buildings may record with the Copyright Office evidence of their efforts to comply with this subsection."

1055 „(...) if the owner wishes to remove the work (...)"

1056 Dies ergibt sich aus der Überlegung, dass dem Urheber sämtliche in sec. 106A Copyright Act beschriebenen Rechte zustehen, er also jede Entstellung, Änderung oder Zerstörung verhindern kann, die Entfernung des Werkes in diesem Fall aber gerade keine Entstellung, Änderung oder Zerstörung bedeutet.
Für die Anwendung auf den Gebäudeabriss auch *Ginsburg*, GRUR Int. 1991, S. 593/599.

1057 **California** Art Preservation Act, Cal.Civ.Code § 987 (1979); **New York** Artists' Authorship Rights Act, New York Arts and Cultural Affairs Law § 14.03 (1984); **Maine** Moral Rights Statute, Maine Revised Statutes Annotated Title 27, § 303 (1985); General Laws of **Massachusetts** ch. 231 sec. 85S (1985); **Louisiana** Artists' Authorship Rights Act, Louisiana Statutes Annotated ch.34, §§ 215 ff. (1986); **New Jersey** Artists' Right Act, New Jersey Statutes Annotated § 2A:24A (1986); **Pennsylvania** Fine Arts Presevation Act, Pennsylania Statutes Annotated Title 73, 21101 ff. (1986); **Rhode Island** Artists' Right Act, General Laws of Rhode Island § 5-62-2 ff. (1987); **New Mexico** Act Relating to Fine Art in Public Buildings, New Mexiko Statutes Annotated §§ 13-4B-1 ff. (1987); **Connecticut** Art Preservation and Artists' Rights Statue, Connecticutt General Statues Annotated § 42-116s und § 42-116t (1988).

berpersönlichkeitsrechtliche Befugnisse an. Ganz überwiegend verzichteten sie jedoch auf die Einführung eines Zerstörungsverbots.

Nach sec. 987 (c) (1) des Cal. Civ. Code[1058] darf niemand, mit Ausnahme des Künstlers, der das ihm gehörende und von ihm geschaffene Werk besitzt, bestimmte Werke der bildenden Kunst (*work of fine art*) absichtlich körperlich entstellen, verstümmeln, abändern oder zerstören oder derartige absichtliche Handlungen veranlassen. In sec. 987 (b) (2) Cal. Civ. Code wird der Begriff *work of fine art* bestimmt. Danach handelt es sich um Originale von Gemälden, Skulpturen, Zeichnungen oder Glaskunstarbeiten von anerkannter Qualität. Ausgenommen sind jedoch alle Arbeiten, die aufgrund eines Vertrags zum Zwecke der kommerziellen Verwertung durch ihren Erwerber hergestellt werden.[1059] Sec. 997 Cal. Civ. Code erweitert den Kreis der geschützten Werke um solche der Porzellanmalerei. Ähnlich wie später im amerikanischen Bundesrecht beschränken sich die persönlichkeitsrechtlichen Befugnisse auf Werke der bildenden Kunst von anerkannter Qualität. Sec. 987 (f) Cal. Civ. Code legt fest, dass der Richter zur Beurteilung der Qualität eines Werkes nicht ausschließlich auf seinen eigenen Sachverstand und Geschmack abstellen, sondern sich auf das Urteil der im Umgang mit entsprechenden Kunstwerken erfahrenen Personen, wie Künstlern, Kunsthändlern, Sammlern oder Museumskuratoren verlassen soll. Ausgenommen vom Werkintegritätsschutz sind auch hier zu gewerblichen Zwecken hergestellte Werke.

Aus den in sec. 987 (a) Cal. Civ. Code den einzelnen persönlichkeitsrechtlichen Bestimmungen vorangestellten, allgemeinen Erklärungen wird deutlich, dass auch hier die Einführung des Zerstörungsverbots von zwei unterschiedlichen Erwägungen motiviert ist: zum einen von der Erkenntnis, dass auch die Zerstörung des Werkes „dem Ruf des Künstlers abträglich“ ist, zum anderen von dem „Interesse der Öffentlichkeit, die Integrität kultureller und künstlerischer Schöpfungen zu bewahren“.[1060] Hier ergibt sich aus der Tatsache, dass die Befu-

---

1058 Sec. 987 (c) (1) Cal. Civ. Code lautet:
„No person, exept an artist who owns and possesses a work of fine art which the artist has created, shall intentionally commit, or authorize the intentional commission of, any physical defacement, mutilation, alteration, or destruction of a work of fine art."

1059 Sec. 987 (b) (2) Cal. Civ. Code lautet:
"'Fine art' means an original painting, sculpture, or drawing, or an original work of art in glass, of recognized quality, but shall not include work prepared under contract for commercial use by its purchaser."

1060 So auch *Schack*, GRUR 1983, S. 56/59.
Sec. 987 (a) Cal. Civ. Code lautet:
"The legislature hereby finds and declares that the alteration or destruction of fine art, which is an expression of the artist's personality, is detrimental to the artist's reputation, and artists therefore have an interest in protecting their works of fine art against any alteration or destruction; and there is also a public interest in preserving the integrity of cultural and artistic creations."

gnisse in die Hände des Urhebers gelegt sind, derselbe Widerspruch zwischen den beiden Zielrichtungen, der für das Bundesrecht deutlich gemacht wurde.

Auch die in sec. 987 (h) Cal. Civ. Code enthaltenen Bestimmungen über die mit Gebäuden fest verbundenen Werke sind den späteren bundesrechtlichen Regelungen im Copyright Act. sehr ähnlich. So wird auch in den kalifornischen Bestimmungen zwischen Werken, die nicht von dem Gebäude getrennt werden können, ohne entstellt, verstümmelt, verändert oder zerstört zu werden, und solchen, bei denen eine Trennung ohne Folgen möglich ist, unterschieden. Bei Werken, bei denen eine Trennung nicht ohne die oben genannten Folgen möglich ist, wird nach sec. 987 (h) (1) Cal. Civ. Code[1061] angenommen, dass der Urheber auf sein Werkintegritätsrecht verzichtet habe, es sei denn, und hier besteht eine wichtige Ausnahme zum Copyright Act, das Werkintegritätsrecht ist dem Urheber ausdrücklich in einer schriftlichen Erklärung des Gebäudeeigentümers vorbehalten worden. Eine solche Erklärung bindet auch die späteren Eigentümer des Gebäudes. Kann ein Werk, das Bestandteil eines Gebäudes ist, ohne weiteres von diesem getrennt werden, so hat der Gebäudeeigentümer, wenn er beabsichtigt, das Werk zu entfernen und es dadurch zu zerstören, zu entstellen, zu verstümmeln oder zu verändern, den Urheber oder dessen Erben hierüber zu unterrichten. Der Urheber oder dessen Erben sind dann berechtigt, innerhalb von 90 Tagen das Werk zu entfernen oder die Kosten der Entfernung zu tragen. Mit Übernahme der Kosten wird das Werk Eigentum des Urhebers oder dessen Erben. Nur wenn der Eigentümer trotz hinreichender Anstrengung den Urheber nicht informieren kann, oder dieser innerhalb der 90 Tage das Werk weder entfernt noch die Kosten trägt, ist der Eigentümer zur Entfernung berechtigt.[1062] Im Gegensatz zur bundesrechtlichen Regelung wird hier ausdrücklich klargestellt, dass diese Regelung auch Anwendung findet, wenn der Eigentümer beabsichtigt, das Gebäude abzureißen, ohne das Werk zuvor zu entfernen.[1063]

b. Verhältnis zum Bundesrecht

Es fragt sich ob, die Bestimmungen der sec. 987 Cal. Civ. Code auch nach der Einführung der werkintegritätsschützenden Regelungen in das Bundesrecht durch den VARA weiter Bestand haben. Sec. 301 (f) (1) bzw. (2) (B) Copyright

---

1061 Sec. 987 (h) (1) Cal. Civ. Code lautet:
"If a work of fine art cannot be removed from a building without substantial physical defacement, mutilation, alteration, or destruction of the work, the rights and duties created under this section, unless expressly reserved by an instrument in writing signed by the owner of the building, containing a legal description of the property and properly recorded, shall be deemed waived. The instrument, if properly recorded, shall be binding on subsequent owners of the building."

1062 Siehe hierzu sec. 987 (h) (2) Cal. Civ. Code.

1063 Siehe hierzu sec. 987 (h) (3) Cal. Civ. Code.

Act regelt das Verhältnis zwischen dem Bundesrecht und den gesetzlichen Regelungen der Einzelstaaten bzw. dem common law für den Bereich des Urheberpersönlichkeitsschutzes. Danach genießt das Bundesrecht Vorrang, sofern die von der einzelstaatlichen Regelung erfassten Werke unter den bundesrechtlichen Begriff *work of visual art* fallen und die getroffenen Regelungen gleichwertig (*equivalent*) sind. Sind diese Bedingungen nicht erfüllt, so hat die einzelstaatliche Regelung weiterhin Bestand. Wie oben dargestellt, entspricht der Begriff *work of fine art* des kalifornischen Rechts weitestgehend dem Begriff *work of visual art*. Zur Bestimmung der Gleichwertigkeit der Regelungen kommt der für sec. 301 (a) Copyright Act[1064] entwickelte Merkmaltest (sog. *elements test*) zur Anwendung.[1065] Danach sind einzelstaatliche Rechte nicht gleichwertig, soweit sie zusätzliche tatbestandliche Merkmale verlangen, die qualitative Unterschiede zur bundesrechtlichen Regelung enthalten und daher auf eine abweichende Schutzrichtung hindeuten.[1066] Da die werkintegritätsschützenden Vorschriften Kaliforniens ebenso wie die des Copyright Act sowohl den Schutz der ideellen Urheberinteressen als auch die öffentlichen Interessen an der Erhaltung wichtiger Kulturgüter umfassen, lassen sich keine grundsätzlich unterschiedlichen Merkmale der Schutzvoraussetzungen ausmachen. Damit wird die Regelung des Cal. Civ. Code über den Schutz der Werkintegrität seit Inkrafttreten des VARA durch die vorrangige bundesrechtliche Regelung verdrängt.[1067] Da aber die Regelungen inhaltlich weitgehend übereinstimmen, bedeutet dies keinen Unterschied für den Schutzumfang.

2. Massachusetts

a. Inhalt der Regelung

Den Bestimmungen Kaliforniens sehr ähnlich sind die 1985 erlassenen urheberpersönlichkeitsrechtlichen Regelungen Massachusetts. Auch hier wurde ein Zerstörungsverbot erlassen. Die entsprechende Norm, ch. 231 sec. 85S (c) General Laws of Massachusetts (Gen. La. Mas.)[1068] ist bis auf die Tatsache, dass nicht

[1064] Sec. 301 (a) Copyright Act enthält eine vergleichbare Regelung des Vorrangverhältnisses des Bundesrechts zum übrigen amerikanischen Recht für den nicht persönlichkeitsrechtlichen Bereich des Copyrights.

[1065] Vgl. *Federle* (1998), S. 117 mit weiteren Nachweisen.

[1066] *Nimmer*, § 1.01(B), S. 1-15.

[1067] Zu diesem Ergebnis gelangt auch *Federle* (1998), S. 117; dagegen hält *v. Waasen* (1994), S. 208 die einzelstaatlichen Regelungen des Urheberpersönlichkeitsrechts für nicht deckungsgleich und kommt so folgerichtig zum Ergebnis einer parallelen Anwendbarkeit der Bestimmungen.

[1068] Ch. 231 sec. 85S (c) Gen. La. Mas. lautet:
„No person except an artist who owns or possesses a work which the artist has created, shall commit, or authorize the intentional commission of any physical defacement, mutilation, alteration, or destruction of a work of fine Art. As used in this section, inten-

nur die absichtliche, sondern auch die grob fahrlässige Änderung oder Zerstörung des Werkes verboten werden, mit der entsprechenden kalifornischen Norm identisch. Nahezu gleichlautend ist auch die, in ch. 231 sec. 85S Gen. La. Mas. der Normierung der einzelnen persönlichkeitsrechtlichen Befugnisse vorangestellte Erklärung mit der im kalifornischen Recht. Damit wird auch hier die doppelte Zielsetzung, Sicherung der ideellen Interessen des Urhebers und Bewahrung kulturell wertvoller Werke im Interesse der Allgemeinheit deutlich.[1069] Im Unterschied zur kalifornischen Regelung sind aber hier die geschützten Werkarten weiter gefasst. So definiert ch. 231 sec. 85S Gen. La. Mas. *work of fine art* als Originale von Werken der visuellen oder graphischen Kunst, insbesondere Gemälde, Drucke, Zeichnungen, Skulpturen, Objekte des Kunsthandwerks, Fotografien, Hologramme, Filme, Audio- und Videoaufnahmen sowie sämtliche Kombinationen dieser Werkarten. Auch hier ist der Schutz auf Werke anerkannter Qualität (*recognized quality*) beschränkt.[1070] Ausgenommen vom Schutz sind Werke, die ein Angestellter im Rahmen seines Beschäftigungsverhältnisses erstellt hat.[1071]

Die Regelungen Massachusetts' über Werke, die Bestandteil eines Gebäudes sind, ch. 231 sec. 85S Gen. La. Mas., entsprechen denen Kaliforniens.[1072] Der einzige Unterschied liegt hier darin, dass nicht ausdrücklich klargestellt wird, dass auch eine Zerstörung des Werkes ohne vorherige Entfernung aus dem Gebäude erfasst wird. Dieses ergibt sich aber aus der Systematik der Norm von selbst.[1073]

---

tional physical defacement, mutilation, alteration, or destruction includes any such action taken deliberately or through gross negligence."

1069 Ch. 231 sec. 85S Gen. La. Ma. lautet:
"The general court hereby finds and declares that the physical alteration or destruction of fine art, which is an expression of the artist's personality, is detrimental to the artist's reputation, and artists therefore have an interest in protecting their works of fine art against such alteration or destruction; and there is also a public interest in preserving the integrity of cultural and artistic creations."

1070 Die entsprechende Passage von ch. 231 sec. 85S Gen. La. Mas. lautet: „Fine art", any original work of visual or graphic art of any media which shall include, but not limited to any painting, print, drawing, sculpture, craft object, photograph, audio or video tape, film, hologram, or any combination thereof, of recognized quality."

1071 Ch. 231 sec. 85S (b) Gen. La.. Mas. "but not include such art as is created by an employee within the scope of his employment."

1072 Siehe hierzu die Ausführungen im 7. Kapitel unter B.V.1.a.

1073 Siehe hierzu die Ausführungen zur insoweit vergleichbaren Regelung des Copyright Act, 7. Kapitel B.IV.3.

b. Verhältnis zum Bundesrecht

Da die Bestimmungen Massachusetts' inhaltlich denen Kaliforniens entsprechen, werden auch diese seit Inkrafttreten der entsprechenden bundesrechtlichen Regelungen nach sec. 301 (f) Copyright Act durch die bundesrechtlichen Regelungen verdrängt.[1074] Dies gilt jedoch nur insoweit als die Regelungen Massachusetts' sich auf Werke beziehen, die unter den bundesrechtlichen Begriff *work of visual art* fallen. Der Bereich der durch ch. 231 sec. 85S Gen. La. Mas. geschützten Werke ist jedoch weiter als der des Copyright Act, da er sich über die durch das Bundesrecht geschützten Werke hinaus auch auf Audio- und Videoaufnahmen, Filme, Hologramme und Multimediawerke erstreckt. Daher behalten die Bestimmungen für diesen Bereich ihre Bedeutung.

VI. Das Urhebergesetz der ehemaligen DDR

Obgleich es sich nicht um geltendes ausländisches Recht handelt, soll hier wegen ihres bemerkenswerten Charakters dennoch die Regelung des Rechts der DDR erwähnt werden.

Nach § 43 Abs. 4 des Urheberrechtsgesetzes der DDR (URG-DDR)[1075] stand dem Urheber ein Rückkaufsrecht zum Zeitwert zu, wenn einem Original seines Werkes durch den Eigentümer eine Gefährdung oder die Vernichtung drohte. Nach dieser Regelung konnte der Urheber die Vernichtung seines Werkes dann nicht verhindern, wenn es sich bei dem von der Zerstörung bedrohten letzten Werkexemplar um ein Vervielfältigungsstück ohne Originalcharakter handelte. In der urheberrechtlichen Literatur wurde ausgeführt, als Zeitwert sei der Preis anzusehen, der zu diesem Zeitpunkt durch Verkauf an einen Dritten erzielt worden wäre. Dieser sei aber niedrig anzusetzen, wenn der Eigentümer das Werk sonst vernichtet hätte.[1076] Aus der Norm wurde teilweise eine grundsätzliche Verpflichtung zur Information des Werkschöpfers über die geplante Vernichtung abgeleitet, damit der Urheber sein Rückkaufsrecht ausüben oder zumindest Fotografien seines Werkes anfertigen könne.[1077] Nach der Gegenansicht bestand eine derartige Informationspflicht nur für die Leiter der in § 1 Abs. 2 URG-DDR aufgeführten Institutionen und Betriebe.[1078] Bemerkenswert ist, dass die Norm nicht in dem „Befugnisse des Urhebers" betitelten vierten Abschnitt des Geset-

---

[1074] Siehe die zu den kalifornischen Normen gemachten Ausführungen, 7. Kapitel B.V.1.b.

[1075] § 43 Abs. 4 URG-DDR lautet:
„Droht dem Original des Werkes durch das Verhalten seines Eigentümers eine Gefährdung oder Vernichtung, so steht dem Urheber ein Rückkaufsrecht zu dem Zeitwert zu."

[1076] *Glücksmann/Münzer/Püschel/Staat* (1980), S. 332.

[1077] *Glücksmann/Münzer/Püschel/Staat* (1980), S. 200.

[1078] *Püschel* (1969), S. 236 f.

zes eingeordnet war, in dem zunächst die nichtvermögensrechtlichen und dann im folgenden die vermögensrechtlichen Einzelrechte des Urhebers an seinem Werk normiert waren, sondern in dem mit „Urhebervertragsrecht“ betitelten achten Abschnitt des Gesetzes.[1079]

C. Uneingeschränktes Vernichtungsverbot in der Türkei

Mit der Reform des Urheberrechts im Jahre 1995 wurde in Art. 17 des türkischen Urheberrechtsgesetzes (URG-Türkei) eine Regelung zur Werkvernichtung eingeführt.[1080] Anders als in den übrigen ausdrücklichen gesetzlichen Regelungen dieser Frage, wird durch die türkische Norm keine Pflicht des Eigentümers, das Werkoriginal vor der Vernichtung dem Urheber zur Rücknahme anzubieten, begründet, sondern es wird ein striktes Vernichtungsverbot ausgesprochen. Dieses Verbot ist weder beschränkt auf Fälle, in denen der Eigentümer vom Erhaltungsinteresse des Urhebers ausgehen muss, noch ist eine Abwägung der widerstreitenden Interessen von Eigentümer und Urheber vorgesehen. Damit stellt dieses urheberrechtliche Vernichtungsverbot einen sehr weitreichenden Einschnitt in die Befugnisse des Eigentümers dar.[1081] Ob aus der Norm eine Aufbewahrungs- und Erhaltungspflicht des Eigentümers abgeleitet werden kann, ist bis heute noch ungeklärt.[1082] Besonders einschneidende Folgen hätte das Zerstörungsverbot für die Eigentümer von Werken der Baukunst. Ob aus diesem Grunde Werke der Baukunst vom Anwendungsbereich der Vorschrift auszunehmen sind, oder ob das uneingeschränkte Zerstörungsverbot auch für diese Werke gilt, wurde in der türkischen Literatur bisher ebenfalls noch nicht abschließend geklärt.[1083]

1079 Siehe zum Verhältnis der persönlichkeitsrechtlichen Befugnisse zum Urhebervertragsrecht im URG-DDR *Wandtke*, in: Wadle, Historische Studien (1993), S. 225/227 ff.

1080 Eine vollständige deutsche Übersetzung des UPR-Türkei ist abgedruckt in GRUR Int. 2000, S. 48 ff. Die Originalübersetzung des Gesetzes aus dem Jahr 1951 wurde von *Hirsch* angefertigt. Überarbeitungen und die Übersetzung der Gesetzesänderungen aus den Jahren 1983 und 1995 wurden von *Nal* vorgenommen.
Die deutsche Übersetzung der einschlägigen Passage von Art. 17 URG-Türkei lautet:
„4) Rechte des Urhebers gegenüber Eigentümer und Besitzer
Art. 17 - (...)
Der Eigentümer des Originals kann im Rahmen der mit dem Urheber vereinbarten Bestimmungen über das Werk verfügen. Allerdings darf er das Werk nicht zerstören und vernichten und darf die Rechte des Urhebers nicht verletzen.
(...)“

1081 Vgl. *Nal*, GRUR Int. 2000, S. 1/20 f. siehe speziell Fn. 275.

1082 *Nal*, GRUR Int. 2000, S. 1/21.

1083 *Nal*, GRUR Int. 2000, S. 1/21.

D. Fazit

Es zeigt sich, dass bisher nur relativ wenige Staaten eine ausdrückliche Regelung der Vernichtungsbefugnis des Eigentümers eines Werkstücks getroffen haben. Überwiegend wird in diesen ausdrücklichen Regelungen dem Eigentümer auferlegt, vor der Vernichtung eines Originals dieses dem Eigentümer zur Rücknahme gegen Erstattung des Materialwertes anzubieten. Ist eine Rückgabe nicht möglich, wie z.B. bei Bauwerken, so hat der Eigentümer den Urheber zu informieren, um ihm die Nachbildung, bzw. bei Bauwerken, die Abbildung, zu ermöglichen. Es wird durch diese Regelungen also ein Ausgleich zwischen den Urheber- und den Eigentümerinteressen herbeigeführt. Nur die Regelung der Türkei verzichtet auf einen Interessenausgleich und erklärt die Vernichtung strikt für unzulässig.

Während die relativ jungen Urheberrechtsordnungen vergleichsweise häufig eine Regelung der Frage der Vernichtungsbefugnis enthalten, wird eine solche Regelung in nahezu allen Urheberrechtsordnungen älteren Datums ausgespart. Dies überrascht vor allem deshalb, weil die Konferenz von Brüssel zur Revision der Berner Übereinkunft schon im Jahre 1948 den Mitgliedsstaaten vor dem Hintergrund, dass ein solches Verbot von Art. 6bis RBÜ nicht ausdrücklich vorgesehen sei, die Einführung von Vorschriften über das Verbot der Vernichtung von Kunstwerken empfohlen hat.[1084]

Auffällig ist, dass verhältnismäßig viele Staaten Osteuropas eine Normierung der Vernichtungsbefugnis des Eigentümers enthalten. Das liegt daran, dass nach dem grundlegenden Wandel der politischen, ökonomischen und sozialen Verhältnisse seit dem Herbst 1989 in den Staaten Osteuropas im Zuge der umfassenden Erneuerung der Rechtssysteme hier auch neue Urheberrechtsgesetze erlassen wurden. Dadurch verfügen die osteuropäischen Staaten über sehr junge und z.T. sehr moderne und fortschrittliche Urheberrechtssysteme.[1085] Entsprechend häufig enthalten diese Gesetze daher auch eine Normierung des Zerstörungsverbots.

[1084] Le Droit d' Auteur (DdA) 1948, S. 117 ; zitiert bei *v. Waasen* (1994), S. 241.

[1085] Vgl.: *Dietz* in: Wandtke, Urheberrecht Mittel- und Osteuropa I (1997), S. 19.

Anhang: Vorschlag einer Regelung de lege ferenda

A. Gründe für eine gesetzliche Normierung

Wie der weit gefächerte Meinungsstand in der Frage der Befugnis des Urhebers, die Werkvernichtung zu verbieten, zeigt, besteht in diesem Bereich eine erhebliche Rechtsunsicherheit. Auch wenn schon durch eine entsprechende Auslegung der bestehenden gesetzlichen Regelungen, wie im Rahmen dieser Arbeit gezeigt wurde, der gebotene Ausgleich der widerstreitenden Interessen des Urhebers und des Eigentümers in befriedigender Weise hergestellt werden kann, so erscheint doch zur Klärung des Streitstandes und zur Herbeiführung einer größeren Rechtssicherheit eine gesetzliche Normierung des Problems angezeigt. Mit dem hier entwickelten Normvorschlag sollen dem Urheber keine weitergehenden Rechte als die im Rahmen dieser Arbeit durch Auslegung des bisher geltenden Rechts entwickelten gewährt werden. Der Normvorschlag dient daher nur der Klarstellung der Rechtslage in dieser Frage.

Eine gesetzliche Regelung der Befugnis, die Werkvernichtung zu verbieten, muss einen verhältnismäßigen Ausgleich zwischen den grundrechtlich geschützten Interessen des Urhebers und denen des Eigentümers herbeiführen. Dabei ist durch die Herstellung einer praktischen Konkordanz beiden Interessen in möglichst weitem Maße zur Verwirklichung zu verhelfen. Der Unterschied einer vom Rechtsanwender zur Auslegung einer Generalklausel vorgenommen Interessenabwägung und der vom Gesetzgeber vorgenommenen Gewichtung der gegenläufigen Gesichtspunkte ist allein der, dass der Rechtsanwender in einem konkreten Einzelfall eine sach- und interessengerechte Entscheidung zu finden hat. Dem Gesetzgeber kommt dagegen die Aufgabe zu, für eine Vielzahl von Einzelfällen eine generell-abstrakte Lösung zu entwickeln. Die dabei vorgenommenen Abwägungs- und Gewichtungsprozesse unterscheiden sich aber nicht grundsätzlich voneinander. Daher kann hier auf die Ergebnisse der oben angestellten Interessenabwägung zurückgegriffen werden.

Durch die Verwendung unbestimmter Rechtsbegriffe und Generalklauseln kann der Gesetzgeber Teile der Abwägungsentscheidung auf den Rechtsanwender verlagern. Dies ermöglicht eine größere Einzelfallgerechtigkeit, führt aber zu einer verstärkten Rechtsunsicherheit. Ein sehr eng und bestimmt gefasster gesetzlicher Tatbestand trägt zwar der Rechtssicherheit in hohem Maße Rechnung, birgt aber die Gefahr in sich, in bestimmten Einzelfällen zu unbilligen Ergebnissen zu führen. Die für die Werkvernichtung oben dargelegten Grundsätze der Interessenabwägung zeigen, dass eine gesetzliche Regelung, die dem Rechtsanwender keinen Entscheidungsspielraum lässt, in diesem Fall unpraktikabel wäre. Durch die großen individuellen Unterschiede etwa hinsichtlich der Intensität der Urheber-Werk-Beziehung, der Art des Eigentumserwerbs am

Werk oder der Gründe, die den Eigentümer zur Werkvernichtung veranlassen, kann keine tatbestandlich eng umrissene, generell-abstrakte Regelung getroffen werden, die sich in jedem Einzelfall als verhältnismäßig erweist. Die gesetzliche Regelung muss also dem Rechtsanwender Raum für eine Interessenabwägung im Einzelfall lassen, so wie dies auch die bereits bestehenden gesetzlichen Regelungen des Werkintegritätsschutzes, die §§ 14 und 39 UrhG, tun. Bestimmte Aspekte sind aber durchaus einer generell-abstrakten Regelung zugänglich. So ist es z.B. zur Herstellung eines verhältnismäßigen Ausgleichs der gegenläufigen Interessen des Urheber und des Eigentümers geboten, dass der Eigentümer dem Urheber vor der Vernichtung des Werkes dessen Rücknahme gegen Erstattung des Materialwertes anbietet, sofern dies möglich ist.

B. Normvorschlag

§ 14 a UrhG:

(1) Der Eigentümer ist nicht berechtigt, das einzige vorhandene Werkexemplar zu vernichten, sofern er damit die berechtigten Interessen des Urhebers an der Erhaltung des Werkes verletzt. Bei Werken der bildenden Kunst gilt dies nur für den Eigentümer des einzigen Originals des Werkes.

(2) Der Eigentümer hat dem Urheber, anstatt das Werk zu vernichten, die Rückgabe des Werkexemplars gegen Erstattung des Materialwertes anzubieten, sofern ihm dies mit zumutbaren Aufwand möglich ist.

(3) Ist die Rückgabe nicht möglich oder dem Eigentümer nicht zuzumuten, so hat der Eigentümer vor der Vernichtung, soweit ihm dies möglich und zumutbar ist, dem Urheber Zugang zum Werkstück zu gewähren, um dem Urheber in angemessener Weise die Anfertigung einer Abbildung oder einer Nachbildung des Werkstücks auf Kosten des Urhebers zu ermöglichen.

(4) Abweichende rechtsgeschäftliche Vereinbarungen zwischen dem Urheber und dem Eigentümer sind zulässig.

C. Einzelheiten der Norm

Die Einordnung der Norm in den Abschnitt *Urheberpersönlichkeitsrechte* macht deutlich, dass mit der Regelung vorrangig der Schutz der ideellen Urheberinteressen bezweckt ist. Durch das Merkmal der *berechtigten Interessen* in Abs. 1

wird eine umfassende Abwägung der Interessen des Urhebers und des Eigentümers ermöglicht. Als berechtigt sind die Erhaltungsinteressen des Urhebers nur dann anzusehen, wenn sie die Interessen des Eigentümers an der Vernichtung überwiegen. In Abs. 2 und 3 sind als Möglichkeiten eines verhältnismäßigen Interessenausgleichs die Rückgabe des Werkes gegen Erstattung des Materialwertes bzw. die Ermöglichung des Zugangs zur Anfertigung von Nachbildungen oder Abbildungen des Werkes vorgesehen. Im Rahmen der Interessenabwägung sind auch diese Möglichkeiten mit einzubeziehen. Nach den oben dargelegten Grundsätzen der Interessenabwägung ist der Eigentümer, sofern die Rückgabe des Werkes nicht möglich ist, sei es, weil der Urheber die Annahme des Werkes verweigert, sei es, weil er nicht aufzufinden ist, im Regelfall berechtigt, das Werk zu vernichten.

Zur Beurteilung der Zumutbarkeit des zur Rückgabe des Werkes nach Abs. 2 zu betreibenden Aufwandes sind das Interesse des Urhebers an der Erhaltung des Werkes und die vom Eigentümer aufzuwendenden Anstrengungen zueinander in Beziehung zu setzen. Wie oben[1086] dargelegt wurde, ist es eine Obliegenheit des Urhebers, dafür Sorge zu tragen, dass dem Eigentümer seine Anschrift bekannt oder für ihn problemlos zu ermitteln ist. Vom Eigentümer sind keine größeren Nachforschungsarbeiten zu verlangen.

Abs. 3 findet auf alle Fälle Anwendung, in denen zwar eine Mitteilung an den Urheber möglich ist, das Werk aber nicht zurückgegeben werden kann, oder die Rückgabe sich für den Eigentümer als unzumutbar erweist. Damit erfasst Abs. 3 z.B. Bauwerke sowie sonstige Werke, die dergestalt mit einem Gebäude verbunden sind, dass ihre Abtrennung zwangsläufig zur Zerstörung des Werkes oder des Gebäudes führt. Als unzumutbar kann sich im Einzelfall die Rückgabe auch dann erweisen, wenn das Werk untrennbar mit einer anderen beweglichen Sache des Eigentümers verbunden ist. Da dem Urheber das Recht, das Werk abzubilden oder nachzubilden, nur insoweit zusteht, als dem Eigentümer dies zumutbar ist, ist auch hier eine Interessenabwägung vorzunehmen. Durch die ausdrückliche Betonung, dass die Ab- oder Nachbildung in angemessener Weise zu geschehen hat, wird zum Ausdruck gebracht, dass der Eigentümer den Urheber hierbei nicht übermäßig einschränken darf. Genauso hat aber auch der Urheber auf die Interessen des Eigentümers Rücksicht zu nehmen. So darf er z.B. nicht durch die Wahl eines unangemessen komplizierten, zeitlich und räumlich aufwändigen Nachbildungsverfahren über Gebühr in die Belange des Eigentümers eingreifen, wenn hierfür kein sachlicher Grund spricht.

Abs. 4 stellt klar, dass der Urheber die Möglichkeit hat, in dem im 5. Kapitel dargestellten Umfang seine Rechte rechtsgeschäftlich einzuschränken. Ihm steht es also frei, (auch mit dinglicher Wirkung) die uneingeschränkte Zulässigkeit

---

[1086] Vgl. 4. Kapitel B.III.3.b.dd.

der Werkvernichtung zu vereinbaren. Die Vereinbarung eines Vernichtungsverbots entfaltet dagegen, wie oben dargestellt wurde, keine Wirkung zwischen dem Urheber und einem späteren Eigentümer des Werkstücks.

Literaturverzeichnis

Achtenberg, Norbert; Das nachvertragliche Wettbewerbsverbot in verfassungsrechtlicher Sicht, JZ 1975, Seite 713 ff.

Adler, Emanuel; Zum Freskenurteil des Reichsgerichts, RuW 1912, Seite 452 ff.

Alfeld, Philipp; Das Urheberrecht an Werken der Literatur und der Tonkunst, 2. Auflage, München 1928

Altenberg, Bruno; Zum Kunstschutzrecht des Architekten, JW 1913, Seite 76 ff.

Altenburg, Dorothee; Die neuere Entwicklung des Urheberpersönlichkeitsrechts in Deutschland und Frankreich, München 1994

Badura, Peter; Eigentum, in: Benda, Ernst u.a. (Hrsg.); Handbuch des Verfassungsrechts der Bundesrepublik Deutschland, 2. Auflage, Berlin u.a. 1994, zit.: *Badura*, in: Benda u.a., Handbuch des Verfassungsrecht (1994)

Bappert, Walter; Wege zum Urheberrecht, Frankfurt am Main 1962

Barrelet, Denis/ *Egloff*, Willi; Das neue Urheberrecht, 2. Auflage, Bern 2001

Baucks, Eckhard, Der U.S. Visual Artists Rights Act of 1990 - Durchbruch zum droit moral?, ZUM 1992, Seite 72 ff.

Baumbach, Jürgen; Einführung in die Rechtswissenschaft, 8. Auflage, München 1989

Beigel, Herbert; Urheberecht des Architekten, Wiesbaden u.a. 1984

Bernsdorff, Norbert/ *Kleine-Tebbe*, Andreas; Kulturgutschutz in Deutschland, Köln u.a. 1996

Bielenberg, o.A.; Anmerkung zum Urteil des BGH - Schulerweiterung, GRUR 1974, Seite 675 ff.

Bindthardt, Walter; Erweiterung und Veränderung des Bauwerks und Urheberrecht des Architekten, BauR 1989, Seite 412 ff.

Bleckmann, Albert; Neue Aspekte der Drittwirkung der Grundrechte, DVBl 1988, Seite 938 ff.

de Boor, Hans Otto; Vom Wesen des Urheberechts, Marburg 1933, zit.: *de Boor* (1933)

ders.; Die Grundprobleme der Urheberrechtsreform, UFITA Band 18 (1954), Seite 260 ff., zit.: *de Boor*, UFITA 18 (1954)

ders.; Konstruktionsfragen im Urheberrecht, UFITA Band 16 (1944), Seite 345 ff., zit.: *de Boor*, UFITA 16 (1944)

ders.; Urheberecht und Verlagsrecht, Stuttgart 1917, zit.: *de Boor* (1917)

Borges, Friedrich; Das Urheberecht an Werken der Baukunst, Würzburg 1934

Brandl, Norbert; Anmerkungen zum Urteil des OLG-München - Exklusivvertrag, AfP 1981, Seite 349 ff.

Brockhaus; Wahrig, Gerhardt (Hrsg.); Deutsches Wörterbuch, Wiesbaden 1984, zit.: *Brockhaus*

Bullinger, Winfried; Kunstwerkfälschung und Urheberpersönlichkeitsrecht, Berlin 1997

Canaris, Claus-Wilhelm; Grundrechtswirkungen und Verhältnismäßigkeitsprinzip in der richterlichen Anwendung und Fortbildung des Privatrechts, JuS 1989, Seite 161 ff., zit.: *Canaris*, JuS 1989

ders.; Grundrechte und Privatrecht, AcP Band 184 (1984), Seite 201 ff., zit.: *Canaris*, AcP 184 (1984)

Christen, Felix; Die Werkintegrität im schweizerischen Urheberrecht, Bern 1982

Damme, o.A.; Künstlers Namens- und Werkschutz, DJZ 1910, Spalte 1201 ff.

Dasch, Norbert; Die Einwilligung zum Eingriff ins Recht am eigenen Bild, München 1990

Degenhart, Christoph; Das allgemeine Persönlichkeitsrecht, Art. 2 I i.V.m. Art. 1 I GG, JuS 1992, Seite 360 ff.

Deutsch, Erwin; Allgemeines Haftungsrecht, 2. Auflage, Köln u.a. 1996

Dieselhorst, Jochen; Urheberpersönlichkeitsschutz im Vergleich: Deutschland - USA, Frankfurt am Main u.a. 1995, zit.: *Dieselhorst* (1995)

ders.; Das Ende des "amoralen" Copyrights? GRUR Int. 1992, Seite 902 ff., zit.: *Dieselhorst*, GRUR Int. 1992

Dietz, Adolf; Das Urhebervertragsrecht in seiner rechtspolitischen Bedeutung, in: Beier, Friedrich-Karl u.a. (Hrsg.); Urhebervertragsrecht, Festgabe für Gerhard Schricker zum 60. Geburtstag, München 1995, Seite 1 ff., zit. *Dietz*, Fs. Schricker (1995)

ders.; Das Droit Moral des Urhebers im neuen französischen und deutschen Urheberrecht, München 1968, zit.: *Dietz* (1968)

ders.; The artist´s Right of Integrity under Copyright Law - A Comparative Approach, The international review of Industrial Property and Copyright Law 1994, Seite 179 ff., zit.: *Dietz*, The international review of Industrial Property and Copyright Law 1994

ders.; Das Urheberrecht in Spanien und Portugal, München 1987, zit.: Dietz (1987)

ders.; Die USA und das "droit moral": Idiosynkrasie oder Annäherung? GRUR Int. 1989, Seite 627 ff., zit.: *Dietz*, GRUR Int. 1989

ders.; Das Urheberpersönlichkeitsrecht vor dem Hintergrund der Harmonisierungspläne der EG-Kommission, ZUM 1993, Seite 309 ff., zit.: *Dietz*, ZUM 1993

ders.; Urheberrecht im Wandel. Paradigmenwechsel im Urheberrecht, in: Dittrich, Robert (Hrsg.); Woher kommt das Urheberrecht und wohin geht es?, Wien 1988, Seite 200 ff., zit.: *Dietz*, in: Dittrich, Woher kommt das Urheberrecht und wohin geht es? (1988)

Dolzer, Rudolf/ *Vogel*, Klaus (Hrsg.); Bonner Kommentar zum Grundgesetz, Loseblattsammlung Stand: 98. Lieferung/Dezember 2001, Heidelberg, zit.: BK - *Bearbeiter*

Dreier, Horst (Hrsg.); Grundgesetz Kommentar, Band 1, Tübingen1996, zit.: Dreier - *Bearbeiter*

Dreier, Thomas/ *Katzenberger*, Paul/ *Lewinski*, Silke v./ *Schricker*, Gerhard; in: Schricker, Gerhard (Hrsg.); Urheberrecht auf dem Weg zur Informationsgesellschaft, Baden-Baden 1997, zit.: *Dreier/Katzenberger/Lewinski/Schricker*, in: Urheberrecht (1997)

Dürig, Günter; Grundrechte und Zivilrechtsprechung, in: Maunz, Theodor (Hrsg.); Vom Bonner Grundgesetz zur gesamtdeutschen Verfassung Festschrift zum 75. Geburtstag von Hans Nawiasky, München 1956, Seite 157, zit.: *Dürig*, Fs. Nawiasky (1956)

Ehmann, Horst; Zur Struktur des Allgemeinen Persönlichkeitsrechts, JuS 1997, Seite 193 ff.

Engisch, Karl; Einführung in das juristische Denken, 9. Auflage, Stuttgart u.a. 1997

Enneccerus, Ludwig/ *Nipperdey*, Hans Carl; Allgemeiner Teil des Bürgerlichen Rechts, Erster Halbband, 15. Auflage, Tübingen 1959

Erdmann, Willi; Neue höchstrichterliche Rechtsprechung zum Urheberecht und Geschmacksmusterrecht, Köln 1985, zit.: *Erdmann* (1985)

ders.; Sacheigentum und Urheberrecht, in: Erdmann, Willi u.a. (Hrsg.); Festschrift für Henning Piper, München 1996, Seite 655 ff., zit.: *Erdmann*, Fs. Piper (1996)

Erman, Walter/ *Westermann*, Harm Peter (Hrsg.); Handkommentar zum Bürgerlichen Gesetzbuch, 10. Auflage, Münster 2000, zit.: Erman - *Bearbeiter*

Ermecke, Gustav; Die Verantwortung von Staat und Gesellschaft für das geistige Schöpfertum, Berlin 1956

Fechner, Frank; Geistiges Eigentum und Verfassung, Tübingen 1999

Federle, Markus Alexander; Der Schutz der Werkintegrität gegenüber dem vertraglich Nutzungsberechtigten im deutschen und US-amerikanischen Recht, Baden-Baden 1998

Fichte, Johann Gottlieb; Beweis der Unrechtmäßigkeit des Büchernachdrucks, Berlin 1793, Berlinische Monatsschrift 21, Seite: 443 ff,, Nachdruck: UFITA 106 (1987), S. 155 ff.

Fikentscher, Wolfgang; Schuldrecht, 9. Auflage, Berlin u.a. 1997, zit.: *Fikentscher* (1997)

ders.: Methoden des Rechts in vergleichender Darstellung; Band III; Mitteleuropäischer Rechtskreis, Tübingen 1976, zit.: *Fikentscher* (1976)

Fischer, Hans Albrecht; Die Rechtswidrigkeit mit besonderer Berücksichtigung des Privatrechts, München 1911

Forkel, Hans; Gebundene Rechtsübertragungen, Erster Band: Patent, Musterrechte, Urheberrecht, Köln u.a. 1977, zit.: *Forkel* (1977)

ders.; Lizenzen an Persönlichkeitsrechten durch gebundene Rechtsübertragung, GRUR 1988, Seite 491 ff., zit.: *Forkel*, GRUR 1988

Frank; Der Wanbbesprayer und das Urheberrecht, SchweizJZ 1979, Seite 223 ff.

Fromm, Friedrich Karl/ *Nordemann*, Wilhelm (Hrsg.); Urheberrecht, 8. Auflage, Stuttgart u.a., zit.: Fromm/Nordemann - *Bearbeiter*

Fuchs, Wolfgang; Das Urheberpersönlichkeitsrecht in der bildenden Kunst, Heidelberg 1951

Funkel, Thorsten; Schutz der Persönlichkeit durch Ersatz immaterieller Schäden in Geld, München 2001

Gamm, Otto-Friedrich Freiherr von; Urheberrecht, München 1968

Gerlach, Johann W.; Das Urheberrecht des Architekten und die Einräumung von Nutzungsrechten nach dem Architektenvertrag, GRUR 1976, Seite 613 ff.

Gerstenberg, Ekkehard; Die Urheberechte an Werken der Kunst, der Architektur und der Photographie, München 1968, zit.: *Gerlach* (1968)

ders.; Anmerkung zu dem Urteil des LG München I - Eiskrembecher, Schulze LGZ 119

Gierke, Otto von; Deutsches Privatrecht, Band I, Allgemeiner Teil und Personenrechte, Leipzig 1895, Nachdruck der Seiten 748-848: UFITA Band 125 (1994), S. 103,

Gieseke, Ludwig; Die geschichtliche Entwicklung des deutschen Urheberrechts, Göttingen 1957, zit.: Gieseke (1957)

ders.; Vom Privileg zum Urheberrecht, Die Entwicklung des Urheberrechts in Deutschland bis 1845, Baden-Baden 1995, zit.: *Gieseke* (1995)

Ginsburg, Jane C.; Urheberpersönlichkeitsrechte im Rechtssystem des Common Law, GRUR Int. 1991, Seite 593 ff.

Glücksmann, Anselm/ *Münzer*, Georg/ *Püschel*, Heinz/ *Staat*, Friedrich; Urheberrecht, Meyers Taschenlexikon, 2. Auflage, Leipzig 1980

Götting, Horst-Peter; Persönlichkeitsrechte als Vermögensrechte, Tübingen 1995

Gottwald, Stefan; Das allgemeine Persönlichkeitsrecht - Ein zeitgeschichtliches Erklärungsmodell, Berlin 1996

Grohmann, Hans; Das Recht des Urhebers, Entstellungen und Änderungen seines Werkes zu verhindern, Erlangen 1971

Grunert, Eike Wilhelm; Werkschutz contra Inszenierungskunst - Der urheberrechtliche Gestaltungsspielraum der Bühnenregie, München 2002

Häberle, Peter; Die Freiheit der Kunst im Verfassungsstaat, AöR Band 110 (1985), Seite 577 ff.

Haberstumpf, Helmut; Handbuch des Urheberechts, 2. Auflage, Neuwied u.a. 2000

Hager, Johannes; Grundrechte im Privatrecht, JZ 1994, Seite 373 ff.

Hamann, Wolfram; Grundfragen der Originalfotografie, UFITA Band 90 (1981), Seite 45 ff., zit.: *Hamann*, UFITA 90 (1981)

ders.; Der urheberrechtliche Originalbegriff der bildenden Kunst unter besonderer Berücksichtigung graphischer Vervielfältigungen, Frankfurt am Main 1980, zit.: *Hamann* (1980)

ders.; Urheberechtsprobleme um Beuys-Badewanne FuR 1976, Seite 166 ff., zit.: Hamann, FuR 1976

Hartmann, Nicolai; Das Problem des geistigen Seins, 2. Auflage, Berlin u.a. 1949

Hauffe, Hans Günther; Der Künstler und sein Recht, München 1955

Heath, Christopher; Verwertungsverträge im Bereich der Baukunst, in: Beier, Friedrich-Karl u.a. (Hrsg.); Urhebervertragsrecht, Festgabe für Gerhard Schricker zum 60. Geburtstag, München 1995, Seite 459 ff., zit.: *Heath*, Fs. Schricker (1995)

Hegemann, Jan; Der Schutz des bildenden Künstlers vor Entstellung und sonstigen Beeinträchtigungen seines Werkes durch direkte und indirekte Eingriffe, in: Schertz, Christian u.a. (Hrsg.); Festschrift für Paul W. Hertin zum 60. Geburtstag, München 2000, Seite 87 ff. zit.: *Hegemann*, Fs. Hertin (2000)

Helle, Jürgen; Die Einwilligung beim Recht am eigenen Bild, AfP 1985, Seite 93 ff., zit.: *Helle*, AfP 1985

ders.; Besondere Persönlichkeitsrechte im Privatrecht, Tübingen 1991, zit.: Helle (1991)

ders.; Wirtschaftliche Aspekte zivilrechtlichen Persönlichkeitsschutzes, RabelsZ Band 60 (1996), Seite 448 ff., zit.: *Helle*, RabelsZ 60 (1996)

Herrmann, Günter; Verfassungsrechtliche und rundfunkrechtliche Aspekte des Urhebervertragsrechts, UFITA Band 73 (1975), Seite 85 ff.

Hesse, Konrad; Grundzüge des Verfassungsrechts der Bundesrepublik Deutschland, 20. Auflage, Heidelberg 1995, zit.: *Hesse* (1995)

Hesse, Hans Gerd; Urheberecht des Architekten, BauR 1971, Seite 209 ff., zit.: *Hesse*, BauR 1971

Hilty, Reto M.; Unübertragbarkeit urheberrechtlicher Befugnisse: Schutz des Urhebers oder dogmatisches Ammenmärchen?, in: Becker, Jürgen u.a. (Hrsg.); Recht im Wandel seines sozialen und technologischen Umfeldes, Festschrift für Manfred Rehbinder, München u.a. 2002, Seite 259 ff., zit.: Hilty, Fs. Rehbinder (2002)

Hubmann, Heinrich; Das Persönlichkeitsrecht, 2. Auflage, Köln 1967, zit.: *Hubmann* (1967) *ders.*; Grundsätze der Interessenabwägung, AcP Band 155 (1956), Seite 85 ff., zit.: *Hubmann*, AcP 115 (1956)

ders.; Wertung und Abwägung im Recht, Köln u.a. 1977, zit.: *Hubmann* (1977)

ders.; Urheber- und Verlagsrecht, 5. Auflage, München 1984, zit.: *Hubmann* (1984)

ders.; Die Sachgerechtigkeit, in: Floßmann, Ursula (Hrsg.), Rechtsgeschichte und Rechtsdogmatik; Festschrift für Hermann Eichler, Wien u.a. 1977, Seite 259 ff., zit.: Hubamnn, Fs. Eichler (1977)

Hunziker, Manfred; Immaterialgüterrechte nach dem Tod des Schöpfers, Zürich u.a. 1983

Jarass, Hans D.; Das allgemeine Persönlichkeitsrecht im Grundgesetz, NJW 1989, Seite 857 ff.

Jarass, Hans D./ *Pieroth*, Bodo; Grundgesetz für die Bundesrepublik Deutschland Kommentar, 6. Auflage, München 2002, zit. Jarass/Pieroth - *Bearbeiter*

Jescheck, Hans-Heinrich/ *Weigend*, Thomas; Lehrbuch des Strafrechts, Allgemeiner Teil, 5. Auflage, Berlin 1996

Jestaedt, Matthias B.; Die Zulässigkeit der Änderung von Werken der Baukunst durch den Inhaber des Nutzungsrechts nach § 39 UrhG, Gießen 1997

Kant, Immanuell; Von der Unrechtmäßigkeit des Büchernachdrucks, Berlin 1785, Berlinische Monatsschrift, Seite 403 ff., Nachdruck: UFITA 106 (1987), S. 137 ff.

Katzenberger, Paul; Das Folgerecht im deutschen und ausländischen Urheberecht, München 1970

Kellerhals, Miriam; Urheberpersönlichkeitsrechte im Arbeitsverhältnis, Konstanz 2000

Kimms, Frank/ *Schlünder*, Irene; Verfassungsrecht II, Grundrechte, München 1998

Kleeberg, Rudolf/ *Eberl*, Wolfgang; Kulturgüter im Privatbesitz, 2. Auflage, Heidelberg 2001

Kohler, Josef; Das Persönlichkeitsrecht des Künstlers, MuW 1917, Seite 117 ff., zit.: *Kohler*, MuW 1917

ders.; Urheberrecht an Schriftwerken und Verlagsrecht, Stuttgart 1907, zit.: *Kohler* (1907)

ders.; Das Recht an Briefen, Archiv für Bürgerliches Recht, Band 7 (1893), Seite 94 ff., zit.: *Kohler*, Archiv für Bürgerliches Recht 7 (1983)

Kothe, Wolfhard; Die rechtfertigende Einwilligung, AcP Band 185 (1985), Seite 105 ff.

Kraft, Alfons; Interessenabwägung und gute Sitten im Wettbewerbsrecht, Berlin,1963

Kraßer, Rudolf; Die Wirkung der einfachen Patentlizenz, GRUR Int. 1983, Seite 537 ff., zit.: *Kraßer*, GRUR Int. 1983

ders.; Verpflichtung und Verfügung im Immaterialgüterrecht, GRUR Int. 1973, Seite 230 ff., zit.: *Kraßer*, GRUR Int. 1973

Krüger-Nieland, Gerda; Das Urheberpersönlichkeitsrecht, eine besondere Erscheinungsform des allgemeinen Persönlichkeitsrechts?, in: Caemmerer, Ernst v., u.a. (Hrsg.); Festschrift für Fritz Hauß zumk 70. Geburtstag, Karlsruhe 1978, Seite 215 ff., zit.: *Krüger-Nieland*, Fs. Hauß (1978)

dies.; Der Urheberrechtsschutz im Spannungsfeld der Eigentumsgarantie der Verfassung, in: Jagenburg, Walter u.a. (Hrsg.); Festschrift für Walter Oppenhoff zum 80. Geburtstag, München 1985, Seite 173 ff., zit.: *Krüger-Nieland*, Fs. Oppenhoff (1985)

Larenz, Karl; Das "allgemeine Persönlichkeitsrecht" im Recht der unerlaubten Handlungen, NJW 1955, Seite 521 ff., zit.: *Larenz*, NJW 1955

ders./ Wolf, Manfred; Allgemeiner Teil des Bürgerlichen Rechts, 8. Auflage, München 1997, zit.: *Larenz/Wolf* (1997)

ders.; Lehrbuch des Schuldrechts, Zweiter Band, Besonderes Schuldrecht, 12. Auflage, München 1981, zit.: *Larenz* (1981) *ders.*; Methodenlehre der Rechtswissenschaft, 6. Auflage, Berlin u.a. 1991, zit.: *Larenz* (1991)

ders.; Lehrbuch des Schuldrechts, Erster Band, Allgemeiner Teil, 14. Auflage, München 1987, zit.: *Larenz* (1987)

ders./ Canaris, Claus-Wilhelm; Lehrbuch des Schuldrechts, Zweiter Band, Besonderer Teil, 2. Halbband, 13. Auflage, München 1994, zit.: *Larenz/Canaris* (1994)

Latka, Romy; Das droit moral in den Niederlanden, Münster 2000

Lerche, Peter; Übermaß und Verfassungsrecht, Zur Bindung des Gesetzgebers an die Grundsätze der Verhältnismäßigkeit und der Erforderlichkeit, Köln 1961

Lewinski, Silke von/ *Dreier*, Thomas; Kolorierung von Filmen, Laufzeitänderung und Formatanpassung: Urheberrecht als Bollwerk?, GRUR Int. 1989, Seite 635 ff.

Locher, Horst; Das Recht der bildenden Kunst, München 1970

Löhlein, Robert; Der Schutz des Kunstwerkes vor Entstellungen, Erlangen 1929

Lutz, Martin J.; Über das Urheberecht des Architekten bei Änderungen von Bauwerken, in: Brem, Ernst u.a. (Hrsg.); Festschrift zum 65. Geburtstag von Mario M. Pedrazzini, Bern 1990, Seite 617 ff., zit.: *Lutz*, Fs. Pedrazzini (1990)

Magold, Hanns Arno; Personenmerchandising, Frankfurt am Main u.a., 1994

Mangoldt, Hermann von/ *Klein*, Friedrich/ *Starck*, Christian; Das Bonner Grundgesetz, Kommentat Band 1 und 2, 4. Auflage, München 1999/2000, zit.: v. Mangoldt/Klein/Starck - *Bearbeiter*

Martin, Dieter/ *Schmidt*, Karin; Denkmalschutzrecht in Berlin, Berlin 2000

Marwitz, Bruno/ *Möhring*, Phlipp; Das urheberecht an Werken der Literatur und der Tonkunst in Deutschland, Berlin 1929

Maunz,Theodor/ *Dürig*, Günter; Grundgesetz Kommentar, Loseblattsammlung, München, Stand: 37. Lieferung, zit.: Maunz/Dürig - *Bearbeiter*

Medicus, Dieter; Schuldrecht II, Besonderer Teil, 10. Auflage, München 2000

Mentha, Bénigne; Einige Gedanken zum Urheberpersönlichkeitsrecht, GRUR Int. 1973, Seite 295 ff.

Mestmäcker, Ernst-Joachim/ Schulze, Erich; Kommentar zum deutschen Urheberrecht, Loseblattsammlung, Neuwied u.a., Stand: 32. Lieferung, Juli 2002

Metzger, Axel; Rechtsgeschäfte über das Droit Moral im deutschen und französischen Urheberrecht, München 2002

Meyer, Wilfried, Der Schutz gegen Änderungen und Entstellungen von Werken der bildenden Kunst, Zürich 1937

Michaelis, Robert; Persönlichkeitsrechtliche Befugnisse im deutschen Urheberecht und droit moral des französischen Rechts, Berlin 1926

Mittelstaedt, o.A.; Droit moral im deutschen Urheberrecht, GRUR 1913, Seite 84 ff.

Mizaras, Vytautas; Das Urheberrecht der Republik Litauen, GRUR Int. 2002, Seite 303 ff.

Möhring, Philipp/ *Nicolini*, Käthe (Hrsg.); Urheberrechtsgesetz Kommentar,
1. Auflage, Berlin u.a. 1970,
zit.: Möhring/Nicolini - *Bearbeiter*, 1. Auflage
2. Auflage, München 2000, zit.: Möhring/Nicolini - *Bearbeiter*

ders.; Anmerkungen zum Urteil des Reichsgerichts - Felseneiland mit Sirenen, Schulze RGZ 4

Movessian, Vera; Darf man Kunstwerke vernichten?, UFITA Band 95 (1983), Seite 77 ff.

Müller, Georg; Bemerkungen über das Urheberpersönlichkeitsrecht, UFITA Band 2 (1929), Seite 367 ff.

Müller-Erzbach; Die Rechtswissenschaft im Umbau, München 1950

Münch, Ingo von/ *Kunig*, Philip; Grundgesetz Kommentar, Band 1 (Präambel bis Art. 19), 5. Auflage, München 2000, zit.: v. Münch/Kunig - *Bearbeiter*

Münchener Kommentar zum Bürgerlichen Gesetzbuch, Herausgegeben von *Rebmann*, Kurt u.a., Band 1 (§§ 1- 240) 3. Auflage 1993, 4. Auflage 2001,
Band 2 (§§ 241-432)) 4. Auflage 2001,
Band 5 (§§ 705-853) 3. Aufl. 1997,
Band 6 (§§ 854-1296) 3. Auflage 1997,
zit.: MüKo - *Bearbeiter* (Aufl.)

Müsse, Hans-Gabriel; Das Urheberpersönlichkeitsrecht unter besonderer Berücksichtigung der Veröffentlichung und der Inhaltsmitteilung, Tübingen 1999

Nahme, Hans-Dieter; Veränderungen an urheberechtlich geschützten Werken der Baukunst und Gebrauchskunst, GRUR 1966, Seite 474 ff.

Nal, Temel, Das türkische Urheberrecht - Grundlagen und gegenwärtiger Entwicklungsstand, GRUR Int. 2000, Seite 1 ff.

Neuenfeld, Klaus; Ausgewählte Streitfragen des Urheberrechts für Architekten, BauR 1975, Seite 365 ff.

Neumann-Duesberg, Horst; Titelschutz und mittelbare Mitverursachung, Persönlichkeitsschutz (Recht der Nichtunrheberschaft) und betriebliche Organisationspflicht, JR 1967, Seite 441 ff., zit.: Neumann-Duesberg, JR 1967

ders.; Verwechselung des Urheberpersönlichkeitsrechts mit dem allgemeinen Persönlichkeitsrecht, NJW 1971, Seite 1640 ff.,
zit.: *Neumann-Dueseberg*, NJW 1971

ders.; Das besondere Persönlichkeitsrecht der Nichturheberschaft (droit de nonpaternité), UFITA Band 50 Teilband B (1967), Seite 464 ff.,
zit.: *Neumann-Duersberg*, UFITA 50 (1967)

Niebler, Engelbert; Die Rechtsprechung des Bundesverfassungsgerichts zum obersten Rechtswert der Menschenwürde, BayVBl 1989, Seite 737 ff.

Nimmer, Melville B./ *Nimmer*, David; On Copyright, Loseblattsammlung, New York,

Nipperdey, Hans-Carl; Das allgemeine Persönlichkeitsrecht, UFITA Band 30 (1960), Seite 1 ff.

Olshausen, o.A.; Beschränkung des Rechts des Eigentümers durch das Recht des Urhebers, Hanseatische Rechts- und Gerichts-Zeitschrift 1933, Abteilung A, Spalte 113 ff.

Opet, Otto; Der Wertzuwachsanspruch des bildenden Künstlers, in: Cheberg u.a. (Hrsg.); Annalen des deutschen Reiches zur Gesetzgebung, Verwaltung, und Volkswirtschaft, München u.a. 1913, Seite 368 ff.,
zit.: *Opet*, Analen des deutschen Reiches

Oppermann, Thomas; Ergänzung des Grundgesetzes um eine Kulturstaatsklausel?, in: Püttner Günter u.a. (Hrsg.); Festschrift für Otto Bachof zum 70. Geburtstag, München 1984, Seite 3 ff., zit.: *Oppermann*, Fs. Bachof (1984)

Osenberg, Ralph; Die Unverzichtbarkeit des Urheberpersönlichkeitsrechts, München 1979

Osterrieth, Albert/ *Marwitz*, Bruno; Das Urheberecht an Werken der bildenden Künste und der Photographie, 2. Auflage, Berlin 1929,
zit.: *Osterrieth/Marwitz* (1929)

ders.; Das Urheberrecht, in: Kohler, Josef (Hrsg.); Enzyklopäidie der Rechtswissenschaft, 2. Band, München u.a. 1914, Seite 381 ff.
zit.: *Osterrieth*, Enzyklopädie der Rechtswissenschaft (1914)

Palandt, Otto; Bürgerliches Gesetzbuch, 61. Auflage, München 2002,
zit.: Palandt - *Bearbeiter*

Palm, Wolfgang; Öffentliche Kunstförderung zwischen Kunstfreiheitsgarantie und Kulturstaat, Berlin 1998

Pascke, Marian; Strukturprinzipien eines Urhebersachenrechts, GRUR 1984, Seite 858 ff.

Peifer, Karl-Nikolaus; Werbeunterbrechungen in Spielfilmen nach deutschem und italienischem Recht, GRUR Int. 1995, Seite 25 ff.

Peter, Wilhelm; Das allgemeine Persönlichkeitsrecht und das "droit moral" des Urhebers und des Leistungsschutzberechtigten in den Beziehungen zum Film, UFITA Band 36 (1962), Seite 257 ff.

Pieroth, Bodo/ *Schlink*, Bernhard; Grundrechte, Staatsrecht II, 18. Auflage, Heidelberg 2002

Pohlmann, Hansjörg; Das neue Geschichtsbild der deutschen Urheberrechtsentwicklung, Baden-Baden 1961

Püschel, Heinz, Urheberrecht der DDR, Berlin 1969

Pütter, Stephan; Der Büchernachdruck nach ächten Grundsätzen des Rechts, Göttingen 1774

Rabel, Ernst; Die Übertragbarkeit des Urheberrechts nach dem österreichischem Gesetz vom 26. Dezember 1895,Grünhuts Zeitung 27 (1900), Seite 71 ff. Nachdruck: UFITA Band 108 (1988), Seite 185 ff.

Rehbinder, Manfred; Urheberrecht, 12. Auflage, München 2002, zit.: *Rehbinder* (2002)

ders.; Das neue schweizerische Urheberrecht, UFITA; Band 122, (1993), Seite 93 ff., zit.: Rehbinder, UFITA 122 (1993)

ders.; Einführung in die Rechtswissenschaft, 8. Auflage, Berlin, 1995, zit.: *Rehbinder* (1995)

ders.; Die Mitbestimmung des Urhebers bei der Vermarktung seiner Werke, ZUM 1996, Seite 613 ff., zit.: *Rehbinder*, ZUM 1996

ders.; Multimedia und das Urheberpersönlichkeitsrecht, ZUM 1995, Seite 684 ff., zit.: Rehbinder, ZUM 1995

Richard, Dagmar/ *Junker*, Abbo, Kunstfälschung und Persönlichkeitsrecht, GRUR 1988, Seite 18 ff.

Riekert, Stephan, Multimedia und das Urheberpersönlichkeitsrecht, in: Götting, Horst-Peter (Hrsg.); Multimedia, Internet und Urheberrecht, Dresden, 1998, Seite 123 ff., zit.: Riekert, in: Götting (Hrsg.), Multimedia, Internet und Urheberecht (1998)

Roeber, Georg, Abgrenzungsfragen des Allgemeinen Persönlichkeitsrechts, FuR 1965, Seite 102 ff., zit.: Roeber, FuR 1965

ders.; Urheberrecht und Geistiges Eigentum, UFITA Band 21 (1956), Seite 150 ff., zit.: Roeber, UFITA 21 (1956)

Rüfner, Wolfgang; Drittwirkung der Grundrechte, in: Selmer, Peter u.a. (Hrsg.); Gedächtnisschrift für Wolfgang Martens, Berlin u.a. 1987, Seite 215 ff., zit.; Rüfner, Fs. Martens (1987)

Runge, Kurt; Schranken des Urheberpersönlichkeitsrechts, UFITA Band 23 (1957), Seite 16 ff., zit.: Runge UFITA 23 (1957)

ders.; Das Urheber- und allgemeine Persönlichkeitsrecht, UFITA Band 54 (1969), Seite 1 ff., zit.: *Runge*, UFITA 54 (1969)

Rupp, Hans Heinrich; Vom Wandel der Grundrechte, AöR Band 101 (1976), Seite 161 ff.

Ruzicka, Peter; Die Problematik eines "ewigen Urheberpersönlichkeitsrechts", Berlin 1979

Sachs, Michael (Hrsg.); Grundgesetz Kommentar, 2. Auflage, München 1999, zit.: Sachs - *Bearbeiter*

Samson, Benvenuto; Urheberecht, Pullach bei München 1973, zit.: Samson (1973)

ders.; Buchrezebsion zu Christen, Felix: „Die Werkintegrität im Schwiezerischen Urheberecht", UFITA Band 96 (1983), Seite 367, zit.: *Samson* UFITA 96 (1983)

ders.; Das neue Urheberecht, UFITA Band 47 (1966), Seite 1 ff., zit.: Samson, UFITA 47 (1966)

Schack, Haimo; Das Persönlichkeitsrecht der Urheber und ausübenden Künstler nach dem Tode, GRUR 1985, Seite 352 ff., zit.: Schack, GRUR 1985

ders.; Urheber- und Urhebervertragsrecht ,2. Auflage, Tübingen2001, zit.: *Schack* (2001)

ders.; Geistiges Eigentum contra Sacheigentum, GRUR 1983, Seite 56 ff., zit.: *Schack*, GRUR 1983

Schenke, Wolf; Die Einwilligung des Verletzten im Zivilrecht, unter besonderer Berücksichtigung ihrer Bedeutung bei Persönlichkeitsverletzungen, Erlangen-Nürnberg 1965

Schiefler, Kurt; Verhältnis des Urheberrechts und des Leistungsschutzrechts des ausübenden Künstlers zum allgemeinen Persönlichkeitsrecht, GRUR 1960, Seite 156 ff.

Schilcher, Theresia; Der Schutz des Urhebers gegen Werkänderungen, München 1989

Schlechtriem, Wilhelm; Urheberecht und Eigentum am Bildwerk, Grunots Beiträge zur Erläuterung des Deutschen Rechts, Band 57. (1913), Seite 822 ff.

Schmidt-Bleibtreu, Bruno/ *Klein*, Franz; Kommentar zum Grundgesetz, 9. Auflage, Neuwied u.a. 1999

Schmidt-Ensthausen, o.A., Vernichtung und Änderung von Kunstwerken, GRUR 1929, Seite 669 ff.

Schmieder, Hans-Heinrich; Werkintegrität und Freiheit des Interpreten, NJW 1990, Seite 1945 ff., zit.: *Schmieder*, NJW 1990

ders.; Kunst als Störung privater Rechte, NJW 1982, Seite 628 ff., zit.: *Schmieder*, NJW 1982

Schnapp, Friedrich E.; Die Grundrechtsbindung der Staatsgewalt, JuS 1989, Seite 1 ff.

Schöfer, Nicola; Die Rechtsverhältnisse zwischen dem Urheber eines Werkes der bildenden Kunst und dem Eigentümer des Originalwerkes, München 1984

Schönke, Adolf/ *Schröder*, Horst (Hrsg.); Strafgesetzbuch Kommentar, 25. Auflage, München 1997, zit.: Schönke/Shröder - *Bearbeiter*

Schramm, Carl; Die schöpferische Leistung, Berlin u.a. Köln 1957, zit.: *Schramm* (1957)

ders.; Grundlagenforschung auf dem Gebiet des gewerblichen Rechtsschutzes und des Urheberrechts, Köln u.a. 1954, zit.: Schramm (1954)

Schricker, Gerhard; Gesetzesverletzung und Sittenverstoß, München 1970, zit.: Schricker (1970) *ders* .; Abschied von der Gestalltungshöhe?, in: Becker, Jürgen u.a. (Hrsg.); Wanderer zwischen Musik, Politik und Recht: Festschrift für Reinhold Kreile zu seinem 65. Geburtstag, Seite 715 ff., Baden-Baden 1994, zit.: Schricker, Fs. Kreile (1994)

ders.; Hundert Jahre Urheberechtsentwicklung, in: Beier, Friedrich-Karl; u.a. (Hrsg.); Gewerblicher Rechtsschutz und Urheberecht in Deutschland, Festschrift zum hundertjährigen Bestehen der Deutschen Vereinigung für gewerblichen Rechtsschutz und Urheberecht und ihrer Zeitschrift, Band II, Weinheim 1991, Seite 1095 ff., zit.: *Schricker*, Fs. GRUR (1991)

ders.; Die Einwilligung des Urhebers in entstellende Änderungen des Werkes, in: Forkel, Hans u.a. (Hrsg.); Beiträge zum Schutz der Persönlichkeit und ihrer schöpferischen Leistungen, Festschrift für Heinrich Hubmann, Frankfurt 1985, Seite 409 ff., zit.: *Schricker*, Fs. Hubmann (1985)

ders.; Kurzkommentar zur BGH-Entscheidung „Nena“, EWiR 1987, Seite 79 ff., *Schricker*, EWiR 1987

ders. (Hrsg.); Urheberrecht Kommentar, 2. Auflage, München 1999, zit.: Schricker - *Bearbeiter*

Schulze, Marcel; Materialien zum Urheberrechtsgesetz, 2. Auflage, Weinheim 1997, zit.: *M. Schulze* (1997)

Schulze, Gernot; Vernichtung von Bauwerken, in: Ganea, Peter u.a. (Hrsg.); Urheberecht Gestern - Heute - Morgen; Festchrift für Adolf Dietz zum 65. Geburtstag, München 2001, Seite 177 ff., zit.: G. *Schulze*, Fs. Dietz

Schulze, Erich u.a. (Hrsg.); Rechtsprechung zum Urheberecht, Entscheidungssammlung mit Anmerkungen, Loseblattsammlung, München, seit 1965, zit.: *Autor*, Schulze Rubrik (RGZ/BGHZ/OLGZ/LGZ), Nummer, Seite

Schwabe, Jürgen; Die sogenannte Drittwirkung der Grundrechte, München 1971, zit.: *Schwabe* (1971)

ders.; Bundesverfassungsgericht und "Drittwirkung" der Grundrechte, AöR Band 100 (1975), Seite 442 ff., zit.: *Schwabe*, AöR 100 (1975)

Schweyer, Stefan; Die Zweckübertragungstheorie im Urheberrecht, München 1982

Seemann, Bruno; Prominenz als Rechtsgut, UFITA Band 131 (1996), Seite 5 ff.

Seetzen, Uwe; Der Verzicht im Immaterialgüterrecht, Göttingen 1969

Soergel, Hs. Th/ *Siebert*, W. (Hrsg.); Bürgerliches Gesetzbuch, Band 2, Schuldrecht I, 12. Auflage, Stuttgart u.a. 1990, zit.: Soergel - *Bearbeiter*

Specker, Karl; Die Persönlichkeitsrechte mit besonderer Berücksichtigung des Rechts auf Ehre im schweizerischen Privatrecht, Aarau 1911

Staehelin, Andreas; Urheberrecht und Eigentum, Basel 1964

Staudinger, Julius von; Kommentar zum Bürgerlichen Gesetzbuch, 13. Bearbeitung, Berlin 1993 ff., Erstes Buch; Allgemeiner Teil §§ 90-240, 12. Auflage, Berlin 1980, zit.: Staudinger - *Bearbeiter*

Stern, Klaus/ *Sachs*, Michael; Das Staatsrecht der Bundesrepublik Deutschland, Band III/1, München 1988

Thur, Andreas von; Der Allgemeine Teil des Deutschen Bürgerlichen Rechts, Zweiter Band, Erste Hälfte, München u.a. 1914, Zweiter Band, Zweite Hälfte, München u.a. 1918

Tölke, Günter; Das Urheberpersönlichkeitsrecht an Werken der bildenden Künste, München 1967

Trampuz Miha, Das neue Urheberrecht in Slowenien - eine europäische Landschaft stellt sich vor, GRUR Int. 1995, Seite 766 ff.

Troller, Alois; Bedenken zum Urheberpersönlichkeitsrecht, UFITA Band 28 (1959), Seite 257 ff., zit.: *Troller* UFITA 28 (1959)

ders.; Das Urheberpersönlichkeitsrecht und der Film in rechtsvergleichender Übersicht, UFITA Band 29 (1959), Seite 141 ff., zit.: *Troller* UFITA 29 (1959)

ders.; Immaterialgüterrecht, Band 1 und 2, 3. Auflage, Basel u.a. 1985, zit.: *Troller* (1985), 1. Auflage 1959/1962, zit.: *Troller*, 1. Aufl. (1959)

Ulmer, Eugen; Urheber- und Verlagsrecht, 3. Auflage, Berlin u.a. 1980, zit.: *Ulmer* (1980),
2. Auflage, Berlin u.a. Heidelberg 1960, zit.: *Ulmer*, 2. Aufl. (1960)

ders.; Anmerkungen zum Urteil des BGH - Bel ami, GRUR 1957, Seite 613 f., zit.: *Ulmer*, GRUR 1957

Waasen, Raphael van; Das Spannungsfeld zwischen Urheberrecht und Eigentum im deutschen und ausländischen Recht, Frankfurt am Main 1994

Walchshöfer, Alfred; Der persönlichkeitsrechtliche Schutz der Architektenleistung, in: Forkel, Hans u.a. (Hrsg.); Beiträge zum Schutz der Persönlichkeit und ihrer schöpferischen Leistung; Festschrift für Heinrich Hubmann zum 70. Geburtstag, Frankfurt am Main 1985, Seite 469 ff., zit.: *Walchshöfer*, Fs. Hubmann (1985)

Wandtke, Artur-Axel, Entwicklungstendenzen des Urheberrechts in Osteuropa (unter besonderer Berücksichtigung des Gesetze in Polen, Rußland, Ungarn sowie in Tschechien und der Slowakei, GRUR Int. 1995, Seite 564 ff., zit.: *Wandtke*, GRUR Int. 1995

ders./ Bullinger, Winfried, Die Marke als urheberechtlich schutzfähiges Werk, GRUR 1997, Seite 573 ff., zit.: *Wandtke/Bullinger*, GRUR 1997

ders.; Die Kommerzialisierung der Kunst und die Entwicklung des Urheberrechts im Lichte der Immaterialgüterrechtslehre von Josef Kohler, GRUR 1995, Seite 385 ff., zit.: *Wandtke*, GRUR 1995

ders.; Einige Aspekte zur Reform des Urheberrechts in der Ukraine, GRUR Int. 2002, Seite 206 ff., zit.: *Wandtke* GRUR Int. 2002

ders.; Kurzkommentar zum Urteil des OLG Hamburg vom 15. 3. 2001 - 3 U 57/99, EWiR 2001, Seite 643 f., zit.: *Wandtke*, EWiR 2001

ders.; Doppelte Lizensgebühr im Urheberecht als Modell für den Vermögensschaden von Persönlichkeitsrechtsverletzungen im Internet, GRUR 2000, Seite 942 ff., zit.: *Wandtke*, GRUR 2000

ders.; Urheberrecht in Mittel- und Osteuropa, Berlin 1997, zit.: *Bearbeiter*, in: Wandtke, Urheberrecht Mittel- und Osteuropa I (1997)

ders.; Urheberrecht in Mittel- und Osteuropa, Teil II, Berlin 2002, zit.: *Bearbeiter*, in: Wandtke, Urheberrecht Mittel- und Osteuropa II (2002) *ders.*; Urheberrecht pro Kunstfreiheit, ZUM 1991, Seite 484 ff., zit. *Wandtke*, ZUM 1991

ders.; Zu einigen theoretischen Grundlagen des Urheberrechts in der DDR, in: Wadle, Elmar (Hrsg.); Historische Studien zum Urheberrecht in Europa, Berlin 1993; Seite 225 ff., zit.: *Wandtke*, in: Wadle, Historische Studien (1993)

ders.; Zur Reform des Urhebervertragsrechts, K&R 2001, Seite 601 ff., zit.: *Wandtke*, K&R 2001

Weber, Ulrich; Der strafrechtliche Schutz des Urheberechts, Tübingen 1976

Wedemeyer, Ulrich; Änderungen von Werken der Baukunst - zu Ansprüchen des Urhebers, in: Erdmann, Willi u.a. (Hrsg.); Festschrift für Henning Piper, München1996, Seite 787 ff., zit.; *Wedemeyer*, Fs. Piper (1996)

Welser, Marcus von; Die Wahrnehmung urheberpersönlichkeitsrechtlicher Befugnisse durch Dritte, Berlin 2000

Wenzel, Karl Egbert; Das Recht der Wort- und Bildberichterstattung, 4. Auflage, Köln 1994

Westermann, Harry/ *Westermann*, Harm Peter/ *Gursky*, Karl-Heinz/ *Eickmann*, Dieter; Sachenrecht, 7. Auflage, Heidelberg 1998, zit.: *Westermann* (1998)

ders.: Interessenkolisionen und ihre richterliche Wertung bei den Sicherungsrechten an Fahrnis und Forderungen, München 1954, zit.; *Westermann* (1954)

Windthorst, Kay; Verfassungsrecht I, Grundlagen, München 1994

Wolf, Ernst; Lehrbuch des Schuldrechts, Zweiter Band: Besonderer Teil, Köln u.a. 1978

Wronka, Georg; Das Verhältnis zwischen dem allgemeinen Persönlichkeitsrecht und den sogenannten besonderen Persönlichkeitsrechten, UFITA Band 69 (1973), Seite 71 ff.

Wurm, Fritz; Rechtsstellung des Urhebers bei Veränderung seines Werkes durch Rechtsnachfolger, Greifswald 1920

Zitelmann, Ernst; Ausschluß der Widerrechtlichkeit, AcP Band 99 (1906), Seite 1 ff.

Sonstige Materialien

Begründung des Regierungsentwurfes zum UrhG, UFITA Band 45 (1965), Seite 240, zit.: Amtliche Begründung des Regierungsentwurfs, UFITA 45 (1965)

Begründung des Regierungsentwurfes eines Gesetztes zur Stärkung der vertraglichen Stellung von Urhebern und ausübenden Künstlern, BT-Drucks. 14/6433, zit: Amtliche Begründung des Regierungsentwurfs zur ursprünglichen Fassung des Urheberrechtsänderungsgesetzes, BT-Drucks. 14/6433

Begründung zum Regierungsentwurf des KGSchG, BT-Drucks. 2/76 Anl. 1

FSC
www.fsc.org
MIX
Papier | Fördert
gute Waldnutzung
FSC® C083411

Kolibri 360 GmbH
Ferdinand-Jühlke-Straße 7
99095 Erfurt, Deutschland
produktsicherheit@kolibri360.de

Druck:
CPI Druckdienstleistungen GmbH
im Auftrag der
Kolibri 360 GmbH
Ferdinand-Jühlke-Str. 7
99095 Erfurt